Kollektive Marktbeherrschung in der Europäischen Fusionskontrolle

Europäische Hochschulschriften

Publications Universitaires Européennes
European University Studies

Reihe II
Rechtswissenschaft

Série II Series II
Droit
Law

Bd./Vol. 4340

PETER LANG
Frankfurt am Main · Berlin · Bern · Bruxelles · New York · Oxford · Wien

Kathrin Schürnbrand

Kollektive Marktbeherrschung in der Europäischen Fusionskontrolle

PETER LANG
Europäischer Verlag der Wissenschaften

Bibliografische Information Der Deutschen Bibliothek
Die Deutsche Bibliothek verzeichnet diese Publikation in der Deutschen Nationalbibliografie; detaillierte bibliografische Daten sind im Internet über <http://dnb.ddb.de> abrufbar.

Zugl.: Osnabrück, Univ., Diss., 2005

D 700
ISSN 0531-7312
ISBN 3-631-54864-8

www.peterlang.de

Vorwort

Die vorliegende Arbeit wurde im Jahr 2005 von der Juristischen Fakultät der Universität Osnabrück als Doktorarbeit angenommen. Literatur, Rechtsprechung und Verwaltungspraxis konnten bis Januar 2005 berücksichtigt werden.

Mein herzlicher Dank richtet sich an meinen Doktorvater, Herrn Prof. Dr. Andreas Fuchs, für seine Begleitung bei der Entstehung der Arbeit. Herrn Prof. Dr. Hans-Jürgen Ahrens danke ich für die Erstellung des Zweitgutachtens.

Zu Dank verpflichtet bin ich weiter Ulrich Eisele sowie allen anderen, die mir mit Rat und Aufmunterung zur Seite standen.

Mein größter Dank gilt jedoch meinem Mann und meinen Eltern. Ihnen widme ich diese Arbeit in Liebe und Dankbarkeit.

Mainz, im Herbst 2005 Kathrin Schürnbrand

Inhaltsverzeichnis

Abkürzungsverzeichnis

a.A.	anderer Ansicht
a.a.O.	am angegebenen Ort
ABl.	Amtsblatt der Europäischen Gemeinschaft
Abs.	Absatz
a.E.	am Ende
a.F.	alte Fassung
Alt.	Alternative
Anm.	Anmerkung
Art.	Artikel
Aufl.	Auflage
BB	Der Betriebsberater
Bd.	Band
BKartA	Bundeskartellamt
bzw.	beziehungsweise
CML Rev.	Common Market Law Review
DB	Der Betrieb
ders.	Derselbe
d.h.	das heißt
dies.	Dieselben
ECLR	European Competition Law Review
ebd.	ebenda
EG	Europäische Gemeinschaft
EGV	Vertrag zur Gründung der Europäischen Gemeinschaft
EGKSV	Vertrag zur Gründung der Europäischen Gemeinschaft für Kohle und Stahl
Einl.	Einleitung
E.L.Rev.	European Law Journal
EuG	Europäisches Gericht erster Instanz
EuGH	Europäischer Gerichtshof
EuZW	Europäische Zeitschrift für Wirtschaftsrecht
EWG	Europäische Wirtschaftsgemeinschaft
EWS	Europäisches Wirtschafts- und Steuerrecht
f., ff.	folgende(r), fortfolgende
FAZ	Frankfurter Allgemeine Zeitung
FCLI	Fordham Corporate Law Institute

FKVO	Fusionskontrollverordnung
Fn.	Fußnote
FS	Festschrift
gem.	gemäß
ggfs.	gegebenenfalls
grds.	grundsätzlich
GRUR	Gewerblicher Rechtsschutz und Urheberrecht
GWB	Gesetz gegen Wettbewerbsbeschränkungen
Hs.	Halbsatz
Hrsg.	Herausgeber
i.d.F.	in der Fassung
i.e.	im Einzelnen
i.e.S.	im engeren Sinne
i.S.d.	im Sinne des/der
i.S.v.	im Sinne von
i.w.S.	im weiteren Sinne
i.V.m.	in Verbindung mit
i.Zsh.m.	im Zusammenhang mit
lit.	Buchstabe
NJW	Neue Juristische Wochenschrift
N.N.	Name nicht bekannt
RBB	Ridyard, Bishop & Baker
Rn.	Randnummer(n)
Rs.	Rechtssache
Rspr.	Rechtsprechung
S.	Satz, Seite
s. (a.)	siehe (auch)
Slg.	Sammlung
sog.	so genannte(r)
std. Rspr.	ständige Rechtsprechung
u.	und
u.a.	unter anderem, und andere
UAbs.	Unterabsatz
usw.	und so weiter

v.	von
verb.	Verbunden(e)
vgl.	vergleiche
VO	Verordnung
WM	Wertpapier-Mitteilungen
WRP	Wettbewerb in Recht und Praxis
WuW	Wirtschaft und Wettbewerb
WuW/E	Entscheidungssammlung zum Kartellrecht
z.B.	zum Beispiel
ZHR	Zeitschrift für das gesamte Handels- und Wirtschaftsrecht
Ziff.	Ziffer

§ 1 Einführung

Seit dem 01.05.2004 ersetzt eine neue EG-Fusionskontrollverordnung Nr. 139/2004[1] (nachfolgend auch: „FKVO“ oder „FKVO 139/2004“) den nach der EG-Fusionskontrollverordnung Nr. 4064/89[2] (nachfolgend auch: „FKVO 4064/89“) geltenden materiellen Test zur Beurteilung von Zusammenschlüssen – den sog. „Marktbeherrschungstest“ – durch den sog. „SIEC“-Test.[3] Während nach dem Marktbeherrschungstest ein Zusammenschluss zu untersagen ist, wenn er eine beherrschende Stellung begründen oder verstärken würde, setzt eine Untersagung nach dem „SIEC“-Test nunmehr voraus, dass durch den Zusammenschluss wirksamer Wettbewerb erheblich behindert würde.[4] Wann eine solche „erhebliche Behinderung wirksamen Wettbewerbs“ vorliegt, definiert die FKVO nicht. Allerdings setzt sie den neuen Test in Beziehung zum Marktbeherrschungstest der FKVO 4064/89. So ist die Begründung oder Verstärkung einer marktbeherrschenden Stellung nun Regelbeispiel der Behinderung wirksamen Wettbewerbs.[5] Frühere Urteile der europäischen Gerichte und Entscheidungen der Europäischen Kommission zu Art. 2 Abs. 3 FKVO 4064/89 sollen daher ausdrücklich als Orientierung bei der Auslegung des Begriffs der „erheblichen Behinderung wirksamen Wettbewerbs“ dienen.[6]

Eigenständige Bedeutung soll das neue materielle Beurteilungskriterium im Hinblick auf die Auswirkungen von Zusammenschlüssen in oligopolistischen Märkten haben. Erwägungsgrund 25 der FKVO führt aus, die Gerichte der Gemeinschaft hätten die FKVO 4064/89 nicht ausdrücklich dahingehend ausgelegt, dass Zusammenschlüsse in oligopolistischen Marktstrukturen auch dann zu untersagen sind, wenn eine Koordinierung zwischen Oligopolmitgliedern unwahrscheinlich sei. Unter bestimmten Umständen könnten jedoch auch Zusammenschlüsse ohne solche koordinierten Auswirkungen zu einer erheblichen Behinderung wirksamen Wettbewerbs führen, indem sie den Wettbewerbsdruck beseitigen, den die fusionierenden Unternehmen aufeinander ausgeübt haben

---

[1] Verordnung (EG) Nr. 139/2004 des Rates vom 20. Januar 2004 über die Kontrolle von Unternehmenszusammenschlüssen, ABl. L 24/1 vom 29.01.2004.

[2] Verordnung vom 21. Dezember 1989, ABl. L 395/1 vom 30.12.1989, berichtigt ABl. L 257/13 vom 21.09.1990, mit Änderungen durch die Verordnung (EG) Nr. 1310/97 des Rates vom 30.06.1997, ABl. L 180/1 vom 09.07.1997.

[3] „SIEC“ steht für „Significant Impediment of Effective Competition“ bzw. „erhebliche Behinderung wirksamen Wettbewerbs“.

[4] Art. 2 Abs. 3 FKVO formuliert: „Zusammenschlüsse, durch die wirksamer Wettbewerb im Gemeinsamen Markt oder einem wesentlichen Teil desselben erheblich behindert würde, insbesondere durch die Begründung oder Verstärkung einer marktbeherrschenden Stellung, sind für mit dem Gemeinsamen Markt unvereinbar zu erklären.“

[5] Dies zeigt die Formulierung in Art. 2 Abs. 3 FKVO „insbesondere“.

[6] Erwägungsgrund 26 FKVO.

und den Wettbewerbsdruck auf die verbleibenden Wettbewerber mindern. Im Interesse der Rechtssicherheit solle daher klargestellt werden, dass grundsätzlich jeder Zusammenschluss zu untersagen ist, der einen wirksamen Wettbewerb erheblich behindern würde. Allerdings soll sich die eigenständige Bedeutung des SIEC-Tests auf die eben genannten Fälle der nicht koordinierten Auswirkungen auch beschränken. Über das Konzept der Marktbeherrschung hinaus soll sich der Begriff der „erheblichen Behinderung wirksamen Wettbewerbs" ausschließlich auf diejenigen wettbewerbsbeschränkenden Auswirkungen eines Zusammenschlusses in einer oligopolistischen Marktstruktur beschränken, die sich aus nicht koordiniertem Verhalten von Unternehmen ergeben, die auf dem jeweiligen Markt keine beherrschende Stellung haben würden.

Schon dies macht deutlich, dass die Auslegung des neuen materiellen Beurteilungskriteriums in der EG-Fusionskontrollverordnung in enger Anlehnung an die Auslegung des Marktbeherrschungstests in der Praxis zur FKVO 4064/89 erfolgen muss. Zum einen deshalb, weil der Marktbeherrschungstest als Regelfall des neuen materiellen Beurteilungskriteriums weiterhin ausdrücklich Geltung beansprucht. Zum anderen jedoch auch im Hinblick auf die Beschreibung der Fälle, die mit dem SIEC-Test jetzt offenbar erstmals von der europäischen Fusionskontrolle erfasst werden sollen: Da dem SIEC-Test eine eigenständige, über den Marktbeherrschungstest hinausgehende Bedeutung lediglich im Hinblick auf solche Zusammenschlüsse in oligopolistischen Marktstrukturen zukommen soll, die nur deshalb nicht vom Marktbeherrschungstest erfasst wurden, weil eine Koordination der Oligopolmitglieder unwahrscheinlich war, ist zur Beschreibung der gegenüber dem Marktbeherrschungstest vom SIEC-Test zusätzlich erfassten Zusammenschlüsse eine genaue Kenntnis der vom Marktbeherrschungstest erfassten Fälle unumgänglich. Vor diesem Hintergrund kommt der bisherigen Praxis zur Erfassung von Zusammenschlüssen in oligopolistischen Marktstrukturen durch den Marktbeherrschungstest der FKVO 4064/89 – nämlich im Rahmen des Konzepts der sog. „kollektiven Marktbeherrschung" – eine Schlüsselfunktion zu.

Bereits die Zäsur in der Geschichte der europäischen Fusionskontrolle durch die Einführung eines neuen materiellen Beurteilungskriteriums wäre für sich genommen hinreichender Anlass, um den bisherigen statuts quo der Entscheidungspraxis zu einem so schwierigen und umstrittenen Problem wie der kollektiven Marktbeherrschung in der europäischen Fusionskontrolle zu untersuchen. Eine solche Bestandsaufnahme ist jedoch außerdem unerlässlich für die zukünftige Entwicklung einer Anwendungspraxis zum neuen SIEC-Test. Eine möglichst präzise Vorstellung davon, welche Fälle bereits durch den – auch weiterhin fortgeltenden – Marktbeherrschungstest *nicht* erfasst werden, mag in Zukunft dazu beitragen, die eigenständige Reichweite des SIEC-Tests zu bestimmen.

Im Zentrum des Interesses der Diskussion um die „kollektive Marktbeherrschung" steht ein Sachverhalt, der aus ökonomischer Sicht als „bewusstes Parallelverhalten im engen Oligopol" bezeichnet wird. Dabei gelingt es einer kleinen Zahl von Unternehmen durch paralleles Auftreten am Markt, eine gewisse Marktmacht auszuüben. Anhand ökonomischer Modelle lässt sich zeigen, dass ein solcher paralleler Marktauftritt bzw. eine Koordinierung des Marktverhaltens auch möglich ist, ohne dass die beteiligten Unternehmen sich untereinander absprechen. Eine direkte Übernahme der Ergebnisse der ökonomischen Forschung in die Fusionskontrolle ist jedoch nicht möglich, da „kollektive Marktbeherrschung" ein rein juristischer Begriff ist, der keine ökonomische Entsprechung hat. Ökonomen setzen sich nicht mit „kollektiver Marktbeherrschung" auseinander, sondern lediglich mit dem Phänomen des „Oligopols". Eine weitere Schwierigkeit bei der Übertragung der Ergebnisse der ökonomischen Forschung auf die juristische Problematik der kollektiven Marktbeherrschung liegt darin, dass die ökonomische Oligopol-Forschung ihrerseits nicht abgeschlossen ist, sondern sich noch im Fluss befindet.[7]

Kollektive Marktbeherrschung ist ein Phänomen, das nicht erst im Zusammenhang mit der EG-Fusionskontrollverordnung aktuell wurde. Die Problematik ist nämlich keineswegs auf die europäische Marktstrukturkontrolle beschränkt, sondern spielt auch im Rahmen der europäischen Marktverhaltenskontrolle mittels Art. 81 und 82 des *Vertrages zur Gründung der europäischen Gemeinschaft* (kurz: „EG") eine Rolle: Da die kollektive Marktbeherrschung – jedenfalls der Entscheidungspraxis der europäischen Gerichte zufolge – eine besondere Form der Verhaltenskoordinierung von Unternehmen darstellt, findet eine – aus historischer Sicht – erste Auseinandersetzung mit der Problematik im Zusammenhang mit der europäischen Marktverhaltenskontrolle mittels des Kartellverbots gem. Art. 81 EG statt. Daneben beschäftigt man sich im Rahmen der Kontrolle des Missbrauchs marktbeherrschender Stellungen gem. Art. 82 EG mit der Frage, ob und – wenn ja – unter welchen Voraussetzungen „beherrschende Stellun-

---

[7] Zu den Schwierigkeiten bei der Übertragung von Ergebnissen der ökonomischen Wettbewerbstheorie auf das Wettbewerbsrecht *Erlinghagen*, FS Hartmann, S. 95, 99; am Beispiel des US-amerikanischen Wettbewerbsrechts: *Abramson*, Antitrust Law Journal, Vol. 69 2001, S. 303ff.; mangels einer einheitlichen wirtschaftstheoretischen Oligopoltheorie befürwortet *Franke*, S. 259 gar den Verzicht auf Zusammenschlusskontrolle bei Oligopolsachverhalten; zum letzten Aspekt vgl. auch *Briones Alonso*, Economic assessment of oligopolies under the Community Merger Control Regulation, im Internet abrufbar unter http://www.europa.eu.int., S. 2.

gen" im Sinne dieser Vorschrift auch kollektive marktbeherrschende Stellungen sein können.

Dieselben Fragen stellen sich auch in der EG-Fusionskontrolle. Gleichwohl begnügt man sich hier nicht damit, die im Zusammenhang mit der Missbrauchskontrolle entwickelten Lösungen zu übernehmen. Zwar ist eine gewisse Orientierung an den Ansätzen zur Missbrauchsaufsicht durchaus zu verzeichnen, gleichwohl entwickelt sich eine eigenständige Entscheidungspraxis zur kollektiven Marktbeherrschung in der EG-Fusionskontrolle.

Weder in der bis zum 30.04.2004 geltenden FKVO 4064/89 noch in der seit dem 01.05.2004 geltenden FKVO 139/2004 ist ausdrücklich geregelt, ob die Fusionskontrollverordnung Zusammenschlüsse, durch die *kollektive* marktbeherrschende Stellungen begründet oder verstärkt werden, überhaupt erfasst. Ebenso wenig regeln FKVO 4064/89 und FKVO, unter welchen Voraussetzungen ein solcher Zusammenschluss untersagt werden kann. Während der Geltungsdauer der FKVO 4064/89 entwickelte sich zwar eine Entscheidungspraxis der Europäischen Kommission zu dieser Frage. Diese Entscheidungspraxis ist jedoch keineswegs einheitlich und divergiert zum Teil auch von dem Ansatz kollektiver Marktbeherrschung in der europäischen Fusionskontrolle, den der Europäische Gerichtshof und das Europäische Gericht Erster Instanz verfolgen. In jüngerer Zeit hat etwa das Europäische Gericht Erster Instanz in einem viel beachteten Urteil eine Entscheidung aufgehoben, in der die Europäische Kommission das Zusammenschlussvorhaben „Airtours/First Choice" wegen der Entstehung einer kollektiven marktbeherrschenden Stellung untersagte. Nicht zuletzt wegen dieser mangelnden Vorhersehbarkeit der Kommissionsentscheidungen wurde die fehlende Regelung der kollektiven Marktbeherrschung in der FKVO 4064/89 auch von Unternehmen als höchst unbefriedigend empfunden.

A. Themenabgrenzung

In dieser Arbeit soll der Stand der Entscheidungspraxis zur kollektiven Marktbeherrschung in der europäischen Fusionskontrolle zum Zeitpunkt des Inkrafttretens der neuen EG-Fusionskontrollverordnung umfassend systematisiert und analysiert werden. Die Voraussetzungen kollektiver Marktbeherrschung i.S.d. FKVO 4064/89 sollen herausgearbeitet werden. Es wird dabei auch zu untersuchen sein, ob der Marktbeherrschungstest bzw. das Konzept kollektiver Marktbeherrschung sich tatsächlich – wie die Erwägungsgründe der FKVO andeuten – auf solche Zusammenschlüsse in oligopolistischen Märkten beschränken, die eine Verhaltenskoordinierung der Oligopolmitglieder wahrscheinlich machen. Weiter wird zu prüfen sein, ob der Marktbeherrschungstest eine Lücke hinsichtlich solcher Zusammenschlüsse in oligopolistischen Märkten enthält, die eine

Verhaltenskoordinierung der Oligopolmitglieder *nicht* wahrscheinlich machen. Falls eine solche Lücke besteht, wird zu untersuchen sein, ob der SIEC-Test geeignet ist, diese Lücke zu schließen. Außerdem wird zu prüfen sein, ob und ggf. welche Impulse das Konzept kollektiver Marktbeherrschung für die Auslegung des SIEC-Tests geben kann. Der SIEC-Test selbst soll jedoch nur insoweit Gegenstand dieser Arbeit sein, als das Konzept kollektiver Marktbeherrschung Implikationen für die Entwicklung einer Anwendungspraxis des SIEC-Tests zu geben vermag.

B. Gang der Arbeit

Um den Mechanismus der Verhaltenskoordinierung der kollektiv marktbeherrschenden Unternehmen zu verdeutlichen, wird zunächst kurz in die ökonomischen Grundlagen der kollektiven Marktbeherrschung eingeführt. Dabei wird das auf spieltheoretischen Grundlagen basierende *tacit collusion*-Modell vorgestellt, das eine Darstellung der Verhaltenskoordination von Oligopolmitgliedern bei Zusammenschlüssen in oligopolistischen Marktstrukturen (sog. *coordinated effects*) ermöglicht. Dem werden die sog. *unilateral effects* eines Zusammenschlusses in oligopolistischen Marktstrukturen kurz gegenübergestellt.

Da die Entwicklung der Entscheidungspraxis zur kollektiven Marktbeherrschung in der europäischen Fusionskontrolle von der Entscheidungspraxis zu Art. 81 und 82 EG beeinflusst wurde, soll sodann das System der Erfassung von Oligopolsachverhalten im europäischen Recht mittels Art. 81 und 82 EG skizziert werden. Angesichts der neuen FKVO, die nun auch nicht-koordinierte Effekte von Zusammenschlüssen in oligopolistischen Marktstrukturen erfassen soll, wird ein besonderes Augenmerk darauf zu richten sein, inwieweit Art. 81 und 82 EG bereits dazu geeignet sind, solche nicht-koordinierten Effekte zu erfassen. Daran schließt sich ein kurzer Überblick über die Entwicklung der europäischen Fusionskontrolle bis zur Schaffung der Fusionskontrollverordnung an.

Untersucht wird weiter die Anwendbarkeit der FKVO 4064/89 auf Oligopolsachverhalte, also die Frage, ob eine „beherrschende Stellung" gemäß Art. 2 Abs. 3 FKVO 4064/89 auch von einer Mehrzahl von Unternehmen ausgeübt werden kann.

Schwerpunkt dieser Arbeit bilden Darstellung und Analyse der Entscheidungspraxis der Europäischen Kommission und der europäischen Gerichte zur kollektiven Marktbeherrschung in der europäischen Fusionskontrolle nach der FKVO 4064/89 anhand ausgewählter Leitentscheidungen. Dabei wird festgestellt werden, dass das Konzept kollektiver Marktbeherrschung sich tatsächlich auf solche Zusammenschlüsse in oligopolistischen Märkten beschränkt, die eine Verhaltenskoordinierung der Oligopolmitglieder wahrscheinlich machen.

Schließlich wird untersucht werden, welche Implikationen die kollektive Marktbeherrschung für die Zukunft der europäischen Fusionskontrolle hat. Es wird zunächst zu prüfen sein, ob das Konzept kollektiver Marktbeherrschung als materielles Kriterium zur Beurteilung von Zusammenschlüssen in oligopolistischen Markstrukturen lückenhaft ist. Dabei wird gezeigt werden, dass keine praktische, sondern allenfalls eine theoretische Lücke besteht. Sodann werden verschiedene Vorschläge zur Schließung der theoretischen Lücke vorgestellt und aufgezeigt, welchen Weg die Reform der europäischen Fusionskontrolle zum 01.05.2004 gewählt hat. Der SIEC-Test nach der FKVO 139/2004 und nach den Leitlinien zur Bewertung horizontaler Zusammenschlüsse werden vorgestellt. Die Arbeit schließt mit einer Bewertung des SIEC-Tests. Dabei wird sich zeigen, dass der SIEC-Test zwar grundsätzlich geeignet ist, die – theoretische – Lücke in der europäischen Kontrolle von Zusammenschlüssen in oligopolistischen Marktstrukturen zu schließen, der neue Test die europäische Fusionskontrolle jedoch in systemwidriger Weise ausdehnt.

1. KAPITEL: GRUNDLAGEN DER KOLLEKTIVEN MARKTBEHERRSCHUNG

§ 2 Ökonomische Grundlagen

A. Einführung in die Oligopoltheorie

„Kollektive Marktbeherrschung" kennzeichnet eine Marktstruktur, in der eine Mehrzahl von Unternehmen gemeinsam marktbeherrschend ist.[8]

Aus ökonomischer Sicht[9] zeichnet sich ein „marktbeherrschendes" Unternehmen durch einen vom Wettbewerb nicht hinreichend kontrollierten Verhaltensspielraum aus. Ein marktbeherrschendes Unternehmen verfügt über die Möglichkeit, aktuelle und potentielle Wettbewerber zu disziplinieren und gegenüber den Marktpartnern überdurchschnittlich vorteilhafte Konditionen durchzusetzen.[10] Als Ergebnis marktbeherrschender Stellungen werden *ökonomische Ineffizienzen* erwartet.[11]

Typischerweise tritt das Phänomen der kollektiven Marktbeherrschung in relativ kleinen Anbietergruppen auf; daher wird das Problem der kollektiven Marktbeherrschung auch als das Problem der „engen Oligopole" behandelt.[12]

Ein „Oligopol" ist eine Marktstruktur, in der wenige Anbieter einer großen Zahl relativ kleiner Abnehmer gegenüberstehen.[13] Für die Mitglieder des Oligopols („Oligopolisten") kennzeichnend ist ihre gegenseitige Abhängigkeit. Die Variation eines Verhaltensparameters durch einen Oligopolisten führt für die übrigen zu einer fühlbaren Veränderung ihrer Verhaltensparameter und kann sie zu einer Reaktion in ihrem eigenen Marktverhalten veranlassen.[14] Diese *oligopolisti-*

---

8 *Kantzenbach/Kruse*, S. 10.

9 Eine Darstellung der Vielzahl der verschiedenen vertretenen Wettbewerbskonzepte ist für die Zwecke dieser Arbeit entbehrlich. Vgl. stattdessen nur die Darstellung bei *Hildebrand*, S. 184ff. und *dieselbe*, World Competition 25 (3) 2002, 3ff:; noch prägnanter *Kerber* in *Oberender*, 80ff.. Für die Darstellung wettbewerbsbeschränkender Strategien vgl. nur *Schmidt/Schmidt*, S. 15ff. und *Schmidt*, S. 118ff.

10 *Kantzenbach/Kruse*, S. 8.

11 Im Einzelnen allokative, technische und qualitative Ineffizienzen. Vgl. zum Ganzen Kantzenbach/Kruse, S. 4-8.

12 Kantzenbach/Kruse, S. 10. Kleinmann/Bechtold, § 22, Rz. 196, sprechen von einem „rechtlichen Sonderbegriff des marktbeherrschenden Oligopols".

13 Albers, Stichwort „Oligopol".

14 Kantzenbach/Kruse, S. 10; Cox, S. 225, 24; Sandrock, S. 93 spricht von „zweiseitig fühlbarer Beweglichkeit". Der hier verwendeten Definition liegt die so genannte „objektive Theorie" des Oligopols im Gegensatz zur „subjektiven Theorie", zugrunde bei der es auf die (Ei-

sche bzw. *parametrische Interdependenz*[15] schlägt sich auf strategischer Ebene nieder: Ein rational handelnder Oligopolist wird bei der Entscheidung über sein eigenes Marktverhalten die Überlegungen der anderen Oligopolisten mit einbeziehen (sog. *strategische Interdependenz*).[16] Unternehmen mit kleinen Marktanteilen, auf deren Interessen und Reaktionen die Oligopol-Mitglieder keine Rücksicht zu nehmen brauchen, werden als *fringe firms* bezeichnet.[17]

Marktergebnisse im Oligopol lassen sich nicht eindeutig vorhersagen;[18] es kann sowohl zu besonders intensivem Wettbewerb als auch zu einem Verzicht auf aggressiven Wettbewerb (sog. „Oligopolfrieden") kommen.[19] Der Verzicht auf aggressive Wettbewerbsvorstöße in manchen Oligopolen beruht darauf, dass die parametrische Interdependenz Anreize zur Abstimmung von Aktionsparametern schafft und die geringe Zahl an Beteiligten eine Verhaltensabstimmung der Unternehmen untereinander erleichtert.[20] Durch den Verzicht auf aggressiven Wettbewerb können die Unternehmen kollektive Vorteile erzielen.

Ein wettbewerbsbeschränkendes Verhalten von Unternehmen zur Erzielung kollektiver Vorteile wird aus ökonomischer Sicht als *Kollusion* bezeichnet.[21] Unterschieden werden können *explizite* Kollusion, die eine ausdrückliche Vereinbarung der Unternehmen beinhaltet, sowie *implizite* Kollusion, der keine ausdrückliche Vereinbarung zugrunde liegt. Unternehmen verhalten sich *implizit kollusiv*, wenn sie sich allein in Kenntnis der oligopolistischen Interdependenz und der dabei bestehenden Abhängigkeit ihrer Gewinnfunktionen gleichförmig verhalten.[22] Besondere Beachtung verdient in diesem Zusammenhang der Umstand, dass sich die *implizite* Kollusion – auch *tacit collusion*[23] – im wirt-

---

gen-)Beurteilung des einzelnen Unternehmens ankommt, und im Gegensatz zur „Lehre von den realen Verhaltensweisen", nach der allein das reale Verhalten der Unternehmen entscheidend ist – vgl. zum Ganzen *Sandrock*, S. 92f.

[15] *Kantzenbach/Kruse*, S. 10.

[16] Handwörterbuch der Wirtschaftswissenschaft, Stichwort „Oligopol".

[17] *Kantzenbach/Kruse*, S. 12.

[18] *Kantzenbach/Kruse*, S. 13.

[19] *Kantzenbach/Kruse*, S. 14; *Cox*, S. 225, 247 unter Hinweis auf mögliche „positive Seiten" bzw. ein „Konkurrenzelement" im Oligopol; *Faull/Nikpay*, S. 25, 1.73: „with oligopoly anything goes"; vgl. auch *Briones Alonso*, http://www.europa.eu.int/comm/competition/speeches, dort Ziff. I.

[20] *Kantzenbach/Kruse*, 14.

[21] *Kantzenbach/Kruse*, 26.

[22] *Kantzenbach/Kruse*, 26.

[23] *Hay*, Oxford Review of Economic Policy, Vol. 9, No. 2, 1, 8 weist bezüglich des Begriffes *tacit collusion* darauf hin, seiner Auffassung nach sei weniger *tacit* als vielmehr *secret collusion* zu erwarten. Daher sei es notwendig, den Blick weniger auf das Marktverhalten und mehr auf das Marktergebnis zu lenken.

schaftswissenschaftlichen Sinne von kollusivem Verhalten im juristischen Sinne dadurch unterscheidet, dass ihr gerade keine ausdrückliche Abstimmung der Unternehmen zugrunde liegt. Die Bezeichnung „Kollusion“ ist also insoweit – zumindest aus juristischer Sicht – irreführend. Vielfach wird daher auch von „koordinierten Effekten“ eines Zusammenschlusses gesprochen.

Zusammenschlüsse in oligopolistischen Marktstrukturen können jedoch nicht nur aufgrund koordinierter Effekte zu Preiserhöhungen führen. Vielmehr kann auch das bloße Ausscheiden eines Wettbewerbers zu einer Verminderung des Preisdruckes zwischen den auf dem Markt verbleibenden Unternehmen führen. Insoweit spricht man auch von „einseitigen Effekten “ bzw. *unilateral effects* eines Zusammenschlusses.

Während sich die Entscheidungspraxis zur kollektiven Marktbeherrschung i.S.d. FKVO 4064/89 in erster Linie auf das *tacit collusion*-Konzept stützt, sind die *unilateral effects* erst in den letzten Jahren im Zusammenhang mit der Diskussion um eine Reform der Fusionskontrollverordnung ins Bewusstsein der Anwender der FKVO getreten. Nachfolgend werden zunächst der Mechanismus der Verhaltenskoordination durch *tacit collusion* dargestellt und anschließend kurz in die Problematik der *unilateral effects* eingeführt.

B. Koordinierte Effekte bei Zusammenschlüssen in oligopolistischen Marktstrukturen – Das dynamische Oligopolmodell

Wie es zum Oligopolfrieden kommt, versuchen eine Vielzahl von Oligopoltheorien[24] zu beantworten. Das erste, bereits 1838 entwickelte Oligopolmodell *Cournots* betrachtet zwei Anbieter eines homogenen Gutes, die eine identische Gesamtkostenstruktur besitzen. Die Nachfragekurve ist linear. Jeder Anbieter geht davon aus, dass der andere Anbieter eine feste Gütermenge produziert. Anhand dieser Annahme legt er seine eigene Produktionsmenge fest (*best response function*). Es pendelt sich ein Preisgleichgewicht ein unter demjenigen eines Monopols, aber über demjenigen bei funktionierendem Wettbewerb, das *Cournot-Gleichgewicht*.[25] In diesem Modell besteht ein direkter – aber nichtlinearer – Zusammenhang zwischen dem Gleichgewichtspreis und der Marktkonzentration.[26]

---

[24] Ein kurzer Überblick über die Vielzahl der Modelle findet sich bei *Shapiro* in *Schmalensee/Willig*, S. 329ff.

[25] Vgl. dazu auch *Niels*, 2001 ECLR, 168, 169f.; *Amstutz*, S. 27ff.; *Shapiro* in *Schmalensee/Willig*, S. 336; *Faull/Nikpay*, S. 25, 1.73; *Rees*, Oxford Review of Economic Policy, Vol. 9, No. 2, 27, 28 und 30; *Etter*, World Competition 23 (3), 2000, 103, 112.

[26] *Kolasky*, S. 4.

Das Erreichen des Cournot-Gleichgewichts wird unter bestimmten Bedingungen erwartet. So ist eine gewisse Transparenz des Marktes erforderlich. Die Unternehmen müssen sich über die Marktnachfrage und deren Entwicklung sowie die Kosten der anderen Unternehmen im Klaren sein. Auch müssen die Unternehmen in der Lage sein, das Cournot-Gleichgewicht zu erkennen. Die wirtschaftliche Hauptentscheidung der Unternehmen im Cournot-Modell betrifft die Outputmenge. Je weniger flexibel die Unternehmen bezüglich der Produktionsmenge sind, desto eher wird sich das Cournot-Gleichgewicht einstellen.[27]

Dem Cournot'schen Oligopol-Modell werden verschiedene Schwächen vorgeworfen: Im Fall sehr homogener Produkte bleibt unklar, wie der Preis gebildet wird.[28] Sodann ist das Modell statisch, da es lediglich den Zeitraum betrachtet, in dem die Oligopolisten ihre Entscheidung über den Output-Level treffen.[29] Weiter gibt es in diesem Modell keine Lerneffekte, obwohl jede Aktion eines Anbieters eine Reaktion des anderen hervorruft und die Anbieter den Anpassungsprozess dauernd zu spüren bekommen.[30] Außerdem geht das Modell von der Vermutung aus, dass die jeweils anderen Unternehmen ihre Output-Menge nicht verändern.[31] Schließlich vermag das Cournot-Modell nicht zu erklären, wie die Unternehmen konkret vorgehen, um ihre Outputmengen festzulegen. Der Mechanismus der Herausbildung gleichförmigen Verhaltens im Oligopol bleibt letztlich ungeklärt.[32]

Im Gegensatz zu diesem – statischen – Oligopolmodell Cournots versteht das *dynamische Oligopolmodell* Wettbewerb nicht als ein einmaliges Zusammentreffen der Marktteilnehmer, sondern als einen dynamischen Prozess, in dem es Vergangenheit, Gegenwart und Zukunft gibt.[33] Während sich das Oligopolmodell Cournots auf eine *individuelle* Maximierung des Gewinns seitens der Anbieter erstreckt, geht es beim dynamischen Oligopolmodell um eine *gemeinsame* Gewinnmaximierung der Anbieter; d. h. die Anbieter können bei einem gemeinsamen Vorgehen mehr erzielen als die Summe ihrer ansonsten individuell realisierten Gewinnmaxima.[34] Den Mechanismus, wie sich im dynamischen Oligopolmodell im Wege impliziter Kollusion der Oligopolfriede einstellt, sucht das *tacit collusion*-Konzept zu erklären.

---

[27] *Kloosterhuis*, 2001 ECLR, 79, 85f.
[28] *Kloosterhuis*, 2001 ECLR, 79, 86.
[29] *Niels*, 2001 ECLR, 168, 169.
[30] *Kranüchel*, S.29.
[31] *Niels*, 2001 ECLR, 168, 169.
[32] *Etter*, World Competition 23 (3) 2000, S. 103, 113; *Amstutz*, S. 34.
[33] Eine kurze vergleichende Gegenüberstellung von statischem und dynamischem Wettbewerbsmodell findet sich etwa bei *Evans/Padilla/Ahlborn*, 2001 ECLR, 156ff.
[34] *Kranüchel*, S. 32f.

1. Der Begriff *tacit collusion*

Aus wirtschaftswissenschaftlicher Sicht wird *collusion* von seinen Auswirkungen auf das Marktergebnis her definiert. Danach ist *collusion* ein Verhalten von Oligopolmitgliedern, das zu einem Preis führt, der oberhalb desjenigen liegt, der sich bei intaktem Wettbewerb bilden würde.[35] Dieser wirtschaftswissenschaftliche *collusion*-Begriff umfasst sowohl explizite als auch implizite Kollusion.[36]

2. Spieltheoretische Erklärungsansätze zu *tacit collusion*

Wesentliche Beiträge zur Erklärung des *tacit collusion*-Mechanismus leistet die „New Industrial Organization Theory" (auch „New Industrial Economics"). Sie rückt die strategische Dimension unternehmerischer Entscheidungen in den Mittelpunkt[37] und bedient sich spieltheoretischer Modelle zur Darstellung komplexer strategischer Situationen.[38] Jeder *decision-maker* wird in der Spieltheorie als „Spieler" bezeichnet,[39] das Zusammentreffen der Spieler als „Spiel".

a) Spiele mit einer Spielperiode

Ausgangspunkt spieltheoretischer Überlegungen ist das bekannte Gefangenendilemma. Dabei handelt es sich um ein Spiel, bei dem die Spieler nur einmal aufeinander treffen („Spiel mit einer Spielperiode"). Dem Gefangenendilemma liegt folgender Sachverhalt[40] zugrunde: Zwei in getrennten Zellen einsitzenden Tätern eines gemeinschaftlichen bewaffneten Raubüberfalls macht der Staatsanwalt jeweils ein Angebot. Wer die Tat gesteht und damit seinen nicht geständigen Mittäter belastet, geht straffrei aus; der nicht geständige Täter wird zu einer Freiheitsstrafe von 5 Jahren verurteilt. Gestehen beide, werden beide verurteilt; wegen des Geständnisses wird die Strafe gemildert und auf 3 Jahre festgesetzt. Gesteht keiner, werden die Täter mangels Beweise nur wegen eines Waffendelikts zu einer Freiheitsstrafe von 1 Jahr verurteilt. Jedem Gefangenen wird klar sein, dass wenn beide Gefangenen schweigen, beide nur zu einem Jahr verurteilt werden. Nur kann sich der jeweilige Gefangene mangels Möglichkeit

---

[35] *Faull/Nikpay*, S. 25, 1.76.

[36] *Kantzenbach/Kruse*, S. 26; *Hay*, Oxford Review of Economic Policy, Vol. 9, No. 2, 1, 8 weist bezüglich des Begriffes „tacit collusion" darauf hin, seiner Auffassung nach sei weniger „tacit" als vielmehr „secret collusion" zu erwarten. Daher sei es notwendig, den Blick weniger auf das Marktverhalten und mehr auf das Marktergebnis zu lenken.

[37] *Kantzenbach/Kottmann/Krüger*, S. 8f.

[38] *Etter*, World Competition 23 (3) 2000, 103, 115; Zu grundlegenden spieltheoretischen Modellen wie z. B. „Gefangenendilemma", „Trigger", „Tit for Tat" und „Stick and Carriot" vgl. etwa *Dixit/Nalebuff*, S. 89ff.; *Kantzenbach/Kottmann/Krüger*, S. 26ff.

[39] *Etter*, World Competition 23 (3) 2000, 103, 115.

[40] *Zimmer*, ZHR 154 (1990), 470, 473.

einer Abstimmung mit dem anderen nicht sicher sein, dass auch der andere schweigt. Daher steht jeder besser, wenn er gesteht,[41] obwohl die Bestrafung bei beiderseitigem Geständnis mit 3 Jahren höher ausfällt als bei beiderseitigem Schweigen.[42]

Eine Situation, in der kein Spieler durch die Wahl einer anderen Strategie ein besseres Ergebnis erzielen kann, bezeichnet man als „*Nash-Gleichgewicht*".[43] Das *Nash-Gleichgewicht* des Gefangenendilemmas ist für jeden Spieler das Geständnis. Allerdings ist diese Strategie des Geständnisses nicht *pareto-effizient*.[44] Eine ökonomische Situation ist pareto-effizient, wenn es nicht möglich ist, die Situation eines Spielers zu verbessern ohne diejenige eines anderen zu verschlechtern.[45] Bei beiderseitigem Schweigen stünden die Gefangenen jedoch beide jeweils besser. Durch die Wahl einer individuell rationalen Strategie wird hier letztlich ein Ergebnis erzielt, das beiden Spielern schadet[46] bzw. jedenfalls vom bestmöglichen Ergebnis abweicht.

Mit diesem Gefangenendilemma können Situationen beschrieben werden, in denen es für jeden Spieler mangels Abstimmungsmöglichkeit mit anderen Spielern individuell rational ist, eine nichtkooperative Strategie zu wählen.[47] Auch miteinander konkurrierende Unternehmen dürfen über ihr künftiges Verhalten keine Vereinbarungen treffen und werden deshalb etwa bei der Festlegung des Preises für ein von ihnen angebotenes Gut einen niedrigeren Preis wählen, obschon ein höherer Preis für die Beteiligten von Interesse wäre.[48] Das Gefangenendilemma ist also in theoretischer Hinsicht eine für Oligopolisten typische Situation.[49]

b) Wiederholte und unendliche Spiele

Im Gegensatz zu den Gefangenen aus dem Gefangenendilemma treffen konkurrierende Unternehmen auf dem Markt jedoch nicht nur einmal aufeinander. Sie treten vielmehr wiederholt zueinander in Konkurrenz und bekommen somit die Möglichkeit, auf das Vorgehen des Wettbewerbers zu reagieren – und zwar

---

[41] Die Kombinationen der einzelnen Handlungsmöglichkeiten werden ausführlich dargestellt bei *Zimmer*, ZHR 154 (1990), S. 470, 473.
[42] *Zimmer*, ZHR 154 (1990), 470, 474.
[43] *Etter*, World Competition 23 (3) 2000, 103, 111; dazu auch *Rees*, Oxford Review of Economic Policy, Vol. 9, No. 2, 27, 29; *Kolasky*, S. 6.
[44] *Etter*, World Competition 23 (3) 2000, 103, 117.
[45] *Etter*, World Competition 23 (3) 2000, 103, 110.
[46] *Kantzenbach/Kottmann/Krüger*, S. 29.
[47] *Amstutz*, S. 36.
[48] *Zimmer*, ZHR 154 (1990), 470, 474f.
[49] *Niels*, 2001 ECLR, 168, 170.

durch Belohnung oder Strafe.[50] Wer auf das Verhalten seiner Mitspieler reagieren kann, erhält damit auch die Möglichkeit, durch seine eigene Reaktion das Verhalten seiner Mitspieler zu beeinflussen.[51]

Die Mitspieler haben eine Bestrafung freilich nur dann zu fürchten, wenn auf die Spielperiode, in der sie sich für ein Verhalten entscheiden müssen, mindestens noch eine weitere Spielperiode folgt; in der letzten Spielrunde besteht kein Anreiz dafür, sich im Verhältnis zu den Mitspielern wohl zu verhalten – zumindest dann, wenn bekannt ist, dass es sich um die letzte Spielperiode handelt.[52] Da dann aber das Verhalten der Mitspieler in der letzten Spielperiode voraussehbar ist, besteht auch in der vorletzten Runde kein Grund, sich durch Wohlverhalten Belohnung in der letzten Runde zu verdienen. Diese Erkenntnis setzt sich dann auch in der vor-vorletzten Periode durch und so weiter rückwärts bis zur ersten Periode (*backward induction argument*). Auf diese Weise ist kollektiv rationales Wohlverhalten in wiederholten Spielen mit bekannter Endperiode nicht zu erklären.[53]

Das Problem lässt sich umgehen, wenn man von Spielen ausgeht, die unendlich oft wiederholt werden (*supergames*).[54] In einem unendlich oft wiederholten Spiel kann ein Spieler allein durch sein eigenes Verhalten das Verhalten seiner Mitspieler beeinflussen. Es ist also grundsätzlich möglich, auch ohne Absprache zu einem gleichförmigen Verhalten mit seinen Mitspielern zu gelangen. Die Mitspieler werden sich solange parallel verhalten, wie dies für sie individuell rational ist. Die Stabilität dieses Parallelverhaltens hängt also davon ab, ob die Vorteile eines – langfristigen – Parallelverhaltens die Vorteile eines einseitigen Ausbrechens aus dem Parallelverhalten überwiegen.[55] Dies hängt wiederum davon ab, wie die Mitspieler auf ein einseitiges Ausbrechen eines Spielers reagieren, welche *kooperative Strategie* sie also verfolgen.

c) Kooperative Strategien in unendlichen Spielen

Es gibt verschiedene Möglichkeiten, auf das Ausbrechen eines Mitspielers aus dem Parallelverhalten „stillschweigend" zu reagieren (*Bestrafungsmechanismen*). Beim so genannten *Brinkmanship* wird den Mitspielern für den Fall des Abweichens vom Parallelverhalten eine Bestrafung in Aussicht gestellt, die diese auf keinen Fall hinnehmen wollen. Das abweichlerische Verhalten muss mit

---

[50] *Zimmer*, ZHR 154 (1990), 470, 476.
[51] *Zimmer*, ZHR 154 (1990), 470, 476.
[52] *Kantzenbach/Kottmann/Krüger*, S. 30f.
[53] *Kantzenbach/Kottmann/Krüger*, S. 31.
[54] *Kantzenbach/Kottmann/Krüger*, S. 32.
[55] *Kantzenbach/Kottmann/Krüger*, S. 29f. und 32f.

einem intolerierbaren Risiko verbunden sein.[56] Ein solches Risiko könnte beispielsweise ein unendlicher Preiskrieg sein.[57] Nach einer anderen Strategie namens *Tit for Tat* wird – ausgehend von der biblischen Verhaltensregel „Auge um Auge, Zahn um Zahn"[58] – in der ersten Spielrunde kooperiert und in den weiteren Spielrunden jeweils das Verhalten des Gegners aus der vorhergehenden Runde imitiert.[59] Dieser Strategie gelingt es in der Regel, Kooperation so weit wie möglich zu fördern, sich aber auf der anderen Seite nicht ausnutzen zu lassen.[60]

Insbesondere *Tit for Tat* zeigt – zumindest in einer gegebenen Spielsituation[61] –, dass sich kooperatives Verhalten auch für Egoisten lohnen kann.[62] Unabhängig davon, ob *Tit for Tat* im Einzelnen eine fehlerlose Strategie ist[63] oder noch weiterer Fortentwicklung bedarf,[64] vermag sie doch jedenfalls zu zeigen, dass sich unter bestimmten Voraussetzungen auch Egoisten ohne Abstimmung kooperativ verhalten.[65] Alle kooperativen Strategien demonstrieren, mittels welches Mechanismus das *Nash*-Gleichgewicht durch ein pareto-effizientes Gleichgewicht abgelöst wird, nämlich durch die Furcht vor Entdeckung und Bestrafung von abweichlerischem Verhalten.[66] Diese spieltheoretischen Modelle können jedoch über drei Probleme nicht hinweghelfen: Auch sie können erstens ein spezifisches Marktergebnis nicht vorhersagen. Zweitens hängen die Modelle und Marktergebnisse – genau wie das klassische Oligopolmodell von *Cournot* – von den Parametern ab, die das jeweilige Modell benutzt. Schließlich gehen die Modelle von der Prämisse aus, dass die Spieler sich rational verhalten (*Rationalitätsannahme*), was in der Realität nicht immer der Fall ist.[67]

---

[56] *Dixit/Nalebuff*, S. 201.

[57] *Etter*, World Competition 23 (3) 2000, 103, 120.

[58] Eingehender beschäftigen sich mit den biblischen Grundlagen *Dixit/Nalebuff*, S. 105.

[59] Vgl. *Dixit/Nalebuff*, S. 105.

[60] *Dixit/Nalebuff*, S. 106.

[61] *Zimmer*, ZHR 154 (1990), 470, 478.

[62] *Amstutz*, S. 38.

[63] *Dixit/Nalebuff* kritisieren auf S. 106f. die Anfälligkeit der Strategie für Missverständnisse; ähnlich bemängelt *Zimmer*, ZHR 154 (1990), 470, 479 die fehlende Möglichkeit, zwischen kooperativen und nicht kooperativen Gegnern zu unterscheiden; *Stumpf/Stumpf*, Rechtstheorie 35 (2004), 57, 65f. verweisen auf die Erschwerung der Strategie bei einer höheren Zahl von Mitspielern.

[64] Beispielhaft für differenziertere Strategien seien erwähnt *Trigger* und *Stick and Carriot* bei *Kantzenbach/Kottmann/Krüger*, S. 32f.; ein weiterer Vorschlag findet sich bei *Dixit/Nalebuff*, S. 112.

[65] *Zimmer*, ZHR 154 (1990), 470, 480f.

[66] *Etter*, World Competition 23 (3) 2000, 103, 121.

[67] *Etter*, World Competition 23 (3) 2000, 103, 122; *Wambach*, S. 15 weist in diesem Zusammenhang allerdings darauf hin, dass sich vermeintlich irrationales Verhalten vor dem Hintergrund modifizierter Modelle gelegentlich als doch rational entpuppt. Die Rationalitätsannah-

d) Zwischenergebnis

Anhand spieltheoretischer Modelle lässt sich zeigen, dass Oligopolisten auch ohne Absprachen in der Lage sind, eine kooperative Strategie zu wählen und im wirtschaftwissenschaftlichen Sinne kollusiv zusammenzuarbeiten, also ein Marktergebnis zu erzielen, das über demjenigen liegt, welches sich bei funktionierendem Wettbewerb einstellen würde.[68]

Die Kollusionswahrscheinlichkeit hängt davon ab, welche Anreize die Marktbedingungen den Unternehmen für gleichgerichtetes Verhalten bieten.[69] Die Kollusionsanreize sind wiederum davon abhängig, ob günstige Voraussetzungen für das Erreichen einer kollusiven Verständigung (*agreement*) vorliegen und wie stabil ein einmal erzieltes *agreement* ist.[70] Die Stabilität eines *agreements* hängt ihrerseits davon ab, ob es für das einzelne Unternehmen lohnender ist, sein Verhalten weiterhin dem kollektiven wettbewerbsbeschränkenden Verhalten der anderen Oligopolisten anzupassen oder ob das Unternehmen sich größere Vorteile aus einem einseitigen Ausbrechen aus diesem kollektiven Verhalten verspricht.[71] Somit ist zur Beurteilung der Kollusionswahrscheinlichkeit die sog. *Wirkungskette stabiler Kollusion*[72] zu untersuchen,[73] nämlich

- die Möglichkeiten zur Erreichung einer Verständigung (*agreement*) zwischen den Anbietern,
- die Anreize zum Ausbrechen einzelner Anbieter (*cheating*) aus der Verständigung,
- die Möglichkeiten, *cheating* aufzudecken (*detection*)
- und erfolgreich zu bestrafen (*punishment*).

3. Faktoren, die *tacit collusion* begünstigen

Ob und wann es in einem Oligopol zu *tacit collusion* kommt, lässt sich nicht mit Sicherheit für jeden Einzelfall vorhersagen. Es können lediglich Mustervorhersagen getroffen werden, also Aussagen darüber, unter welchen allgemeinen Be-

---

me zu ersetzen bemüht sich die an biologische Prozesse angelehnte *Evolutionäre Spieltheorie*; vgl. dazu *Amstutz*, S. 42-46, sowie *Haucap*, S.4 unter Hinweis auf fehlende experimentelle Tests.

[68] *Faull/Nikpay*, S. 28, 1.85.

[69] *Kantzenbach/Kottmann/Krüger*, S. 36.

[70] *Kantzenbach/Kottmann/Krüger*, S. 13f. und 36f.

[71] *Kloosterhuis*, 2001 ECLR, 79, 83.

[72] *Kantzenbach/Kottmann/Krüger*, S. 37.

[73] Vgl. zu dieser auf die Forschung von *Stigler* zurückgehenden Erkenntnis z. B. *Leibenath*, S. 260f; *Kantzenbach/Kottmann/Krüger*, S. 88; *Morgan*, Antitrust Bulletin 1996, S. 207, 210; *Baker*, Antitrust Bulletin 1993, 143, 152; *Kolasky*, S. 9.

dingungen sich ein Muster bestimmter Art – hier die Kollusion im engen Oligopol – bildet.[74] Die Kollusionswahrscheinlichkeit wird vor allem durch folgende Faktoren beeinflusst: [75]

Beziehungen zwischen den Anbietern erleichtern eine Einschätzung der Wettbewerbsstrategien der Wettbewerber und damit die Chancen, zu einem kollusiven Agreement zu gelangen.[76] Wenn sich Anbieter darüber hinaus auf einer Mehrzahl von Märkten gegenüberstehen (so genannte *multi-market-contacts*), kann das möglicherweise zu einem *Geflecht von Verletzlichkeiten* führen. Dadurch werden die Vergeltungsmöglichkeiten im Falle von Cheating seitens eines Konkurrenten verbessert.[77]

Beziehungen zwischen Anbietern und Nachfragern bestimmen die Preiselastizität der unternehmensindividuellen Absatzfunktion.[78] Die Preiselastizität der Marktnachfrage wirkt sich sowohl auf den Anreiz zum kollusiven *agreement* als auch auf den Anreiz zum *cheating* aus.[79]

Heterogenität der Anbieter: Anbieter, deren Wettbewerbsposition ähnlich ist, verfügen in der Regel über gleichgerichtete Interessen. Dies erleichtert eine Verhaltensabstimmung.[80] Zu untersuchen sind dabei aber nicht nur Marktanteile und Kapazitäten, Innovationskraft und der Grad der vertikalen Integration, sondern auch die Kostenstrukturen der Anbieter.[81] Eine Rolle spielen in diesem Zusammenhang auch die Zeitpräferenzen der Anbieter. Je länger ein Anbieter beispielsweise durch – irreversible – Investitionen an den Markt gebunden ist, desto mehr wird er an einer gemeinsamen Stabilisierung der Gewinne und desto weniger an kurzfristigen *cheating*-Profiten interessiert sein.[82]

Heterogenität der Produkte: Heterogenität der Produkte erschwert eine Verständigung der Oligopolisten. *Ein* kollusives Agreement über *einen* Preis und *eine* Menge reicht nicht mehr aus; es muss sich vielmehr auf mehrere Preise und

---

[74] *Amstutz*, S. 50; *Kantzenbach/Kottmann/Krüger*, S. 87.

[75] Nicht die Beziehung zwischen Marktstruktur und Kollusionswahrscheinlichkeit, sondern zwischen bestimmten Unternehmenseigenschaften und Kollusionswahrscheinlichkeit untersuchen *Asch/Seneca*, 23 (1975) Journal of Industrial Economics,223, 224 und 235f. Zum Katalog vgl. in neuerer Zeit z.B. *Etter*, World Competition 23 (3) 2000, 103, 124; *Leibenath*, S. 261ff.; *Scherer*, S. 227; *Kantzenbach/Kruse*, S. 59; *Faull/Nikpay*, S. 57, 1.159.

[76] *Ivaldi/Jullien/Rey/Seabright/Tirole*, S. 66; *Kantzenbach/Kottmann/Krüger*, S. 55.

[77] *Ivaldi/Jullien/Rey/Seabright/Tirole, S.66; Kantzenbach/Kottmann/Krüger*, S. 56f.

[78] *Kantzenbach/Kottmann/Krüger*, S. 59.

[79] *Ivaldi/Jullien/Rey/Seabright/Tirole*, S. 66; *Kantzenbach/Kottmann/Krüger*, S. 20.

[80] *Ivaldi/Jullien/Rey/Seabright/Tirole*, S. 66; *Kantzenbach/Kottmann/Krüger*, S. 62.

[81] *Kantzenbach/Kottmann/Krüger*, S. 63f.

[82] *Kantzenbach/Kottmann/Krüger*, S. 69.

Mengen erstrecken. Daher besteht bei Produktheterogenität eher eine Neigung zu expliziter statt impliziter Kollusion. Andererseits können heterogene Produkte im Fall von Marktschrankenkollusion Abstimmungen auch erleichtern,[83] weil sie eine klarere Identifizierung von Teilmärkten zulassen.[84] Da zudem bei heterogenen Produkten Preisunterbietungen nur zu einem geringen Mengeneffekt führen und damit *cheating*-Anreize verringern, des Weiteren differenzierte Produkte oftmals gezieltere Strafmaßnahmen bei *cheating* ermöglichen,[85] kann Produkthomogenität andererseits aber auch kollusionsfördernde Wirkungen zeigen; die Auswirkungen von Produkthomogenität sind also ambivalent.[86]

Unsicherheiten: Unsicherheiten erhöhen die Gefahr unterschiedlicher Einschätzungen der Marktsituation durch die einzelnen Anbieter. Daher ist eine höhere Abstimmungsintensität erforderlich.[87]

Wettbewerbsverhalten in der Vergangenheit: Auch das Wettbewerbsverhalten der Anbieter in der Vergangenheit kann ein Anhaltspunkt für die Beurteilung der Kollusionswahrscheinlichkeit sein.[88]

Transparenz: Eine hohe Markttransparenz fördert die Erzielung einer Einigung unter den Oligopolisten. Somit sind zur Beurteilung der Kollusionswahrscheinlichkeit insbesondere die Kommunikationsstrukturen zu würdigen, die den Anbietern Informationen über das Wettbewerbsverhalten ihrer Konkurrenten liefern. Bei entsprechender Markttransparenz ist es einem Anbieter möglich, zu signalisieren, dass er sich auf ein bestimmtes wettbewerbliches Verhalten festgelegt hat. Dadurch können die anderen Anbieter eher veranlasst werden, ihre eigenen Wettbewerbsstrategien entsprechend darauf abzustimmen. Markttransparenz erleichtert zudem die Entdeckung von *cheating* und wirkt dadurch auch kollusionsstabilisierend.[89]

Stabilität der Wettbewerbsbedingungen: Dynamische Märkte mit einer hohen Rate technischen Fortschritts erfordern häufige Anpassungen des *agreements*.[90] Zudem ist es auf Märkten mit hohen Innovationsraten schwieriger, auf *cheating* zu reagieren.[91] Bei der Beurteilung der Marktdynamik ist außer der Innovations-

---

[83] *Kantzenbach/Kottmann/Krüger*, S. 39f.
[84] *Kantzenbach/Kottmann/Krüger*, S. 19.
[85] *Kantzenbach/Kottmann/Krüger*, S. 40
[86] *Ivaldi/Jullien/Rey/Seabright/Tirole*, S. 66.
[87] *Kantzenbach/Kottmann/Krüger*, S. 69.
[88] *Kantzenbach/Kottmann/Krüger*, S. 70.
[89] *Ivaldi/Jullien/Rey/Seabright/*Tirole, S. 65; *Kantzenbach/Kottmann/Krüger*, S. 72f.
[90] *Ivaldi/Jullien/Rey/Seabright/Tirole*, S. 66; *Kantzenbach/Kottmann/Krüger*, S. 40.
[91] *Kloosterhuis*, 2001 ECLR, 79, 83.

rate auch die Entwicklung der Gesamtnachfrage, der räumlichen Ausdehnung der Wettbewerbsbeziehungen sowie der Substitutionsbeziehungen zu Nachbarmärkten zu berücksichtigen. Insgesamt ist auf stabileren Märkten eine höhere Kollusionsneigung zu beobachten. Zudem verringern stabile Marktbedingungen den *cheating*-Anreiz.[92]

Diese Faktoren dürfen jedoch nicht wie eine Checkliste einzeln „abgehakt" werden. Vielmehr ist jeder kollusionshemmende und -fördernde Faktor – den Ergebnissen der spieltheoretischen Kollusionsforschung gemäß – nach den Anreizen zur Bildung eines kollusiven Agreements, den Cheating-Anreizen, der Gefahr einer Aufdeckung und der Möglichkeit effektiver Bestrafung von Cheating zu untersuchen.[93] Wer aus spezifischen Marktsituationen Schlussfolgerungen für künftige Wettbewerbsverhältnisse herleitet, soll die Annahmen benennen, die den Schlussfolgerungen zugrunde liegen.[94]

C. Einseitige Effekte eines Zusammenschlusses in oligopolistischen Marktstrukturen

Horizontale Zusammenschlüsse können den sich zusammenschließenden Unternehmen jedoch auch ohne Verhaltenskoordination mit anderen Oligopolmitgliedern ermöglichen, ihre Preise zu erhöhen infolge des geänderten Anreizes zur kurzfristigen Gewinnmaximierung durch die fusionierenden Unternehmen.[95] Durch den Zusammenschluss wird der Wettbewerbsdruck zwischen den sich zusammenschließenden Unternehmen beseitigt; der Zusammenschluss kann dann zu einer bedeutenden Schwächung der wettbewerblichen Zwänge insgesamt führen.[96] Ob es für die sich zusammenschließenden Unternehmen tatsächlich lohnend ist, ihre Preise erhöhen, hängt vor allem von der Existenz und der Wettbewerbsbereitschaft etwaiger Konkurrenten ab.[97] Eine wichtige Rolle spielen aber auch die Existenz von Markteintrittsschranken[98] sowie die Natur des Wettbewerbs auf dem betroffenen Markt, die Nachfrage der Abnehmer, der Einfluss des Zusammenschlusses auf die Kosten der sich zusammenschließen-

---

[92] *Kantzenbach/Kottmann/Krüger*, S. 75.

[93] *Kantzenbach/Kottmann/Krüger*, S. 77; auf die Problematik verweist auch *Scherer*, S. 227 mit dem Hinweis: „It is in part because of this complexity and randomness that oligopoly poses such difficult problems for the economic analyst".

[94] *Kantzenbach/Kottmann/Krüger*, S. 89.

[95] *Bishop/Ridyard*, 2003 ECLR, 357, 358; *Hinten-Reed/Camesasca/Schedl*, RIW 2003, 321, 323; *Hinten-Reed/Camesasca*, 2003 ECLR, 458, 459.

[96] *Bishop/Walker*, 7.16; *Zimmer*, ZWeR 2004, 250, 255.

[97] *Zimmer,* ZWeR 2004, 250, 255.

[98] *Bishop/Walker*, 7.59.

den Unternehmen für die Beschaffung der betreffenden Produkte und die Anreize für die Wettbewerber der sich zusammenschließenden Unternehmen.[99]

D. Folgerungen für den Gang der Untersuchung

Die Feststellung, dass ein Zusammenschluss in oligopolistischen Marktstrukturen aufgrund von koordinierter Effekte zur Begründung oder Verstärkung einer marktbeherrschenden Stellung führen wird, setzt also eine Auseinandersetzung mit den gerade dargestellten Mechanismen voraus. Die Entscheidungspraxis der Europäischen Kommission und der europäischen Gerichte wird in dieser Arbeit also insbesondere anhand des gerade dargestellten ökonomischen Maßstabes zu messen sein. Ein Augenmerk wird auch darauf liegen, ob in der Entscheidungspraxis der Europäischen Kommission und der europäischen Gerichte zur kollektiven Marktbeherrschung tatsächlich Lücken bestehen, die das Konzept der *unilateral effects* zu schließen vermag.

---

[99] *Dubow/Elliott/Morrison*, 2004 ECLR, 114, 116; ausführlich *Ivaldi/Jullien/Rey/Seabright/Tirole*, The Economics of Unilateral Effects.

2. KAPITEL: ANSÄTZE ZUR ERFASSUNG VON OLIGOPOLSACHVERHALTEN IM EUROPÄISCHEN RECHT

Im europäischen Recht gibt es zwei Ansätze zur Kontrolle von Oligopolsachverhalten, nämlich das Konzept der Verhaltenskontrolle mittels Art. 81 und 82 EG und das Konzept der Strukturkontrolle mittels Fusionskontrolle. Nachfolgend wird zu untersuchen sein, inwieweit Oligopolsachverhalte mittels Art. 81 und 82 EG kontrolliert werden können und inwieweit ggf. eine Anwendung von Art. 81 und 82 EG auf koordinierte Effekte in oligopolistischen Markstrukturen beschränkt ist.

§ 3 Verhaltenskontrolle

Die Verhaltenskontrolle bezieht sich sowohl auf das Verhältnis der Oligopolisten untereinander (das „Innenverhältnis") – dies ist der Anwendungsbereich der Verhaltensbeschränkung nach Art. 81 EG (dazu unter A.) – als auch auf die Wirkung des Verhaltens der Oligopolisten auf die anderen Marktbeteiligten (das „Außenverhältnis"). Letzteres ist der Anwendungsbereich der Missbrauchskontrolle gemäß Art. 82 EG (dazu unter B).

A. Verhaltenskontrolle mittels Art. 81 EG

Nachfolgend wird das bewusste Parallelverhalten im engen Oligopol zunächst von wettbewerbsbeschränkenden Vereinbarungen und abgestimmten Verhaltensweisen gem. Art. 81 Abs. 1 EG abgegrenzt. Es wird ferner gezeigt, welche Rolle oligopolistisches Verhalten im Zusammenhang mit der Möglichkeit der Freistellung vom Verbot des Art. 81 Abs. 1 EG nach Art. 81 Abs. 3 EG spielt.

I. Bewusstes Parallelverhalten im engen Oligopol und Art. 81Abs. 1 EG

1. Abgrenzung zu Vereinbarungen im Sinne von Art. 81 Abs. 1 EG

Art. 81 Abs. 1 EG verbietet wettbewerbsbeschränkende Vereinbarungen. „Vereinbarungen" in diesem Sinne sind zwei- oder mehrseitige Übereinkünfte, durch die wenigstens eine der Parteien zu einem bestimmten Tun oder Unterlassen rechtlich oder faktisch verpflichtet wird.[100] In diesen Übereinkünften bringen die betroffenen Unternehmen ihren Willen zum Ausdruck, sich auf dem Markt

---

[100] *Bunte* in *Langen/Bunte*, Art 81, Rz. 17; *Gleiss/Hirsch*, Art 85 (1), Rz. 74; vgl. auch *Stockmann* in *Wiedemann*, § 7, Rz. 7; ein Modell der „Vereinbarung" zu entwerfen versucht *Black*, ECLR 2003, 504ff.

in bestimmter Weise zu verhalten.[101] Da es im Rahmen des Art. 81 Abs. 1 EG nach herrschender Auffassung nicht auf die Form der Willenseinigung zwischen den Unternehmen ankommt, kann grundsätzlich auch eine stillschweigende oder konkludente Absprache „Vereinbarung" im Sinne von Art. 81 Abs. 1 EG sein.[102] Erzielen Unternehmen jedoch allein durch bewusstes Ausnutzen der oligopolistischen Interdependenz im engen Oligopol ein paralleles Verhalten, besteht zwischen ihnen weder eine ausdrückliche noch eine konkludente Vereinbarung. Die Unternehmen verhalten sich individuell rational, anstatt eine gemeinsame Entscheidung über das Vorgehen im Markt zu treffen. Somit fällt das oligopolistische Parallelverhalten nicht unter das Verbot wettbewerbsbeschränkender Vereinbarungen gem. Art. 81 Abs. 1 EG.[103]

2. Abgrenzung zu den aufeinander abgestimmten Verhaltensweise i.S.v. Art. 81 EG

Der Tatbestand der „aufeinander abgestimmten Verhaltensweisen" ist ein Auffangtatbestand.[104] Mit ihm sollen rechtlich und faktisch unverbindliche Vereinbarungen oder Beschlüsse in den Geltungsbereich des Art. 81 Abs. 1 EG einbezogen werden, um eine einfache Umgehung des Kartellverbots zu verhindern.[105] Außerdem sollen auch andere Formen des bewussten und gewollten Zusammenwirkens von Unternehmen vom Kartellverbot erfasst werden können.[106]

Abgestimmte Verhaltensweisen setzen zweierlei voraus, nämlich eine „Abstimmung" [107] der Unternehmen untereinander im Sinne einer Verständigung über die Koordinierung des wettbewerblichen Verhaltens[108] – und eine der Ab-

---

[101] Aus neuerer Zeit EuGH, Urteil vom 06.01.2004, verb. Rs. C-2/01 P und C-3/01 P, „Bundesverband der Arzneimittel-Importeure e.V. und Kommission", EWS 2004, 166ff.; EuG, Urteil vom 03.12.2003, Rs. T-208/01, „Volkswagen AG/ Kommission", EWS 2004, 174ff.; EuG, Urteil vom 26.10.2000, Rs. T-41/96, „Bayer AG/ Kommission", Slg. 2000, II – 3387ff., Tz. 68; zu den genannten Urteilen auch *Kamann/Bergmann*, EWS 2004, 151ff. und *Wertenbruch*, EWS 2004, 145ff.

[102] *Bunte* in *Langen/Bunte*, Art 81, Rz. 19.

[103] *Black*, 2003 ECLR, 219, 224.

[104] *Stockmann* in *Wiedemann*, § 7, Rz. 9; *Gleiss/Hirsch*, Art. 85 (1), Rz. 90; *Emmerich* in *Immenga/Mestmäcker*, Art 85 Abs. 1, Rz. 100; *derselbe* in *Dauses*, H.I § 1 Rz. 80; *Schröter* in *Groeben/Thiesing/Ehlermann*, Artikel 85 Absatz 1, Rz. 59; *Grill* in *Lenz*, Art. 81, Rz. 5.

[105] *Schröter* in *Groeben/Thiesing/Ehlermann*, Artikel 85 Absatz 1, Rz. 59; *Stockmann* in *Wiedemann*, § 7, Rz. 9.

[106] *Schröter* in *Groeben/Thiesing/Ehlermann*, Artikel 85 Absatz 1, Rz. 59; *Emmerich* in *Immenga/Mestmäcker*, Art. 85 Abs. 1, Rz. 100.

[107] *Gleiss/Hirsch*, Art. 85 (1), Rz. 75; vgl. dazu auch *Zimmer*, ZHR 154 (1990), 470, 471.

[108] *Stockmann* in *Wiedemann*, § 7, Rz. 10.

stimmung entsprechende „Verhaltensweise“, also die Umsetzung dieser Abstimmung durch ein entsprechendes Verhalten der beteiligten Unternehmen.[109]

a) Abstimmung

Nach der (später oft aufgegriffenen)[110] Definition des EuGH in „ICI/ Kommission”[111] erfasst der Begriff der aufeinander abgestimmten Verhaltensweisen

> „eine Form der Koordinierung zwischen Unternehmen (...), die zwar noch nicht zum Abschluss eines Vertrages im eigentlichen Sinne gediehen ist, jedoch bewusst eine praktische Zusammenarbeit an die Stelle des mit Risiken verbundenen Wettbewerbs treten lässt”.[112]

Sowohl das Kriterium der „Koordinierung“ als auch die „Zusammenarbeit“ setzen ein gewisses Maß an Kooperation der Unternehmen voraus. Keine aufeinander abgestimmte Verhaltensweise ist folglich ein schlichtes einseitiges Verhalten der Unternehmen, welches die Unternehmen jeweils autonom, d.h. ohne Einflussnahme eines weiteren Unternehmens, beschließen.[113] Damit steht gleichzeitig fest, dass sich die Möglichkeit der Einflussnahme auf Oligopol-Verhalten auf „koordiniertes“ Verhalten beschränkt; einseitige Verhaltensweisen sind nicht erfasst.

aa) Keine Koordinierung zwischen den am Parallelverhalten beteiligten Unternehmen erforderlich

Da sich beim bewussten Parallelverhalten im engen Oligopol die Oligopol-Unternehmen „über den Markt“ abstimmen, der Markt jedoch aus allen dort tätigen Unternehmen gebildet wird, ist fraglich, ob die Koordinierung zwischen den am fraglichen Parallelverhalten beteiligten Unternehmen stattfinden muss

---

[109] *Gleiss/Hirsch*, Art. 85 (1), Rz. 75; *Schröter* in *Groeben/Thiesing/Ehlermann*, Artikel 85, Rz. 61; a.A. *Emmerich* in *Immenga/Mestmäcker*, Art. 85 Abs. 1, Rz. 119; vgl. dazu auch *Zimmer*, ZHR 154 (1990), 470, 471; *Stockmann* in *Wiedemann*, § 7, Rz. 11.

[110] Z.B. EuGH, Urteil vom 16.12.1975, verb. Rs. 40 bis 48, 50, 54 bis 56, 111, 113 und 114/73, „Suiker Unie u.a./ Kommission”, Slg. 1975, 1663ff., Tz. 26/28; EuGH, Urteil vom 14.07.1981, Rs. 172/80, „Züchner/ Bayerische Vereinsbank AG”, Slg. 1981, 2021ff., Tz. 12f.; EuG, Urteil vom 10.03.1992, Rs. T-11/89, „Shell/ Kommission”, Slg. 1992, II – 757ff., Tz. 300; EuGH, Urteil vom 31.03.1993, verb. Rs. C-89/85, C-104/85, C-114/85, C-116/85, C-117/85 und C-125/85 bis C-129/85, „Ahlström Osakeyhtiö u.a./ Kommission”, Slg. 1993, I – 1575ff., Tz. 63; kritisch zu dieser Definition („unhelpful“) *Black*, 2003 ECLR 219, 222.

[111] EuGH, Urteil vom 14.07.1972, Rs. 48/69, „Imperial Chemical Industries Ltd./ Kommission”, Slg. 1972, 619ff.

[112] EuGH, a.a.O., Tz. 64/67.

[113] *Emmerich* in *Immenga/Mestmäcker*, Art. 85 Abs. 1, Rz. 108; *derselbe* in *Dauses*, H.I § 1, Rz. 83; *Hansen*, ZHR 136 (1972), 52, 57.

oder ob die Abstimmung auch durch einen Dritten erfolgen kann. Zum Teil wird vertreten, Art. 81 Abs. 1 EG verlange aus sprachlicher Sicht lediglich „aufeinander", aber keine „gegenseitig" abgestimmten Verhaltensweisen. Daher könne eine Abstimmung auch von dritter Seite erfolgen.[114] Von anderer Seite wird jedoch zutreffend darauf hingewiesen, dass sich angesichts von Art. 314 EG (bzw. Art. 248 EG a.F.) eine Auslegung des Wortlautes des EG-Vertrages nicht auf die Fassung des Vertrages in deutscher Sprache beschränken darf.[115] Während es sich bei der englischen („to concert"), französischen („concerter") und italienischen („concordare") Fassung von Art. 81 Abs. 1 EG jeweils – wie in der deutschen Fassung – um transitive reflexive Verben handelt, die auch eine Auslegung im Sinne eines „Abgestimmt-Werdens" zuließen, scheint sich das niederländische „onderling" wegen seiner Bedeutung „gegenseitig, wechselseitig" auf die Fälle des „Sich-Untereinander-Abstimmens" zu beschränken.[116] Die Auslegung des Wortlauts kommt also zu widersprüchlichen Ergebnissen. Allerdings ergibt sich systematisch aus Art. 81 Abs. 1 lit. a) EG, der als Beispiel für wettbewerbsbeschränkende Verhaltensweisen auch mittelbare Preisfestsetzungen anführt, dass das Verbot abgestimmten Verhaltens auch transitive Formen der Abstimmung erfasst.[117] Ein „aufeinander" Abstimmen ist somit ausreichend.

bb) Fühlungnahme als Mittel des Informationsaustauschs

Mittel der Verhaltensabstimmung ist eine Fühlungnahme oder ein Informationsaustausch zwischen den Unternehmen.[118] Vom Informationsaustausch zu unterscheiden ist demgegenüber ein bloßes Beobachten des Marktes. Nach dem *Selbständigkeitspostulat*, einem Grundgedanken der Wettbewerbsvorschriften des Vertrages, soll jeder Unternehmer selbständig zu bestimmen haben, welche Politik er auf dem Gemeinsamen Markt zu betreiben gedenkt. Er hat dabei das Recht, sich dem festgestellten oder erwarteten Verhalten seiner Mitbewerber „mit wachem Sinn" anzupassen. Das Selbständigkeitspostulat steht indes nach der Rechtsprechung des EuGH

> „streng jeder unmittelbaren oder mittelbaren Fühlungnahme zwischen Unternehmen entgegen, die bezweckt oder bewirkt, entweder das Marktverhalten eines gegenwärtigen oder potentiellen Mitbewerbers zu beeinflussen oder einen solchen Mitbewerber über das Marktver-

---

[114] *Schröter* in *Groeben/Thiesing/Ehlermann*, Artikel 85 Absatz 1, Rz. 63; *Emmerich* in *Dauses*, H.I § 1, Rz. 86.
[115] *Lübbert*, S. 80.
[116] *Lübbert*, S. 81.
[117] *Lübbert*, S. 81.
[118] EuGH, Urteil vom 14. Juli 1981, Rs. 172/80, „Züchner/ Bayerische Vereinsbank AG", Slg. 1981, S. 2021ff., Tz.21; *Emmerich* in *Immenga/Mestmäcker*, 1. Aufl. 1997, Art. 85 Abs. 1, Rz. 110; *Bunte* in *Langen/Bunte*, Art. 81, Rz. 30; *Temple Lang*, FCLI 2001, 269, 274; *Ebel*, Art. 85 EG-Vertrag, Rz. 317 verlangt „ein Minimum an gegenseitigem Kontakt".

halten ins Bild zu setzen, das man selbst an den Tag zu legen entschlossen ist oder in Erwägung zieht."[119]

b) Verhalten gemäß der Abstimmung

Ob neben der bereits erörterten Abstimmung ein tatsächliches Parallelverhalten der Unternehmen gemäß der Abstimmung Tatbestandsmerkmal der aufeinander abgestimmten Verhaltensweisen ist, ist umstritten.

Die Vertreter der Auffassung, ein tatsächliches Parallelverhalten sei nicht erforderlich, berufen sich – mit unterschiedlicher Nuancierung – auf die Problematik der Fälle der unvollendeten Handlung. Wie die Variante des „Bezweckens" in Art. 81 Abs. 1 EG zeige, seien auch diese Fälle vom Verbot abgestimmter Verhaltensweisen erfasst. So vertritt Generalanwalt *Darmon* in seinen Schlussanträgen in der Sache „Ahlström Osakeyhtiö/ Kommission", eine Einbeziehung des Parallelverhaltens als „objektives Merkmal" in den Begriff der abgestimmten Verhaltensweisen sei mit Schwierigkeiten bei der Erfassung solcher Formen der Abstimmung verbunden, die zwar noch nicht durchgeführt worden seien, mit denen aber dennoch ein restriktives Ziel verfolgt werde.[120] Es bliebe für solche Fälle dann nur, auf die – strafrechtliche – Kategorie des Versuchs zurückgreifen. Dies sei jedoch der Konzeption des gemeinschaftlichen Wettbewerbsrechts fremd.[121] Nach Auffassung von *Emmerich* ist es mit dem Wortlaut des Vertrages unvereinbar, über die Abstimmung hinausgehende Ausführungshandlungen zu verlangen. In Wahrheit handele es sich bei der Problematik um ein Beweisproblem, da in aller Regel das Vorliegen einer Verhaltensabstimmung nur nachweisbar sein dürfte, wenn die Unternehmen mit einer Verhaltensabstimmung bereits begonnen hätten. Ließe sich aber ausnahmsweise schon einmal vorher eine Abstimmung nachweisen, sei nicht einzusehen, warum dann nicht auch Art. 81 Abs. 1 EG anwendbar sein solle.[122] *Grill* wiederum schließt aus der Anwendbarkeit von Art. 81 EG beim bloßen Bezwecken einer Wettbewerbsbeschränkung, das Kartellverbot erfasse bereits die Abstimmung als solche, ohne Rücksicht darauf, ob sie in die Tat umgesetzt worden sei.[123]

---

[119] EuGH, Urteil vom 16.12.1975, verb. Rs. 40 bis 48, 50, 54 bis 56, 111, 113 und 114/73, „Suiker Unie u.a./ Kommission", Slg. 1975, 1663ff., Tz. 173/174; vgl. auch EuGH, Urteil vom 14.07.1981, Rs. 172/80, „Züchner/ Bayerische Vereinsbank AG", Slg. 1981, 2021ff., Tz. 12 f.; EuG, Urteil vom 10.03.1992, Rs. T-11/89, „Shell International Chemical Company Ltd./ Kommission", Slg. 1992, II – 757ff., Tz. 300.

[120] Schlussanträge Generalanwalt *Darmon* in „Ahlström Osakeyhtiö u.a./ Kommission", Slg. 1993, I – 1575ff., Tz 185.

[121] Schlussanträge Generalanwalt *Darmon* in „Ahlström Osakeyhtiö u.a./ Kommission", Slg. 1993, I – 1575ff., Tz. 186.

[122] *Emmerich* in *Immenga/Mestmäcker*, Art. 85 Abs. 1, Rz. 119.

[123] *Grill* in *Lenz*, Art. 81, Rz. 7.

Nach der Gegenauffassung ist ein auf der Abstimmung beruhendes Verhalten konstituierend für die aufeinander abgestimmten Verhaltensweisen. Die rechtliche oder faktische Verpflichtung durch *Vereinbarungen* und *Beschlüsse* begründe eine akute Gefahr ihrer Ausführung und rechtfertige daher ein Verbot auch ohne akute Ausführungshandlungen.[124] Im Gegensatz dazu gestatte die bloße *Abstimmung* für sich allein mangels rechtlicher und tatsächlicher Bindung nicht das für eine Abwehr künftiger Rechtsgutsverletzungen notwendige Wahrscheinlichkeitsurteil.[125] Auch der EuGH scheint der Auffassung zu folgen, dass ein tatsächliches Parallelverhalten Tatbestandsmerkmal der aufeinander abgestimmten Verhaltensweise ist. So führt er etwa in seinem Urteil „Ahlström Osakeyhtiö u.a./ Kommission" trotz der vorangegangenen Ausführungen des Generalanwalts aus, bei der aufeinander abgestimmten Verhaltensweise handele es sich um eine Form der Koordinierung zwischen Unternehmen, die zwar noch nicht bis zum Abschluss eines Vertrages im eigentlichen Sinne gediehen ist, jedoch bewusst eine „praktische Zusammenarbeit" an die Stelle des mit Risiken behafteten Wettbewerbs treten lasse.[126] Die Formulierung „praktische Zusammenarbeit" lässt darauf schließen, dass der EuGH ein tatsächliches Verhalten gemäß der Abstimmung als Tatbestandsmerkmal der aufeinander abgestimmten Verhaltensweisen betrachtet. Dem hat sich im Ergebnis eine breite Meinung angeschlossen.[127]

Differenzierend vertritt *Schröter*, abgestimmte Verhaltensweisen setzten zwar nicht voraus, dass die Abstimmung sich bereits in einem konkreten Marktverhalten der Unternehmen niederschlage. Denn aufeinander abgestimmte Verhaltensweisen seien bereits dann verboten, wenn sie eine Wettbewerbsbeschränkung lediglich bezweckten. Dass der Zweck auch ganz oder teilweise erreicht, die Wettbewerbsbeschränkung also auch bewirkt werde, sei nicht erforderlich.[128] Andererseits sei die reine Abstimmung auch nicht ausreichend. Die Abstimmung müsse sich daher in einem konkreten Verhalten mindestens eines Unternehmens niederschlagen.[129]

---

[124] *Gleiss/Hirsch*, Art. 85 (1), Rz. 92.

[125] *Lübbert*, S. 91.

[126] EuGH, Urteil vom 31.03.1993, verb. Rs C-89/85, C-104/85, C-114/85, C-116/85, C-125/85 bis C-129/85, „Ahlström Osakeyhtiö/ Kommission", Slg. 1993, I – 1575ff., Tz. 63.

[127] *Gleiss/Hirsch*, Art. 85 (1), Rz. 75; vgl. dazu auch *Zimmer*, ZHR 154 (1990), 470, 471; *Stockmann* in *Wiedemann*, § 7, Rz. 11.

[128] *Schröter* in *Groeben/Thiesing/Ehlermann*, Artikel 85 Absatz 1, Rz. 67; ähnlich, aber im Ergebnis keinerlei Ausführungshandlungen verlangend: *Emmerich* in *Immenga/Mestmäcker*, Art. 85 Abs. 1 Rz. 118.

[129] *Schröter* in *Groeben/Thiesing/Ehlermann*, Artikel 85 Absatz 1, Rz. 61.

Richtigerweise ist das Tatbestandsmerkmal der aufeinander abgestimmten Verhaltensweisen strikt zu trennen von demjenigen der Wettbewerbsbeschränkung. Diese Trennung ist die Vorgabe des Gesetzgebers des EG-Vertrages, der „aufeinander abgestimmte Verhaltensweisen“ verbietet, die „eine Verhinderung, Einschränkung oder Verfälschung des Wettbewerbs“ bezwecken oder bewirken. Eine Definition der „aufeinander abgestimmten Verhaltensweise“ muss isoliert von derjenigen des Bewirkens oder Bezweckens einer Wettbewerbsbeschränkung möglich sein. Bei isolierter Betrachtung der „aufeinander abgestimmten Verhaltensweise“ zeigt der Wortlaut „Verhaltensweise“ deutlich, dass eine Umsetzung der Abstimmung erforderlich ist,[130] und zwar eine Umsetzung der Abstimmung selbst und nicht isolierte Ausführungshandlungen einzelner Unternehmen. *Emmerich*, der sich zur Begründung der Gegenansicht ebenfalls auf den Wortlaut des Art. 81 EG beruft, übersieht, dass der EG-Vertrag nicht von einer „Abstimmung“ spricht, sondern eben von „abgestimmten Verhaltensweisen“.

c) Verhinderung, Einschränkung oder Verfälschung des Wettbewerbs

Art. 81 Abs. 1 EG verlangt schließlich das Bezwecken oder Bewirken einer Verhinderung, Einschränkung oder Verfälschung des Wettbewerbs. Dabei kommt es – wie der EuGH in „ICI/ Kommission” formuliert – entscheidend darauf an, dass das Parallelverhalten zu Wettbewerbsbedingungen führt, die im Hinblick auf die Art der Waren, die Bedeutung und Anzahl der beteiligten Unternehmen sowie den Umfang und die Eigentümlichkeiten des in Betracht kommenden Marktes nicht den normalen Marktbedingungen entsprechen.[131] Es ist also erforderlich, die normalen Wettbewerbsbedingungen und damit auch die Risiken auszuschalten, denen Wettbewerbshandlungen im Regelfall ausgesetzt sind.[132] Das auf oligopolistischer Interdependenz beruhende Parallelverhalten indes schaltet – auch wenn es bewusst gehandhabt wird – die Mechanismen des Marktes nicht aus. Es handelt sich vielmehr um ein Verhalten der Unternehmen „im Markt”. Es ist – wie jedes „normale“ Marktverhalten – wettbewerblichen Risiken ausgesetzt. Damit fällt es nach dieser Definition nicht unter Art. 81 Abs. 1 EG.

Dies ist jedoch nicht unumstritten: Manche bezweifeln, dass ein Parallelverhalten infolge oligopolistischer Interdependenz mehr marktmäßigen Risiken ausgesetzt sei als ein auf Abstimmung beruhendes Parallelverhalten. Die marktmäßigen Risiken bei oligopolistischem Parallelverhalten einerseits seien tatsächlich

---

[130] Dies räumt auch *Grill* in *Lenz*, Art. 81, Rz. 7 ein.
[131] EuGH, Urteil vom 14.07.1972, Rs. 48/69, „Imperial Chemical Industries Ltd./ Kommission”, Slg. 1972, 619ff., Tz. 64/67.
[132] *Zimmer*, ZHR 154 (1990), 470, 471.

geringer als angenommen; andererseits biete eine Abstimmung auch keine vollständige Ausschaltung der Marktrisiken. Die Risiko-Argumentation rechtfertige daher nicht, oligopolistisches Parallelverhalten aus dem „abgestimmten Verhalten" auszuklammern.[133] Diese Auffassung setzt freilich stillschweigend voraus, dass ein bloßes Verringern der Marktrisiken nicht von Art. 81 Abs. 1 EG erfasst wird. Dies scheint zweifelhaft vor dem Hintergrund, dass der Grund für das Verbot der Variante des „Bezweckens" eine erhöhte Wahrscheinlichkeit einer Wettbewerbsbeeinträchtigung ist. Die Variante des „Bezweckens" verlangt also ebenfalls keine vollständige Ausschaltung der Marktrisiken. Letztlich kommen jedoch auch die Vertreter der Auffassung, es sei ein vollständiges Ausschalten der Marktrisiken zu verlangen, zu dem Ergebnis, dass oligopolistisches Parallelverhalten nicht unter Art. 81 Abs. 1 EG fällt: Einer Ausdehnung des Begriffs der „Abstimmung" auf oligopolistisches Parallelverhalten stehe nämlich entgegen, dass ansonsten ein Verbot der Preiserhöhung im Oligopol konstruiert werde, das auf einen staatlichen Eingriff in die wettbewerbliche Preisbildung hinauslaufe.[134] Im Ergebnis ist somit auch nach dieser Ansicht das auf oligopolistischer Interdependenz beruhende Parallelverhalten nicht nach Art. 81 Abs. 1 EG verboten.

d) Beweisfragen

Angesichts der dargestellten Schwierigkeiten bei der Abgrenzung zwischen abgestimmten Verhaltensweisen und auf oligopolistischer Interdependenz beruhendem Parallelverhalten kommt der Beweislastverteilung große Bedeutung zu. Kernfrage ist dabei, welche Bedeutung ein festgestelltes tatsächliches Parallelverhalten für die Bejahung einer aufeinander abgestimmten Verhaltensweise hat. Nach Auffassung des EuGH in „ICI/ Kommission" ist ein Parallelverhalten zwar für sich allein noch nicht einer abgestimmten Verhaltensweise gleichzusetzen, kann indes ein wichtiges Indiz für eine abgestimmte Verhaltensweise darstellen, wenn es zu Wettbewerbsbedingungen führt, die im Hinblick auf die Art der Waren, die Bedeutung und Anzahl der beteiligten Unternehmen sowie den Umfang des in Betracht kommenden Marktes nicht den normalen Marktbedingungen entsprechen.[135] Unter Hinweis darauf, dass jede heimliche wettbewerbsbeschränkende Absprache verboten, andererseits aber die individuelle, rationale Anpassung an das Marktverhalten der Konkurrenten gestattet ist, führt der EuGH in „Ahlström Osakeyhtiö u.a./ Kommission" aus, dass ein Parallelverhalten nur dann als Beweis für eine Abstimmung angesehen werden könne,

---

[133] *Zimmer*, ZHR 154 (1990), 470, 485.

[134] *Zimmer*, ZHR 154 (1990), 470, 486; *Stumpf/Stumpf*, Rechtstheorie 35 (2004), 57, 69.

[135] EuGH, Urteil vom 14.07.1972, Rs. 48/69, „Imperial Chemical Industries Ltd./ Kommission", Slg. 1972, 619ff., Tz. 64/67.

wenn es sich nur durch die Abstimmung einleuchtend erklären lasse.[136] Zu dem festgestellten Parallelverhalten müssen also weitere „Plusfaktoren“ kommen, um den Schluss auf eine abgestimmte Verhaltensweise zuzulassen.[137] Lässt sich ein Parallelverhalten demgegenüber ausschließlich mit oligopolistischer Interdependenz erklären, ist es nicht nach Art. 81 Abs. 1 EG verboten[138] (sog. „Woodpulp“-Doktrin).

e) Bewusstes Parallelverhalten in den Leitlinien zur Vertikal-GVO

In der *Verordnung (EG) Nr. 2790/1999 über die Anwendung von Artikel 81 Absatz 3 des Vertrages auf Gruppen von vertikalen Vereinbarungen und aufeinander abgestimmten Verhaltensweisen*[139] (nachfolgend „Vertikal-GVO") erklärt die Kommission Art. 81 Abs. 1 EG für unanwendbar auf bestimmte Vereinbarungen zwischen auf unterschiedlichen Vertriebsstufen tätigen Unternehmen. Zur Anwendung der Vertikal-GVO gibt die Kommission erläuternde Hinweise in ihren *Leitlinien zur Vertikal-GVO* [140] (nachfolgend: „Leitlinien“) heraus. In Textziffer 103 dieser Leitlinien schildert die Kommission negative Auswirkungen auf den Markt, die von Vertikal-Vereinbarungen ausgehen können und die durch das Wettbewerbsrecht der Gemeinschaft verhindert werden sollen. Unter Punkt (ii) jener Textziffer nennt die Kommission als Beispiel für einen solchen negativen Effekt die

> „Verringerung des Markenwettbewerbs zwischen den im Markt tätigen Unternehmen („interbrand competition“), einschließlich der Erleichterung der Kollusion unter Lieferanten oder Käufern, wobei dieser Begriff sowohl die explizite als auch die stillschweigende (bewusstes Parallelverhalten) Kollusion umfasst“.

Die Kommission setzt hinter den Passus „stillschweigende [Kollusion]" erklärend den Ausdruck „bewusstes Parallelverhalten" in Klammern. Sollte die Kommission unter „bewusstem Parallelverhalten" die Fälle des bewussten Pa-

---

[136] EuGH, Urteil vom 31.03.1993, verb. Rs. C-89/85, C-104/85, C-114/85, C-116/85, C-117/85 und C-125/85 bis C-129/85, „Ahlström Osakeyhtiö u.a./ Kommission", Slg. 1993, I – 1575ff., Tz. 71; vgl. auch EuGH, Urteil vom 28.03.1984, verb. Rs. 29 und 30/83, „Compagnie Royale Asturienne des Mines S.A. und Rheinzink GmbH, Slg. 1984, 1679ff., Tz. 16 und Kommission, Entscheidung vom 6.08.1984, IV/30.350, „Zinc Producer Group", ABl. L 220/27 vom 17.8.1984, Tz. 75.

[137] *Emmerich* in *Immenga/Mestmäcker*, Art. 85 Abs. 1, Rz. 131; *derselbe* in *Dauses*, H.I § 1, Rz. 88; im Ergebnis wohl auch *Ebel*, Art. 85 EG-Vertrag, Rz. 317.

[138] So beispielsweise auch *Rodger*, 1995 ECLR, 21, 22; *Soames*, 1996 ECLR, 24, 29f.; *Schröter* in *Groeben/Thiesing/Ehlermann*, Artikel 85 Absatz 1, Rz. 70; *Stockmann* in *Wiedemann*, § 7, Rz. 11; *Bunte* in *Langen/Bunte*, Art. 81, Rz. 82.

[139] ABl. L 336/21 vom 29.12.1999.

[140] ABl. C 291/1 vom 13.10.2000.

rallelverhaltens im engen Oligopol verstehen, ist dies bemerkenswert, da sich sowohl die Vertikal-GVO als auch die dazugehörigen Guidelines auf Art. 81 EG beziehen. Das bewusste Parallelverhalten im engen Oligopol als solches fällt jedoch, wie soeben ausgeführt, gerade nicht unter Art. 81 EG. Die Kommission behauptet zwar nicht ausdrücklich, das bewusste Parallelverhalten im engen Oligopol verstoße gegen Art. 81 Abs. 1 EG. Die Kommission bringt hier aber jedenfalls zum Ausdruck, dass aus ihrer Sicht ein Bedürfnis für eine Erfassung von bewusstem Parallelverhalten durch Art. 81 EG besteht. Die Ausführungen der Kommission könnte man daher als Versuch betrachten, den Anwendungsbereich von Art. 81 EG auf das bewusste Parallelverhalten im engen Oligopol auszudehnen und damit letztlich auch die eigenen Kompetenzen zu erweitern.

II. Oligopolsachverhalte und Art. 81 Abs. 3 EG

Bei einem Verstoß gegen das Kartellverbot des Art. 81 Abs. 1 EG kommt unter den Voraussetzungen von Art. 81 Abs. 3 EG eine Ausnahme vom Kartellverbot in Betracht. Voraussetzung ist insbesondere, dass die Wettbewerbsbeschränkung nicht zur Ausschaltung wesentlichen Wettbewerbs führt. Eine Ausschaltung wesentlichen Wettbewerbs wird insbesondere dann bejaht, wenn eine marktbeherrschende Stellung erlangt wird.[141] Bei der damit verbundenen Prüfung des Restwettbewerbs sind neben dem Marktanteil der beteiligten Unternehmen auch die Marktverhältnisse zu berücksichtigen.[142] An dieser Stelle können dann auch oligopolistische Marktstrukturen eine Rolle spielen.[143] So berücksichtigt etwa die Kommission in „ANSAC" anlässlich der Frage einer etwaigen Freistellung der Verkaufsvereinbarung der Export-Vereinigung ANSAC, dass der Marktzutritt von ANSAC weder zu einer Verbesserung des Wettbewerbs noch zu einer Auflockerung der bestehenden starren oligopolistischen Markstruktur führen würde.[144]

Wie der EuGH freilich in „Matra Hachette SA/ Kommission" ausführt, kann die bloße Gefahr der Entstehung einer kollektiven marktbeherrschenden Stellung die Verweigerung einer Freistellung nur dann rechtfertigen, wenn sich diese Gefahr während der Geltungsdauer der Freistellungsentscheidung wahrscheinlich verwirklichen wird.[145] Im Umkehrschluss kann demnach eine Freistellung

---

[141] *Bunte* in *Langen/Bunte*, Art 81, Rz. 165.
[142] *Bunte* in *Langen/Bunte*, Art 81, Rz. 167.
[143] Vgl. *Enchelmaier*, S. 196f.
[144] Kommission, Entscheidung vom 19.12.1990, IV/M.33.016, „ANSAC", ABl. L 152/54 vom 15.06.1991, Tz. 25.
[145] EuG, Urteil vom 15.07.1994, Rs. T-17/93, „Matra Hachette SA/ Kommission", Slg. 1994, II – 598ff., Tz. 153.

nach Art. 81 Abs. 3 EG schon dann entfallen, wenn die Entstehung einer gemeinsamen beherrschenden Stellung während der Geltungsdauer der Freistellung wahrscheinlich ist.[146]

III. Zusammenfassung

Art. 81 Abs.1 EG ist kein Instrument einer allgemeinen Oligopolkontrolle. Oligopolistische Verhaltensweisen können zwar durchaus nach Art. 81 Abs. 1 EG verboten sein. Voraussetzung dafür ist jedoch stets eine über die individuelle Ausnutzung der oligopolistischen Interdependenz hinausgehende Abstimmung der Unternehmen, mithin ein „Koordinierungs"-Moment. Ein bewusstes Parallelverhalten hingegen, das allein mit den Marktzwängen im engen Oligopol erklärt werden kann, ist nicht durch Art. 81 Abs. 1 EG verboten. Diese Differenzierung wird von der Kommission indes in den *Leitlinien zur Vertikal-GVO* nicht exakt berücksichtigt.

B. Missbrauchskontrolle mittels Art. 82 EG

Wie bereits ausgeführt, kann die Kontrolle von Oligopolsachverhalten mittels Verhaltenskontrolle nicht nur am Verhalten der Oligopolisten untereinander ansetzen, sondern auch an der Wirkung des Verhaltens der Oligopol-Mitglieder auf den Markt, also am Marktergebnis. Das europäische Recht sieht in Art. 82 EG eine Marktergebniskontrolle in Form eines Verbots des Missbrauchs marktbeherrschender Stellungen vor.

Der Wortlaut von Art. 82 EG „durch ein oder mehrere Unternehmen" scheint die Vorschrift zu einer Kontrolle von Oligopolsachverhalten zu prädestinieren.[147] Dennoch wurde erst verhältnismäßig spät anerkannt, dass eine „beherrschende Stellung" im Sinne von Art. 82 Abs. 1 EG auch eine *kollektive* beherrschende Stellung sein kann. In einem ersten Schritt war zu klären, ob die Anwendungsbereiche von Art. 81 EG und Art. 82 EG nicht derart voneinander abzugrenzen sind, dass Art. 81 EG das Verhalten mehrerer und Art. 82 EG das Verhalten einzelner Unternehmen betrifft (dazu unter I.). In einem zweiten Schritt mussten die Voraussetzungen kollektiver Marktbeherrschung i.S.v. Art. 82 EG entwickelt werden (dazu unter II.). Damit einher ging die Bildung von Fallgruppen (III.).

---

[146] *Enchelmaier*, S. 196.

[147] So auch *Montag*, Vortrag beim 9. St. Galler Internationalen Kartellrechtsforum 25./26. April 2002; *Goyder*, S. 381.

I. Anerkennung der Anwendbarkeit von Art. 82 EG auf eine Mehrzahl von Unternehmen

1. Einheitlicher Begriff des „Unternehmens“ für Art. 81 EG und 82 EG

Ursprünglich geht die Rechtspraxis von einer strengen Trennung der Anwendungsbereiche von Art. 81 EG und Art. 82 EG aus. Auf einen Sachverhalt sollte entweder Art. 81 EG oder Art. 82 EG angewendet werden. Aus dieser Trennung folgte die Notwendigkeit einer strengen Abgrenzung der Anwendungsbereiche jener Normen. Auf ein Marktverhalten mehrerer Unternehmen sollte demnach Art. 81 EG,[148] auf das Verhalten eines einzelnen Unternehmens Art. 82 EG angewendet werden. Die Formulierung des Art. 82 EG „durch ein oder mehrere Unternehmen“ sollte einer derartigen Aufteilung der Anwendungsbereiche von Art. 81 und 82 EG nicht entgegenstehen. Nach dem so genannten *economic entity*-Ansatz dienten diese Worte lediglich der Klarstellung, dass Art. 82 EG auch auf Unternehmen desselben Konzerns (*corporate group*) anzuwenden sei, die zwar separate rechtliche Einheiten, aber eine wirtschaftliche Einheit (*economic unit*) bildeten.[149] Demgegenüber führte das EuG in seiner „Flachglas“-Entscheidung aus, es gebe weder rechtliche noch wirtschaftliche Gründe für die Annahme, dass dem Begriff „Unternehmen” in Art. 82 EG eine andere Bedeutung zukäme als im Zusammenhang mit Art. 81 EG.[150] Damit erteilte das EuG der „economic entity doctrine” eine deutliche Absage.[151] Art. 82 EG erfasst mithin auch den Missbrauch einer marktbeherrschenden Stellung durch mehrere, wirtschaftlich selbständige Unternehmen.[152] Schon der Gedanke der Einheit der Rechtsordnung gebietet es, den Begriff des Unternehmens in Art. 81 EG in gleicher Weise auszulegen wie in Art. 82 EG. Außerdem ist mit der Anerkennung der parallelen Anwendbarkeit von Art. 81 und 82 EG (dazu sogleich) die Notwendigkeit entfallen, die Anwendungsbereiche von Art. 81 und 82 EG schon anhand des Unternehmensbegriffes voneinander abzugrenzen. In der Literatur wird die Frage der „wirtschaftlichen Einheit“ im Sinne von Art. 82 EG nur noch insoweit diskutiert, als eine Auffassung bei wirtschaftlicher Einheit

---

[148] Vgl. nur *Arnull*, 1998 (23) E.L.Rev., 199f.

[149] Vgl. dazu etwa *Rodger*, 1995 ECLR, 21, 22; *Faull/Nikpay*, Rz. 3.93.

[150] EuG, Urteil vom 10.03.1992, verb. Rs. T-68/89, T-77/89 und T-78/89, „Società Italiana Vetro SpA u.a./ Kommission, Slg. 1992, II – 1403ff., Tz. 358; im Ergebnis bestätigt durch EuGH, Urteil vom 16.03.2000, verb. Rs. C-395/96 P und C-396/96 P, „Compagnie maritime belge transports SA u.a./ Kommission”, Slg. 2000, I – 1443ff., Tz. 35; vgl. auch *Aigner*, S. 217.

[151] *Rodger*, 1995 ECLR, 21, 23; *McGregor*, 2001 ECLR, 434, 435.

[152] A.A. *Aigner*, S. 82, der eine ausführlichere Erklärung des EuG vermisst, warum es die Anwendung von Art. 82 EG auf eine Mehrzahl von Unternehmen nicht auf das Verhalten wirtschaftlich nicht autonomer Mitglieder eines Konzerns beschränken will.

von Konzerngesellschaften individuelle statt kollektive Marktbeherrschung annimmt; vgl. hierzu unten, § 3 B III. 1. a).

2. Anerkennung der parallelen Anwendbarkeit von Art. 81 EG und Art. 82 EG

Ein wichtiges Argument für die Möglichkeit einer parallelen Anwendung von Art. 81 EG und Art. 82 EG ist die teilweise Überschneidung der in Art. 81 Abs. 1 lit. a) bis e) und Art. 82 lit. a) bis d) EG aufgeführten Verhaltensweisen.[153] Von einer streng alternativen Anwendung von entweder Art. 81 EG oder Art. 82 EG wich dementsprechend auch die Praxis in der Folge zunehmend ab. Erster Schritt war die Anerkennung einer gemeinsamen Zielrichtung von Art. 81 EG und Art. 82 EG durch den EuGH in „Continental Can/ Kommission":[154] Da Art. 81 EG und 82 EG der Verwirklichung desselben Ziels dienten, könnten sie folglich nicht in einander widersprechendem Sinne ausgelegt werden. Es könne nicht angehen, dass Unternehmen zur Umgehung des Verbots des Art. 81 EG die zwischen ihnen bestehenden Verbindungen so eng gestalteten, dass sie Art. 81 EG entgehen, ohne in den Anwendungsbereich von Art. 82 EG zu fallen. Zwar wird zum Teil befürchtet, dass durch die parallele Anwendbarkeit von Art. 82 EG und Art. 81 EG Beweiserfordernisse im Rahmen des Art. 81 EG umgangen und die Rechtssicherheit gefährdet werde[155] oder es wegen der Schwierigkeiten der Anwendung von Art. 81 EG auf oligopolistische Marktsituationen zu einer exzessiven Auslegung von Art. 81 EG komme.[156] All diesen Gefahren kann jedoch durch eine sorgfältige Berücksichtigung der tatbestandlichen Voraussetzungen der Vorschriften bei ihrer Anwendung im Einzelfall Rechnung getragen werden.

Art. 81 EG und Art. 82 EG sind also eigenständige Normen, die nebeneinander angewendet werden können.[157] Auch wenn ein Verhalten nach Art. 81

---

[153] Lediglich die „Aufteilung der Märkte oder Versorgungsquellen" gemäß Art. 81 Abs. 1 lit. c) EG findet keine Entsprechung in Art. 82 EG, da eine „Aufteilung" zwingend mindestens zwei beteiligte Unternehmen voraussetzt. *Goyder*, S. 380.

[154] EuGH, Urteil vom 21.02.1973, Rs. 6/72, „Europemballage Corporation und Continental Can Company Inc./ Kommission", Slg. 1973, 215ff., Tz. 25.

[155] *Stroux*, CML Rev. 37, 2000, 1249, 1262 f.

[156] *Goyder*, S. 382.

[157] EuGH, Urteil vom 13.02.1979, Rs. 85/76, „Hoffmann-La Roche & Co AG/ Kommission", Slg. 1979, 461ff., Tz. 116; EuGH, Urteil vom 11.04.1989, Rs. 66/86, „Ahmed Saeed Flugreisen u.a./ Zentrale zur Bekämpfung unlauteren Wettbewerbs e.V.", Slg. 1989, 838ff., Tz. 37; EuGH, Urteil vom 16.03.2000, verb. Rs. C-395/96 P und C-296/96 P, „Compagnie maritime belge transports SA u. a./ Kommission", Slg. 2000, I – 1442 ff., Tz. 33.

[157] *Stroux*, CML Rev. 37, 2000, 1249, 1262 f.

Abs. 3 EG freigestellt, im Ergebnis also gestattet ist, ist ein Verbot über Art. 82 EG nicht ausgeschlossen.[158]

II. Anforderungen an die Beziehung der kollektiv marktbeherrschenden Unternehmen untereinander

Art. 82 EG verbietet die missbräuchliche Ausnutzung einer marktbeherrschenden Stellung durch mehrere Unternehmen. Obschon sich der Wortlaut lediglich auf einen gemeinsamen Missbrauch bezieht[159] – also nicht auf eine gemeinsame marktbeherrschende Stellung – wird allgemein angenommen, dass ein gemeinsamer Missbrauch auch eine gemeinsame beherrschende Stellung voraussetzt.[160] Um einen „gemeinsamen Missbrauch" im Sinne von Art. 82 EG zu ermöglichen, müssen die Unternehmen in irgendeiner Weise miteinander verbunden sein,[161] also in einer bestimmten Beziehung zueinander stehen. Die Beziehung zwischen den gemeinsam, auch „kollektiv" marktbeherrschenden Unternehmen wird im Schrifttum meist mit der Abwesenheit von Wettbewerb zwischen diesen Unternehmen, also fehlendem Binnenwettbewerb beschrieben. Unklar ist jedoch, wie weitgehend Binnenwettbewerb ausgeschlossen sein muss. *Schödermeier* zufolge würde ein Kriterium des Ausschaltens *jeglichen* Wettbewerbs zwischen den Oligopolisten eine Feststellung kollektiver Marktbeherrschung fast unmöglich machen. Nahezu in jedem Oligopol existiere wenigstens latenter Wettbewerb zwischen den Oligopolisten.[162] Folglich verlangen manche lediglich die Abwesenheit „wesentlichen" Binnenwettbewerbs,163 andere die Abwesenheit „wirksamen" Binnenwettbewerbs.164 Wieder andere vertreten, die gemeinsam marktbeherrschenden Unternehmen müssten eine „in sich gefestigte Gruppe" bilden, die in der Lage sei, ihre Interessen gegenüber Dritten durchzusetzen.165

---

[158] EuG, Urteil vom 10.07.1990, Rs. T-51/89, „Tetra Pak Rausing SA/ Kommission", Slg. 1990, II – 309ff., Tz. 25.

[159] *Gleiss/Hirsch*, Art. 86 EWG, Rz. 11; *Schröter* in *Groeben/Thiesing/Ehlermann*, Artikel 86, Rz. 64; *Jung* in *Grabitz/Hilf*, Art. 82 EGV, Rz. 63.

[160] *Schröter* in *Groeben/Thiesing/Ehlermann*, Artikel 86, Rz. 64; *Jung* in *Grabitz/Hilf*, Art. 82 EGV, Rz. 63; *Kurz*, S. 65.

[161] *Goyder*, S. 381f.

[162] *Schödermeier*, 1990 ECLR, 28, 31.

[163] *Ritter/Brown/Rawlinson*, S. 286; *Aigner*, S. 155f.; *Sandrock*, S. 389 verlangt, dass das gleichförmige Verhalten der Oligopolisten sich auf einen „'wesentlichen' Ausschnitt aus dem gesamten sachlichen Bereich der Marktstrategie (Preis-, Qualitäts-, Nebenleistungs-, usw. Konkurrenz) bezieht, so dass der wettbewerbliche Sektor, der von der Gleichförmigkeit verschont bleibt, als unbedeutend oder unwesentlich erscheint".

[164] *Dirksen* in *Langen/Bunte*, Art. 82, Rz. 59; *Jung* in *Grabitz/Hilf*, Art. 82 EGV, Rz. 64.

[165] *Schröter* in *Groeben/Thiesing/Ehlermann*, Artikel 86, Rz. 66; ähnlich stellt *Gleiss/Hirsch*, Art. 86 EWGV, Rz. 49 auf das Vorliegen eines „Gruppenbewusstseins" ab.

Die Kommission äußert sich zur Frage des Erfordernisses einer Ausschaltung sämtlichen Binnenwettbewerbs nicht eindeutig: Nach ihrer *Mitteilung über die Anwendung der Wettbewerbsregeln auf Zugangsvereinbarungen im Telekommunikationsbereich*[166] und den *Leitlinien der Kommission zur Marktanalyse und Ermittlung beträchtlicher Marktmacht nach dem gemeinsamen Rechtsrahmen für elektronische Kommunikationsnetze und -dienste*[167] haben zwei oder mehr Unternehmen eine gemeinsame beherrschende Stellung i.S.v. Art. 82 EG inne, wenn sie im Wesentlichen dieselbe Stellung gegenüber ihren Kunden und Wettbewerbern haben wie eine einzelnes Unternehmen in marktbeherrschender Stellung, „sofern kein tatsächlicher Wettbewerb zwischen ihnen besteht."[168] Demzufolge scheint die Kommission hier auf das Fehlen *sämtlichen* Binnenwettbewerbs abzustellen. Andererseits führt die Kommission in „TACA" unter ausdrücklicher Berufung auf das „Flachglas"-Urteil des EuG aus, das „anhaltende Bestehen eines gewissen Wettbewerbs zwischen den Parteien schließt (...) die Feststellung einer kollektiv beherrschenden Stellung nicht aus."[169] Demnach verlangt die Kommission in „TACA" nicht den Ausschluss *jeglichen* Binnenwettbewerbs.

Der EuGH scheint anfangs das zentrale Merkmal einer kollektiven marktbeherrschenden Stellung gemäß Art. 82 EG darin zu sehen, dass die gemeinsam marktbeherrschenden Unternehmen eine Gruppe sind,[170] die eine „wirtschaftliche Einheit" bildet. Später geht die Rechtsprechung dazu über, die marktbeherrschende Gruppe verstärkt nicht durch die Art ihrer Verbindung, sondern durch ihre Wirkung auf den Markt zu beschreiben. So setzt eine kollektive marktbeherrschende Stellung gem. Art. 82 EG nach der Rechtsprechung des EuGH in „Almelo", [171] „Centro Servizi Spediporto" [172] und „DIP" [173] voraus, dass die Unternehmen der betreffenden Gruppe so eng miteinander verbunden sind, dass sie

---

[166] ABl. C 265/2 vom 22.08.1998.
[167] ABl. C 165/6 vom 11.07.2002.
[168] Kommission, *Leitlinien zur Marktanalyse und Ermittlung beträchtlicher Marktmacht nach dem gemeinsamen Rechtsrahmen für elektronische Kommunikationsnetze und –dienste*, ABl. C 165/ 6 vom 11.7.2002, Tz. 87; *Mitteilung über die Anwendung der Wettbewerbsregeln auf Zugangsvereinbarungen im Telekommunikationsbereich*, ABl. C 265/2 vom 22.8.1998, Tz. 78f.
[169] Kommission, Entscheidung vom 16.09.1998, IV/35.134, „Trans-Atlantic Conference Agreement", ABl. L 95/1 vom 9.04.1999, Tz. 522.
[170] EuGH, Urteil vom 04.05.1988 – Rs. 30/87 „Bodson", NVwZ 1989, 949ff., Tz. 21.
[171] EuGH, Urteil vom 27.04.1994 – Rs. C-393/92 „Almelo", EuZW 1994, 408ff., Tz. 42.
[172] EuGH, Urteil vom 05.10.1995 – Rs. C-96/94 „Centro Servizi Spediporto Srl/ Spedizione Marittima del Golfo Srl.", Slg. 1995, I – 2900ff., Tz. 33.
[173] EuGH, Urteil vom 17.10.1995 – verb. Rs. C-140/94, C-141/94 und C-142/94 „DIP SpA u.a./ Comune di Bassano del Grappa und Commune di Chioggia", Slg. 1995, I – 3257ff., Tz. 26.

auf dem Markt in gleicher Weise vorgehen können[174] – wobei der EuGH in „Centro Servizi Spediporto“ und „DIP“ noch ergänzt, eine kollektive beherrschende Stellung sei durch das Fehlen von Wettbewerbsverhältnissen zwischen den Unternehmen[175] gekennzeichnet. Weder in „DIP” noch in „Centro Servizi Spediporto” differenziert der EuGH jedoch hinsichtlich des Kriteriums des „Fehlens von Wettbewerbsverhältnissen”[176] zwischen der Ausschaltung *wesentlichen* und *sämtlichen* Binnenwettbewerbs.[177]

Im weiteren Verlauf der Entscheidungspraxis des EuGH kristallisiert sich die „Einheit“ der kollektiv marktbeherrschenden Unternehmen in Gestalt des Kriteriums der „kollektiven Einheit“ der Gruppe der Marktbeherrscher zum zentralen Kriterium kollektiver Marktbeherrschung gemäß Art. 82 EG heraus.[178] Zur Feststellung einer solchen kollektiven Einheit müssen – dem EuGH in „Compagnie maritime belge“ gemäß – die wirtschaftlichen Bindungen oder Faktoren, die die betreffenden Unternehmen verbinden, überprüft werden,[179] wobei insbesondere zu prüfen sei, ob es zwischen den betreffenden Unternehmen wirtschaftliche Bindungen gibt, die es ihnen erlauben, gemeinsam unabhängig von ihren Konkurrenten, ihren Abnehmern und den Verbrauchern zu handeln.[180]

Hinsichtlich der Frage etwaigen Restwettbewerbes verzichtet der EuGH wiederum auf eine Klärung,[181] obschon sich eine solche in „Compagnie maritime belge“ angesichts einer langen Stellungnahme des Generalanwalts zu dieser Frage[182] nahezu aufgedrängt hätte. Somit vermag auch die Herausarbeitung des

---

[174] EuGH, Urteil vom 27.04.1994, Rs. C-393/92 „Almelo”, EuZW 1994, 408ff., Tz. 42.

[175] EuGH, Urteil vom 05.10.1995, Rs. C-96/94 „Centro Servizi Spediporto Srl/ Spedizione Marittima del Golfo Srl.”, Slg. 1995, I – 2900ff., Tz. 34; EuGH, Urteil vom 17.10.1995, verb. Rs. C-140/94, C-141/94 und C-142/94 „DIP SpA u.a./ Comune di Bassano del Grappa und Commune di Chioggia”, Slg. 1995, I – 3257ff., Tz. 27.

[176] EuGH, Urteil vom 05.10.1995 – Rs. C-96/94 „Centro Servizi Spediporto Srl/ Spedizione Marittima del Golfo Srl.”, Slg. 1995, I – 2900ff., Tz. 34; EuGH, Urteil vom 17.10.1995, verb. Rs. C-140/94, C-141/94 und C-142/94 „DIP SpA u.a./ Comune di Bassano del Grappa und Commune di Chioggia”, Slg. 1995, I – 3257ff., Tz. 27.

[177] A.A. *Aigner*, S. 154f.

[178] Aus neuerer Zeit EuGH, Urteil vom 16.03.2000, verb. Rs. C-395/96 P und C-396/96 P, „Compagnie maritime belge transports SA u.a./ Kommission”, Slg. 2000, I – 1442 ff., Tz. 39; EuGH, Beschluss vom 10.07.2001 – Rs. C-497/99P „Irish Sugar”, Slg. 2001, I – 5333ff., Rz. 46; im Ergebnis ebenso *Haupt*, EWS 2002, 361, 364f.

[179] EuGH, Urteil vom 16.03.2000, verb. Rs. C-395/96 P und C-396/96 P, „Compagnie maritime belge transports SA u.a./ Kommission”, Slg. 2000, I – 1442ff., Tz. 41.

[180] EuGH, Urteil vom 16.03.2000, verb. Rs. C-395/96 P und C-396/96 P, „Compagnie maritime belge transports SA u.a./ Kommission”, Slg. 2000, I – 1442ff., Tz. 42.

[181] *McGregor*, 2001 ECLR, 434, 437; *Preece*, 2000 ECLR, 388.

[182] Schlussanträge des Generalanwalts *Fennelly* vom 29. 10.1998, Slg. 1999, I – 1371ff., Tz. 34.

Kriteriums der „kollektiven Einheit“ die Diskussion über die Qualität der Binnenbeziehung der Unternehmen der marktbeherrschenden Gruppe nicht zu beenden. Dies zeigen auch die Versuche, zur Klärung dieser Frage das Kriterium der „kollektiven Einheit” mit der Formulierung des EuG in Sachen „Gencor”[183] bezüglich einer kollektiven marktbeherrschenden Stellung im Sinne von Art. 2 Abs. 3 FKVO 4064/89 zu vergleichen. Dem „Gencor“-Urteil gemäß besteht

> „rechtlich oder wirtschaftlich gesehen kein Grund, in den Begriff der wirtschaftlichen Verbindung nicht auch die Wechselbeziehungen zwischen den Mitgliedern eines beschränkten Oligopols mit einzubeziehen, in dessen Rahmen diese (...) in der Lage sind, ihre jeweiligen Verhaltensweisen vorherzusehen, und daher unter einem starken Druck stehen, ihr Marktverhalten einander anzupassen, um insbesondere ihren gemeinsamen Gewinn durch eine auf Preiserhöhung abzielende Produktionsbeschränkung zu maximieren”.[184]

Im Gegensatz zur Formulierung „kollektive Einheit” aus „Compagnie maritime belge” soll nach einer Auffassung die Formulierung „Wechselbeziehungen” und „starker Druck” in „Gencor” eine dauerhafte parallele Preisgestaltung nicht unbedingt erforderlich machen.[185] Im Umkehrschluss soll kollektive Marktbeherrschung gem. Art 82 EG also eine dauerhafte parallele Preisgestaltung erfordern – mithin einen vollständigen Ausschluss von Preiswettbewerb. Welche Auswirkungen jedoch etwaiger Restwettbewerb in anderen Bereichen – wie etwa Qualitätswettbewerb – hat, vermag auch dieser Vergleich nicht zu erhellen.

Im Ergebnis ist wohl der Ansatz der Rechtsprechung zutreffend, das zentrale Merkmal einer kollektiven marktbeherrschenden Stellung i.S.v. Art. 82 EG von der Wirkung her zu beschreiben, die die möglicherweise marktbeherrschende Gruppe im Markt auszuüben vermag. Wenn ein Unternehmen zusammen mit einem anderen Unternehmen in der Lage ist, aufgrund wirtschaftlicher Bindungen oder anderer Faktoren gemeinsam unabhängig von Konkurrenten oder Abnehmern und den Verbrauchern zu handeln, verfügt es gemeinsam mit diesem anderen Unternehmen über eine Marktmacht, die hinreichend stark ist, um den Anwendungsbereich der Marktverhaltenskontrolle nach Art. 82 EG zu eröffnen. Um eine solche gemeinsame Marktmacht zu entwickeln, ist es nicht erforderlich, *sämtlichen* Binnenwettbewerb der potentiell marktbeherrschenden Unternehmen untereinander auszuschalten; auch die Ausschaltung *wesentlichen* Binnenwettbewerbs mag hierfür ausreichen. In diesem Zusammenhang ist auch das Argument *Schödermeiers* von starkem Gewicht, wonach ein Kriterium des Ausschaltens jeglichen Wettbewerbs zwischen den Oligopolisten die Feststellung

---

[183] EuG, Urteil vom 25.03.1999, Rs. T-102/96, „Gencor Ltd/ Kommission”, Slg. 1999, II – 753 ff.
[184] EuG, a.a.O., Tz. 276.
[185] *Preece*, 2000 ECLR, 388, 390.

kollektiver Marktbeherrschung nahezu unmöglichen machen würde. Denn durch ein Kriterium der Ausschaltung jeglichen Binnenwettbewerbs wären die Fälle der kollektiven Marktbeherrschung im Ergebnis dem Anwendungsbereich der Marktverhaltenskontrolle des Art. 82 EG entzogen und Art. 82 EG wäre in der Alternative der missbräuchlichen Ausnutzung einer marktbeherrschenden Stellung durch mehrere Unternehmen seiner praktischen Wirksamkeit beraubt.

Es ist also ausreichend, wenn zwischen den kollektiv marktbeherrschenden Unternehmen *wesentlicher* Binnenwettbewerb ausgeschaltet ist.

III. Fallgruppen kollektiver Marktbeherrschung i. S. v. Art. 82 EG

1. Scheinfälle kollektiver Marktbeherrschung

Keine „echten“ Fälle kollektiver Marktbeherrschung sind die Fallgruppen „individuelle beherrschende Stellungen einer Mehrzahl von Unternehmen“ und „Konzerngesellschaften“:

a) Individuelle beherrschende Stellungen einer Mehrzahl von Unternehmen

In der Sache „Magill“[186] prüft die Kommission, ob die drei Fernsehsender ITP, BBC und RTE, die bisher ihr Programm in jeweils eigenen Programmlisten veröffentlichten, gegen Art. 82 EG verstoßen, wenn sie diese Listen einem Unternehmen nicht zur Verfügung stellen, das eine, das Programm aller drei Fernsehsender umfassende, Zeitschrift herausgeben möchte. Nach Auffassung der Kommission sollen

> „alle, ITP, BBC und RTE eine beherrschende Stellung im Sinne des Artikels 86 [82] einnehmen.”[187]

Die Kommission bejaht demnach eine beherrschende Stellung jedes einzelnen Senders[188] und begründet diese damit, dass Dritte sich gegenüber den Sendern in einer Situation der wirtschaftlichen Abhängigkeit befinden[189] und „einem Wettbewerb durch Dritte auf diesen Märkten keine Existenzmöglichkeit eingeräumt wird”.[190] Durch die Annahme individueller Marktbeherrschung der ein-

---

[186] Kommission, Entscheidung vom 21.12.1988, IV/31.851, „Magill TV Guide/ ITP, BBC und RTE”, ABl. L 78/43 vom 21.03.89.
[187] Kommission, a.a.O., Tz. 22.
[188] So schon *Schödermeier*, 1990 ECLR, 28, 30; *Ritter/Braun/Rawlinson*, S. 288.
[189] Kommission, a.a.O., Tz. 22.
[190] Kommission, a.a.O., Tz. 22.

zelnen Sender vermeidet die Kommission das Problem der kollektiven Marktbeherrschung.

b) Konzerngesellschaften

Ein weiterer Scheinfall kollektiver Marktbeherrschung ist die Marktbeherrschung mehrerer Unternehmen, die demselben Konzern angehören. In seinem „Grammophon"-Urteil führt der EuGH bereits im Jahr 1971 aus, für eine beherrschende Stellung im Sinne von Art. 82 EG sei erforderlich, dass der Hersteller allein *oder mit anderen demselben Konzern angehörenden Unternehmen* in der Lage sei, einen wirksamen Wettbewerb auf einem bedeutenden Teil des in Betracht kommenden Marktes zu verhindern.[191] Mit der Entscheidung, das Verhalten einer Mehrzahl von demselben Konzern angehörenden Unternehmen nach Art. 82 EG zu untersuchen, ist aber noch nicht geklärt, ob dann ein Fall individueller oder kollektiver Marktbeherrschung vorliegt. Nach einer Auffassung ist zur Beantwortung dieser Frage zwischen „Wirtschaftseinheit" und „Unternehmenseinheit" zu differenzieren. Der Begriff der „Wirtschaftseinheit" diene nicht etwa der Konkretisierung des Unternehmensbegriffs, sondern liefere „nur den Maßstab für die Beantwortung der Frage, ob mehrere Unternehmen im Hinblick auf bestimmte gesetzgeberische Zwecke wie ein einziges Unternehmen zu behandeln sind".[192] Im Zusammenhang mit Art. 82 EG entscheide sich anhand der „Wirtschaftseinheit" lediglich, ob die Marktanteile von Konzerngesellschaften zusammengezählt oder Verhaltensweisen von Konzernunternehmen anderen Konzernunternehmen zugerechnet würden. Trotz des Vorliegens von „wirtschaftlicher Einheit" von Konzernunternehmen könne „Unternehmensmehrheit" angenommen werden mit der Folge, dass Unternehmen eines Konzerns nicht als individuell, sondern kollektiv marktbeherrschend anzusehen seien.[193] Nach der Gegenansicht sind marktbeherrschende Konzerne bei wirtschaftlicher Einheit der Konzernunternehmen jedoch kein Fall kollektiver Marktbeherrschung, sondern ein Fall individueller Marktbeherrschung des Konzerns.[194] Der Begriff der „Wirtschaftseinheit" sei in Wahrheit nur eine an-

---

[191] EuGH, Urteil vom 08.06.1971, Rs. 78/70 „Deutsche Grammophon mbH gegen Metro-SB-Großmärkte GmbH & Co. KG", Slg. 1971, 487ff.

[192] *Schröter* in *Groeben/Thiesing/Ehlermann*, Artikel 86, Rz. 67.

[193] *Schröter* in *Groeben/Thiesing/Ehlermann*, Artikel 86, Rz. 67; im Ergebnis auch *Gleiss/Hirsch*, Art 86, Rz. 9; vgl. zum Ganzen auch *Heitzer*, S. 66ff.; *Ritter/Braun/Rawlinson*, S. 288 für „group companies that follow independent marketing policies".

[194] *Möschel* in *Immenga/Mestmäcker*, Art 86, Rz. 106; *Dirksen* in *Langen/Bunte*, Art 82 Rz. 61; *de Bronett* in *Wiedemann*, § 22, Rz. 26; zustimmend für den Unterordnungskonzern, aber differenzierend für den Fall des Gleichordnungskonzerns *Jung* in *Grabitz/Hilf*, Art 82 EGV, Rz. 67.

dere Bezeichnung für „Unternehmenseinheit".[195] Dem ist zuzustimmen. Die Differenzierung zwischen „Wirtschafts"- und „Unternehmenseinheit" ist künstlich und im Ergebnis nicht weiterführend.[196] Die Marktbeherrschung durch eine Mehrzahl von Unternehmen desselben Konzerns ist damit eine individuelle.

2. Vereinbarungen/Kartelle

Die erste „echte" Fallgruppe kollektiver Marktbeherrschung gem. Art. 82 EG sind Unternehmen, die durch (Kartell-)Vereinbarungen miteinander verbunden sind.

a) EuG – Flachglas

In seiner „Flachglas"-Entscheidung führt das EuG aus, grundsätzlich könne nicht ausgeschlossen werden, dass zwei oder mehr unabhängige wirtschaftliche Einheiten auf einem spezifischen Markt durch wirtschaftliche Bande so miteinander verknüpft seien, dass sie infolgedessen eine beherrschende Stellung im Verhältnis zu den anderen Marktteilnehmern einnähmen. Dies könne beispielsweise der Fall sein, wenn zwei oder mehr unabhängige Unternehmen gemeinsam aufgrund Vereinbarung oder Lizenzvergabe über einen technologischen Vorsprung verfügten, der ihnen in spürbarem Maße die Möglichkeit zu unabhängigem Verhalten gegenüber ihren Wettbewerbern, Kunden und letztlich den Verbrauchern gäbe.[197] Als Beispiele solcher wirtschaftlicher Bande, auf denen kollektive Marktbeherrschung gem. Art. 82 EG beruhen könne, nennt das EuG Vereinbarungen zwischen Unternehmen im Rahmen einer Schifffahrts-Linien-Konferenz.[198]

Einschränkend hebt das EuG jedoch hervor, dass es bei der Feststellung eines Verstoßes gegen Art. 82 EG nicht genüge, die einen Verstoß gegen Art. 81 EG begründenden Tatsachen in der Weise „wieder zu verwenden", dass daraus die Feststellung abgeleitet werde, dass die an einer Vereinbarung oder rechtswidrigen Verhaltensweise Beteiligten zusammen einen bedeutenden Marktanteil halten, allein aufgrund dieser Tatsache eine kollektive beherrschende Stellung hät-

---

[195] *De Bronett* in *Wiedemann*, § 22, Rz. 26.

[196] *Heitzer*, S. 69 hält die Diskussion im Zusammenhang mit Art. 82 EG für entbehrlich. Zweck des Art. 82 EG sei die adäquate Erfassung der wirtschaftlichen Macht des Konzerns. Diesem Zweck könne sowohl im Wege der Zurechnung als auch im Wege der Kumulation von Marktmacht entsprochen werden.

[197] EuG, Urteil vom 10.03.1992, verb. Rs. T-68/89, T-77/89 und T-78/89, „Società Italiana Vetro SpA u.a./ Kommission, Slg. 1992, II – 1403ff., Tz. 358.

[198] EuG, a.a.O., Tz. 359.

ten und ihr rechtswidriges Verhalten deren Missbrauch darstelle.[199] Teilnehmer an Kartellen sind also nicht automatisch als kollektiv marktbeherrschend anzusehen.[200]

b) EuGH – Compagnie Maritime Belge

Der EuGH definiert in „Compagnie Maritime Belge" „wirtschaftliche Bindungen" zwischen den Unternehmen über ihr Ergebnis.[201] Zu prüfen sei, ob es zwischen den betreffenden Unternehmen wirtschaftliche Bindungen gäbe, die es ihnen erlaubten, gemeinsam unabhängig von ihren Konkurrenten, ihren Abnehmern und den Verbrauchern zu handeln.[202]

Wie das EuG in „Flachglas" betont auch der EuGH, dass es nicht ausreiche, nur die Feststellungen zu einem Verstoß gegen Art. 81 Abs.1 EG zu „recyceln".[203] Insbesondere das Vorliegen einer vertraglichen Verbindung zwischen den Unternehmen ist also weder eine notwendige noch eine hinreichende Bedingung für die Bejahung kollektiver Marktbeherrschung.[204] Auf der anderen Seite könne aber eine kollusive Verbindung im Sinne von Art. 81 EG durchaus zu einer hinreichend starken Verbindung im Sinne von Art. 82 EG führen.[205]

Endlich unterstreicht der EuGH, dass die Feststellung einer kollektiven beherrschenden Stellung eine einzelfallbezogene wirtschaftliche Beurteilung erfordere. Eine kollektive beherrschende Stellung könne sich aus der Natur und dem Wortlaut einer Vereinbarung, der Art ihrer Durchführung und folglich aus den daraus erwachsenden Bindungen oder verbindenden Faktoren zwischen Unternehmen ergeben. Das Vorliegen einer Vereinbarung oder anderer rechtlicher Bindungen sei jedoch für die Feststellung einer kollektiven beherrschenden Stellung nicht unerlässlich; diese Feststellung könne sich auch aus anderen verbindenden Faktoren ergeben und hänge von einer wirtschaftlichen Beurteilung und insbesondere einer Beurteilung der Struktur des fraglichen Marktes ab.[206]

---

[199] EuG, a.a.O. Tz. 360.
[200] *De Bronett* in *Wiedemann*, § 22, Rz. 29.
[201] So bspw. auch *Monti*, CML Rev. 38, 2001, 131, 133.
[202] EuGH, Urteil vom 16.03.2000, verb. Rs. C-395/96 P und C-396/96 P, „Compagnie maritime belge transports SA u.a./ Kommission", Slg. 2000, I – 1442ff., Tz. 42.
[203] EuGH, a.a.O., Tz. 43.
[204] *Weitbrecht*, EuZW 2002, 581, 585.
[205] EuGH, a.a.O., Tz. 44.
[206] EuGH, a.a.O., Tz. 45.

c) Kritik

De Bronett bemängelt an der Anwendung von Art. 82 EG auf Kartelle: „Kartellmitglieder, auch solche in beherrschender Stellung, treten allenfalls abgestimmt, in jedem Fall aber einzeln auf. Es gibt keinen ‚gemeinsamen' Missbrauch einer gemeinsamen beherrschenden Stellung".[207] Dem ist jedoch nur insoweit zuzustimmen, als Kartellmitglieder nicht automatisch „als Einheit" auftreten. Dass jedoch im Einzelfall Kartellmitglieder über die Kartellvereinbarung hinaus auch noch enger zu einem nach außen hin „als Einheit" auftretenden Konglomerat verbunden sein können, ist m.E. nicht ausgeschlossen.[208]

Weiter könnte die Anwendung von Art. 82 EG auf Kartelle aufgrund der Existenz von Art. 81 EG schlicht überflüssig sein. Allerdings kann die Kommission durch eine Entscheidung auf Grundlage von Art. 81 EG die an einer Preiserhöhungsabsprache beteiligten Unternehmen lediglich dazu verpflichten, zu einer autonomen Preispolitik zurückzukehren. Eine Verpflichtung zur Senkung künstlich überhöhter Preise lässt sich dagegen nur mit Hilfe des Art. 82 EG erreichen.[209] Seit Inkrafttreten der Verordnung Nr. 1/2003[210] ist mit Art. 7 Abs. 1 indes auch bei Verstößen gegen Art. 81 die Festlegung aller „erforderlichen" Abhilfemaßnahmen verhaltensorientierter oder struktureller Art durch die Kommission möglich.

Da wettbewerbsbeschränkende Vereinbarungen vornehmlich in den Anwendungsbereich von Art. 81 EG fallen, wird endlich gegen eine Anwendung von Art. 82 EG auf Kartelle vorgebracht, im Gegensatz zu Art. 81 Abs. 3 EG verfüge die Kommission bei der Anwendung von Art. 82 EG nicht über einen Einschätzungsspielraum. Daher sei die Beibehaltung einer klaren Trennlinie zwischen Art. 81 und 82 EG sinnvoll.[211] Dieses Argument ist jedoch seit der Anerkennung der parallelen Anwendbarkeit von Art. 81 und 82 EG überholt.

3. Bewusstes Parallelverhalten im engen Oligopol

Im Schrifttum wird die Anwendung von Art. 82 EG auf Unternehmen, die lediglich durch die Interdependenz im engen Oligopol miteinander verbunden

[207] *De Bronett* in *Wiedemann,* § 22, Rz. 30.
[208] In diesem Sinne auch die oben angesprochenen Urteile des EuG „Flachglas" und des EuGH „Compagnie maritime belge".
[209] *Schröter* in *Groeben/Thiesing/Ehlermann*, Artikel 86, Rz. 68.
[210] Abl. L 1/1 vom 04.01.2003.
[211] *Schödermeier*, 1990 ECLR, 28, 29.

sind, schon seit längerem befürwortet.[212] Aus ökonomischem Blickwinkel unterscheide sich für die Marktgegenseite eine derartige Oligopolsituation nämlich nicht von der Marktsituation bei Einzelmarktbeherrschung. Genau wie bei einer individuellen marktbeherrschenden Stellung könnten Preiserhöhungen oder Kapazitätseinschränkungen auftreten[213] – jedenfalls dann, wenn das auf oligopolistischer Interdependenz beruhende Parallelverhalten eine gewisse Stabilität erreiche.[214] Die Marktgegenseite stoße auf ein uniformes Angebot, das ihnen keine Wahl- oder Ausweichmöglichkeiten lasse. Die Situation gleiche aus Sicht der Marktgegenseite insoweit derjenigen bei einem Kartell.[215]

Gleichwohl sieht es anfangs aus, als lehne die Rechtsprechung eine gemeinsame beherrschende Stellung von Unternehmen, die nur durch die oligopolistische Interdependenz im engen Oligopol verbunden sind, ab. So vertritt der EuGH im Jahr 1979 in seinem Urteil „Hoffmann-La Roche", eine beherrschende Stellung sei von parallelen Verhaltensweisen, wie sie oligopolistischen Stellungen eigen seien, dadurch zu unterscheiden, dass sich die Verhaltensweisen in einem Oligopol *gegenseitig* beeinflussten, während das Verhalten eines Unternehmens in beherrschender Stellung in großem Umfang *einseitig* festgelegt werde.[216] Der EuGH wiederholt[217] diese Beschränkung des Anwendungsbereiches von Art. 82 EG auf einseitiges Verhalten in seiner Entscheidung „Züchner".[218]

Die genannten Entscheidungen scheinen noch von dem Gedanken der strikten Trennung der Anwendungsbereiche von Art. 81 und Art. 82 EG beeinflusst, der – wie oben ausgeführt – seit der Anerkennung der parallelen Anwendbarkeit dieser Normen überwunden ist. Ansonsten wäre auch die Entwicklung der –

---

212 Etwa *Gleiss/Hirsch*, Art 86 EWGV, Rz. 49; *Schröter* in *Groeben/Thiesing/Ehlermann*, Artikel 86, Rz. 69; *Faull/Nikpay*, Rz. 3.98; *Möschel* in *Immenga/Mestmäcker*, Art 86, Rz. 110 und *Dirksen* in *Langen/Bunte*, Art 82, Rz. 63 für den Fall, dass das Parallelverhalten im engen Oligopol „eine gewisse Dauerhaftigkeit" aufweist bzw. „über einen längeren Zeitraum andauert"; *Jung* in *Grabitz/Hilf*, Art 82 EGV, Rz. 71 mit der Einschränkung, dass zusätzlich zur oligopolistischen Marktstruktur weitere Elemente das Fehlen von Binnenwettbewerb beweisbar darlegen; *De Bronett* in *Wiedemann*, § 22, Rz. 28 mit der Einschränkung, dass zwischen den Oligopolisten besondere verbindende Faktoren oder wirtschaftliche Bande bestehen.

213 *Faull/Nikpay*, Rz. 3.98.

214 *Jung* in *Grabitz/Hilf*, Art 82 EGV, Rz. 69; *Möschel* in *Immenga/Mestmäcker*, Art 86, Rz. 110; *Dirksen* in *Langen/Bunte*, Art 82, Rz. 63.

215 *Jung* in *Grabitz/Hilf*, Art 82 EGV, Rz. 69.

216 EuGH, Urteil vom 13.02.1979, Rs. 85/76, „Hoffmann-La Roche & Co. AG/ Kommission", Slg. 1979, 461ff., Tz. 39; vgl. dazu auch *Montag*, Vortrag beim 9. St. Galler Internationalen Kartellrechtsforum 25./26. April 2002.

217 *Stroux*, World Competition 2000, 3, 17.

218 EuGH, Urteil vom 14.07.1981, Rs. 172/80, "Gerhard Züchner/ Bayerische Vereinsbank AG", Slg. 1981, 2021ff.

gerade dargestellten – Fallgruppe kollektiver Marktbeherrschung von Unternehmen, die durch Verhaltensweisen i.S.v. Art. 81 EG verbunden sind, nicht möglich gewesen.

a) Erste Ansätze – Flachglas

Nach der Deutung von *Aigner* verfolgt das EuG bereits in „Flachglas" ein sehr weites Konzept kollektiver Marktbeherrschung.[219] Die entscheidende Passage der „Flachglas"-Entscheidung ist die bereits *oben* im Zusammenhang mit der Fallgruppe „Vereinbarungen/Kartelle" angesprochene Rz. 358 des Urteils:

> „Grundsätzlich kann nicht ausgeschlossen werden, dass zwei oder mehr unabhängige wirtschaftliche Einheiten auf einem spezifischen Markt durch wirtschaftliche Bande so miteinander verknüpft sind, dass sie infolgedessen eine beherrschende Stellung im Verhältnis zu den anderen Marktteilnehmern einnehmen. Dies könnte beispielsweise der Fall sein, wenn zwei oder mehr unabhängige Unternehmen gemeinsam aufgrund Vereinbarung oder Lizenzvergabe über einen technologischen Vorsprung verfügten, der ihnen in spürbarem Maße die Möglichkeit zu unabhängigem Verhalten gegenüber ihren Wettbewerbern, Kunden und letztlich den Verbrauchern gäbe"[220].

Nach Auffassung von *Aigner* umfasst das hier vom EuG vertretene Konzept kollektiver Marktbeherrschung vom Grundsatz her auch Parallelverhalten, das auf oligopolistischer Interdependenz zwischen den Unternehmen beruht. Zur Begründung seiner Ansicht führt *Aigner* die „Teleologie" des Konzepts kollektiver Marktbeherrschung gem. Art. 82 EG ins Feld.[221] Die Funktion der „wirtschaftlichen Bande" bestehe darin, rechtlich und wirtschaftlich autonome Unternehmen zu gleichförmigem, wettbewerbswidrigem Vorgehen auf dem Markt zu befähigen. Der Zielsetzung des Art. 82 EG werde nur dann lückenlos Rechnung getragen, wenn auch die Reaktionsverbundenheit im engen Oligopol, die zweifellos wettbewerbswidriges Parallelverhalten hervorrufen könne, als wirtschaftliches Band im Sinne der „Flachglas"-Entscheidung verstanden werde.[222] Bei einem solchen Verständnis des Begriffs der wirtschaftlichen Bande könne Art. 82 EG dazu dienen, etwaige Beweisschwierigkeiten im Zusammenhang mit einer etwaigen Verletzung des Art. 81 EG zu „umschiffen".[223]

Hier unterliegt *Aigner* jedoch einem gewissen Zirkelschluss. Bei der Diskussion um die Natur der „wirtschaftlichen Bande" geht es darum, die Reichweite des

---

[219] *Aigner*, S. 97.
[220] EuG, Urteil vom 10.03.1992, verb. Rs. T-68/89, T-77/89 und T-78/89, „Società Italiana Vetro SpA u.a./ Kommission", Slg. 1992, II – 1403 ff., Tz. 358.
[221] *Aigner*, S. 97.
[222] *Aigner*, S. 111.
[223] *Aigner*, S. 112.

Art. 82 EG auszuloten und festzustellen, welches Verhalten gegen Art. 82 EG verstößt und damit „wettbewerbswidrig“ ist. Daher kann für die Einbeziehung der oligopolistischen Interdependenz in den Begriff der „wirtschaftlichen Bande“ nicht mit dem Argument geworben werden, Parallelverhalten im engen Oligopol sei „wettbewerbswidrig“. Genau dies soll ja erst festgestellt werden.

Winckler/Hansen entnehmen Rz. 358 der „Flachglas"-Entscheidung, zur Begründung kollektiver Marktbeherrschung sei der Nachweis verhaltensbezogener Merkmale wie „strong proven economic and legal links" erforderlich. Das EuG habe gerade nicht entschieden, dass bewusstes Parallelverhalten im engen Oligopol für sich genommen zur Begründung kollektiver Marktbeherrschung ausreiche. [224] Auch Stroux deutet „Flachglas" in dem Sinne, dass die geforderten Verbindungen zwischen den Unternehmen ein Verhaltenselement zu enthalten hätten. Es habe den Anschein, als stelle das EuG darauf ab, dass das Ziel der Verbindungen zwischen den Unternehmen ein paralleles Marktverhalten sei.[225]

Dem ist zuzustimmen. Aus der „Flachglas“-Entscheidung lässt sich nicht ableiten, dass eine oligopolistische Marktstruktur für sich genommen ausreicht, um „wirtschaftliche Bande“ und damit kollektive Marktbeherrschung i.S.v. Art. 82 EG zu begründen.[226] Vielmehr müssen nach der Entscheidung zwischen den möglicherweise kollektiv marktbeherrschenden Unternehmen wirtschaftliche Bande solcherart bestehen, dass sie den Unternehmen die Möglichkeit zu „unabhängigem Verhalten gegenüber ihren Wettbewerbern, Kunden und letztlich den Verbrauchern gewähren.“ Dem könnte man zwar entgegenhalten, dass die Prüfung solcher „verhaltensbezogener“ Elemente im Rahmen des Tatbestandes des Art. 82 EG besser bei der Prüfung der Voraussetzung eines Missbrauchs und nicht bei der Prüfung der (kollektiven) marktbeherrschenden Stellung aufgehoben wären.[227] Allerdings ist zu bedenken, dass – wie *oben* (§ 3 B II) gezeigt – die eine kollektive Marktbeherrschung begründende Verbindung zwischen den Unternehmen in erster Linie von ihrer Wirkung auf den Markt her zu bestimmen ist, nämlich ausgehend von der Fähigkeit der Unternehmen, sich gemeinsam unabhängig von Konkurrenten, Abnehmern und Verbrauchern zu

---

[224] *Winckler/Hansen*, CML Rev. 30, 1993, 787, 802: „The Court in *Italian Flat Glass* thus stopped well short of recognizing that conscious parallelism alone could give rise to a collective dominant position“.

[225] *Stroux*, World Competition 23 (1) 2000, 3, 21.

[226] Im Ergebnis auch *Rodger*, 1995 ECLR, 21, 24 und *McGregor*, 2001 ECLR, 434, 435.

[227] *Al-Dabbah*, 2000 ECLR, 45, 47 macht darauf aufmerksam, dass Kommission und Gerichtshof das Verhalten von Unternehmen sowohl zur Begründung der Feststellung einer marktbeherrschenden Stellung als auch des Missbrauches einer solchen Stellung heranziehen ohne klarzustellen, unter welchen Voraussetzungen ein bestimmtes Verhalten ein Indikator für Marktbeherrschung und wann ein Indikator für den Missbrauch einer marktbeherrschenden Stellung darstellt.

verhalten. Daher ist die Verwendung „verhaltensbezogener" Elemente auch bei der Definition einer kollektiv marktbeherrschenden Stellung im Grundsatz nicht zu beanstanden.

b) Ausdrückliche Anerkennung der oligopolistischen Interdependenz als ausreichende wirtschaftliche Verbindung

aa) Durch die Kommission

Die Kommission erkennt in ihrer *Mitteilung über die Anwendung der Wettbewerbsregeln auf Zugangsvereinbarungen im Telekommunikationsbereich*[228] die gegenseitige Abhängigkeit in oligopolistischen Marktsituationen ausdrücklich als ausreichende Verbindung zwischen kollektiv marktbeherrschenden Unternehmen an. Eine zur Begründung kollektiver Marktbeherrschung ausreichende wirtschaftliche Verbindung zwischen den Unternehmen sei bereits dann gegeben, wenn eine gegenseitige Abhängigkeit in der Art vorliegt, wie sie oft in oligopolistischen Marktsituationen vorkomme. Es scheine keinen rechtlichen oder wirtschaftstheoretischen Grund zu geben, der andere Verbindungen zwischen gemeinsam beherrschenden Unternehmen voraussetze.[229]

bb) Durch das EuG – Gencor/Kommission

In der Sache „Gencor/Kommission" bestätigt auch das EuG die Möglichkeit an, kollektive Marktbeherrschung i. S. v. Art. 82 EG auf oligopolistische Marktsituationen zu stützen.[230] Die Entscheidung „Gencor/ Kommission" betrifft an sich gar nicht Art. 82 EG, sondern die FKVO 4064/89. Nach Ansicht der Klägerin soll die Kommission bei ihrer Entscheidung über das Vorliegen einer kollektiven marktbeherrschenden Stellung im Sinne der FKVO 4064/89 die Rechtsprechung zur kollektiven marktbeherrschenden Stellung im Sinne von Art. 82 EG nicht hinreichend berücksichtigt haben. Dies gibt dem EuG Gelegenheit, sich auch zur kollektiven Marktbeherrschung im Sinne von Art. 82 EG zu äußern.

Die Klägerseite bringt vor, nach dem „Flachglas"-Urteil des EuG[231] sei die Feststellung einer kollektiven beherrschenden Stellung von der Feststellung

---

[228] Kommission, *Mitteilung über die Anwendung von Wettbewerbsregeln auf Zugangsvereinbarungen im Telekommunikationsbereich*, ABl. C 265/2 vom 22.08.1998.
[229] Kommission, *Mitteilung über die Anwendung von Wettbewerbsregeln auf Zugangsvereinbarungen im Telekommunikationsbereich*, ABl. C 265/2 vom 22.08.1998, Tz. 79.
[230] Statt vieler *Faull/Nikpay*, Rz. 3.104.
[231] EuG, Urteil vom 10.03.1992, verb. Rs. T-68/89, T-77/89 und T-78/89, „Società Italiana Vetro SpA u.a./ Kommission", Slg. 1992, II – 1403ff.

strukturelller Verbindungen zwischen den Unternehmen abhängig.[232] Dem entgegnet das EuG, die Aufzählung struktureller Verbindungen in „Flachglas" sei keinesfalls abschließend.[233] Das Gericht habe lediglich nicht grundsätzlich ausschließen wollen, dass zwei oder mehr unabhängige wirtschaftliche Einheiten auf einem spezifischen Markt durch wirtschaftliche Bande so eng miteinander verknüpft seien, dass sie infolgedessen eine beherrschende Stellung im Verhältnis zu den anderen Marktteilnehmern einnehmen würden. Dies könne beispielsweise dann der Fall sein, wenn zwei oder mehr unabhängige Unternehmen gemeinsam aufgrund Vereinbarung oder Lizenzvergabe über einen technologischen Vorsprung verfügten, der ihnen in spürbarem Maße die Möglichkeit zu unabhängigem Verhalten ihren Kunden, ihren Konkurrenten und letztlich den Verbrauchern gegenüber gäbe.[234]

Wie das EuG hier deutlich macht, soll es allein darauf ankommen, dass zwei Unternehmen infolge wirtschaftlicher Bande so verknüpft sind, dass sie im Außenverhältnis *eine* beherrschende Stellung einnehmen. Diese wirtschaftlichen Bande *können* die Form von strukturellen Verflechtungen annehmen, *müssen* es aber nicht.

Zum Begriff der wirtschaftlichen Verbindung erläutert das EuG, es bestehe rechtlich oder wirtschaftlich kein Grund, in den Begriff der wirtschaftlichen Verbindung nicht auch die Wechselbeziehung zwischen den Mitgliedern eines beschränkten Oligopols mit einzubeziehen, in dessen Rahmen diese auf einem Markt mit den entsprechenden Merkmalen insbesondere im Hinblick auf Marktkonzentration, Transparenz und Homogenität des Erzeugnisses in der Lage seien, ihre jeweiligen Verhaltensweisen vorherzusehen, und daher unter einem starken Druck stünden, ihr Marktverhalten einander anzupassen, um insbesondere ihren gemeinsamen Gewinn durch eine auf Preiserhöhung abzielende Produktionsbeschränkung zu maximieren.[235]

cc) Durch den EuGH – Compagnie maritime belge

In „Compagnie maritime belge“ bejaht schließlich auch der EuGH für Art. 82 EG, dass eine kollektive beherrschende Stellung auf oligopolistischen Interdependenzen beruhen kann:[236]

---

[232] EuG, Urteil vom 25.03.1999, Rs. T-102/96, „Gencor Ltd./ Kommission", Slg. 1993, II – 753ff., Tz. 264.
[233] EuG, a.a.O., Tz. 273.
[234] EuG, a.a.O., Tz. 274.
[235] EuG, a.a.O., Tz. 276.
[236] So auch die *Leitlinien der Kommission zur Marktanalyse und Ermittlung beträchtlicher Marktmacht nach dem gemeinsamen Rechtsrahmen für elektronische Kommunikationsnetzes*

„Eine kollektive beherrschende Stellung kann sich (...) aus der Natur und dem Wortlaut einer Vereinbarung, der Art ihrer Durchführung und folglich aus den daraus erwachsenden Bindungen oder verbindenden Faktoren zwischen Unternehmen ergeben. Das Vorliegen einer Vereinbarung oder anderer rechtlicher Bindungen ist jedoch für die Feststellung einer kollektiven beherrschenden Stellung nicht unerlässlich; diese Feststellung kann sich aus anderen verbindenden Faktoren ergeben und hängt von einer wirtschaftlichen Beurteilung und insbesondere einer Beurteilung der Struktur des fraglichen Marktes ab".[237]

Im Gegensatz zur „Flachglas"-Doktrin, wonach kollektive Marktbeherrschung den Nachweis einer bestimmten Beziehung zwischen den kollektiv marktbeherrschenden Unternehmen in Form „wirtschaftlicher Bande" voraussetzt, scheint der EuGH den Fokus nicht auf die Binnenbeziehung der Unternehmen, sondern auf das Vorliegen einer bestimmten Marktstruktur zu lenken.[238] Festzuhalten ist allerdings, dass der EuGH bis zum jetzigen Zeitpunkt noch keinen Verstoß gegen Art. 82 EG angenommen hat, bei dem die kollektive beherrschende Stellung allein mit oligopolistischen Interdependenzen begründet wurde.[239] So lag auch in der Sache „Compagnie maritime belge" eine Vereinbarung gemäß Art. 81 EG vor.[240]

dd) Folgeprobleme

Nach Bejahung kollektiver Marktbeherrschung i.S.v. Art. 82 EG in Fällen, in denen die marktbeherrschenden Unternehmen allein durch die Interdependenz im engen Oligopol miteinander verbunden sind, ist fraglich, ob *jede* oligopolistische Marktstruktur kollektive Marktbeherrschung i.S.v. Art. 82 EG begründet oder ob dazu weitere, einschränkende Voraussetzungen erforderlich sind.[241]

---

und -dienste, ABl. C 165/6 vom 11.07.2002, Tz. 94; *Rivas/Stroud*, CML Rev. 38, 2001, 935, 969; *Stroux*, CML Rev. 37, 2000, 1249, 1260; im Ergebnis auch *Monti*, CML Rev. 38, 2001, 131, 133; *McGregor*, 2001 ECLR 434, 436 befürwortet diese Auslegung nicht ausdrücklich, hält sie aber zumindest für möglich.

237 EuGH, a.a.O., Tz. 45.

238 *McGregor*, 2001 ECLR, 434, 436.

239 Darauf verweist zu Recht *Haupt*, EWS 2002, 361, 365.

240 Kommission, Entscheidung vom 23.12.1992, IV/32.448 und IV/32.450 - CEWAL, COWAC, UKWAL, ABl. L 34/20 vom 10.02.1993, Tz. 33 und EuGH, Urteil vom 16.03.2000, verb. Rs. C-395/96 P und C-396/96 P, „Compagnie maritime belge transports SA u.a./ Kommission", Slg. 2000, I – 1442ff., Tz. 57.

241 Für eine Beschränkung plädiert *Monti*, CML Rev. 38, 2001, 131, 144f.

(1) Erfordernis einer Beschränkung der Annahme kollektiver Marktbeherrschung auf bestimmte oligopolistische Marktstrukturen

(a) Mangel an angemessenen Reaktionsmöglichkeiten der Kommission?

Einer unbeschränkten Anwendung von Art. 82 EG auf Oligopolsachverhalte wird – ähnlich wie der Anwendung von Art. 82 EG auf Kartelle (vgl. dazu oben unter § 3 B III. 2.) – entgegengehalten, der Kommission stünden bei Feststellung eines Verstoßes gegen das Missbrauchsverbot keine angemessenen Reaktionsmöglichkeiten zur Verfügung.[242] Die Zahlung einer Geldbuße sei wenig praktikabel, wenn die Unternehmen lediglich auf das Verhalten ihrer Wettbewerber reagierten – oder sollten die Unternehmen solange eine jährliche Geldbuße zahlen, wie sie ein enges Oligopol bildeten? Das liefe letztlich auf eine Art Steuer für eine bestimmte Marktstruktur hinaus.[243] Eine verhaltensbezogene Anweisung an die Unternehmen, sich nicht an das Marktverhalten ihrer Wettbewerber anzupassen, könne kaum zwangsweise durchgesetzt werden.[244] Für eine Anweisung auf marktstruktureller Ebene fehle es der Kommission schlicht an Kompetenz: Entflechtungen seien als Folge eines Verstoßes gegen Art. 82 EG nicht vorgesehen.[245] Teilweise wird auch vorgebracht, im Lichte der „Compagnie maritime belge"-Rechtsprechung werde Art. 82 EG zu einem Instrument der Marktstrukturkontrolle außerhalb der FKVO.[246] Diesem Argument kann freilich mittlerweile Art. 7 der *Verordnung (EG) Nr. 1/2003 des Rates vom 16. Dezember 2002 zur Durchführung der in den Artikeln 81 und 82 des Vertrags niedergelegten Wettbewerbsregeln*[247] (nachfolgend auch: „VO 1/2003) entgegenhalten werden: Gemäß Art. 7 Abs. 1 S. 7 VO 1/2003 hat die Kommission durchaus die Möglichkeit struktureller Abhilfemaßnahmen bei Verstößen gegen Art. 81 und 82 EG.[248]

(b) Widerspruch zur „Woodpulp"-Rechtsprechung

Einer Ausdehnung des Anwendungsbereiches von Art. 82 EG auf Oligopolsachverhalte wird weiter entgegengehalten, sie widerspreche der „Woodpulp"-Rechtsprechung zu Art. 81 EG. Dort sei anerkannt, dass ein Unternehmen das Recht habe, sein eigenes Marktverhalten mit wachen Sinnen an das Verhalten seiner Wettbewerber anzupassen. Folglich liege ein Verstoß gegen Art. 81 EG

---

242 *Monti*, CML Rev. 38, 2001, 131, 145.
243 *Monti*, CML Rev. 38, 2001, 131, 145.
244 *Monti*, CML Rev. 38, 2001, 131, 145.
245 *Monti*, CML Rev. 38, 2001, 131, 145.
246 *Withers/Jephcott*, 2001 ECLR, 295, 300.
247 ABl. L 1/1 vom 04.01.2003.
248 Vgl. dazu nur *Hirsch*, ZWeR 2003, 233, 247 und *Hossenfelder*, WuW 2003, 118, 121.

dann nicht vor, wenn ein Parallelverhalten mit der oligopolistischen Interdependenz im engen Oligopol erklärt werden könne. Was die Unternehmen im Zusammenhang mit dem Kartellverbot als Verteidigung vorbringen können, dürfe keinen Verstoß gegen Art. 82 EG begründen. Alles andere widerspräche den gerechtfertigten Erwartungen der Unternehmen.[249]

Um bei der Anwendung des Art. 82 EG einen Widerspruch zur "Woodpulp"-Rechtsprechung zu Art. 81 EG zu vermeiden, wird eine eingeschränkte Anwendung von Art. 82 EG auf Oligopol-Konstellationen vorgeschlagen: Im Einklang mit „Woodpulp" davon ausgehend, dass sich Unternehmen dem Verhalten anderer intelligent *anpassen* dürfen, bewahre die „Woodpulp"- Doktrin all diejenigen Unternehmen vom Vorwurf eines Verstoßes gegen Art. 81 – und Art. 82 – EG, die lediglich auf das Verhalten anderer *reagierten.* Nicht von „Woodpulp" profitiere das Unternehmen, das nicht reagiere, sondern *agiere*, also beispielsweise der Preisführer.[250] Dieses agierende Unternehmen könnte von Art. 82 EG erfasst werden. Der EuGH indes lässt sich auf diese Argumentation nicht ein. Er beschränkt sich vielmehr darauf, mehr oder weniger allgemein darauf zu verweisen, der Katalog der verbotenen Verhaltensweisen in Art. 82 EG sei nicht erschöpfend.[251] Zudem könne unter bestimmten Umständen ein Missbrauch vorliegen, wenn ein Unternehmen in beherrschender Stellung diese dergestalt verstärke, dass der erreichte Beherrschungsgrad den Wettbewerb wesentlich behindere.[252] Diese Bemerkung ist jedoch nicht unbedingt weiterführend, weil die Rechtsmittelführer ja gerade geltend machen wollen, sie beschränkten den Wettbewerb gar nicht, sondern handelten vielmehr im Rahmen des Wettbewerbs. Schließlich ist nach Darstellung des EuGH

„der sachliche Anwendungsbereich der besonderen Verantwortung, die ein Unternehmen in beherrschender Stellung trägt, anhand der spezifischen Umstände des jeweiligen Einzelfalls zu ermitteln, die eine Situation geschwächten Wettbewerbs erkennen lässt."[253]

---

[249] *Monti*, CML Rev. 38, 2001, 131, 145; ähnlich *McGregor*, 2001 ECLR, 434, 437; auf die Problematik aufmerksam machen auch *Withers/Jephcott*, 2001 ECLR, 295, 300; zum selben Problem im Zusammenhang mit der Entscheidung „Gencor" *Stroux*, World Competition 23 (1) 2000, 3, 43.

[250] *Monti*, CML Rev. 38, 2001, 131, 146f. Vgl. auch Darstellung des Vorbringens der Rechtsmittelführer in EuGH, Urteil vom 16.03.2000, verb. Rs. C-395/96 P und C-396/96 P, „Compagnie maritime belge transports SA u.a./ Kommission", Slg. 2000, I – 1442ff., Tz. 96.

[251] EuGH, Urteil vom 16.03.2000, verb. Rs. C-395/96 P und C-396/96 P, „Compagnie maritime belge transports SA u.a./ Kommission", Slg. 2000, I – 1442ff., Tz. 112.

[252] EuGH, a.a.O., Tz. 113.

[253] EuGH, a.a.O., Tz. 144.

Richtigerweise zwingt „Woodpulp“ indessen nicht zu einer Beschränkung von Art. 82 EG auf das Verbot einer „Aktion“. Alles andere unterliefe den Grundsatz der parallelen Anwendbarkeit von Art. 81 EG und Art. 82 EG.

(c) Vergrößerung des Verantwortungsbereiches kleinerer Unternehmen

Zutreffend wird allerdings darauf hingewiesen, es müsse sichergestellt werden, dass kleinere Unternehmen durch die Anwendung der „Compagnie maritime belge"-Rechtsprechung nicht zu sehr in ihrem Marktverhalten eingeschränkt würden.[254] Unternehmen, die für sich selbst betrachtet nicht marktbeherrschend wären, würden nach „Compagnie maritime belge" schon dann als kollektiv marktbeherrschend gelten, wenn sie ihr eigenes Marktverhalten dem ihrer Wettbewerber anpassten. Dadurch wären sie als „marktbeherrschende" Unternehmen plötzlich in besonderer Weise für ihr Verhalten verantwortlich.[255] Um eine Überdehnung ihres Verantwortungsbereiches zu vermeiden, ist daher eine besonders sorgfältige Prüfung erforderlich, ob die jeweiligen Unternehmen tatsächlich zu einer kollektiven „Einheit" gehören. Dabei sei zu beachten, dass gerade Unternehmen mit einem kleineren Marktanteil stärker durch neue Marktzutritte belastet werden als solche Unternehmen, die schon fast einzelmarktbeherrschend sind.[256]

(2) Einschränkende Anwendung kollektiver Marktbeherrschung auf oligopolistische Marktstrukturen durch Übernahme des Konzepts kollektiver Marktbeherrschung i.S.v. FKVO 4064/89

Vorbild einer eingeschränkten Anwendung von Art. 82 EG auf Oligopolsachverhalte könnte kollektive Marktbeherrschung im Sinne der Fusionskontrolle nach der FKVO 4064/89 darstellen. Diese knüpft – was an späterer Stelle noch eingehender erläutert werden wird – an die Unterscheidung zwischen Oligopolen mit und ohne funktionierendem Binnenwettbewerb an. Kollektive Marktbeherrschung wird nur bei solchen Oligopolen bejaht, bei denen die Ausschaltung von Binnenwettbewerb infolge von – im ökonomischen Sinne – expliziter oder impliziter Kollusion zwischen den Mitgliedern des Oligopols wahrscheinlich ist. Die ausdrückliche Verweisung des EuGH in „Compagnie maritime belge“ auf die Entscheidung „Frankreich u.a./ Kommission" zur FKVO,[257] aber auch die Betonung der Bedeutung der Marktstruktur für das Vorliegen verbindender

---

[254] *Withers/Jephcott*, 2001 ECLR, 295, 303.

[255] *Withers/Jephcott*, 2001 ECLR, 295, 303; *Forrester/MacLennan*, Yearbook of European Law 2001, 365, 471.

[256] *Withers/Jephcott*, 2001 ECLR, 295, 303.

[257] EuGH, Urteil vom 16.03.2000, verb. Rs. C-395/96 P und C-396/96 P, "Compagnie maritime belge transports SA u.a./ Kommission", Slg. 2000, I – 1442ff., Tz. 41.

Faktoren[258] durch den EuGH zeigen, dass der EuGH in „Compagnie maritime belge" die Voraussetzungen einer kollektiven beherrschenden Stellung gemäß Art. 82 EG durchaus eng an die Definition der kollektiven beherrschenden Stellung im Zusammenhang mit der FKVO 4064/89 angelehnt wissen will.[259] Von daher liegt es nahe, auch die Annahme einer kollektiven beherrschenden Stellung gem. Art. 82 EG auf Oligopole ohne Binnenwettbewerb zu beschränken. Für den Fall, dass zwischen den Mitgliedern des Oligopols keine – im ökonomischen Sinne – explizite Kollusion vorliegt, müssten dann die Voraussetzungen impliziter Kollusion nach dem *tacit collusion*-Konzept vorliegen.[260]

(3) Folgen der Übertragung des Konzepts kollektiver Marktbeherrschung der FKVO 4064/89 auf Art. 82 EG

Fraglich ist, welche Auswirkungen mit einem solchen einheitlichen Konzept kollektiver Marktbeherrschung verbunden wären und wie ggf. unerwünschten Auswirkungen zu begegnen wäre.[261]

(a) Wechselwirkungen zwischen Art. 82 EG und die FKVO durch einen einheitlichen Begriff kollektiver Marktbeherrschung

Der EuGH führt in „Compagnie maritime belge" zu Art. 82 EG aus, die Bejahung einer kollektiven beherrschenden Stellung habe für sich allein genommen für die Unternehmen keine Folgen. Die Feststellung einer beherrschenden Stellung, enthalte für sich genommen keinen Vorwurf gegenüber den betreffenden Unternehmen, sondern bedeute nur, dass dieses unabhängig von den Ursachen einer solchen Stellung eine besondere Verantwortung dafür trage, dass es durch sein Verhalten einen wirksamen und unverfälschten Wettbewerb auf dem Ge-

---

[258] EuGH, a.a.O., Tz. 45.

[259] Vgl. auch *Montag*, Vortrag zum 9. St. Galler Internationalen Kartellrechtsforum am 25./26. April 2002; *Haupt*, EWS 2002, 361, 365; im Ergebnis auch *González-Díaz* in einem Interview mit *Wik/Westerling*, The 2002 Handbook of Competition Enforcement Agencies, 29, 30; *Faull/Nikpay*, Rz. 3.104.

[260] *Jung* in *Grabitz/Hilf*, Art 82 EGV, Rz. 71: „Bestimmte Gegebenheiten iR eines engen Oligopols erleichtern zwar implizit kollusives Verhalten, sie zwingen aber nicht dazu. Verbundenheit im engen Oligopol liefert deshalb ein starkes Indiz für kollektive Marktbeherrschung, rechtfertigt aber keine zwingenden Schlussfolgerungen. Es sind darüber hinaus in jedem Fall zusätzliche Elemente erforderlich, die zusammen mit der oligopolistischen Marktstruktur das Fehlen von Binnenwettbewerb beweisbar darlegen"; *Stroux*, CML Rev. 37, 2000, 1249, 1260; *Rivas/Stroud*, CML Rev. 38, 2001, 935, 969.

[261] Das Problem des Verhältnisses der Auslegung des Begriffs der Marktbeherrschung im Zusammenhang mit der Fusionskontrolle einerseits und im Zusammenhang mit der Missbrauchskontrolle andererseits wird etwa auch angerissen von *Schwalbe*, WuW 2004, 997.

meinsamen Markt nicht beeinträchtige. Gleiches gelte für Unternehmen, die eine kollektive beherrschende Stellung einnähmen.[262]

Im Zusammenhang mit Art. 82 EG mag dies richtig sein, weil ein Verstoß gegen das Missbrauchsverbot durch mehrere Unternehmen nicht nur eine kollektive marktbeherrschende Stellung, sondern auch den Missbrauch dieser Stellung voraussetzt. Etwas anders liegen die Dinge jedoch im Rahmen der Fusionskontrolle. Hier bedeutet bereits die Feststellung der Begründung oder Verstärkung einer marktbeherrschenden Stellung zumindest faktisch oft das „Aus" für das Zusammenschlussvorhaben. Wer also den Begriff der kollektiven marktbeherrschenden Stellung gemäß Art. 82 EG meint weit ziehen zu können, weil mit dem Erfordernis des Missbrauches ein Verbot noch von weiteren Voraussetzungen abhängt, sollte nicht übersehen, dass ein weiter Begriff der kollektiven Marktbeherrschung im Zusammenhang mit der FKVO nicht durch ein weiteres Tatbestandsmerkmal relativiert wird.

Durch die Anerkennung der Eigenständigkeit des Begriffes „kollektive Marktbeherrschung" für Art. 82 EG und die FKVO ließe sich diese Schwierigkeit vermeiden. Auch die Kommission hat in ihrem *Vorschlag für eine Verordnung über die Kontrolle von Unternehmenszusammenschlüssen* eine eigenständige Definition der Marktbeherrschung für die Fusionskontrolle vorgeschlagen.[263] Dies habe, wie die Kommission ausdrücklich ausführt, den Vorteil, dass das Marktbeherrschungskonzept der Fusionskontrollverordnung nicht mit demjenigen bei Art. 82 EG verknüpft werde.[264] Damit würden nicht nur Auswirkungen der Entscheidungspraxis zur FKVO auf Art. 82 EG vermieden, sondern auch umgekehrt Auswirkungen der Entscheidungspraxis zu Art. 82 EG auf diejenige zur FKVO.[265]

---

[262] EuGH, Urteil vom 16.03.2000, verb. Rs. C-395/96 P und C-396/96 P, „Compagnie maritime belge transports SA u.a./ Kommission", Slg. 2000, I – 1442ff., Tz. 37f.

[263] Kommission, *Vorschlag für eine Verordnung über die Kontrolle von Unternehmenszusammenschlüssen*, KOM (2002) 711 endg., ABl. C 20/4 vom 28.01.2003, dort Art. 2 Abs. 2.

[264] Kommission, a.a.O., Tz. 57. Möglicherweise geht diese Trennung der Definitionen auf Reaktionen zum Grünbuch der Kommission zurück, in denen einige Kommentatoren befürchten, dass eine Ausweitung des Marktbeherrschungsbegriffs in Fusionsfällen Auswirkungen auf den Begriff der Marktbeherrschung im Anwendungsbereich des Art. 82 EG nach sich ziehen könnte – insbesondere ein Anstieg der Zahl von Unternehmen, die der Missbrauchskontrolle nach Art. 82 EG unterliegen; vgl. *Drauz* in *Schwarze*, Instrumente zur Durchsetzung des europäischen Wettbewerbsrechts, S. 47, 51 und *Wirtz*, EWS 2003, 146, 150.

[265] Vgl. dazu die Ausführungen oben unter § 3 zu Art. 82 EG hinsichtlich des „Compagnie maritime belge"-Urteils des EuGH, wo es durchaus Anklänge an einen einheitlichen Begriff kollektiver Marktbeherrschung für Art. 82 EG und Art. 2 FKVO gibt. Von einem einheitli-

Auch wenn man indes von einem einheitlichen Begriff der kollektiven Marktbeherrschung für Art. 82 EG einerseits und die FKVO andererseits ausginge, bestünde das Bedürfnis nach einer *richtigen* Definition des Begriffs der kollektiven Marktbeherrschung i.S.v. Art. 82 EG.[266] Dabei müsste man sich zwar der Auswirkungen auf die Fusionskontrolle bewusst sein; allein diese Wechselwirkungen könnten jedoch nicht zu einer Einschränkung des Begriffs der kollektiven Marktbeherrschung gemäß Art. 82 EG führen.

(b) Einheitlicher Begriff kollektiver Marktbeherrschung trotz präventiven Charakters der Fusionskontrolle?

Für eine Trennung der Begriffe kollektiver Marktbeherrschung für Art. 82 EG einerseits und der FKVO andererseits könnten weiter die unterschiedlichen Schutzrichtungen von Missbrauchs- (als repressive Marktverhaltenskontrolle) und Fusionskontrolle (als präventive Marktstrukturkontrolle) sprechen. Das *tacit collusion*-Konzept vermag solche oligopolistischen Marktstrukturen zu identifizieren, bei denen eine Ausschaltung von Binnenwettbewerb *wahrscheinlich* ist. Dies mag für die Zwecke einer in die Zukunft gerichteten Fusionskontrolle präventiven Charakters ausreichen. Fraglich ist jedoch, ob dies auch den Zwecken der Missbrauchskontrolle gem. Art. 82 EG genügt, die an ein konkretes, tatsächliches Marktverhalten anknüpft. Indes wird das Erfordernis des Nachweises eines konkreten Missbrauchs für Art. 82 EG den Anforderungen einer an ein tatsächliches Verhalten anknüpfenden Verhaltenskontrolle hinreichend gerecht. Die Natur der Verhaltenskontrolle steht der Anknüpfung kollektiver Marktbeherrschung i.S.v. Art. 82 EG an das *tacit collusion*-Konzept also nicht entgegen.

(c) Differenzierung zwischen Missbrauch und kollektiver beherrschender Stellung

Mögliche Schwierigkeiten bei einer einheitlichen einschränkenden Auslegung von kollektiver Marktbeherrschung i.S.v. Art. 82 EG und der Fusionskontrolle lassen sich außerdem durch eine sorgfältige Unterscheidung zwischen den Vor-

---

chen Begriff ging – zumindest bisher – auch *González-Díaz* aus, vgl. Interview mit *Wik/Westerling*, The 2002 Handbook of Competition Enforcement Agencies, 29, 30.

[266] Dieses Bedürfnis nach einer richtigen Definition des Marktbeherrschungstests besteht im Übrigen auch nach der Einführung des SIEC-Tests durch die FKVO 139/2004 fort, da das materielle Beurteilungskriterium der Marktbeherrschung damit keineswegs aufgegeben wurde – vgl. dazu unten, 4. Kapitel. Demgegenüber spricht *Säcker*, WuW 2004, 1038, 1039 davon, das europäische Wettbewerbsrecht habe nun mit der Einheitlichkeit der rechtlichen Maßstäbe für die Fusions- und die Missbrauchskontrolle „gebrochen".

aussetzungen eines Missbrauchs und einer kollektiven beherrschenden Stellung vermeiden:

Nach – zutreffender – Auffassung von *Stroux* komme es nur dann zu einem Widerspruch zu Art. 81 EG, wenn man *tacit collusion* nicht nur zur Begründung von kollektiver Marktbeherrschung, sondern auch zur Begründung des *Missbrauchs* einer beherrschenden Stellung heranziehe.[267] Der Gerichtshof habe argumentiert, *tacit collusion* könne auf dem Markt dieselben Wirkungen hervorrufen wie Vereinbarungen oder abgestimmte Verhaltensweisen. Daraus könne man zwar den Schluss ziehen, *tacit collusion* begründe einen Missbrauch im Sinne von Art. 82 EG, wenn das Parallelverhalten die kollektive marktbeherrschende Stellung verstärkt. Aber auch wenn eine solche Argumentation aus ökonomischer Sicht korrekt sei, würde sie doch die Anforderungen an den Beweis eines Verstoßes gegen Art. 81 EG und damit die Grundsätze der Rechtssicherheit unterlaufen.[268] Daher sei es vorzugswürdig, mit *tacit collusion* nicht den *Missbrauch,* sondern lediglich die kollektive marktbeherrschende Stellung zu begründen.

Verlangt man für Art. 82 EG außerdem den Nachweis eines Ausschaltens von Binnenwettbewerb im Einzelfall,[269] wird der Gefahr begegnet, dass Art. 82 EG im Sinne eines Instruments *präventiver* Strukturkontrolle schon im Fall der bloßen *Wahrscheinlichkeit* eines auf oligopolistischer Interdependenz beruhenden Parallelverhaltens eingreift.

c) Kollektive Marktbeherrschung im vertikalen Verhältnis

Das EuG erkennt in „Irish Sugar" an, dass auch Unternehmen, die zueinander in einem vertikalen Verhältnis stehen, kollektiv marktbeherrschend sein können.[270] Bezüglich der Voraussetzungen einer solchen kollektiven marktbeherrschenden Stellung im vertikalen Verhältnis bedient sich das EuG in „Irish Sugar" ganz ausdrücklich der Definition der kollektiven Marktbeherrschung, die der EuGH in seiner Entscheidung „Frankreich u.a./ Kommission" im Zusammenhang mit Art. 2 Abs. 3 FKVO verwendet und wonach

> „eine kollektive beherrschende Stellung mehrerer Unternehmen vorliegt, wenn diese insbesondere wegen der zwischen ihnen bestehenden verbindenden Faktoren die Macht zu einheitlichem Vorgehen auf dem Markt und in beträchtlichem Umfang zu einem Handeln unabhän-

---

[267] *Stroux*, CML Rev. 37, 2000, 1249, 1262f.; für eine exakte Differenzierung zwischen Marktbeherrschung und Missbrauch auch *Withers/Jephcott*, 2001 ECLR, 295, 303.
[268] *Stroux*, CML Rev. 37, 2000, 1249, 1262f.
[269] *Jung* in *Grabitz/Hilf*, Art 82 EGV, Rz. 71.
[270] EuG, Urteil vom 07.10.1999 – Rs. T-228/97 „Irish Sugar", Slg. 1999, II – 2969ff., Tz. 63.

gig von den anderen Wettbewerbern, ihrer Kundschaft und letztlich den Verbrauchern besitzen."[271]

Das EuG verzichtet auf die Formulierung „wirtschaftliche Verbindung" und nähert auch hier die Definition der kollektiven beherrschenden Stellung nach Art. 82 EG der in der Fusionskontrolle nach der FKVO gebräuchlichen Formel an. Nach Darstellung des EuG in „Irish Sugar" muss der Missbrauch nicht allen Unternehmen der beherrschenden Stellung zugerechnet werden können:

„Zwar ergibt sich das Vorliegen einer kollektiven beherrschenden Stellung aus der Stellung, die die betreffenden wirtschaftlichen Einheiten auf dem betreffenden Markt gemeinsam innehaben, doch muss der Missbrauch nicht notwendig allen betreffenden Unternehmen zuzurechnen sein. Er muss sich lediglich als eine der Äußerungen des Besitzes einer kollektiven beherrschenden Stellung ermitteln lassen können. Folglich können Unternehmen, die eine kollektive beherrschende Stellung innehaben, gemeinsame oder individuelle Verhaltensweisen an den Tag legen. Diese missbräuchlichen Verhaltensweisen müssen lediglich auf die Ausnutzung der kollektiven beherrschenden Stellung zurückzuführen sein, die die Unternehmen auf dem Markt innehaben."[272]

Das EuG erkennt hier also an, dass auch das individuelle Verhalten eines Unternehmens einer marktbeherrschenden Gruppe vom Verbot des Art. 82 EG erfasst werden kann.[273] Einerseits ist die Erfassung individuellen Verhaltens von Mitgliedern einer Gruppe eine konsequente Fortführung der ursprünglichen Differenzierung zwischen den Anwendungsbereichen von Art. 81 und 82 EG, wonach unilaterales Verhalten von Art. 82 EG und kooperatives Verhalten von Art. 81 EG erfasst wird. Andererseits scheint der Wortlaut von Art. 82 EG durch die Einbeziehung individuellen Verhaltens von Gruppenmitgliedern eine gewisse Ausdehnung zu erfahren: So verbietet Art. 82 EG die missbräuchliche Ausnutzung einer beherrschenden Stellung durch ein oder mehrere Unternehmen; das Verbot richtet sich streng genommen also nicht gegen eine beherrschende Stellung mehrerer Unternehmen, sondern gegen den *Missbrauch* einer beherrschenden Stellung *durch mehrere Unternehmen*. Der Wortlaut scheint also eher an einen gemeinsamen Missbrauch mehrerer Unternehmen anzuknüpfen als an einen individuellen Missbrauch einer von mehreren Unternehmen eingenommenen marktbeherrschenden Stellung. Nach der Entscheidung des EuG scheint ein *gemeinsamer* Missbrauch nunmehr für die Anwendung des Art. 82 EG nicht erforderlich zu sein. Insofern könnte sich die Frage stellen, inwieweit dieser Typ kollektive Marktbeherrschung vom Wortlaut des Art. 82 EG

---

[271] EuG, a.a.O., Tz. 46.

[272] EuG, Urteil vom 07.10.1999 – Rs. T-228/97 „Irish Sugar", Slg. 1999, II – 2969ff., Tz. 66.

[273] So z. B. auch *Montag*, Vortrag beim 9. St. Galler Internationalen Kartellrechtsforum vom 25./26. April 2002.

umfasst ist. Interessant in diesem Zusammenhang ist auch die spätere Entscheidung des EuGH in der Sache „Irish Sugar".[274] Darin stellt der EuGH fest,

„dass die Untersuchung, ob die betreffenden Unternehmen eine kollektive Einheit auf einem bestimmten Markt darstellen, eine Prüfung der wirtschaftlichen Bindungen oder Faktoren, die diese Unternehmen verbinden, erfordert. Insbesondere ist zu prüfen, ob es zwischen ihnen wirtschaftliche Bindungen gibt, die es ihnen erlauben, gemeinsam unabhängig von ihren Konkurrenten, ihren Abnehmern und den Verbrauchern zu handeln."[275]

Der EuGH scheint also – im Gegensatz zum EuG – den Aspekt des *gemeinsamen* Handelns hervorzuheben. Andererseits sieht der EuGH seine Ausführungen durchaus im Einklang mit denjenigen des EuG, wenn er feststellt:

„Das Gericht [das EuG] hat daher die Bindungen zwischen der Rechtsmittelführerin und SDL zu Recht untersucht und in den Randnummern 47 bis 59 des angefochtenen Urteils geprüft, ob sie aufgrund der Faktoren, die diese beiden Unternehmen (...) verbanden, auf dem Markt gemeinsam vorgehen konnten."[276]

In den genannten Randziffern des Urteils des EuG ist jedoch nie die Rede von der Möglichkeit gemeinsamen Handelns, sondern immer nur von der Macht zu einheitlichem Vorgehen. Lediglich in – der bereits zitierten – Rz. 66 des Urteils ist die Rede von gemeinsamen Verhaltensweisen im Gegensatz zu individuellen Verhaltensweisen. Nach Darstellung des EuG kommt es also nur darauf an, ob die Unternehmen eine gemeinsame Stellung innehaben und daraus die Möglichkeit einheitlichen Verhaltens entspringt. Ob diese Macht zu einheitlichem Verhalten auf einer individuellen oder gemeinsamen Entscheidung der Unternehmen beruht, spielt nach den Ausführungen des EuG keine Rolle – der EuGH dagegen beharrt auf der Möglichkeit gemeinsamen Vorgehens. Dieser – scheinbare – Widerspruch zwischen der Entscheidung des EuG und des EuGH lässt sich jedoch dann auflösen, wenn man zwischen der – die gemeinsame beherrschende Stellung begründenden – Möglichkeit gemeinsamen Handels und dem tatsächlichen Missbrauch dieser beherrschenden Stellung durch lediglich eines der Unternehmen der kollektiv marktbeherrschenden Gruppe unterscheidet.

4. Zusammenfassung

Spätestens seitdem der EuGH in „Compagnie maritime belge" kollektive Marktbeherrschung im Sinne von Art. 82 EG auch bei solchen Unternehmensmehrheiten bejaht, die lediglich durch die oligopolistische Interdependenz im

[274] EuGH, Beschluss vom 10.07.2001 – Rs. C-497/99P „Irish Sugar", Slg. 2001, I – 5333ff.
[275] EuGH, a.a.O., Rz. 46.
[276] EuGH, a.a.O., Rz. 47.

engen Oligopol miteinander verbunden sind, ist Art. 82 EG auch ein Instrument zur Kontrolle von Oligopolen geworden.

Um eine Überdehnung des Verantwortungsbereichs kleiner Unternehmen zu vermeiden, ist eine einschränkende Auslegung kollektiver Marktbeherrschung i.S.v. Art. 82 EG nach dem Vorbild der FKVO überlegenswert.

Wie die „Irish Sugar"-Rechtsprechung zeigt, ist – jedenfalls im Fall von kollektiver Marktbeherrschung im vertikalen Verhältnis – für einen Verstoß gegen Art. 82 EG nicht erforderlich, dass die kollektiv marktbeherrschenden Unternehmen auch tatsächlich gemeinsam handeln. Unerlässlich für das Vorliegen eine kollektiv marktbeherrschenden Stellung i.S.v. Art. 82 EG ist jedoch zumindest die *Möglichkeit* der marktbeherrschenden Unternehmen, *gemeinsam* unabhängig von Konkurrenten, Abnehmern und Verbrauchern *zu handeln.* Auch wenn es nicht zu einem tatsächlichen koordinierten Verhalten aller kollektiv marktbeherrschenden Unternehmen kommen muss, ist doch die Möglichkeit koordinierten Verhaltens unverzichtbar. Insoweit verlangt auch Art. 82 EG das Vorliegen „koordinierter Effekte".

§ 4 Marktstrukturkontrolle

Die Möglichkeit der Kontrolle von Oligopolsachverhalten mittels Zusammenschlusskontrolle ist auf europäischer Ebene eine relativ neue Entwicklung. Voran ging eine längere Phase, in der zunächst die Weichen für die Einführung einer allgemeinen Fusionskontrolle in Form der FKVO gestellt wurden (dazu unter A.). Daran schloss sich eine länger dauernde Diskussion an, ob die europäische Fusionskontrollverordnung 4064/89 auch Fälle kollektiver Marktbeherrschung erfassen soll (dazu unter B.). Im Einzelnen:

A. Entwicklung der europäischen Marktstrukturkontrolle

Die ersten Vorschriften zur Fusionskontrolle auf europäischer Ebene finden sich im *Vertrag über die Gründung der Europäischen Gemeinschaft für Kohle und Stahl* vom 18. April 1951[277] (EGKS-Vertrag) (dazu I.). Für Fusionen, die nicht den Sektor Kohle und Stahl betreffen und somit nicht in den Anwendungsbereich des EGKS-Vertrages fallen, fehlte zu diesem Zeitpunkt noch eine entsprechende ausdrückliche Regelung der Fusionskontrolle. So wurde zunächst versucht, für diese Zusammenschlüsse Art. 81 und 82 EG (damals Art. 85 und 86 EG a.F.) zur Fusionskontrolle fruchtbar zu machen (dazu II.), bis im Jahre 1990 die FKVO 4064/89 in Kraft trat (dazu III.).

---

[277] BGBl. 1952, II S. 445, 447.

I. Marktstrukturkontrolle im EGKS-Vertrag

Gemäß Art. 66 EGKS-Vertrag unterliegen Zusammenschlüsse einer vorherigen Genehmigung, soweit mindestens ein beteiligtes Unternehmen im Sektor Kohle und Stahl in der Produktion oder in gewerbsmäßigem Vertrieb tätig ist. Gemäß Art. 66 § 2 EGKS-Vertrag wird diese Genehmigung erteilt, wenn – unter anderem – feststeht, dass das beabsichtigte Vorhaben den Unternehmen nicht die Möglichkeit gibt, auf einem bedeutenden Teil des Marktes die Preise zu bestimmen.

Diese Vorschriften des EGKS-Vertrages sollen den Wettbewerb aufrechterhalten und die Gleichgewichtslage der trotz einer oligopolistischen Marktstruktur am Markt verbliebenen Wettbewerber erhalten.[278] Hinter dem EGKS-Vertrag steht eine industriepolitische Zielsetzung: Ein Wiedererstarken der deutschen Ruhrindustrie nach dem zweiten Weltkrieg sollte verhindert werden.[279] Art. 66 EGKS-Vertrag erlangte jedoch keine große Bedeutung.[280] Zudem ist der EGKS-Vertrag mittlerweile gem. Art. 97 EGKS-Vertrag am 23.07.2002 ausgelaufen.[281]

II. Marktstrukturkontrolle mit den Mitteln des EG-Vertrages

Der EG-Vertrag enthält keine ausdrücklichen Vorschriften zur Marktstrukturkontrolle. Es gab daher Überlegungen, Art. 81 und 82 EG (damals Art. 85 und 86 EG) zur Kontrolle von Unternehmenszusammenschlüssen nutzbar zu machen. Nachdem der EuGH in der Entscheidung „Ruhrkohlenverkaufskontore I"[282] den Wettbewerbsregeln des EGKS-Vertrages und des EG-Vertrages eine gemeinsame geistige Wurzel zuerkannte, wurde vorgeschlagen, zu diesem Zweck bei der Auslegung des EG-Vertrages die Vorschriften des EGKS-Vertrages heranzuziehen.[283] Da der EGKS-Vertrag eine Marktstrukturkontrolle vorsehe, sei die Möglichkeit einer solchen folglich auch im Rahmen des EG-Vertrages zu bejahen. In „Continental Can"[284] wandte sich der EuGH jedoch dagegen, zur Auslegung des Ausdrucks „missbräuchliche Ausnutzung" in Art.

---

[278] Monopolkommission, Sondergutachten 1989, S. 23.

[279] *Caspari/Schwarz*, S. 383; *Huggenberger*, S. 34; *Schütz* in *Gemeinschaftskommentar*, Fusionskontrolle, Einführung, I. Entstehungsgeschichte, Rz. 3.

[280] *Huggenberger*, S. 34.

[281] Vgl. zum Auslaufen des EGKS-V die Mitteilung der Kommission über bestimmte Aspekte der Behandlung von Wettbewerbsfällen nach Auslaufen des EGKS-Vertrags, ABl. C 152/5 vom 26.06.2002.

[282] EuGH, Entscheidung vom 18.05.1962, Rs. 13/60, „Ruhrkohlenverkaufskontore I", Slg. 1962, 165ff., 201, 214.

[283] *Schröter* in *von der Groeben*, 4. Aufl., Art. 86, Rz. 52 Fn. 175.

[284] EuGH, Urteil vom 21.02.1973, Rs. 6/72, „Europemballage und Continental Can Company Inc./ Kommission", Slg. 1973, 215ff.

82 EG einen Vergleich mit dem EGKS-V heranzuziehen. Für die Entscheidung dieser Frage müsse vielmehr auf Geist, Aufbau und Wortlaut von Art. 86 [82 n.F.] EG sowie auf System und Ziele des Vertrages zurückgegriffen werden. Die anstehenden Probleme ließen sich daher nicht durch einen Vergleich zwischen diesem Artikel und einigen Bestimmungen des EGKS-Vertrages lösen.[285] Auch die Frage, ob Art. 81 und 82 EG eine Fusionskontrolle ermöglichen, ist daher allein aus dem EG-Vertrag heraus ohne Rückgriff auf den EGKS-Vertrag zu beantworten.

1. Art. 81 EG

Eine von der Kommission mit der Untersuchung des Problems der Unternehmenskonzentration im gemeinsamen Markt beauftragte Professorengruppe sprach sich in ihrer Untersuchung für eine Anwendung von Art. 81 [damals Art. 85] EG auf Unternehmenskonzentrationen aus, sofern nach dem Zusammenschluss rechtlich getrennte Unternehmenseinheiten fortbestehen.[286] Die Kommission dagegen vertrat in einem 1966 veröffentlichten Memorandum zum Problem der Unternehmenszusammenschlüsse im Gemeinsamen Markt[287] die Auffassung, Art. 81 EG sei zur Kontrolle von Unternehmenszusammenschlüssen ungeeignet. Zwar lasse der Wortlaut von Art. 81 EG durchaus zu, Fälle von Unternehmenszusammenschlüssen unter Art. 81 Abs. 1 EG zu fassen.[288] Zu berücksichtigen seien jedoch auch Zweck der Regelung, die verwendeten Maßstäbe und die vorgesehenen Rechtsfolgen.[289] So sei etwa die Nichtigkeitsfolge des Art. 81 Abs. 2 EG für Unternehmenszusammenschlüsse insofern keine angemessene Rechtsfolge, als die Vernichtung der beteiligten Unternehmenseinheiten über die Wiederherstellung des alten Zustandes hinausgehen könnte;[290] ferner seien die in Art. 81 Abs. 3 EG verwendeten Maßstäbe für einen Konzentrationsvorgang ungeeignet;[291] außerdem erfordere Art. 81 Abs. 3 EG nach einem gewissen Zeitraum die Überprüfung des Fortbestehens der Freistellungsvoraussetzungen, was für – auf einer definitiven Änderung der Eigentumsverhältnisse beruhende – Konzentrationsvorgänge aus Gründen der Rechtssicherheit nicht zumutbar sei.[292]

---

[285] EuGH, a.a.O., Tz. 22.
[286] Kommission, WuW 1966, 330, 342.
[287] *Das Problem der Unternehmenskonzentration im Gemeinsamen Markt*, Denkschrift der Europäischen Wirtschaftsgemeinschaft – Kommission vom 1. Dezember 1965 – SEK (65) 3500, WuW 1966, S. 330ff.; dazu etwa *Axster*, FS Quack, S. 569, 570.
[288] Kommission, WuW 1966, 330, 343.
[289] Kommission, WuW 1966, 330, 343.
[290] Kommission, WuW 1966, 330ff., Tz. 11.
[291] Kommission, WuW 1966, 330ff., Tz. 8.
[292] Kommission, WuW 1966, 330ff., Tz. 10.

Von dritter Seite wird gegen eine Anwendung von Art. 81 Abs. 1 EG auf Unternehmenskonzentrationen außerdem vorgebracht, es bestehe die Möglichkeit, dass ein Zusammenschluss nicht auf einer der in Art. 81 Abs. 1 EG aufgezählten Formen der Vereinbarung, sondern etwa auf einem Aktienkauf an einer öffentlichen Börse beruhe.[293] Weiter bestehe nach Art. 81 Abs. 3 EG nur unter sehr engen Voraussetzungen die Möglichkeit der Rechtfertigung von Verstößen.

Der Gerichtshof wandte im Jahre 1973 in seiner Entscheidung „Continental Can"[294] zunächst Art. 81 Abs. 1 EG auf den Unternehmenserwerb nicht an.[295] Im Jahre 1987 jedoch nahm der EuGH in seiner Entscheidung „Philip Morris"[296] erneut Stellung zu dieser Frage und erklärte Art. 81 EG auf Kapitalbeteiligungen an Konkurrenzunternehmen für anwendbar, wenn der Erwerb der Aktienanteile als Mittel dazu diene, das geschäftliche Verhalten der betreffenden Unternehmen so zu beeinflussen, dass der Wettbewerb auf dem Markt, auf dem sie ihre Geschäftstätigkeit entfalten, eingeschränkt oder verfälscht werde.[297]

Gleichwohl konnte auch das „Philip-Morris"-Urteil die Diskussion um die Anwendbarkeit von Art. 81 Abs. 1 EG auf Unternehmenszusammenschlüsse nicht beenden.[298] Manche sahen in dem Urteil selbst die Einführung einer Fusionskontrolle nach Art. 81 EG.[299] Andere lehnten die Einführung einer allgemeinen Zusammenschlusskontrolle nach Art. 81 EG weiterhin ab. Sie verstanden das Urteil lediglich als eine Aufforderung des EuGH, eine Fusionskontrollverordnung zu schaffen,[300] oder befürchteten als Konsequenz des Urteils die „Gefahr einer nicht einzugrenzenden Anwendung" von Art. 81 EG auf Unternehmenszusammenschlüsse.[301] Nach Auffassung der Monopolkommission lässt das Ur-

---

[293] Vgl. zum Ganzen *Cook/Kerse*, S.2.
[294] EuGH, Urteil vom 21.02.1973, Rs. 6/72, „Europemballage Corporation und Continental Can Company Inc./ Kommission", Slg. 1973, 215ff.
[295] Vgl. *Axster*, FS Quack, S. 569, 570.
[296] EuGH, Urteil vom 17.11.1987, „Philip Morris", Slg. 1987, 4566ff.
[297] EuGH, Urteil vom 17.11.1987, verb. Rs. 142 und 156/84, „British-American Tobacco Company Ltd. und R.J. Reynolds Industries Inc./Kommission", Slg. 1987, 4489ff., Rz. 37 bis 39.
[298] *Cook/Kerse*, S. 4; zur Diskussion vgl. statt vieler *Immenga/Fuchs*, NJW 1988, 3052; eine ausführliche Auflistung der Diskussionsbeiträge findet sich bei *Emmerich* in *Immenga/Mestmäcker*, Art 85 Abs. 1, Rz. 352, Fn. 607.
[299] Nachweise bei *Stockenhuber*, S. 41; *Huggenberger*, S. 39.
[300] *Immenga* in *Immenga/Mestmäcker*, FKVO Rz. 12, 13; vgl. auch *Caspari/Schwarz*, FS Benisch, S. 383, 393; *Schütz* in *Gemeinschaftskommentar*, Fusionskontrolle, Einführung, I. Entstehungsgeschichte, Rz. 13; *Axster*, FS Quack, S. 569, 572.
[301] *Bechtold*, RIW 1990, 253.

teil des EuGH zumindest eine generelle Anwendung des Art. 81 EG auf Zusammenschlusstatbestände nicht zu.[302]

Auch nach dem „Philip-Morris"-Urteil bleibt Anknüpfungspunkt von Art. 81 EG jedenfalls die kartellrechtswidrige Absprache und nicht der Unternehmenszusammenschluss als solcher.[303] Folglich ginge es zu weit, aus dem „Philip-Morris" Urteil zu schließen, damit sei eine europäische Zusammenschlusskontrolle nach Art. 81 EG begründet worden.[304]

2. Art. 82 EG

Die von der Kommission eingesetzte Professorengruppe befürwortete in ihrer Untersuchung neben der Anwendung von Art. 81 EG auch die Anwendbarkeit von Art. 82 EG auf Unternehmenskonzentrationen. Zwar dürften Unternehmenskonzentrationen, die den Erwerb oder den Ausbau einer beherrschenden Stellung zum Ziele haben, nicht per se als missbräuchliche Ausnutzung im Sinne von Art. 82 EG betrachtet werden. Jedoch sei Art. 82 EG anzuwenden, wenn die Unternehmenskonzentration unmittelbar auf einen Missbrauch der damit erlangten beherrschenden Stellung abziele oder wenn die Unternehmenskonzentration eine Folge des Missbrauchs einer beherrschenden Stellung sei.[305] Auch die Kommission hielt in ihrem Memorandum von 1966 eine Verletzung von Art. 82 EG für möglich, wenn ein marktbeherrschendes Unternehmen einen Wettbewerber erwirbt.[306] Dementsprechend entschied die Kommission in „Continental Can", der Erwerb einer Mehrheitsbeteiligung an einem konkurrierenden Unternehmen durch ein Unternehmen oder eine Unternehmensgruppe in beherrschender Stellung sei eine missbräuchliche Ausnutzung dieser Stellung, wenn durch den Zusammenschluss die beherrschende Stellung derart verstärkt werde, dass der Wettbewerb praktisch ausgeschaltet würde.[307] Auch der EuGH prüfte in „Continental Can" die Möglichkeit einer Zusammenschlusskontrolle über Art. 82 EG.[308] Im Erwerb eines Wettbewerbers könne der Missbrauch einer

---

[302] Monopolkommission, Sondergutachten 1989, S. 29.

[303] So betont auch die Monopolkommission, der strukturelle Erwerb eines Gesellschaftsanteils sei ein rein konzentrativer Akt, der unter dem Blickwinkel der kartellrechtlichen Verhaltensprüfung „erfolgsneutral" sei; es fehle eine Verhaltenskoordination: Monopolkommission, Sondergutachten 1989, S. 30.

[304] So auch *Huggenberger*, S. 39; Monopolkommission, Sondergutachten 1989, S. 29.

[305] Kommission, WuW 1966, 330, 342.

[306] Kommission, WuW 1966, 330, 346; vgl. auch *Cook/Kerse*, S. 2.

[307] Kommission, Entscheidung vom 9.12.1971, IV. 26.811, ABl. L 7/25 vom 8.01.1972, Tz. 22, 23.

[308] EuGH, Urteil vom 21.02.1973, Rs. 6/72, „Europemballage und Continental Can Company Inc./ Kommission", Slg. 1973, 215ff., Tz. 20; dazu ausführlichst *Schröter* in *Groeben/Thiesing/Ehlermann*, 3. Aufl., Art 86, Rz. 65ff.

marktbeherrschenden Stellung i.S.v. Art. 82 EG liegen. Es komme nicht an auf eine Unterscheidung zwischen Maßnahmen, welche die Struktur des Unternehmens betreffen, und Verhaltensweisen, die sich auf den Markt auswirken, denn jede strukturelle Maßnahme könne die Marktverhältnisse beeinflussen, sofern sie das Unternehmen größer und wirtschaftlich stärker mache.[309] Die Verhinderung der Entstehung von Monopolpositionen durch externes Unternehmenswachstum sei notwendiger Bestandteil der in den Art. 3 f, 85 und 86 EG vorgesehenen Wettbewerbsordnung der Gemeinschaft.[310]

Trotz der Bejahung einer Zusammenschlusskontrolle durch Art. 82 EG war „Continental Can" der Auslöser für den ersten Entwurf einer Fusionskontrollverordnung.[311]

III. Marktstrukturkontrolle mittels der FKVO

Am 21. Dezember 1989 wurde – nach 16 Jahren zäher Verhandlungen[312] – die *Verordnung (EWG) Nr. 4064/89 des Rates über die Kontrolle von Unternehmenszusammenschlüssen*[313], die so genannte „Fusionskontrollverordnung" (kurz: FKVO 4064/89), verabschiedet. Sie trat am 21. September 1990 in Kraft.

Auch nach Verabschiedung der FKVO 4064/89 war weiter unklar, in welchem Verhältnis die Zusammenschlusskontrolle mittels der FKVO zu derjenigen nach Art. 81 und Art. 82 EG steht.[314] Art. 22 Abs. 1 FKVO 4064/89 bestimmt: „Diese Verordnung gilt allein für Zusammenschlüsse im Sinne des Artikels 3". Dies könnte für eine ausschließliche Geltung der Zusammenschlusskontrolle mittels der FKVO 4064/89 sprechen. Man könnte sich jedoch ebenso gut auf den Standpunkt stellen, die FKVO 4064/89 als eine Norm des Sekundärrechts könne die primärrechtlichen Vorschriften Art. 81 und 82 EG nicht in ihrem Anwendungsbereich einschränken. Andere verwiesen darauf, Art. 22 FKVO 4064/89

---

[309] EuGH, a.a.O., Rz. 21.
[310] *Axster*, FS Quack, S. 569, 570.
[311] *Huggenberger*, S. 40.
[312] *Hirsbrunner*, EuZW 2001, 197, 202.
[313] Verordnung vom 21. Dezember 1989, ABl. L 395/1 vom 30.12.1989, berichtigt ABl. L 257/13 vom 21.09.1990, mit Änderungen durch die Verordnung (EG) Nr. 1310/97 des Rates vom 30.06.1997, ABl. L 180/1 vom 09.07.1997.
[314] Zum Streitstand statt vieler *Emmerich* in *Immenga/Mestmäcker*, Art 85 Abs. 1, Rz. 354ff. Weiter bleiben etwa die bereits vor dem Erlass der FKVO 4064/89 bestehenden Meinungsverschiedenheiten der Mitgliedstaaten darüber bestehen, ob die materiellen Beurteilungskriterien der Zusammenschlusskontrolle wettbewerbs- oder industriepolitisch ausgerichtet sind. Vgl. hierzu etwa *Immenga* in *Immenga/Mestmäcker*, FKVO, Rz. 3-9; *Niederleithinger*, EWS 1990, 73; *Rösler* in FK, Art 2 FKVO, Rz. 5ff.; *Huggenberger*, S. 41; *Cook/Kerse*, S. 128; *Noel*, 1997 ECLR, 498, 503; *Janicki*, WuW 1990, 195; *Opgenhoff*, S. 230.

solle sich vor allem auf Zusammenschlüsse ohne gemeinschaftsweite Bedeutung im Sinne von Art. 1 Abs. 2 FKVO 4064/89 beziehen, welche man den nationalen Fusionskontrollen vorbehalten wollte.[315] Vielfach wurde auch versucht, die Frage der Abgrenzung der Anwendungsbereiche von Art. 81 und Art. 82 EG einerseits und der FKVO 4064/89 andererseits anhand der Rechtsgrundlagen der FKVO 4064/89 zu lösen:[316] Rechtsgrundlagen der FKVO 4064/89 sind gemäß Ziffern 6 bis 8 der Begründungserwägungen der FKVO 4064/89 die Art. 87 und 235 EG a.F., die jetzigen Art. 83 und 308 EG. Art. 87 EG a.F. lässt indes offen, inwieweit die Vorschrift den Rat zum Erlass von Vorschriften über eine präventive Fusionskontrolle ermächtigt. Der Wortlaut von Art. 87 EG a.F. könnte dafür sprechen, dass die Vorschrift lediglich zum Erlass von Durchführungsverordnungen zu den damaligen Art. 85 und 86 EG ermächtigt.[317] Auch der Katalog der Tatbestände des Art. 87 Abs. 2 EG a.F. enthält keine unmittelbaren Anhaltspunkte für eine Ermächtigung im Hinblick auf eine präventive Fusionskontrolle. Daher wird die FKVO zusätzlich auf Art. 235 EG a.F., jetzt Art. 308 EG gestützt.

Die Abgrenzung der Anwendungsbereiche von Art. 81 und 82 EG und FKVO 4064/89 anhand der Rechtsgrundlagen der FKVO wird weiter durch die Uneinigkeit darüber erschwert, welche der genannten Rechtsgrundlagen die *eigentliche* Rechtsgrundlage der FKVO bildet. Das Meinungsspektrum geht dabei von Art. 87 EG als alleiniger Ermächtigungsnorm über Art. 87 EG in Verbindung mit Art. 235 EG, dann Art. 235 EG als alleinige Ermächtigungsnorm bis schließlich Art. 236 EG.[318]

Angesichts dieser Fülle von Unklarheiten lassen sich m.E. auch aus den Rechtsgrundlagen der FKVO keine Rückschlüsse für das Verhältnis der FKVO zu Art. 81 und 82 EG ziehen.

B. Anwendbarkeit der FKVO auf Oligopolsachverhalte – Die Auslegung der FKVO

Seit Schaffung der FKVO 4064/89 existiert zwar ein Instrument zur Marktstrukturkontrolle. Jedoch bleibt lange Zeit unklar, ob das in Art. 2 Abs. 3 FKVO 4064/89 niedergelegte Verbot von Zusammenschlüssen, die eine marktbeherrschende Stellung begründen oder verstärken, auch für marktbeherrschende Unternehmensgruppen gilt. Gemäß Art. 2 Abs. 3 FKVO 4064/89 sind

---

[315] *Emmerich* in *Immenga/Mestmäcker*, Art 85 Abs. 1, Rz. 354.
[316] Vgl. etwa die Ausführungen von *Karl*, S. 50ff.; *Kronast*, S. 91ff.
[317] *Brinker* in *Schwarze*, EU-Kommentar, Art 83, Rz. 5.
[318] Vgl. dazu die Ausführungen von *Karl*, S. 58f.; *Krimphove*, S. 339ff.; *Kronast*, Rz. 91ff.

„Zusammenschlüsse, die eine beherrschende Stellung begründen oder verstärken, durch die wirksamer Wettbewerb im Gemeinsamen Markt oder in einem wesentlichen Teil desselben erheblich behindert würde",

für unvereinbar mit dem Gemeinsamen Markt zu erklären. Für die Kontrolle kollektiv marktbeherrschender Unternehmen kommt es damit darauf an, ob „eine beherrschende Stellung" im Sinne von Art. 2 Abs. 3 FKVO 4064/89 auch von einer Mehrzahl von Unternehmen ausgeübt werden kann. Die entsprechende Frage stellt sich nunmehr auch für Art. 2 Abs. 3 FKVO 139/2004. Da die Frage der Anwendbarkeit der FKVO auf Oligopolsachverhalte bereits im Zusammenhang mit der FKVO 4064/89 diskutiert wird, soll diese Diskussion nachfolgend auch im Zusammenhang mit der FKVO 4064/89 nachgezeichnet werden. Eine Bezugnahme auf die FKVO 139/2004 erfolgt nur insoweit, als sich Änderungen ergeben haben.

Da die FKVO 4064/89 Teil des Gemeinschaftsrechts ist, sind bei ihrer Auslegung die Besonderheiten bei der Auslegung von Gemeinschaftsrecht zu berücksichtigen.[319] Im Gegensatz zu anderen völkerrechtlichen Verträgen wird durch das Gemeinschaftsrecht nämlich eine partielle integrierende Organisation ins Leben gerufen[320]. Während bei der Auslegung von völkerrechtlichen Verträgen die staatliche Souveränität im Vordergrund steht, besonderes Gewicht auf den (historischen) Parteiwillen der Vertragsstaaten gelegt wird und im Zweifel eine restriktive Interpretation der Verpflichtungen der Vertragsparteien erforderlich ist,[321] muss die Auslegung des Gemeinschaftsrechts Raum lassen für Rechtsfortbildung – die Auslegung hat also eine dynamische zu sein. Dementsprechend verfolgt der EuGH bei der Auslegung des Gemeinschaftsrechts eine systematisch-teleologische Methode, ausgerichtet an den Vertragszielen.[322] Dabei ist eine von der Interpretationspraxis der Mitgliedstaaten unterschiedliche Gewichtung der klassischen Auslegungsmethoden festzustellen.[323] So lässt sich die Praxis der Auslegung der FKVO 4064/89 nicht immer eindeutig nach den Gesichtspunkten der grammatikalischen, historischen, systematischen und teleologischen Auslegung differenzieren. Stattdessen berücksichtigt die Auslegung der FKVO 4064/89 folgende Aspekte:

- Wortlaut der FKVO,
- Entstehungsgeschichte der FKVO,

---

[319] *Oppermann*, Rz. 680f; hierzu *Grundmann/Riesenhuber*, JuS 2002, 529ff. sowie monographisch *Anweiler*.
[320] *Constantinesco*, S. 819.
[321] *Constantinesco*, S. 818.
[322] *Constantinesco*, S. 820.
[323] *Schwarze* in *Schwarze*, EU-Kommentar, Art 220, Rz. 27.

- systematische Auslegung,
- Berücksichtigung der Rechtsgrundlagen der FKVO,
- Verfahrensrechte von am Zusammenschluss unbeteiligten Unternehmen,
- Ausdehnung des territorialen Anwendungsbereichs der FKVO,
- Zielsetzung der FKVO,
- Vergleich mit anderen bedeutenden Kartellgesetzgebungen und
- Rechtssicherheit.

I. Wortlaut

Bei der Auslegung von Gemeinschaftsrecht nach seinem Wortlaut ist zu beachten, dass das Gemeinschaftsrecht in einer Vielzahl von sprachlichen Fassungen vorliegt, die nach dem Grundsatz der Gleichheit aller Vertragssprachen innerhalb der Gemeinschaft alle gleichberechtigt nebeneinander Geltung beanspruchen.[324] So darf sich die wörtliche Auslegung des Gemeinschaftsrechts nicht nur an der sprachlichen Fassung und den mit der jeweiligen Sprachfassung verbundenen Vorstellungsbildern orientieren; vielmehr ist der Sprachenvielfalt durch die Ermittlung einer „gemeinschaftsrechtlichen“ Wortbedeutung Rechnung zu tragen.[325] Dies geschieht durch die ergänzende Heranziehung von Elementen der systematischen und der teleologischen Auslegung.[326]

Art. 2 Abs. 3 FKVO 4064/89 erfasst Zusammenschlüsse, die „eine” beherrschende Stellung begründen oder verstärken. Nach einer Auffassung sollen im Fall kollektiver Marktbeherrschung alle Mitglieder des Oligopols marktbeherrschende Stellungen innehaben.[327] Nach dieser Ansicht spricht der Wortlaut von Art. 2 Abs. 3 FKVO 4064/89 gegen eine Anwendung auf kollektive beherrschende Stellungen. Nach der wohl überwiegenden Ansicht jedoch ist der Wortlaut in Bezug auf kollektive beherrschende Stellungen neutral. Die Formulierung „eine” marktbeherrschende Stellung soll sich jedenfalls nicht ausdrücklich auf den Fall der Einzel- oder den der kollektiven Marktbeherrschung beziehen.[328]

Die grammatische Auslegung darf sich jedoch nicht auf die Formulierung „eine beherrschende Stellung“ beschränken, sondern muss auch den weiteren Wort-

---

[324] Für den EG-Vertrag vgl. etwa Art 314 EG; eine Ausnahme bildet lediglich der EGKS-V, der gem. Art 100 EGKS-V in der französischen Fassung authentisch ist; vgl. zum Ganzen *Oppermann*, Rz. 683.

[325] *Oppermann*, Rz. 682; *Karl*, S. 64f.

[326] *Oppermann*, Rz. 683.

[327] Nachweise bei *Albers* in *Groeben/Thiesing/Ehlermann*, Art. 2 FKVO, Rz. 385.

[328] So z. B. auch *Jones/Gonzáles-Días*, S. 169f.; *Kerber*, S. 96; *Bechtold*, § 36 Rz. 46 und *derselbe*, RIW 1990, 253, 258; wohl auch *Emmerich*, S. 488.

laut der Norm „beherrschende Stellung des Zusammenschlusses“ mit einbeziehen. Wie Generalanwalt *Tesauro* in seinen Schlussanträgen vom 6. Februar 1997 zum Verfahren „Frankreich u.a./ Kommission”[329] ausführt, bezieht sich Art. 2 Abs. 3 FKVO 4064/89 auf die beherrschende Stellung *des Zusammenschlusses* und nicht auf die beherrschende Stellung, die dritte Unternehmen im Zusammenhang mit dem Zusammenschluss ausüben.[330] Demnach soll der Wortlaut von Art. 2 Abs. 3 FKVO 4064/89 kollektive marktbeherrschende Stellungen von sich zusammenschließenden Unternehmen mit dritten Unternehmen nicht umfassen.

Vielfach wird zur grammatischen Auslegung von Art. 2 Abs. 3 FKVO 4064/89 auch ein Vergleich mit dem Wortlaut von Art. 82 EG unternommen. Art. 82 Abs. 1 EG nennt ausdrücklich die Möglichkeit der missbräuchlichen Ausnutzung einer beherrschenden Stellung „durch ein oder mehrere Unternehmen”. Art. 2 Abs. 3 FKVO 4064/89 dagegen bezieht die Marktbeherrschung durch mehrere Unternehmen nicht ausdrücklich mit ein.[331] Daher halten einige Art. 2 Abs. 3 FKVO 4064/89 für „lückenhaft”,[332] wobei aus dieser Lücke allerdings unterschiedliche Konsequenzen gezogen werden. So schließen manche daraus, dass die Vorschrift auf Fälle kollektiver Marktbeherrschung nicht anzuwenden sei;[333] nach anderer Ansicht vermag dagegen der Wortlaut die Erfassung von Fällen kollektiver Marktbeherrschung jedenfalls nicht auszuschließen.[334]

Art. 82 EG zeigt indes, dass die Formulierung „eine marktbeherrschende Stellung” in Art. 2 Abs. 3 FKVO 4064/89 der Annahme einer marktbeherrschenden Stellung nicht entgegenstehen muss. Auch nach Art. 82 EG wird „eine” beherrschende Stellung durch mehrere Unternehmen missbraucht. Bei richtiger Be-

---

[329] EuGH, Urteil vom 31.03.1998, verb. Rs. C-68/94 u. C-30/95, „Frankreich u.a./ Kommission”, Slg. 1998, I – 1375ff.

[330] Schlussanträge des Generalanwalts *Tesauro* vom 06.02.1997 im Verfahren EuGH, Urteil vom 31.03.1998, verb. Rs. C-68/94 u. C-30/95, „Frankreich u.a./ Kommission”, Slg. 1998, I – 1375ff., Tz. 81.

[331] So etwa auch *Albers* in *Groeben/Thiesing/Ehlermann*, Artikel 2 FKVO, Rz. 385; vgl. auch *Arnull*, (1998) 23 E.L.Rev. 199, 200.

[332] Nachweise bei *Albers* in *Groeben/Thiesing/Ehlermann*, Art. 2 FKVO, Rz. 385; vgl. etwa auch Schlussanträge des Generalanwalts *Tesauro* vom 06.02.1997, a.a.O., Tz. 81.

[333] So z.B. die Ansicht der französischen Regierung in EuGH, Urteil vom 31.03.1998, verb. Rs. C-68/94 u. C-30/95, „Frankreich u.a./ Kommission”, Slg. 1998, I – 1375ff., Rz.152.

[334] So etwa die Ansicht der Kommission im Verfahren EuGH, Urteil vom 31.03.1998, verb. Rs. C-68/94 u. C-30/95, „Frankreich u.a./ Kommission”, Slg. 1998, I – 1375ff., Rz. 157 und auch Auffassung des EuGH in demselben Verfahren, Rz. 166; Kommission „Nestlé/ Perrier”, Entscheidung vom 22.07.1992, WuW/E EV 1903ff., Rz. 114; *Niederleithinger*, FS Quack, S. 645, 652; *Quack*, GRUR 1998, 295, 298 spricht sich gegen eine zu formalistische Wortlaut-Auslegung aus.

trachtung ist der Wortlaut der FKVO neutral; die Formulierung „eine beherrschende Stellung" lässt sowohl zu, dass die beherrschende Stellung allein durch die am Zusammenschluss Beteiligten als auch erst zusammen mit einem am Zusammenschluss Unbeteiligten eingenommen wird.[335]
Art. 2 Abs. 3 der FKVO in ihrer seit dem 01.05.2004 geltenden Fassung enthält diesbezüglich keine Änderungen; entgegen einem Vorschlag der Kommission[336] wurde die Formulierung „Begründung oder Verstärkung einer beherrschenden Stellung" nicht um die Formulierung einer Definition der beherrschenden Stellung bzw. um die Worte „eines oder mehrerer Unternehmen" ergänzt.

II. Historische Auslegung

Obschon die historische Auslegung an sich in einem gewissen Gegensatz zum dynamischen Charakter des Gemeinschaftsrechts steht,[337] wird sie auch im Zusammenhang mit der kollektiven Marktbeherrschung angewandt.[338]

Nach Ansicht des EuGH bringen die Akten zu den vorbereitenden Arbeiten die Absicht der Verfasser der Verordnung in Bezug auf die Bedeutung des Ausdrucks „beherrschende Stellung" nicht eindeutig zum Ausdruck. Unter diesen Umständen könnten die vorbereitenden Arbeiten keine sachdienlichen Anhaltspunkte für die Auslegung des streitigen Begriffes bilden.[339]

Das EuG schätzt in „Gencor/ Kommission" die Bedeutung der Auffassung der Gründungsväter eines Rechtssetzungsaktes zwar grundsätzlich als gering ein – so komme bei der Auslegung eines Rechtssetzungsaktes den bei ihrer Entstehung vertretenen Auffassungen des einen oder anderen Mitgliedstaats weniger Bedeutung zu als dem Wortlaut und dem Ziel des Aktes[340] – untersucht jedoch gleichwohl den Inhalt der vorbereitenden Arbeiten der FKVO 4064/89 und kommt – wie zuvor der EuGH – zu der Erkenntnis, dass diese die Absicht der

---

[335] EuGH, Urteil vom 31.03.1998, verb. Rs. C-68/94 und C-30/95, „Frankreich u.a./ Kommission", Slg. 1998, I – 1375 ff., Rz. 166; EuG, Urteil vom 25.03.1999, Rs. T-102/96, „Gencor/ Kommission", Slg. 1999, II – 759ff., Rz. 125.

[336] Kommission, *Vorschlag für eine Verordnung des Rates über die Kontrolle von Unternehmenszusammenschlüssen*, KOM (2002) endg., ABl. C 20/5 vom 28.01.2003.

[337] *Schwarze* in *Schwarze*, EU-Kommentar, Art 220, Rz. 28.

[338] Zur historische Auslegung im Zusammenhang mit der FKVO auch *Kleemann*, FS Lieberknecht, S. 379, 380f.

[339] EuGH, Urteil vom 31.03.1998, verb. Rs. C-68/94 und C-30/95, „Frankreich u.a./ Kommission", Slg. 1998, I – 1375ff., Tz. 167.

[340] EuG, Urteil vom 25.03.1999, Rs. T-102/96, „Gencor/ Kommission", Slg. 1999, II – 759ff., Rz. 128.

Verfasser der FKVO 4064/89 in Bezug auf die Bedeutung der Wendung „beherrschende Stellung" nicht eindeutig zum Ausdruck bringen.[341]

Manche versuchen, den Willen der Väter der FKVO 4064/89 zu rekonstruieren, in dem sie den Stand der wissenschaftlichen Diskussion zur kollektiven Marktbeherrschung zum Entstehungszeitpunkt der FKVO 4064/89 ermitteln. Über diesen Diskussionsstand besteht jedoch wiederum Unklarheit. So vertreten manche, die Einbeziehung der Oligopolmarktbeherrschung sei bei der Schaffung der FKVO 4064/89 keinesfalls so nahe liegend gewesen, dass die Nichteinbeziehung hätte ausdrücklich geregelt werden müssen.[342] Andere gehen davon aus, das Thema der kollektiven Marktbeherrschung sei bei der Schaffung der FKVO 4064/89 durchaus virulent gewesen. So sei bei Entstehung der FKVO 4064/89 das Problem kollektiver Marktbeherrschung aufgrund der Anwendungspraxis der Kommission zu Art. 86 EG a.F.[343] und der mitgliedstaatlichen Zusammenschlusskontrolle bekannt gewesen.[344] Die Kommission habe bereits 1987 in ihrem Bericht zur Wettbewerbspolitik als ein Ziel der Wettbewerbspolitik die Vermeidung von Situationen herausgearbeitet, in denen es zu stillschweigendem kollusiven Verhalten kommen könnte.[345] Auch *Kantzenbach/Kruse* hätten 1989 empfohlen, kollektive Marktbeherrschung im Wege einer vorbeugenden Strukturkontrolle durch Zusammenschlusskontrolle zu kontrollieren.[346] Weiter sei vor Verabschiedung der FKVO 4064/89[347] bzw. bei ihrem Erlass[348] die Frage der Einbeziehung kollektiver Marktbeherrschung in den Anwendungsbereich der FKVO 4064/89 zwischen den Mitgliedstaaten umstritten gewesen. Während der Beratungen zur FKVO 4064/89 hätten einige Mitgliedstaaten mehrfach versucht, die Anwendung der FKVO 4064/89 auf oligopolistische Marktbeherrschung klarzustellen; der Rat habe aber dennoch davon abgesehen.[349]

Es gibt also in der Tat eine Vielzahl von Anhaltspunkten dafür, dass im Zeitpunkt der Entstehung der FKVO 4064/89 die Problematik der kollektiven

---

[341] EuG, a.a.O., Rz. 129.

[342] *Bach*, WuW 1993, 805, 814.

[343] *Jones/Gonzáles-Días*, S. 170, verweisen darauf, dass die Kommissions-Entscheidung in der Sache „Flachglas" (ABl. 1988 L 33/44) am 07.12.1988, also während der Verhandlungen des Rates zur FKVO, erging.

[344] *Immenga* in *Immenga/Mestmäcker*, Art 2 FKVO, Rz. 207; *Jones/González-Díaz*, S. 170.

[345] Kommission, 16. Bericht zur Wettbewerbspolitik (1987), Punkt 333.

[346] *Etter*, World Competition 2000, 103, 106 unter Verweis auf *Kantzenbach/Kruse*, S. 131.

[347] *Wagemann* in *Wiedemann*, § 16, Rz. 72.

[348] *Immenga* in *Immenga/Mestmäcker*, Art 2 FKVO, Rz. 207 Fn. 393.

[349] *Jenny*, Anmerkung zu Nestlé/Perrier in: European Merger Control Reporter B 100, zitiert nach *Albers* in *Groeben/Thiesing/Ehlermann*, Art. 2 FKVO, Rz. 385; *Janicki*, WuW 1990, 195, 198; Kerber, S. 96; *Winckler/Hansen*, CML Rev. 30, 1993, 787, 805.

Marktbeherrschung bekannt war und auf eine Regelung der Frage in der FKVO 4064/89 bewusst verzichtet wurde. Es fragt sich nun, welcher Schluss aus dem Verzicht auf eine ausdrückliche Regelung in der FKVO 4064/89 zu ziehen ist.

Nach Auffassung Frankreichs im Verfahren „Frankreich u.a./ Kommission" hätte der Gesetzgeber im Interesse der Rechtssicherheit eine dem damaligen Art. 86 EG entsprechende Formulierung gewählt, wenn er mit Art. 2 FKVO 4064 89 auch kollektive beherrschende Stellungen hätte erfassen wollen.[350] Dies spreche gegen eine Erstreckung von Art. 2 FKVO 4064/89 auf kollektive marktbeherrschende Stellungen. Die Kommission dagegen schließt im Verfahren „Frankreich u.a./ Kommission" aus der Uneinigkeit unter den Mitgliedstaaten, der Verordnungsgeber habe bewusst eine neutrale Formulierung gewählt,[351] um die Frage der Anwendbarkeit auf kollektive marktbeherrschende Stellungen der Rechtsentwicklung durch die Rechtspraxis zu überlassen. Dem hält Generalanwalt *Tesauro* entgegen, er meine nicht,

> „dass die Kommission, wie sie jedoch geltend macht, davon ausgehen kann, dass ihr die Befugnis verliehen wurde, die Probleme zu lösen, die die Mitgliedstaaten absichtlich ungelöst gelassen haben. Eine andere Ansicht würde, um dies klar zu sagen, darauf hinauslaufen, dass ein Kriterium sui generis der Subsidiarität aufgestellt würde, aufgrund dessen die Kommission immer dann, wenn sie es für angebracht oder geboten hielte, eine Ersatzrolle für die anderen Organe und insbesondere für den Gesetzgeber spielen könnte."[352]

Eine kritische Betrachtung des Wortlauts von Art. 2 Abs. 3 FKVO 4064/89 und der zu diesem Punkt ausgetauschten Argumente zeigt im Ergebnis, dass aus den vorbereitenden Arbeiten kein eindeutiger Schluss auf einen einheitlichen Willen der Väter der FKVO 4064/89 möglich ist. Dieses Ergebnis sollte ehrlich anerkannt werden; Versuche der Rekonstruktion eines solchen einheitlichen Willens haben spekulativen Charakter. Es ist dem EuGH zuzustimmen, der in „Frankreich u.a./ Kommission" ausführte, dass die vorbereitenden Arbeiten bei der Auslegung jedenfalls dann keine Anhaltspunkte liefern können, wenn aus ihnen die Absicht der Verfasser nicht eindeutig zum Ausdruck kommt.[353]

---

[350] EuGH „Frankreich u.a./ Kommission", Urteil vom 31.03.1998, verb. Rs. C-68/94 und C-30/95, Slg. 1998, I – 1375ff., Rz. 154.

[351] EuGH „Frankreich u.a./ Kommission", Urteil vom 31.03.1998, verb. Rs. C-68/94 und C-30/95, Slg. 1998, I – 1375ff., Rz. 159; im Ergebnis ebenso etwa *Jones/González-Díaz*, S.171.

[352] Schlussanträge des Generalanwalts *Tesauro* vom 06.02.1997 im Verfahren EuGH, Urteil vom 31.03.1998, verb. Rs. C-68/94 und C-30/95, „Frankreich u.a./ Kommission", Slg. 1998, I – 1375ff., Tz. 87.

[353] EuGH, a.a.O., 167.

Wie bereits *oben* im Zusammenhang mit der der Auslegung des Wortlauts ausgeführt, enthält Art. 2 Abs. 3 FKVO in ihrer seit dem 01.05.2004 geltenden Fassung trotz eines entsprechenden Vorschlags der Kommission keine Ergänzung im Hinblick auf die Einbeziehung kollektiver beherrschender Stellungen. Dies steht jedoch einer Einbeziehung kollektiver beherrschender Stellungen in den Anwendungsbereich der FKVO nicht entgegen. Bei der historischen Auslegung der FKVO in der seit dem 01.05.2004 geltenden Fassung ist nämlich zu berücksichtigen, dass bei ihrem Inkrafttreten bereits eine mehrjährige Entscheidungspraxis der Kommission und der europäischen Gerichte zur kollektiven Marktbeherrschung i.S.d. FKVO 4064/89 bestand. Wird vor diesem Hintergrund einer gefestigten Entscheidungspraxis auf eine Ergänzung des Wortlauts der FKVO verzichtet, kann daraus jedenfalls nicht der Schluss gezogen werden, dass in Zukunft auf eine Erfassung der kollektiven Marktbeherrschung verzichtet werden soll.

III. Systematische Auslegung

Die systematische Auslegung von Art. 2 Abs. 2 FKVO 4064/89 hat die Begründungserwägungen der FKVO 4064/89, die Rechtsgrundlagen der FKVO 4064/89, die Verfahrensrechte der von am Zusammenschluss unbeteiligten Unternehmen zu berücksichtigen; eine gewisse Rolle in der Diskussion spielt außerdem der territoriale Anwendungsbereich der EG-Fusionskontrollverordnung.

1. Begründungserwägungen

a) Erwägungsgrund 15 FKVO 4064/89

Manche befürchten, dass eine Anwendung der FKVO 4064/89 auf kollektive Marktbeherrschung zu einer Anwendung der Verordnung auch in solchen Fällen führen werde, in denen der Marktanteil der beteiligten Unternehmen im gemeinsamen Markt oder einem wesentlichen Teil desselben 25 % nicht überschreitet. Nach der fünfzehnten Begründungserwägung zur FKVO 4064/89 bestehe jedoch in diesen Fällen ein Indiz dafür, dass solche Zusammenschlüsse nicht geeignet seien, wirksamen Wettbewerb zu behindern.[354] Auch nach Auffassung des EuGH ist die fünfzehnte Begründungserwägung so auszulegen,

> „dass bei einem Zusammenschluss, der den an ihm beteiligten Unternehmen zusammen keinen Anteil von mindestens 25 % am Referenzmarkt verschafft, davon auszugehen ist, dass er

---

[354] Nachweis bei EuGH „Frankreich u.a./ Kommission", Urteil vom 31.03.1998, verb. Rs. C-68/94 und C-30/95 Slg. 1998, I – 1375ff., Rz. 155.

eine wettbewerbswidrige beherrschende Stellung dieser Unternehmen weder begründet noch verstärkt."355

In früheren Vorschlägen zum Text der FKVO 4064/89 war die 25 %-Schwelle nicht in den Begründungserwägungen, sondern als Teil der Verordnung selbst in deren Art. 2 Abs. 3 FKVO 4064/89 niedergelegt.[356] Richtigerweise kann hier jedoch nur entscheidend sein, dass man sich bei der endgültigen Fassung der FKVO 4064/89 gegen eine Aufnahme der 25 %-Schwelle in den Text der Verordnung selbst entschieden hat,[357] ihr bei der Auslegung der FKVO 4064/89 folglich kein allzu großes Gewicht zukommen dürfte.

Im Übrigen sind Fälle von Oligopolmärkten, in denen eines der Unternehmen in gemeinsam beherrschender Stellung weniger als 25 % besitzt, verhältnismäßig selten,[358] so dass auch die praktische Bedeutung der fünfzehnten Begründungserwägung gering sein dürfte.

b) Erwägungsgrund 25 FKVO 139/2004

Die EG-Fusionskontrollverordnung nimmt in ihrer seit dem 01.05.2004 geltenden Fassung in Erwägungsgrund 25 Bezug auf die Rechtsprechung der Gerichte der Gemeinschaft, wonach diese die FKVO 4064/89 nicht ausdrücklich dahingehend ausgelegt hätten, dass Zusammenschlüsse in oligopolistischen Märkten, die zu *keinen* koordinierten Auswirkungen zwischen den Oligopolmitgliedern geführt hätten, für mit dem Gemeinsamen Markt unvereinbar zu erklären sind. Im Umkehrschluss lässt sich dem 25. Erwägungsgrund entnehmen, dass die Väter der FKVO 139/2004 sehr wohl davon ausgehen, dass Zusammenschlüsse in oligopolistischen Märkten *mit* koordinierten Auswirkungen von den Gerichten

---

[355] EuGH „Frankreich u.a./ Kommission", Urteil vom 31.03.1998, verb. Rs. C-68/94 und C-30/95, Slg. 1998, I – 1375ff., Rz. 177; Dies versteht *Bechtold*, EuZW 1998, 313, 314 so, dass die Oligopol-Theorie nicht zu Lasten solcher Unternehmen angewendet werden kann, die auch nach dem Zusammenschluss einen Marktanteil von unter 25 % haben – a.A. wohl *Schröer* in *Lange*, Kap. 5 § 1, Rz. 92.

[356] Vorschlag des Europäischen Parlaments für eine Verordnung KOM(88) 97 endg, ABl. 1988 C 309/49ff, 51: „Ein Zusammenschluss gilt als mit dem Gemeinsamen Markt vereinbar, wenn der Marktanteil der beteiligten Unternehmen im Gemeinsamen Markt oder in einem wesentlichen Teil desselben weniger als 25% beträgt. Die Vermutung der Vereinbarkeit mit dem Gemeinsamen Markt kann durch die Feststellung widerlegt werden, dass der Zusammenschluss gleichwohl die Voraussetzungen des Absatzes 2 erfüllt."

[357] EuGH „Frankreich u.a./ Kommission", Urteil vom 31.03.1998, verb. Rs. C-68/94 und C-30/95, Slg. 1998, I – 1375ff., Rz. 176; Schlussanträge des Generalanwalts *Tesauro* vom 06.02.1997 in demselben Verfahren, Tz. 85; EuG „Gencor/ Kommission", Urteil vom 25.03.1999, Rs. T-102/96, Slg. 1999, II – 759ff., Rz. 135.

[358] EuG „Gencor/ Kommission", Urteil vom 25.03.1999, Rs. T-102/96, Slg. 1999, II – 759ff., Rz. 134.

der Gemeinschaft für mit dem gemeinsamen Markt unvereinbar erklärt wurden. Damit wird auf die Rechtsprechung von EuG und EuGH zur kollektiven Marktbeherrschung Bezug genommen und diese ausdrücklich gebilligt (wenn auch durch die Einführung des neuen SIEC-Tests noch ausgeweitet, dazu später).

Die systematische Auslegung der FKVO in ihrer seit dem 01.05.2004 geltenden Fassung spricht also eindeutig für eine Einbeziehung der kollektiven Marktbeherrschung in den materiellen Test der EG-Fusionskontrollverordnung.

2. Rechtsgrundlagen der FKVO

Vielfach wird versucht, aus den Rechtsgrundlagen der FKVO 4064/89 Rückschlüsse auf die Anwendbarkeit der FKVO 4064/89 auf kollektive Marktbeherrschung zu ziehen. Dabei tritt der bereits *oben* (vgl. § 4 A. III.) angedeutete Streit um die Rechtsgrundlagen der FKVO 4064/89 wieder zu Tage: So soll nach Auffassung der Kommission in der Sache „Frankreich u.a./ Kommission" die gemeinsame Verwendung von Art. 87 und 235 EG a.F. als Rechtsgrundlagen der FKVO 4064/89 zeigen, dass die FKVO 4064/89 in Bezug auf die Kontrolle oligopolistischer beherrschender Stellungen die von Art. 85 und 86 EG a.F. offen gelassene Lücke schließen solle.[359] Die französische Regierung dagegen stellt sich demgegenüber in demselben Verfahren auf den Standpunkt, die Rechtsgrundlagen der FKVO 4064/89 rechtfertigten keine Anwendung der FKVO 4064/89 auf Oligopol-Sachverhalte, denn die FKVO sei – trotz des Dualismus der Rechtsgrundlagen – bei richtiger Betrachtung keine Regelung zur Durchführung des Art. 82 EG. Dies zeigten Absichtserklärungen der Kommission und des Rates zu Art. 22 FKVO 4064/89.[360] Danach beruhe die FKVO 4064/89 im Wesentlichen auf Art. 235 [308 n.F.] EG, und wenn sie auch auf Art. 87 [83 n.F.] EG gestützt sei, so gerade deshalb, weil der Rat trotz der Anerkennung der Möglichkeit, Artikel 86 [82 n.F.] EG für die Kontrolle bestimmter Zusammenschlüsse heranzuziehen, durch den EuGH in „Continental Can/ Kommission" den Geltungsbereich der Verordnung durch die Bestimmung in Art. 22 I FKVO 4064/89 eingeschränkt habe, wonach für „Zusammenschlüsse i.

---

[359] Ausführungen der Kommission, zitiert nach EuGH in EuGH „Frankreich u.a./ Kommission", Urteil vom 31.03.1998, verb. Rs. C-68/94 und C-30/95, Slg. 1998, I – 1375ff., Rz. 158.

[360] Erklärungen für das Ratsprotokoll vom 19.12.1989, WuW 1990, 240, 243f.: „Der Rat und die Kommission stellen fest, dass der Vertrag zur Gründung der Europäischen Wirtschaftsgemeinschaft keine spezifischen Bestimmungen über die vorherige Kontrolle von Zusammenschüssen enthält. Der Rat hat dementsprechend auf Vorschlag der Kommission nach dem in Art. 235 des Vertrags vorgesehenen Verfahren beschlossen, eine neuartige Regelung zur Kontrolle von Unternehmenszusammenschlüssen einzuführen. Der Rat und die Kommission sind der Auffassung, dass diese neue Verordnung aus zwingenden Gründen der Rechtssicherheit einzig und allein für die Zusammenschlüsse im Sinne von Art. 3 gilt."

S. des Art 3 ... allein diese Verordnung [gilt]".[361] Wie *Karl* jedoch zutreffend anmerkt, bewirken die genannten Erklärungen lediglich eine Selbstbindung der Exekutive.[362] Im Übrigen leuchtet nicht ein, was die Frage der Anwendbarkeit von Art. 2 Abs. 3 FKVO 4064/89 auf kollektive Marktbeherrschung mit dem Zusammenschlussbegriff in Art. 3 FKVO 4064/89 zu tun haben soll. Auch wenn Konstellationen kollektiver Marktbeherrschung bereits von Art. 86 a.F. bzw. 82 n.F. EG erfasst werden und auf Zusammenschlusstatbestände im Sinne von Art. 3 FKVO 4064/89 ausschließlich die FKVO 4064/89 angewendet werden sollte – was jedoch, wie oben bei der Frage der Abgrenzung der Anwendungsbereiche von Art. 81/82 EG und der FKVO 4064/89 gezeigt wurde, durchaus nicht unstreitig ist – folgt daraus nicht zwingend, dass Zusammenschlüsse, die eine kollektive beherrschende Stellung begründen oder verstärken, nicht von Art. 2 Abs. 3 FKVO 4064/89 erfasst werden.

Auch Generalanwalt *Tesauro*[363] verweist auf die lediglich eingeschränkte Gültigkeit mündlicher Erklärungen; im Übrigen könne auf eine solche Erklärung sicherlich nicht die Erkenntnis gestützt werden, dass die Rechtsgrundlage, die Art. 87 (83 n.F.) EG bilde, in Wirklichkeit begrenzte Bedeutung habe – mit der Folge, dass der Begriff der kollektiven beherrschenden Stellung mit Art. 82 EG verknüpft werden könnte. [364] Dem schließt sich der EuGH an.[365]

Somit lassen die Rechtsgrundlagen der FKVO 4064/89 durchaus zu, die FKVO 4064/89 auf kollektive marktbeherrschende Stellungen anzuwenden.

3. Verfahrensrechte von am Zusammenschluss unbeteiligten Unternehmen[366]

Nach Auffassung der Kläger im Verfahren „Frankreich u.a./ Kommission" soll gegen die Anwendung der FKVO 4064/89 auf kollektive beherrschende Stellungen weiter sprechen, dass keine geeigneten Verfahrensgarantien zum Schutz der zwar nicht am Zusammenschluss, aber an der kollektiv marktbeherrschen-

---

[361] Darstellung der Auffassung der französischen Regierung in EuGH „Frankreich u.a./ Kommission", Urteil vom 31.03.1998, verb. Rs. C-68/94 und C-30/95, Slg. 1998, I – 1375ff., Rz. 153.

[362] *Karl*, S. 50.

[363] Schlussanträge des Generalanwalts *Tesauro* vom 06.02.1997 im Verfahren EuGH „Frankreich u.a./ Kommission", Slg. 1998, I – 1375ff., Tz. 83.

[364] Schlussanträge des Generalanwalts *Tesauro* vom 06.02.1997, a.a.O., Tz. 83, Fn. 84.

[365] EuGH, Urteil vom 31.03.1998, verb. Rs. C-68/94 und C-30/95, „Frankreich u.a./ Kommission", Slg. 1998, I – 1375ff., Tz. 165.

[366] Allgemein zu den Rechtsschutzmöglichkeiten Dritter in der europäischen Fusionskontrolle *Montag/ Leibenath*, ZHR 164 (2000), S. 176 ff.

den Gruppe beteiligten Unternehmen bestünden.[367] Nach Ansicht der Kommission führt jedoch die Tatsache, dass die das Verfahren abschließende Maßnahme lediglich die Zusammenschlussbeteiligten binde, dazu, dass Dritten kein Schaden entstehen könne.[368]

Generalanwalt *Tesauro* verweist indes – zu Recht – darauf, dass sogar im fraglichen Verfahren eine Beeinträchtigung von Dritten durch eine den Zusammenschlussbeteiligten auferlegte Bedingung vorliegt.[369] Der Generalanwalt sieht die Verteidigungsmöglichkeiten des Dritten insbesondere deshalb beeinträchtigt, weil diesem keine besonderen Informationen zugeleitet würden. Außerdem fände eine Anhörung des Dritten nach Art. 18 Abs. 4 FKVO 4064/89 nur statt, wenn die Kommission oder die zuständigen Behörden der Mitgliedstaaten dies für erforderlich hielten. Es handele sich dabei um ein nicht zwingendes Verfahren mit informellem Charakter, das zwar in der Lage sei, die Rechte eines „wirklichen" Dritten, nicht jedoch die eines lediglich an der beherrschenden Stellung beteiligten Dritten ausreichend zu schützen.[370] Der Generalanwalt hält es für nicht ausreichend, Dritte auf allgemeine Verfahrensgarantien zu verweisen. Ein Rückzug auf allgemeine Verfahrensgarantien sei paradox, als man damit der Kommission ermögliche, sich dahinter gleichsam zu „verschanzen", obwohl sie in der einschlägigen Ad-hoc-Verordnung Nr. 2367/90 die notwendigen Garantien eben gerade nicht vorgesehen habe.[371] Im Übrigen bestätige das Fehlen ausdrücklicher Verfahrensgarantien, dass die FKVO 4064/89 nach der Absicht des Gesetzgebers eben nicht dazu bestimmt sei, auf kollektive beherrschende Stellungen angewandt zu werden.[372]

Dessen ungeachtet zieht sich der EuGH auf die allgemeinen Verfahrensgarantien zurück: Er räumt zwar das Fehlen ausdrücklicher Verfahrensgarantien ein. Jedoch sei die Beachtung der Verteidigungsrechte in allen Verfahren fundamentaler Grundsatz des Gemeinschaftsrechts. Ihm müsse auch dann Rechnung getragen werden, wenn es an einer (ausdrücklichen) Regelung für das betreffende

---

[367] Darstellung der Auffassung der Kläger in den Schlussanträgen des Generalanwalts *Tesauro* vom 06.02.1997 im Verfahren EuGH, Urteil vom 31.03.1998, verb. Rs. C-68/94 und C-30/94, „Frankreich u.a./ Kommission", Slg. 1998, I – 1375ff., Tz. 89 und Darstellung durch den EuGH in EuGH, Urteil vom 31.03.1998, verb. Rs. C-68/94 u. C-30/95, „Frankreich u.a./ Kommission", Slg. 1998, I – 1375ff., Rz. 156.

[368] Darstellung der Auffassung der Kommission in den Schlussanträgen des Generalanwalts *Tesauro* vom 06.02.1997, a.a.O., Tz. 89.

[369] Schlussanträge des Generalanwalts *Tesauro* vom 06.02.1997, a.a.O., Tz. 89 Fn. 93.

[370] Schlussanträge des Generalanwalts *Tesauro* vom 06.02.1997, a.a.O., Tz. 90.

[371] Schlussanträge des Generalanwalts *Tesauro* vom 06.02.1997, a.a.O., Tz. 93.

[372] Schlussanträge des Generalanwalts *Tesauro* vom 06.02.1997 a.a.O., Tz. 93.

Verfahren fehle.[373] Dem entsprechend erinnert auch das EuG in „Gencor/ Kommission" daran, dass die Beachtung der Verteidigungsrechte in allen Verfahren, die zu einer eine bestimmte Person belastenden Maßnahme führen können, einen fundamentalen Rechtssatz des Gemeinschaftsrechts darstelle, dem auch dann Rechnung zu tragen sei, wenn eine ausdrückliche Regelung fehle.[374] Einer Anwendung der FKVO 4064/89 auf kollektive marktbeherrschende Stellungen kann folglich nicht entgegengehalten werden, es würden Verfahrensrechte Dritter in unzulässiger Weise beeinträchtigt.

4. Das Problem des territorialen Anwendungsbereiches der FKVO

In der Sache „Gencor/ Kommission" vertritt die Klägerin, die FKVO 4064/89 müsse wörtlich ausgelegt werden, wenn die Maßnahmen des Zusammenschlusses nur Tätigkeiten beträfen, die im Gebiet eine Drittstaates ausgeübt würden.[375] Das EuG bemerkt dazu nur kurz, dass die Anwendbarkeit der FKVO 4064/89 auf kollektive beherrschende Stellungen nicht von ihrem territorialen Anwendungsbereich abhängen könne.[376] Dem EuG ist – zumindest insoweit – zuzustimmen, als die Frage der Anwendbarkeit von Art. 2 Abs. 3 FKVO 4064/89 auf Konstellationen kollektiver Marktbeherrschung sicherlich getrennt von der Frage des territorialen Geltungsbereich der FKVO 4064/89 zu beurteilen ist.

IV. Teleologische Auslegung

Wie bereits ausgeführt, besitzt die teleologische, an der Verwirklichung der Ziele des EG-Vertrages ausgerichtete Auslegung des Gemeinschaftsrechts ein starkes Gewicht, um der – auf eine schrittweise Verwirklichung der Gemeinschaftsziele ausgerichteten – Besonderheit des Gemeinschaftsrechts Rechnung zu tragen.[377] Auch für die Auslegung des Begriffes der beherrschenden Stellung in Art. 2 Abs. 3 FKVO 4064/89 ist letztlich die teleologische Auslegung ausschlaggebend.

---

[373] EuGH, Urteil vom 31.03.1998, verb. Rs. C-68/94 und C-30/95, „Frankreich u.a./ Kommission", Slg. 1998, I – 1375ff., Rz. 173f.

[374] EuG, Urteil vom 25.03.1999, Rs. T-102/96, „Gencor/ Kommission", Slg. 1999, II – 759ff., Rz. 143 f.

[375] Vgl. EuG, Urteil vom 25.03.1999, Rs. T-102/96, „Gencor/ Kommission", Slg. 1999, II – 759ff., Rz. 120.

[376] EuG, Urteil vom 25.03.1999, Rs. T-102/96, „Gencor/ Kommission", Slg. 1999, II – 759ff., Rz. 153; zur allgemeinen Problematik des territorialen Anwendungsbereichs der FKVO vgl. etwa *Fox*, 1999 ECLR, 334 ff.; *Bechtold*, The European Legal Forum 2000, 19, 20.

[377] *Schwarze* in *Schwarze*, EU-Kommentar, Art 220, Rz. 27.

1. Art. 3 lit. g) EG

Ein entscheidendes Argument für die Anwendung der EG-Fusionskontrollverordnung auf kollektive beherrschende Stellungen ist Art. 3 lit. f) EG – jetzt Art. 3 Abs. 1 lit. g) EG.[378]

Die Kommission führt schon in „Nestlé/ Perrier" aus, wenn es zur Vermeidung der Anwendung der Fusionskontrollverordnung genügen würde, die beherrschende Stellung auf beispielsweise zwei Unternehmen aufzuteilen, könne das Ziel des Art. 3 lit. f) EG a.F. umgestoßen und entgegen den Grundprinzipien des Gemeinsamen Marktes wirksamer Wettbewerb erheblich behindert werden.[379]

Nach Auffassung des EuGH geht aus der sechsten, siebten, zehnten und elften Begründungserwägung der FKVO 4064/89 hervor, dass die Verordnung im Unterschied zu den Art. 85 und 86 EGV auf alle Zusammenschlüsse von gemeinschaftsweiter Bedeutung angewandt werden solle, sofern sich diese wegen ihrer Auswirkungen auf die Wettbewerbsstruktur in der Gemeinschaft als unvereinbar mit dem vom Vertrag geforderten System des unverfälschten Wettbewerbs erweisen könnten.[380] Auch ein Zusammenschluss, der eine beherrschende Stellung der Beteiligten gemeinsam mit einer am Zusammenschluss unbeteiligten Einheit begründe oder verstärke, könne sich als unvereinbar mit dem vom Vertrag geforderten System des unverfälschten Wettbewerbs erweisen[381] und müsse folglich von der FKVO 4064/89 erfasst werden. Andernfalls würde der FKVO 4064/89 ihre praktische Wirksamkeit genommen.[382]

Der Argumentation des EuGH ähnlich entwickelt das EuG in „Gencor/ Kommission" aus den Begründungserwägungen eins bis fünf der FKVO 4064/89 als Ziel der FKVO 4064/89 die Verhinderung dauerhafter Schädigung des Wettbewerbs durch Unternehmensumstrukturierung infolge der Verwirklichung des Binnenmarktes.[383] Die FKVO 4064/89 solle auf alle Zusammenschlüsse angewendet werden, die sich wegen ihrer Auswirkungen auf die Wettbewerbsstruktur in der Gemeinschaft als unvereinbar mit dem System unverfälschten Wettbewerbs erweisen könnten. Auch Zusammenschlüsse, die eine oligopolistische

---

[378] So z. B. *Immenga* in *Immenga/Mestmäcker*, FKVO, Rz. 207.

[379] Kommission, Entscheidung vom 22.07.1992, IV/M. 190, „Nestlé/ Perrier", WuW/E EV 1903ff., Rz. 114.

[380] EuGH, a.a.O., Rz. 170.

[381] EuGH, a.a.O., Rz. 171.

[382] EuGH, Urteil vom 31.03.1998, verb. Rs. C-68/94 und C-30/95, „Frankreich u.a./ Kommission", Slg. 1998, I – 1375ff., Rz. 171.

[383] EuG, Urteil vom 25.03.1999, Rs. T-102/96, „Gencor/ Kommission", Slg. 1999, II – 759ff., Rz. 149.

beherrschende Stellung begründen oder verstärken, könnten sich als unvereinbar mit dem System unverfälschten Wettbewerbs erweisen. Das EuG schließt sich der Ansicht des EuGH an, wonach der Verordnung ein nicht unerheblicher Teil ihrer Wirksamkeit genommen würde, wenn man sie auf Zusammenschlüsse beschränkt, die eine beherrschende Stellung der an ihnen Beteiligten begründet.[384]

2. Parallelität der wirtschaftlichen Folgen individueller und kollektiver marktbeherrschender Stellungen

Nach Auffassung der Kommission in „Nestlé/ Perrier" könne eine Unterscheidung zwischen individueller und oligopolistischer beherrschender Stellung für die Anwendbarkeit der FKVO 4064/89 nicht maßgeblich sein, da beide Situationen unter bestimmten Marktstrukturbedingungen wirksamen Wettbewerb erheblich behindern könnten.[385] In „Frankreich u.a./ Kommission" betont die Kommission, das Oligopol könne wie ein Monopol nachteilige Wirkungen entfalten. Außerdem bestehe ein Zusammenhang zwischen Zusammenschluss und Marktmacht. Zusammenschlüsse könnten ein kollusives Zusammenwirken zwischen Wettbewerbern und parallele Verhaltensweisen fördern.[386]

Bach wendet zwar ein, die Wettbewerbsregeln des Vertrages orientierten sich klar an bestimmten Typen von Wettbewerbsbeschränkungen und setzten gerade nicht an der bloßen Wirkung auf den Wettbewerb an.[387] Dem ist jedoch entgegenzuhalten, dass Art. 2 Abs. 3 FKVO 4064/89 – etwa im Gegensatz zu Art. 81 EG – eben gerade keinen Katalog verbotener Verhaltensweisen enthält, also gerade nicht nach bestimmten Typen von Wettbewerbsbeschränkungen unterscheidet, sondern es allein auf die wettbewerbsbeschränkende Wirkung des Zusammenschlusses ankommt.

3. Keine ausreichende Oligopolkontrolle durch Art. 81, 82 EG

Die Klägerin in „Gencor/ Kommission" bringt vor, im Hinblick auf Art. 3 lit. g) EG reiche zur Kontrolle von Zusammenschlüssen, die zu einer kollektiven beherrschenden Stellung führten, die Missbrauchskontrolle nach Art. 86 EG a.F. aus. Die Kommission sei daher nicht schon dann zuständig, wenn der Zusam-

---

[384] EuG, a.a.O., Rz. 150 f.

[385] Kommission, Entscheidung vom 22.07.1992, IV/M. 190, „Nestlé/ Perrier", WuW/E EV 1903ff, Rz. 113; zustimmend etwa *Quack*, GRUR 1998, 295, 298.

[386] Zur Ansicht der Kommission vgl. Schlussanträge des Generalanwalts *Tesauro* vom 06.02.1997 im Verfahren EuGH, Urteil vom 31.03.1998, verb. Rs. C-68/94 und C-30/95, „Frankreich u.a./ Kommission", Slg. 1998, I – 1375ff., Tz. 95.

[387] *Bach*, WuW 1993, 805, 815.

menschluss nur möglicherweise wirksamen Wettbewerb behindere, sondern erst bei tatsächlicher Wettbewerbsbehinderung.[388] Das EuG entgegnet, auch bei individueller Marktbeherrschung sei eine Kontrolle nach Art. 86 EG a.F. möglich – nach der Argumentation der Klägerin mithin die FKVO 4064/89 insgesamt unnötig.[389] Da Art. 86 EG a.F. nur die Kontrolle der Verstärkung, nicht aber der Begründung einer beherrschenden Stellung zuließe, würde die Nichtanwendung der Verordnung auf Zusammenschlüsse zu einer Lücke im gemeinschaftlichen System der Fusionskontrolle führen, die das ordnungsgemäße Funktionieren des Gemeinsamen Marktes beeinträchtigen könnte.[390]

Darüber hinausgehend wird vielfach argumentiert, es sei gerade ein Ziel der FKVO 4064/89 gewesen, die Lücke im System unverfälschten Wettbewerbs zu schließen, die sich aus der Entstehung und Verstärkung marktbeherrschender Stellungen durch externes Unternehmenswachstum ergäben.[391]

Dem hält jedoch Generalanwalt *Tesauro* entgegen, der Umstand, dass nicht durch Artikel 85 [81] EG sanktionierte parallele Verhaltensweisen vorliegen, bedeute nicht ohne weiteres, dass diese Verhaltensweisen trotzdem mit einer Sanktion zu belegen wären, und er könne vor allen Dingen nicht die extensive Auslegung der Verordnung rechtfertigen, die von der Kommission vorgeschlagen werde.[392]

Zwar muss in der Tat nicht jedes *nicht* von Art. 81 EG sanktionierte Parallelverhalten wenigstens im Rahmen der FKVO erfasst werden. Jedoch zeigt die teleologische Auslegung von Art. 2 Abs. 3 FKVO 4064/89 unter Berücksichtigung des Art. 3 EG, dass die Erfassung kollektiver beherrschender Stellungen durch die FKVO 4064/89 erforderlich ist, um einen wirksamen Wettbewerbsschutz zu entfalten. Die Anwendung der FKVO 4064/89 auf kollektive Marktbeherrschung ist daher nicht als „extensiv“ zu bewerten. Das Argument des Generalanwalts überzeugt in diesem Punkt also nicht.

---

[388] Vgl. EuG, Urteil vom 25.03.1999, Rs. T-102/96, „Gencor/ Kommission", Slg. 1999, II – 759ff., Rz. 121.

[389] EuG, a.a.O., Rz. 154.

[390] EuG, a.a.O., Rz. 155.

[391] Zur Ansicht der Kommission vgl. Schlussanträge des Generalanwalts *Tesauro* vom 06.02.1997 im Verfahren EuGH, Urteil vom 31.03.1998, verb. Rs. C-68/94 u. C-30/95, „Frankreich u.a./ Kommission", Slg. 1998, I – 1375ff., Tz. 95; *Bach*, WuW 1993, 805, 815; *Kerber*, S. 95.

[392] Schlussanträge des Generalanwalts *Tesauro* vom 06.02.1997 im Verfahren EuGH, Urteil vom 31.03.1998, verb. Rs. C-68/94 u. C-30/95, „Frankreich u.a./ Kommission", Slg. 1998, I – 1375ff., Tz. 96.

V. Vergleich mit anderen bedeutenden Kartellgesetzgebungen

Bei der Auslegung der FKVO 4064/89 wird weiter ein Vergleich mit den Regelungen in anderen bedeutenden Kartellgesetzgebungen – gewissermaßen eine rechtsvergleichende Auslegung – vorgenommen.[393]

In „Nestlé/ Perrier" zieht die Kommission einen Vergleich des europäischen Systems der Fusionskontrolle mit „anderen bedeutenden Kartellgesetzgebungen". Das amerikanische Kartellrecht, das französische Kartellgesetz, das deutsche und das britische Kartellrecht praktizierten eine Fusionskontrolle auch bei oligopolistischen beherrschenden Stellungen. Es könne nicht sein, dass Zusammenschlüsse, die vor Verabschiedung der FKVO 4064/89 einer solchen Kontrolle unterstanden hätten, nach Verabschiedung der FKVO 4064/89 nur noch nach individueller Marktbeherrschung zu kontrollieren seien. Mit Verabschiedung der FKVO 4064/89 hätten die Mitgliedstaaten nicht auf eine Kontrolle oligopolistischer beherrschender Stellungen auf mitgliedstaatlicher Ebene ohne Ersatz auf Gemeinschaftsebene verzichtet.[394] Auch Generalanwalt *Tesauro* sieht in seinen Schlussanträgen zu „Frankreich u.a./ Kommission" die Notwendigkeit einer Oligopolkontrolle dadurch bestätigt, dass „alle wichtigen Antitrust-Regelungen die Normen betreffend die Fusionskontrolle auch im oligopolistischen Bereich anwenden."[395]

Dem Eindruck der Einheitlichkeit der Kartellgesetzgebungen in diesem Punkt widerspricht jedoch *Bach*: Die Stellungnahme des Beratenden Ausschusses in der Sache „Nestlé/ Perrier" zeige, dass doch erhebliche Meinungsverschiedenheiten zwischen den Mitgliedstaaten bei der Frage der Anwendbarkeit der FKVO 4064/89 auf Oligopol-Sachverhalte bestünden.[396] Zudem berücksichtige der Vergleich der „bedeutenden Kartellgesetzgebungen" nur solche Mitgliedstaaten, die über eine Kartellgesetzgebung verfügen. Könne jedoch den Mitgliedstaaten ohne Kartellgesetzgebung unterstellt werden, sie seien bereit gewesen, eine strenge Regelung unter Einbeziehung der Oligopolkontrolle hinzunehmen? *Stockenhuber* wendet an diesem Punkt jedoch zu Recht ein, Ausle-

---

[393] *Oppermann*, Rz. 684 macht zur rechtsvergleichenden Auslegung Ausführungen unter dem Punkt „Systematische Auslegung", *Karl*, S. 67f. befasst sich mit der rechtsvergleichenden Auslegung im Zusammenhang mit der historischen Auslegung.

[394] Kommission, Entscheidung vom 22.7.1992, IV/M.190, „Nestlé/ Perrier", WuW/E EV 1903ff., Rz. 115; ebenso etwa *Löffler*, FKVO 4064/89, Rz. 144; *Schröer* in FK, Art. 2 FKVO, Rz. 261.

[395] Schlussanträge des Generalanwalts *Tesauro* vom 06.02.1997 im Verfahren EuGH „Frankreich u.a./ Kommission", Slg. 1998, I – 1381ff., Tz. 94, Fn. 98 unter Berufung auf *Briones*, 1995 ECLR, 344ff.

[396] *Bach*, WuW 1993, 805, 815.

gung mit Hilfe von Rechtsvergleichung müsse nicht wertungsfrei erfolgen. Vielmehr komme Rechtsordnungen mit einem entwickelten Fusionskontrollsystem im Rahmen einer rechtsvergleichenden Untersuchung größeres Gewicht zu als jenen, die über keine entsprechende Regelung verfügen.[397] Somit spricht der Vergleich der FKVO 4064/89 mit anderen Kartellgesetzgebungen in der Tat für die Anwendbarkeit der FKVO 4064/89 auf kollektive Marktbeherrschung.

VI. Rechtssicherheit

Gegen die Erstreckung der FKVO 4064/89 auf kollektive marktbeherrschende Stellungen wird schließlich vorgebracht, mangels einer ausdrücklichen Regelung in der FKVO 4064/89 verstoße eine solche Erstreckung gegen das Gebot der Rechtssicherheit. So wird etwa der Kommission, als sie in „Nestlé/ Perrier" erstmals das Konzept oligopolistischer beherrschender Stellungen im Rahmen der FKVO 4064/89 anwendet, eine Verletzung des Grundsatzes der Rechtssicherheit vorgeworfen. Mit Hinweis auf das Erfordernis der Rechtsfortentwicklung weist die Kommission diesen Vorwurf von sich.[398]

Im Übrigen hat die Kommission auch schon vor „Nestlé/ Perrier" zwar nicht entschieden, aber zumindest angedeutet, die Anwendung der FKVO 4064/89 auf Oligopol-Marktbeherrschung ins Auge zu fassen.[399] Nichtsdestotrotz vertritt auch im Verfahren „Gencor/ Kommission" die Klägerin erneut die Auffassung, die Anwendung von Art. 2 Abs. 3 FKVO 4064/89 auf Fälle kollektiver Beherrschung sei angesichts der den Unternehmen drohenden Sanktionen mit dem Grundsatz der Rechtssicherheit unvereinbar. Das EuG betrachtet dieses Vorbringen jedoch als unerheblich, da bei richtiger Auslegung der FKVO 4064/89 durch die Kommission im Hinblick auf kollektive Marktbeherrschung ein Verstoß gegen den Grundsatz der Rechtssicherheit nicht vorläge.[400]

Mittlerweile stellt sich in der Praxis von Kommission, EuGH und EuG das Rechtssicherheitsproblem mit anderer Nuancierung. Es geht darum, ob die konkrete Behandlung von Fällen kollektiver Marktbeherrschung in der Praxis der

---

[397] *Stockenhuber*, S. 280f.

[398] Kommission, Entscheidung vom 22.07.1992, IV/M.190, „Nestlé/ Perrier", WuW/E EV 1903ff., Rz. 116.

[399] Kommission, Entscheidung vom 31.07.1991, IV/M.012, „Varta/ Bosch", WuW/E EV 1701ff.; Kommission, Entscheidung vom 18.12.1991, IV/M. 165, „Alcatel/ AEG Kabel, WuW/E EV 1713ff.; Kommission, Entscheidung vom 23.03.1992, IV/M. 186, „Henkel/ Nobel", WuW/E EV 1829ff.; Kommission, Entscheidung vom 27.04.1992, IV/M. 202, „Thorn EMI/ Virgin Music", WuW/E EV 1836ff.

[400] EuG, Urteil vom 25.03.1999, Rs. T-102/96, „Gencor/ Kommission", Slg. 1999, II – 759ff., Rz. 138ff.

Europäischen Fusionskontrolle, insbesondere die Kriterien zur Feststellung kollektiver Marktbeherrschung, hinreichend klar sind, um betroffenen Unternehmen Rechtssicherheit zu vermitteln. So gibt etwa auch Generalanwalt *Tesauro* zu bedenken, die Anwendung der Verordnung auf kollektive beherrschende Stellungen würde

> „letztlich, da es auch an vergleichbaren Vergleichsparametern mit anderen Antitrust-Systemen fehlt, Unsicherheit hervorrufen. Dies würde auch gegen das wiederholt bestätigte Erfordernis verstoßen, dass Rechtsakte der Gemeinschaft eindeutig sein müssen und ihre Anwendung für die Betroffenen vorhersehbar sein muss".[401]

Allerdings ist es ein zu Beginn der Herausbildung einer neuen Rechtspraxis typisches Phänomen, dass die genauen Voraussetzungen der Anwendung der neuen Praxis noch nicht etabliert sind. Würde hier der Einwand der mangelnden Rechtssicherheit greifen, könnte der Rechtsfortbildung stets Einhalt geboten werden. Zuzugeben ist jedoch, dass aus Gründen der Rechtssicherheit die Voraussetzungen der Anwendung von Art. 2 Abs. 3 FKVO 4064/89 auf kollektive Marktbeherrschung möglichst rasch erhellt werden sollten.

Eine beherrschende Stellung im Sinne von Art. 2 Abs. 3 FKVO 4064/89 kann also auch von einer Mehrzahl von Unternehmen ausgeübt werden. Zu untersuchen ist nun, unter welchen Voraussetzungen die Kommission und die europäischen Gerichte eine beherrschende Stellung mehrerer Unternehmen bejahen.

---

[401] Schlussanträge des Generalanwalts *Tesauro* vom 06.02.1997 im Verfahren EuGH, Urteil vom 31.03.1998, verb. Rs. C-68/94 und C-30/94, „Frankreich u.a./ Kommission", Slg. 1998, I – 1381ff., Tz. 98.

3. KAPITEL: KOLLEKTIVE MARKTBEHERRSCHUNG IN DER ENTSCHEIDUNGSPRAXIS ZUR FKVO

Im Folgenden soll die Entscheidungspraxis von Kommission, EuG und EuGH zur kollektiven Marktbeherrschung in der europäischen Fusionskontrolle anhand ausgewählter Leitentscheidungen untersucht werden. Dabei wird insbesondere festzustellen sein, dass kollektive Marktbeherrschung in der europäischen Fusionskontrolle auf dem *tacit collusion*-Konzept beruht. Besonderes Augenmerk ist dabei darauf zu richten, inwieweit die europäischen Gerichte – wie die Erwägungsgründe der seit dem 01.05.2004 geltenden FKVO andeuten – kollektive Marktbeherrschung auf solche Zusammenschlüsse beschränken, bei denen koordinierte Effekte zwischen den Oligopolmitgliedern wahrscheinlich sind.

Die Entwicklung der Entscheidungspraxis zur kollektiven Marktbeherrschung in der europäischen Fusionskontrolle vollzieht sich in mehreren Phasen. Zu unterscheiden sind die Entwicklung einer ersten, an das *tacit collusion*-Konzept angelehnten Entscheidungspraxis durch die Kommission (dazu unter § 5) und den EuGH (§ 6). Daran schließt sich eine Phase an (§ 7), in der die Kommission eine Ausdehnung der kollektiven Marktbeherrschung über das *tacit collusion*-Konzept hinaus versucht, jedoch von EuG bzw. EuGH in ihre Schranken verwiesen wird. In einer dritten Phase (§ 8) lässt sich eine Rückkehr der Kommission zum *tacit collusion*-Ansatz erkennen. Im Einzelnen:

§ 5 Erste Entscheidungspraxis der Kommission zur kollektiven Marktbeherrschung in der FKVO

A. Erste Andeutungen der Anerkennung kollektiver Marktbeherrschung in der FKVO

Nach Inkrafttreten der FKVO am 21. September 1990 wird Art. 2 Abs. 3 FKVO von der Kommission zunächst nur auf Zusammenschlüsse angewandt, die zu einer marktbeherrschenden Stellung eines einzelnen Unternehmens führen.[402] Erst in der Entscheidung „Varta/ Bosch“[403] untersucht die Kommission, ob der Zusammenschluss zu einem bewussten Parallelverhalten des durch den Zusammenschluss entstehenden neuen Unternehmens und seines Wettbewerbers

---

[402] *Stroux*, World Competition 23 (1) 2000, 3, 25.

[403] Kommission, Entscheidung vom 31.07.1991, IV/M. 012, „Varta/ Bosch“, WuW/E EV 1701ff.

führt[404] und zieht damit wohl erstmals die Möglichkeit kollektiver Marktbeherrschung im Zusammenhang mit der FKVO 4064/89 in Betracht.[405]

In „Alcatel/ AEG Kabel"[406] erwähnt die Kommission die Frage der Anwendbarkeit von Art. 2 FKVO 4064/89 auf Situationen kollektiver Marktbeherrschung sogar ausdrücklich,[407] lässt sie jedoch im Ergebnis offen,[408] weil die Kommission auch nach dem Zusammenschluss – insbesondere wegen starker Nachfragemacht[409] – noch wirksamen Wettbewerb zwischen den Anbietern erwartet.[410]

In „Henkel/ Nobel"[411] stellt die Kommission fest, dass nach dem Zusammenschluss Henkel/ Nobel zusammen mit drei weiteren Wettbewerbern einen gemeinschaftlichen Marktanteil von ca. 50 % bis 75 % halten werden. Die strukturellen Rahmenbedingungen des Marktes sollen jedoch – insbesondere aufgrund der Dynamik der Märkte, des wettbewerblichen Einflusses naher Substitutionsprodukte, der Existenz starker Wettbewerber und der wachsenden Konzentration auf der Nachfragerseite – das Fortbestehen wesentlichen Wettbewerbs erwarten lassen.[412]

Auch in „Thorn EMI/ Virgin Music"[413] erwägt die Kommission die Möglichkeit kollektiver Marktbeherrschung.[414] Nach dem Zusammenschluss würden die größten fünf Anbieter einen gemeinsamen Marktanteil von ca. 83 % erzielen.[415] Der relevante Markt für „recorded music" ist durch die heterogene Natur und

---

[404] Kommission, Entscheidung vom 31.07.1991, IV/M. 012, „Varta/ Bosch", WuW/E EV 1701ff., Tz. 32.

[405] Im Ergebnis auch *Guersent*, EC Competition Policy Newsletter, Summer 1994, 10; *Wagemann*, WuW 1992, 730, 737; *Drauz/Schroeder*, S. 136; *Kantzenbach/Kottmann/Krüger*, S. 45.

[406] Kommission, Entscheidung vom 18.12.1991, IV/M. 165, „Alcatel/ AEG Kabel", WuW/E EV 1713ff.

[407] Dazu auch *Wagemann*, WuW 1992, 730, 737.

[408] Kommission, a.a.O., Tz. 22.

[409] Kommission, a.a.O., Tz. 25f.

[410] Kommission, Entscheidung vom 18.12.1991, IV/M. 165, „Alcatel/ AEG Kabel", WuW/E EV 1713ff., Tz. 27; vgl. auch *Stockenhuber*, S. 275; *Guersent*, EC Competition Policy Newsletter, Summer 1994, 10.

[411] Kommission, Entscheidung vom 23.03.1992, IV/M. 186, „Henkel/ Nobel", WuW/E EV 1829ff.

[412] Kommission, Entscheidung vom 23.03.1992, IV/M. 186, „Henkel/ Nobel", WuW/E EV 1829, Tz. 17.

[413] Kommission, Entscheidung vom 27.04.1992, IV/M. 202, „Thorn EMI/ Virgin Music", WuW/E EV 1836ff.

[414] Kommission, a.a.O., Rz. 21; dazu *Wagemann*, WuW 1992, 730, 737.

[415] Kommission, a.a.O., Rz. 26.

die kurze Lebensdauer seiner Produkte, dem steten Wandel der Konsumenten-Präferenzen und der großen Bedeutung der einzelner Künstler für die Profitabilität des Unternehmens gekennzeichnet.[416] Weiter hat es in der Vergangenheit eine große Zahl von neuen Markteintritten gegeben; keiner dieser Neulinge konnte sich jedoch durchsetzen.[417] Zwischen den einzelnen Anbietern existiert eine Vielzahl von vertraglichen Abreden.[418] Aufgrund der besonderen Natur des Produktes ist der Spielraum für Preiswettbewerb gering.[419] Die Kommission prüft das Marktverhalten der führenden Anbieter in der Vergangenheit[420] und scheint wettbewerbswidriges Verhalten in der Vergangenheit grundsätzlich als Faktor zu werten, der für die Wahrscheinlichkeit kollusiven Verhaltens in der Zukunft spricht.[421] Im Ergebnis verneint die Kommission die Begründung einer marktbeherrschenden Stellung, weil das Zusammenschlussvorhaben die Wettbewerbsbedingungen auf dem relevanten Markt nicht signifikant verändern und den Wettbewerb nicht beeinträchtigen werde.[422]

B. Erste Anwendung der FKVO auf kollektive Marktbeherrschung durch die Kommission

I. Nestlé/ Perrier

Im Zusammenschlussverfahren „Nestlé/ Perrier"[423] im Jahr 1992 bejaht die Kommission erstmals ausdrücklich die Anwendung von Art. 2 Abs. 3 FKVO auf Oligopolsachverhalte.

1. Feststellung kollektiver Marktbeherrschung in Anlehnung an das *tacit collusion*-Konzept

Ausgangspunkt der Prüfung der Kommission ist ein gemeinsamer wertmäßiger Marktanteil des durch den Zusammenschluss entstehenden Unternehmens Nestlé/ Perrier und seines Wettbewerbers BSN von über 82 % und ein gemeinsamer volumenmäßiger Marktanteil von über 75 %.[424]

---

[416] Kommission, a.a.O., Rz. 29.
[417] Kommission, a.a.O., Rz. 34.
[418] Kommission, a.a.O., Rz. 37.
[419] Kommission, a.a.O., Rz. 38.
[420] Kommission, a.a.O., Rz. 39.
[421] *Kantzenbach/Kottmann/Krüger*, S. 70.
[422] Kommission, Entscheidung vom 27.04.1992, IV/M. 202, „Thorn EMI/ Virgin Music", WuW/E EV 1836, Rz. 40.
[423] Kommission, Entscheidung vom 22.07.1992, IV/M. 190, „Nestlé/ Perrier", WuW/E EV 1903ff.
[424] Kommission, a.a.O., Tz. 119.

a) Feststellung kollektiver Marktbeherrschung durch die Kommission

Die Kommission untersucht zunächst das Verhältnis der durch den Zusammenschluss entstehenden zwei großen Anbieter untereinander, also die Veränderungen des Binnenverhältnisses, und lehnt sich dabei deutlich an das *tacit collusion*-Konzept an:[425]

Die Kommission stellt zunächst eine Reihe von Faktoren fest, die ein *agreement* im Sinne der spieltheoretischen Wirkungskette stabiler Kollusion erleichtern. Aufgrund starker Symmetrien bestehe eine gemeinsame Interessenlage von Nestlé/ Perrier und BSN. Nestlé und BSN seien von ähnlicher Größe und Struktur sowie beide im weiteren Bereich der Nahrungsmittelindustrie tätig.[426] Es bestünden keine beträchtlichen Kostenunterschiede zwischen den Unternehmen.[427] Nach den weiteren Feststellungen der Kommission ist die Nachfrage auf dem relevanten Markt relativ preisunelastisch; Preiserhöhungen wirkten sich also nur gering auf die nachgefragte Menge aus. Dies schaffe einen Anreiz zu gemeinsamen Preiserhöhungen.[428]

Bereits die zusammenschlussbedingte Reduzierung der Zahl der Wettbewerber auf dem Markt könne wettbewerbsfeindliches Parallelverhalten wesentlich erleichtern.[429] Homogene und transparente Listenpreise und ein System regelmäßigen Informationsaustausches bezüglich der monatlich verkauften Mengen erlaubten eine gegenseitige Verfolgung des Marktverhaltens[430] und erleichterten eine stillschweigende Koordinierung der Preispolitiken.[431] Die Markttransparenz erlaube jedoch auch eine gegenseitige Kontrolle des Marktverhaltens.[432] Damit stellt die Kommission im Ergebnis nichts anderes fest, als dass ein etwaiges Abweichen eines Unternehmens von der gemeinsamen Preispolitik, also *cheating*, von dem jeweils anderen Unternehmen aufgedeckt werden könnte.

---

[425] Statt vieler *Briones Alonso*, 1993 ECLR, 118, 122 und unter http://www.europa.eu.int/comm/competition/speeches, dort a.E.; *Morgan*, The Antitrust Bulletin 1996, 203, 223ff., insbesondere 228; *Winckler/Hansen*, CML Rev. 30 (1993), 786, 828. Angemerkt wird allerdings, die Kommission habe – in Ermangelung von Faktoren, die *gegen* kollektive Marktbeherrschung sprechen, die *für* kollektive Marktbeherrschung sprechenden Faktoren nicht gewichtet: *Briones Alonso*, 1993 ECLR, 118, 122; *derselbe*, Economic assessment of oligopolies under the Community Merger Control Regulation (im Internet abrufbar unter http://www.europa.eu.int) sowie *Morgan*, The Antitrust Bulletin 1996, 203, 228.
[426] Kommission, a.a.O., Tz. 123.
[427] Kommission, a.a.O., Tz. 125.
[428] Kommission, a.a.O., Tz. 124.
[429] Kommission, a.a.O., Tz. 120.
[430] Kommission, a.a.O., Tz. 122.
[431] Kommission, a.a.O., Tz. 121.
[432] Kommission, a.a.O., Tz. 122.

Die Existenz eines Vergeltungsmechanismus für den Fall des Abweichens eines der Unternehmen von der gemeinsamen Preispolitik wird zwar von der Kommission nicht ausdrücklich festgestellt. Allerdings führt die Kommission aus, dass jedes aggressive Wettbewerbsverhalten eines der beiden Unternehmen unmittelbare und bedeutende Auswirkungen auf die Tätigkeit des anderen Anbieters hätte und mit großer Sicherheit zu vehementen Reaktionen mit dem Ergebnis führen würde, dass solche Aktionen der Gewinnsituation beider Anbieter beträchtlich schaden würden, ohne dass die Verkaufsvolumen stiegen. Die wechselseitige Abhängigkeit der Unternehmen schaffe somit ein starkes gemeinsames Interesse an einer Gewinnmaximierung durch wettbewerbsfeindliches Parallelverhalten.[433] Bereits in der Vergangenheit hätten die beiden nach dem Zusammenschluss verbleibenden Unternehmen gemeinsam den Versuch eines Außenseiters, in den Markt einzutreten, abgewehrt.[434] Eine spätere Vereinbarung über die Aufteilung von Marken verringere die Wahrscheinlichkeit eines effektiven Wettbewerbs zwischen den beiden Unternehmen weiter.[435]

Von außen wird auf die beiden Unternehmen nach den Feststellungen der Kommission kein hinreichender Wettbewerbsdruck ausgeübt, um die Möglichkeiten der Unternehmen, durch Parallelverhalten ihre gemeinsamen Gewinne zu maximieren, einzuschränken. So sollen Außenseiter keinen Wettbewerbszwang ausüben;[436] außerdem bestünden hohe Marktzugangsschranken, was den späteren Markteintritt von Wettbewerbern unwahrscheinlich mache.[437]

Aus alledem schließt die Kommission, dass die aus dem Zusammenschluss entstehende Marktstruktur eine duopolistisch beherrschende Stellung begründen würde, die wirksamen Wettbewerb erheblich behindern und mit großer Wahrscheinlichkeit dem Verbraucher beträchtlich schaden würde.[438]

b) Zusagen von Nestlé

Um trotz der Feststellungen der Kommission einer Untersagung des Zusammenschlussvorhabens wegen Entstehung einer kollektiven beherrschenden Stellung zu entgehen, verpflichtet sich Nestlé unter anderem,

---

433 Kommission, a.a.O., Tz. 123.
434 Kommission, a.a.O., Tz. 127.
435 Kommission, a.a.O., Tz. 128.
436 Kommission, a.a.O., Tz. 129
437 Kommission, a.a.O., Tz. 130; zu diesem „verhaltensorientierten“ Ansatz der Kommission zur Prüfung von Markteintrittsschranken vgl. *Winckler/Hansen*, CML Rev. 30 (1993), 787, 821f. und *Bach*, WuW 1993, 805, 812f.
438 Kommission, a.a.O., Tz. 131.

- zur Ermöglichung des Marktzutritts eines starken Wettbewerbers diesem sowohl Marken als auch ausreichende Kapazitäten zum Abfüllen von Wasser zu verkaufen,[439]
- für die Dauer des Fortbestehens einer engen oligopolistischen Marktstruktur auf dem französischen Wassermarkt keine Angaben über die Umsätze der letzten zwölf Monate gegenüber Unternehmensverbänden oder sonstigen Einrichtungen zu machen, die diese Angaben an Wettbewerber weitergeben könnten[440] sowie
- bis zum Verkauf von Flaschenwasserinteressen an einen Wettbewerber sämtliche von Perrier erworbenen Vermögenswerte und Interessen von seinem eigenen Geschäft getrennt zu halten.

Diese Trennung wird durch weitere Zusagen abgesichert.[441]

2. Kritik

a) Zur Würdigung von *multi-market-contacts* durch die Kommission

Wie die Kommission feststellt, sind Nestlé und BSN beide im weiteren Bereich der Nahrungsmittelindustrie tätig und arbeiten in einigen Sektoren dieser Industrie bereits vor dem Zusammenschluss Nestlé/ Perrier zusammen.[442] Zwischen Nestlé und BSN bestehen also Kontakte auf weiteren Märkten. Solche *multi-market-contacts* werden in der ökonomischen Literatur als kollusionsfördernd angesehen. Sie schaffen ein „Geflecht von Verletzlichkeiten", das die

---

[439] Kommission, a.a.O., Tz. 136.
[440] Kommission, a.a.O., Tz. 136.
[441] Kommission, a.a.O., Tz. 136; Auch die von der Kommission – angesichts der Zusagen der Zusammenschlussbeteiligten erlassene – Auflagenentscheidung stößt auf Kritik. So wird der Kommission vorgeworfen, sie würde das Verschwinden eines dritten Wettbewerbers auf dem Markt zunächst gestatten, um dann in einem weiteren Schritt mit Hilfe von Bedingungen zu versuchen, einen solchen dritten Wettbewerber wieder aufzubauen – vgl. *Morgan*, The Antitrust Bulletin 1993, 203, 229. Weiter wird kritisiert, die Kommission habe nicht genauer geprüft, ob ein Wettbewerber nach dem Erwerb der von Nestlé zu veräußernden Interessen tatsächlich zu Nestlé/Perrier und BSN in Wettbewerb treten oder ob er stattdessen mit diesen zusammen ein Dreier-Oligopol bilden werde – vgl. *Leibenath*, S. 282. Die Untersagung der Veröffentlichung von Umsatzdaten durch Nestlé halten manche für einen ungeeigneten Versuch, Kollusion durch eine Verringerung von Markttransparenz zu verhindern, denn Informationen über die Preise seien ständig verfügbar und der Informationsfluss zwischen Nestlé und BSN erscheine bereits sehr etabliert, vgl. *Morgan*, The Antitrust Bulletin 1993, 203, 230; ähnlich auch *Leibenath*, S. 283. Andere weisen darauf hin, dass die Wirksamkeit einer solchen Zusage eine ständige Verhaltenskontrolle erfordere – vgl. *Fuchs*, WuW 1996, 269, 274; eine solche Zusage habe mithin nicht struktur- sondern verhaltensbezogenen Charakter.
[442] Kommission, a.a.O., Tz. 123 a.E.

Kollusionsbereitschaft und eine *cheating*-Neigung beeinflussen kann,[443] weil sie die Vergeltungsmöglichkeiten im Falle von *cheating* erhöhen. Angesichts dieser Bedeutung von *multi-market-contacts* für *tacit collusion* erstaunt, dass die Kommission diesen Gesichtspunkt nicht ausführlicher zur Begründung kollektiver Marktbeherrschung heranzieht.[444]

b) Zur fehlenden Unterscheidung der Gesetzmäßigkeit der Kooperation in der Vergangenheit

Wie *Temple Lang*[445] zutreffend bemerkt, wertet die Kommission Kooperation in der Vergangenheit als Indiz für das Fehlen von aktuellem Wettbewerb, ohne zu unterscheiden, ob die Kooperation in der Vergangenheit in „gesetzmäßiger" Weise erfolgte oder ob die aufgetretene Kooperation die Fähigkeit der Oligopol-Mitglieder zeige, gezielt aggressive Wettbewerber zu bestrafen. Der von der FKVO 4064/89 vorgegebene zeitliche Rahmen lasse der Kommission keinen Raum für eine Prüfung, ob kooperatives Verhalten in der Vergangenheit gegen Art. 82 EG verstoßen habe oder nicht. Wenn auch gegen Art. 82 EG verstoßendes Verhalten in der Vergangenheit nicht zwingend mit der Existenz von Marktbeherrschung gleichgesetzt werden könne, so könne doch solches Verhalten durch alle Oligopol-Mitglieder ein Indiz für gemeinsame Marktbeherrschung sein.[446]

c) Verhältnis zur Prüfung kollektiver Marktbeherrschung nach Art. 82 EG

Vor der Entscheidung der Kommission in der Sache „Nestlé/ Perrier" gab der Beratende Ausschuss für die Kontrolle von Unternehmenszusammenschlüssen eine Stellungnahme zu einem Vorentwurf der Entscheidung ab. Dabei vertritt ein Teil der Ausschussmitglieder die Auffassung, die EG-Fusionskontrollverordnung erfasse nur dann gemeinsame beherrschende Stellungen, wenn zwischen den beherrschenden Unternehmen „wirtschaftliche Verbindungen" bestünden.[447] Aus der Begründung der Kommission in „Nestlé/ Perrier" geht indes nicht eindeutig hervor, ob auch die Kommission für die Anwendung der EG-

---

[443] *Kantzenbach/Kottmann/Krüger*, 57f.

[444] *Leibenath*, S. 275; *Immenga* in *Immenga/Mestmäcker*, Art. 2 FKVO, Rz. 225 geht auch nach „Nestlé/ Perrier" davon aus, die Kommission habe „zur Bedeutung der Multimarkt-Beziehungen" „bisher nicht Stellung genommen", wertet die Äußerung der Kommission also nicht als eine Feststellung von *multi-market-contacts.*

[445] *Temple Lang*, FCLI 2001, 269, 308.

[446] *Temple Lang*, FCLI 2001, 269, 308.

[447] Stellungnahme des Beratenden Ausschusses für die Kontrolle von Unternehmenszusammenschlüssen, Sitzung vom 3. und 14.07. 1992, Kommission ABl. 1992 C 319/3.

Fusionskontrollverordnung wirtschaftliche Verbindungen zwischen den Unternehmen verlangt oder nicht.[448] Die Kommission führt lediglich aus:

„Der Zusammenschluss würde zur Ausschaltung eines bedeutenden Unternehmens führen, das die größten Kapazitätsreserven und Verkaufsvolumen auf dem Markt hat. (...) Außerdem würde eine Reduzierung von drei auf zwei landesweite Anbieter wettbewerbsfeindliches paralleles Marktverhalten, das zu kollektivem Missbrauch führt, wesentlich erleichtern."[449]

Der Hinweis der Kommission auf „kollektiven Missbrauch" könnte als Versuch einer Verbindung zwischen dem Marktbeherrschungstest nach Art. 82 EG und dem nach Art. 2 Abs. 3 FKVO 4064/89 verstanden werden. Dem steht jedoch entgegen, dass die Kommission bis auf den Hinweis auf „Missbrauch" in „Nestlé/ Perrier" einen ganz anderen Prüfungsansatz wählt als das EuG knapp vier Monate zuvor in der Sache „Flachglas".[450] Während das EuG dort den Schwerpunkt der von der Kommission vorzunehmenden Prüfung auf die Frage gelegt hatte, ob die möglicherweise gemeinsam marktbeherrschenden Unternehmen auf dem Markt „als Einheit und nicht als individuelle Marktteilnehmer auftreten",[451] macht die Kommission in „Nestlé/ Perrier“ keine Ausführungen zur Frage eines eventuellen Vorliegens von „wirtschaftlichen Verbindungen" zwischen den möglicherweise gemeinsam marktbeherrschenden Unternehmen. Allein aus dem Hinweis der Kommission auf die Gefahr von „kollektivem Missbrauch" abzuleiten, die Kommission verlange auch für die Anwendung von Art. 2 Abs. 3 FKVO wirtschaftliche Verbindungen zwischen den gemeinsam marktbeherrschenden Unternehmen, ginge zu weit.

II. Kali+Salz

Bereits einige Monate nach „Nestlé/ Perrier" befasste sich die Kommission in der Sache „Kali+Salz"[452] erneut mit kollektiver Marktbeherrschung in der Fusionskontrolle. Gegenstand der Entscheidung der Kommission ist das Vorhaben, die Kali- und Steinsalzaktivitäten der Kali und Salz AG (nachfolgend: „K+S“) und der Mitteldeutschen Kali AG (nachfolgend: „MdK“ in einem Gemein-

---

[448] A.A. *Guersent*, EC Competition Policy Newsletter, Summer 1994, 10; *Immenga* in *Immenga/Mestmäcker*, Art. 2 FKVO, Rz. 223: „In *Nestlé/ Perrier* hatte sie [die Kommission] auch ohne strukturelle Verbindungen eine gemeinsame marktbeherrschende Stellung angenommen“.
[449] Kommission, a.a.O., Tz. 120.
[450] So auch *Winckler/Hansen*, CML Rev. (30) 1993, 787, 817, Fn. 80.
[451] EuG, Urteil vom 10.03.1992, verb. Rs. T-68/89, T-77/89 und T-78/89, „Società Italiana Vetro SpA u.a./Kommission“, Slg. 1992, II – 1403ff., Tz. 365ff.
[452] Kommission, Entscheidung vom 14.12.1993, IV/M. 308, „Kali+Salz/ MdK/ Treuhand", ABl. L 186/38 vom 21.07.1994.

schaftsunternehmen von K+S und Treuhandanstalt („Treuhand“) zusammenzufassen.

1. Begründung kollektiver Marktbeherrschung durch die Kommission

Wie schon in „Nestlé/ Perrier” ist die Feststellung von hohen Marktanteilen der Einstieg für die Kommission in die nähere Prüfung der Marktverhältnisse. Nach dem Zusammenschluss würden K+S/ MdK sowie der französische Produzent SCPA über einen gemeinsamen Marktanteil in der EG von 80%, in der EG außerhalb Deutschlands von 60% verfügen.[453]

Die Kommission untersucht zunächst die Wahrscheinlichkeit von (Binnen-) Wettbewerb zwischen K+S/ MdK und SCPA nach dem Zusammenschluss. Es bestünden erhebliche Anhaltspunkte dafür, dass zwischen K+S/ MdK einerseits und SCPA andererseits kein wirksamer Wettbewerb bestehen werde. Neben der Ausgereiftheit des Marktes, der Produkthomogenität, dem Fehlen von Innovationen, hoher Markttransparenz und der Stabilität der Marktanteile stützt die Kommission diese Erkenntnis vor allem auf die „außergewöhnlich engen Verflechtungen“ zwischen K+S und SCPA. Beide Unternehmen unterhielten ein Gemeinschaftsunternehmen in Kanada, arbeiteten in einem Exportkartell in Wien zusammen und unterhielten langjährige Lieferbeziehungen, die dazu führten, dass nahezu alle Lieferungen von K+S für den französischen Markt über SCPA erfolgten.[454]

Auf K+S/ MdK und SCPA werde auch kein äußerer Wettbewerbsdruck ausgeübt. Importe in den EG-Markt außerhalb Deutschlands seien seit dem Erlass der Antidumpingverordnung zurückgegangen[455] und das Angebot außerhalb der Gruppe K+S/ MdK und SCPA zersplittert.[456] Das britische Unternehmen CPL habe nämlich seine Kapazitäten bereits ausgeschöpft;[457] die Produktionskapazität des spanischen Produzenten Coposa gehe infolge der Schließung eines seiner Bergwerke zurück.[458] Auch von Anbietern aus Drittländern sei aufgrund ihrer geringen Marktanteile nur ein beschränkter Wettbewerbsdruck zu erwarten.[459] K+S/ MdK und SCPA würden nach dem Zusammenschluss also fast zwei Drittel des Kaliabsatzes auf dem EG-Markt außerhalb Deutschland kontrollieren.[460]

---

[453] Kommission, a.a.O., Tz. 51f.
[454] Kommission, a.a.O., Tz. 57-61.
[455] Kommission, a.a.O., Tz. 53.
[456] Kommission, a.a.O., Tz. 54.
[457] Kommission, a.a.O., Tz. 54.
[458] Kommission, a.a.O., Tz. 55.
[459] Kommission, a.a.O., Tz. 56.
[460] Kommission, a.a.O., Tz. 62.

Durch die Übernahme der MdK durch K+S würde ein marktbeherrschendes Duopol aus K+S/ MdK und SCPA entstehen.[461] Nachdem die Parteien jedoch durch entsprechende Zusagen gewährleisten, dass die derzeit bestehenden Verflechtungen zwischen K+S und EMC/ SCPA aufgelöst werden, erklärt die Kommission den Zusammenschluss für vereinbar mit dem Gemeinsamen Markt.[462]

2. Bewertung

a) Strukturelle Verflechtungen als Schwerpunkt der Feststellungen der Kommission

Die Kommission konzentriert sich in „Kali+Salz" auf das Vorliegen struktureller Verflechtungen zwischen K+S und SCPA,[463] während sie in „Nestlé/ Perrier" in erster Linie die Anreize und die Möglichkeiten der Durchführung eines bewussten Parallelverhaltens untersuchte. Durch die Betonung struktureller Verflechtungen versucht die Kommission möglicherweise in „Kali+Salz" eine – in „Nestlé/ Perrier" noch vermisste – Annäherung an die Flachglas-Entscheidung des EuG. Allerdings sind strukturelle Verflechtungen nur einer unter vielen Faktoren, die sich kollusionsfördernd auswirken können. Eine mindestens ebenso wichtige Rolle spielen – wie bereits *oben* unter § 2 B I. 3. dargestellt – etwa die Zahl der Anbieter, der Grad der Konzentration und die Symmetrie des Oligopols. Die Kommission indes hat – wie *Leibenath* zutreffend anmerkt – weder die Symmetrie des Duopols K+S/ MdK und SCPA[464] noch die Nachfragebedingungen[465] untersucht.

b) Zur Feststellung struktureller Verflechtungen im Einzelnen

Zu den Feststellungen der Kommission zur Vertriebsgemeinschaft von K+S und SCPA auf dem französischen Markt wird angemerkt, die Kommission habe offensichtlich nicht berücksichtigt, dass nicht der französische, sondern die Gemeinschaft außer Deutschland der geographisch relevante Markt sei. Selbst wenn man mit der Kommission fehlenden Wettbewerb zwischen K+S und SCPA in Frankreich annehme, sei damit noch nicht gesagt, dass dieser gleichgesetzt werden könne mit fehlendem Wettbewerb auf dem gemeinschaftsweiten

---

[461] Kommission, a.a.O., Tz. 62.
[462] Kommission, a.a.O., Tz. 96.
[463] Die besondere Bedeutung von Verflechtungen in der Entscheidung stellen ebenfalls heraus: *Morgan*, The Antitrust Bulletin 1996, 203, 236; *García-Pérez*, (1998) 23 E.L.Rev. , 475, 477.
[464] *Leibenath*, S. 305.
[465] *Leibenath*, S. 306.

Markt ohne Deutschland.[466] Die Kommission hätte demnach näher begründen müssen, warum gerade die Situation in Frankreich zu der Annahme berechtigte, auf dem gesamten Markt der Gemeinschaft außer Deutschland bestünde kein Wettbewerb zwischen den Unternehmen.[467]

Auf Kritik stoßen auch die Feststellungen der Kommission zu wettbewerbsschädlichen Auswirkungen der Zusammenarbeit von K+S und SCPA in einem Exportkartell. Im Grundsatz könne zwar eine solche Zusammenarbeit zum Abbau von Informationsdefiziten beitragen und sich so kollusionsfördernd darstellen. Allerdings habe die Kommission selber festgestellt, dass der spanische Hersteller Coposa zwar ebenfalls Mitglied im Exportkartell sei, dies ihn jedoch nicht daran hindere, seine Produkte in Frankreich außerhalb der Vertriebskanäle der SCPA zu vermarkten. Die Kommission hätte also detaillierter darlegen müssen, wie sich die Kooperation im Exportkartell auf das Wettbewerbsverhalten von K+S und SCPA auf dem relevanten Markt auswirkt.[468]

Aufgrund der fehlenden Auseinandersetzung mit den Auswirkungen der strukturellen Verflechtungen auf das zukünftige Marktverhalten der Oligopolmitglieder haben die Feststellungen der Kommission im Ergebnis auch vor dem EuGH keinen Bestand; vgl. zum Urteil des EuGH im einzelnen *unten*, § 6.

c) Zur Auflagenentscheidung

Auch die Auflagenentscheidung der Kommission wird kritisiert. Da die Existenz struktureller Verflechtungen nur einer unter vielen potentiell kollusionsfördernden Faktoren sei, könne die Trennung von Verflechtungen allein nicht zur Unterbindung kollektiver Marktbeherrschung ausreichen.[469] Angesichts der Bedeutung, die die Kommission in ihrer Entscheidung dem Vorliegen struktureller Verflechtungen für die Annahme kollektiver Marktbeherrschung indes zugemessen hat, erscheint die Trennung der Verflechtungen indes jedenfalls aus Sicht der Kommission konsequent und damit als adäquate Auflage. Weiter wird bezweifelt, inwieweit die Kommission überhaupt die Kompetenz zur Trennung solcher Verflechtungen habe. Die Aufhebung von Verbindungen sei nämlich eher dem Verfahren nach der Verordnung Nr. 17[470] – bzw. der ab 01.05.2004

---

[466] *Leibenath*, S. 303.
[467] *Leibenath*, S. 303f.
[468] *Leibenath*, S. 304; vgl. dazu auch EuGH, Urteil vom 31.03.1998, verb. Rs. C-68/94 und C-30/95, „Frankreich u.a./ Kommission“, Slg. 1998, I – 1375ff., Tz. 228; *García-Pérez*, (1998) 23 E.L.Rev., 475, 477.
[469] *Leibenath*, S. 309.
[470] ABl. 13 vom 21.02.1962, S. 204/62, zuletzt geändert durch Verordnung (EG) Nr. 1216/1999, ABl. L 148/5 vom 15.06.1999.

geltenden Verordnung (EG) Nr. 1/2003[471] – im Rahmen der Verfolgung von Wettbewerbsbeschränkungen nach Art. 81 bzw. 82 EG zuzuordnen.[472] Allerdings sind nach h.M. Veräußerungszusagen durchaus möglich.[473]

III. Pilkington-Techint/ SIV

In der Sache „Pilkington-Techint/ SIV“[474] greift die Kommission den Aspekt der strukturellen Verflechtungen aus der Entscheidung „Kali+Salz“ wieder auf. Im Gegensatz zur „Kali+Salz“-Entscheidung setzt sich die Kommission in „Pilkington-Techint/ SIV“ unter der Überschrift „strukturelle Verflechtungen“ jedoch nicht mit der Existenz von Kartellen oder Gemeinschaftsunternehmen auseinander, sondern stellt lediglich fest, wegen der Strukturmerkmale des Marktes seien die wichtigsten Marktteilnehmer in ihrem Handeln in hohem Maße voneinander abhängig.[475] Die Auswirkungen von Verflechtungen durch Herstellerbindungen, technologische Bindungen, Querlieferbeziehungen und Beziehungen von Gemeinschaftsunternehmen untersucht die Kommission in „Pilkington-Techint/ SIV“ statt dessen unter dem Stichwort „Markttransparenz“[476] und stellt hierbei fest, dass zwar eine Anzahl von Herstellerbindungen existierten, die die Markttransparenz erhöhten; ihr Einfluss sei jedoch nicht ausreichend, um gemeinsame Marktbeherrschung zu ermöglichen. Dies zeigt das Bemühen der Kommission, verstärkt kausale Zusammenhänge zwischen der Existenz struktureller Verflechtungen und ihren Auswirkungen auf das zukünftige Verhalten der – möglicherweise – gemeinsam marktbeherrschenden Unternehmensgruppe herzustellen und damit einen Mangel der „Kali+Salz“-Entscheidung auszugleichen. Auch im weiteren Verlauf der Entscheidung stellt die Kommission immer wieder auf die Wirkungsmechanismen im relevanten Markt ab und untersucht – ganz im Sinne des *tacit collusion*-Ansatzes – Möglichkeiten und Anreize der Unternehmen für[477] und gegen[478] bewusstes Parallelverhalten sowie die Stabili-

---

[471] ABl. L 1/1 vom 04.01.2003.

[472] *Leibenath*, S. 309.

[473] Vgl. nur *Mestmäcker/Veelken* in *Immenga/Mestmäcker*, § 40 Rz. 60.

[474] Kommission, Entscheidung vom 21.12.1993, IV/M.358, „Pilkington-Techint/ SIV“, ABl. L 158/24 vom 25.06.1994.

[475] Kommission, a.a.O., Tz. 29.

[476] Kommission, a.a.O., Tz. 36ff.

[477] Kommission, a.a.O., Tz. 30: Der relevante Markt ist nach den Feststellungen der Kommission relativ gesättigt und stabil mit einem längerfristig langsamen, aber stetigen Wachstum; daher bestehe kein nennenswerter Anreiz zu einem aktiven Wettbewerb in der Aussicht auf Erlangung neuer Marktanteile.

[478] Kommission, a.a.O., Tz. 42: Gegen die Entstehung gemeinsamer Marktbeherrschung spreche, dass das relevante Produkt „Floatglas“ zwar ein homogenes Produkt sei, Forschung und Entwicklung jedoch eine bedeutende Rolle spielten; Produktinnovation führe zu Pro-

tät eines möglichen wettbewerbsfeindlichen Parallelverhaltens unter dem Gesichtspunkt der Anreize der Unternehmen für ein Ausscheren aus einem stillschweigenden Parallelverhalten unter Berücksichtigung der Gefahr des Entdeckt-Werdens.[479] Dabei kommt die Kommission letztlich zum Ergebnis, es sei nicht ausreichend nachgewiesen, dass die Marktstruktur nach dem Zusammenschluss wettbewerbsfeindliches Parallelverhalten zulasse.[480]

IV. Mannesmann/ Vallourec/ Ilva

In „Mannesmann/ Vallourec/ Ilva" definiert die Kommission oligopolistische Marktbeherrschung als die Möglichkeit einer kleinen Unternehmensgruppe, auf dem Markt unabhängig von Wettbewerbern, Abnehmern und Verbrauchern vorzugehen.[481] Mit dieser Definition lehnt sich die Kommission an die „klassische" Definition von Einzelmarktbeherrschung durch den EuGH in der Sache „Hoffmann-La Roche" an[482] und verzichtet – zumindest im Rahmen dieser Definition – auf eine nähere Darstellung der besonderen Binnenbeziehung der beherrschenden Unternehmensgruppe. Sodann untersucht die Kommission jedoch – wiederum in offenkundiger Anlehnung an das *tacit collusion*-Konzept – die durch strukturelle Marktbedingungen geschaffenen Anreize für eine wettbewerbswidrige, gleichgerichtete Vorgehensweise der Unternehmensgruppe, die Möglichkeiten, zu einem *agreement* zu gelangen und *cheating* aufzudecken und schließlich die Beeinflussung des Wettbewerbsverhältnisses des Duopols von außen. Im Einzelnen:

---

duktdifferenzierungen, wodurch die Entstehung wettbewerbsfeindlichen Parallelverhaltens erschwert werde.

479 Kommission, a.a.O., Tz. 46: „Bei der gegebenen Struktur der Floatglasproduktion – relativ niedrige veränderliche Kosten mit der Folge hoher Grenzerlöse aus zusätzlichen Verkäufen – besteht für den einzelnen Hersteller eine große Versuchung, die Preise seiner Wettbewerber zu unterbieten, um so seinen Marktanteil zu erhöhen. Da sich ein solches Verhalten nicht ohne weiteres sofort aufdecken lässt, wird ein stillschweigendes Verhalten unterhöhlt, da jeder Hersteller weiß, dass für die anderen ein Anreiz besteht, stillschweigende Preisabsprachen zu unterlaufen. Obwohl die Preiselastizität der Nachfrage im Hinblick auf das Gesamtmarktniveau gering ist, scheint die Preiselastizität bezogen auf individuelle Nachfrager viel höher zu sein."

480 Kommission, a.a.O., Tz. 63.

481 Kommission, Entscheidung vom 31.01.1994, IV/M.315, „Mannesmann/ Vallourec/ Ilva", WuW 1995, 235ff., Tz. 53.

482 EuGH, Urteil vom 13.02.1979, Rs. 85/76, „Hoffmann-La Roche", Slg. 1979, 461ff., Tz. 38: „Mit der beherrschenden Stellung (...) ist die wirtschaftliche Machtstellung eines Unternehmens gemeint, die dieses in die Lage versetzt, die Aufrechterhaltung eines wirksamen Wettbewerbs auf dem relevanten Markt zu verhindern, indem sie ihm die Möglichkeit verschafft, sich seinen Wettbewerbern, seinen Abnehmern und letztlich den Verbrauchern gegenüber in einem nennenswerten Umfang unabhängig zu verhalten".

1. Anreize für eine gleichgerichtete Vorgehensweise

Die Kommission leitet die Untersuchung der strukturellen Marktbedingungen mit den Worten ein:

„Obwohl zwischen ... [denen das Duopol bildenden Unternehmen] keine strukturellen Verbindungen bestehen, kann aufgrund verschiedener Faktoren von einem Anreiz ausgegangen werden, ein wettbewerbswidriges, gleichgerichtetes Verhalten aufzunehmen.“[483]

Damit greift die Kommission – wie zuvor schon in „Kali+Salz“ und „Pilkington-Techint/ SIV“ – den Aspekt der strukturellen Verbindungen zwischen den möglicherweise gemeinsam marktbeherrschenden Unternehmen auf und stellt klar, dass strukturelle Verbindungen keine notwendige Voraussetzung kollektiver Marktbeherrschung sind; ein hinreichender Anreiz für Parallelverhalten könne auch durch andere Marktbedingungen geschaffen werden. Damit bestätigt die Kommission im Ergebnis ihre „Nestlé/ Perrier“-Entscheidung, wo der Schwerpunkt der Prüfung ebenfalls nicht bei der Existenz struktureller Verflechtungen, sondern bei den Anreizen zu Parallelverhalten lag.

Im vorliegenden Zusammenschlussvorhaben bieten die strukturellen Marktbedingungen nach Auffassung der Kommission den Oligopolisten mächtige Anreize für ein wettbewerbswidriges gleichgerichtetes Vorgehen. Zwar bestünden zwischen ihnen keine strukturellen Verflechtungen; ein Anreiz zur Aufnahme eines wettbewerbswidrigen gleichgerichteten Verhaltens bestehe jedoch angesichts eines hohen Konzentrationsgrades auf dem Markt und der Tatsache, dass die beiden Oligopolisten über einen gemeinsamen Marktanteil von ca. 70 % verfügen würden – der nächst größte Wettbewerber erst wieder über einen von ca. 13 % – bei Gleichartigkeit der Marktanteile der Duopolisten (33 % bzw. 36 %).[484] Nach Auffassung der Kommission wird der Anreiz für eine wettbewerbswidrige gleichgerichtete Vorgehensweise durch eine stagnierende und preisinelastische Nachfrage weiter erhöht.[485]

Ein etwaiges Abweichen der Kapazitäten der Duopolisten werde jedenfalls durch ausreichende Kapazitätsreserven ausgeglichen. Daher böten Kapazitätsunterschiede jedenfalls keinen Anreiz für wettbewerbliches Verhalten.[486] Kein Unternehmen verfüge über Kostenvorteile gegenüber dem anderen, die groß genug wären, um an die Stelle der Gewinne zu treten, die beiden Unternehmen aus einer wettbewerbswidrigen, gleichgerichteten Vorgehensweise erwach-

[483] Kommission, a.a.O., Tz. 55.
[484] Kommission, a.a.O., Tz. 53.
[485] Kommission, a.a.O., Tz. 55.
[486] Kommission, a.a.O., Tz. 67.

sen.[487] Die Kommission stellt zwar strukturelle Unterschiede zwischen den Unternehmen fest, die die Höhe der Festkosten und damit auch der Grenzkosten beeinflussten. Angesichts niedriger Festkosten sei allerdings zu bezweifeln, dass die Grenzkosten in ausreichendem Maß zurückgingen, um einen Anreiz zur Aufgabe des wettbewerbswidrigen gleichgerichteten Zusammenspiels darzustellen, was um so mehr bei einer stagnierenden, preisinelastischen Nachfrage gelte; außerdem verfügten beide Hersteller über ausreichende Kapazitätsreserven, um langfristig den Markt mit ihren Erzeugnissen überschwemmen zu können. [488] Auch das Ausmaß vertikaler, vorgelagerter Integration sei grundsätzlich ein Faktor, der die Kostenstruktur eines Unternehmens beeinflussen könne, [489] ebenso die vertikale nachgeordnete Integration[490] und die Arbeitskosten.[491] Im vorliegenden Fall gebe es jedoch keine Anhaltspunkte dafür, dass diese Faktoren Wettbewerbsanreize böten. Auch durch Innovationen seien keine Kosteneinsparungen zu erzielen, da auf dem relevanten Markt ein Großteil der Erzeugnisse internationalen Spezifikationen unterläge. [492] Für die Unternehmen bestehen damit nach den Feststellungen der Kommission größere Anreize, ihr Verhalten zu koordinieren, als sich wettbewerblich zu verhalten.

2. Möglichkeiten, zu einem *agreement* zu gelangen und *cheating* auf zu decken

In einem nächsten Schritt untersucht die Kommission, ob die Wettbewerbsbedingungen auf dem Markt hinreichend transparent sind, so dass die Unternehmen zu einem *agreement* hinsichtlich der Preisgestaltung gelangen und später etwaige cheating-Versuche des anderen Unternehmens aufdecken können. Die Kommission bejaht eine solche hinreichende Markttransparenz angesichts eines ausgereiften Marktes mit einer niedrigen Innovationsrate, dessen Erzeugnisse zum allergrößten Teil marktgängige Produkte sind,[493] und der Tatsache, dass alle Hersteller ihre Preislisten um ein einziges Standarderzeugnis aufgebaut haben.[494] Dies ermöglicht nach Darstellung der Kommission einen schnellen Preisvergleich, zumal die Marktnachfrage aufgesplittet ist und die Abnehmer häufig kleine Mengen einkaufen.[495] Der Markttransparenz stehe auch die Gewährung von Geheimrabatten nicht entgegen. Obwohl umfangreiche Rabatte

---

[487] Kommission, a.a.O., Tz. 79.
[488] Kommission, a.a.O., Tz. 68.
[489] Kommission, a.a.O., Tz. 70.
[490] Kommission, a.a.O., Tz. 74.
[491] Kommission, a.a.O., Tz. 76f.
[492] Kommission, a.a.O., Tz. 78.
[493] Kommission, a.a.O., Tz. 94.
[494] Kommission, a.a.O., Tz. 80.
[495] Kommission, a.a.O., Tz. 80.

nach Darstellung der Kommission grundsätzlich nicht zur Markttransparenz beitragen sollten, lasse sich in diesem Fall feststellen, dass die Rabatte aller Wettbewerber nur unerheblich voneinander abweichen, und dass der Unterschied zwischen dem niedrigsten und dem höchsten Satz stets gleich geblieben sei.[496] So kommt die Kommission zu dem Ergebnis, das Ausmaß der Transparenz sei so groß, dass jeder der beiden wichtigsten Hersteller sehr schnell herausfinden könne, wenn der andere Hersteller das stillschweigend vereinbarte Preisgebaren aufgebe, indem er die Preise senke, um größere Liefermengen auf den Markt zu bringen. Somit schaffe der Marktmechanismus die notwendigen Voraussetzungen dafür, dass sich die Wettbewerber gegenseitig überwachen könnten, und biete keine Möglichkeit, durch den Abschluss längerfristiger Verträge über große Lieferungen beträchtliche „Einmal"-Gewinne zu erzielen.[497]

3. Beeinflussung des Wettbewerbsverhältnisses des Duopols von außen

Zwar verfügen nach den Feststellungen der Kommission die Duopolisten über ausreichende Reserven, um die Versuche kleinerer westeuropäischer Wettbewerber, Marktanteile zu gewinnen, zu vereiteln.[498] Im Falle einer Preiserhöhung durch das Duopol sei jedoch mit dem Marktzutritt japanischer Hersteller zu rechnen, die bereits jetzt in spürbarem Maße auf dem europäischen Markt vertreten seien und im Falle einer Preiserhöhung unter Nutzung ihrer Überkapazitäten ihren Absatz in Westeuropa beträchtlich steigern könnten.[499] Zudem sei in einiger Zeit auch mit dem Marktzutritt von Wettbewerbern aus Mittel- und Osteuropa zu rechnen.[500] Nach Auffassung der Kommission erwächst dadurch eine dauerhafte Bedrohung für das Zustandekommen und die Haltbarkeit einer wettbewerbswidrigen, gleichgerichteten Vorgehensweise.[501] Die Kommission verneint daher im Ergebnis die Entstehung oder Verstärkung einer gemeinsam marktbeherrschenden Stellung durch den Zusammenschluss.

V. ABB/ Daimler-Benz

In „ABB/ Daimler-Benz"[502] nimmt die Kommission – im Gegensatz zu „Mannesmann/ Vallourec/ Ilva" – die Differenzierung zwischen Binnen- und Außen-

---

[496] Kommission, a.a.O., Tz. 90.
[497] Kommission, a.a.O., Tz. 95.
[498] Kommission, a.a.O., Tz. 98.
[499] Kommission, a.a.O., Tz. 112.
[500] Kommission, a.a.O., Tz. 124.
[501] Kommission, a.a.O., Tz. 133.
[502] Kommission, Entscheidung vom 18.10.1995, IV/M.580, „ABB/ Daimler-Benz", ABl. L 11/1 vom 14.01.1997.

verhältnis wieder ausdrücklich in die Definition kollektiver Marktbeherrschung auf.[503] Die Annahme eines marktbeherrschenden Oligopols erfordere

> „zwei Voraussetzungen. Zum einen dürfen die Oligopolisten untereinander nicht im wesentlichen Wettbewerb stehen. Zum anderen müssen die Oligopolmitglieder keinem wesentlichen Außenwettbewerb mehr ausgesetzt sein".

1. Begründung eines marktbeherrschenden Duopols

Die Kommission untersucht, ob ein Zusammenschluss zwischen ABB und Daimler-Benz ein marktbeherrschendes Duopol, bestehend aus ABB/ Daimler-Benz und Siemens begründen wird. Ein gemeinsamer Marktanteil von 67 % bis 100 % auf den jeweiligen betroffenen Märkten[504] soll nach Auffassung der Kommission indizielle Bedeutung für eine gemeinsame beherrschende Stellung haben, außerdem die wirtschaftliche Stärke der Duopolisten in Verbindung mit ihrer aktuellen Marktposition und der Notwendigkeit von Investitionen auf Märkten mit hoher Bedeutung von Forschung und Entwicklung.[505] Gegen die Annahme, dass sich ABB/ Daimler-Benz und Siemens in Zukunft wesentlichen Wettbewerb machen werden, spricht nach Auffassung der Kommission die Symmetrie des Duopols[506] sowie die Transparenz auf den Märkten für Bahntechnik, hervorgerufen durch die geringe Zahl der Marktteilnehmer und der Notwendigkeit öffentlicher Ausschreibung der Vergaben.[507] Weiter führt die Kommission Überkapazitäten der Duopolisten an, die es diesen nicht attraktiv erscheinen lassen, mit Dritten zu kooperieren, wenn jenen dadurch die Möglichkeit zur Erlangung von Aufträgen verschafft wird[508] sowie die Zusammenarbeit von ABB/ Daimler-Benz und Siemens in der Vergangenheit. Allerdings räumt die Kommission ein, dass die Indizwirkung der Existenz dieses Geflechtes kooperativer Beziehungen dadurch eingeschränkt wird, dass die Kooperationen auch durch die Nachfrager veranlasst worden sein könnten.[509] Wettbewerbsanreize sieht die Kommission dagegen in der Heterogenität der Produkte und der Bedeutung von Forschung und Entwicklung auf den betroffenen Märkten.[510]

Auf dem Markt für Nahverkehrsfahrzeuge bejaht die Kommission die Entstehung einer duopolistischen marktbeherrschenden Stellung durch den Zusam-

---

[503] Vgl. auch *Montag/Kaessner*, WuW 1997, 781, 783; *Temple Lang*, FCLI 2001, 269, 286.
[504] Kommission, a.a.O., Tz. 63.
[505] Kommission, a.a.O., Tz. 64.
[506] Kommission, a.a.O., Tz. 88.
[507] Kommission, a.a.O., Tz. 89.
[508] Kommission, a.a.O., Tz. 90.
[509] Kommission, a.a.O., Tz. 95f.
[510] Kommission, a.a.O., Tz. 91.

menschluss. Nach Auffassung der Kommission sind alle Anbieter außer den Zusammenschlussbeteiligten und Siemens reine Mechanikanbieter, die ohne Zusammenarbeit mit einem Elektrikanbieter auf dem Markt für Nahverkehrsfahrzeuge nicht bieten können.[511] Sie seien daher auf eine Zusammenarbeit mit den Zusammenschlussbeteiligten oder Siemens angewiesen. So habe beispielsweise Bombardier einen Auftrag für die Herstellung von Straßenbahnen in Köln und Saarbrücken nur in Kooperation mit der Daimler-Benz/ AEG-Tochter Kiepe erhalten.[512] Diese Auftragsvergabe habe für eine erhebliche Preissenkung am Markt gesorgt.[513] Da Kiepe jedoch Teil des geplanten Gemeinschaftsunternehmens sei, sind die Parteien nach Auffassung der Kommission in der Lage, über den Marktzutritt und Markterfolg eines Wettbewerbers mit zu entscheiden. Damit würde durch den Wegfall von Kiepe als Kooperationspartner von Bombardier die „marktöffnende Wirkung der Auftragsvergaben in Köln und Saarbrücken" wieder beseitigt.[514] Auch sei die Nachfragemacht begrenzt. Es sei nicht zu erwarten, dass die nach einem Zusammenschluss verbleibende Intensität restlichen Außenwettbewerbs die – aufgrund der grundsätzlichen strukturellen Unterschiede wie der Heterogenität der Produkte und der Forschungs- und Entwicklungsintensität bestehenden – Bruchstellen innerhalb des Duopols dahingehend verstärke, dass wettbewerbliches Parallelverhalten der Parteien mit hinreichender Wahrscheinlichkeit zu erwarten sei.[515]

2. Zusagen

Um eine Untersagung des Zusammenschlusses abzuwenden, geben die Zusammenschlussbeteiligten die Zusage ab, sich von Kiepe zu trennen.[516] In Bezug auf den Außenwettbewerb meint die Kommission, die Veräußerung von Kiepe werde dafür Sorge tragen, dass sich die abzeichnende Marktöffnung im Bereich des Nahverkehrs fortsetzen könne,[517] denn der Erhalt von Kiepe als von den Parteien und Siemens unabhängiger Elektrikanbieter sei geeignet, auch in Zukunft wettbewerblich erfolgreiche Angebote bei Schienenfahrzeugen des Nahverkehrs gegen die Parteien und Siemens zu ermöglichen. Kiepe als von den Parteien und Siemens unabhängiger Anbieter werde „in Verbindung mit gewissen Chancen", vorhandene ausländische Produktionskapazitäten für den E-

---

511 Kommission, a.a.O., Tz. 135.
512 Kommission, a.a.O., Tz. 77.
513 Kommission, a.a.O., Tz. 92.
514 Kommission, a.a.O., Tz. 130.
515 Kommission, a.a.O., Tz. 135.
516 Kommission, a.a.O., Tz. 139.
517 Kommission, a.a.O., Tz. 144.

lektriktteil zu nutzen, anderen, insbesondere auch ausländischen Anbietern, den Marktzugang ermöglichen.[518]

Auch in Bezug auf das Binnenverhältnis zwischen den Zusammenschlussbeteiligten und Siemens reichen nach den Feststellungen der Kommission die von Kiepe ausgehenden wettbewerblichen Impulse aus, um nichtwettbewerbliches Parallelverhalten der Parteien und Siemens zu verhindern. Sollten die Parteien und Siemens ihrerseits zukünftig auf wettbewerbliche Vorstöße verzichten, so müssten sie nach Auffassung der Kommission mit einer verstärkten Auftragsvergabe, z.B. an eine Kooperation Bombardier/ Kiepe oder auch an eine andere mögliche Kooperation mit Kiepe rechnen.[519]

C. Zwischenergebnis

Die erste Entscheidungspraxis der Kommission zur kollektiven Marktbeherrschung im Sinne von Art. 2 Abs. 3 FKVO 4064/89 ist geprägt durch die Entwicklung eines Kataloges von Marktstrukturkriterien, die für Situationen kollektiver Marktbeherrschung gem. Art. 2 Abs. 3 FKVO charakteristisch sind. Das von der Kommission angewendete Konzept kollektiver Marktbeherrschung zeigt deutliche Anklänge an den *tacit collusion*-Ansatz. Die Elemente einer Prüfung kollektiver Marktbeherrschung nach dem *tacit collusion*-Ansatz sind zwar in den Entscheidungen der Kommission regelmäßig enthalten, werden jedoch noch nicht nach einem einheitlichen Ansatz systematisch geprüft. Die Frage nach dem Konzept kollektiver Marktbeherrschung tritt in ihrer Bedeutung hinter der Herausarbeitung relevanter Marktstrukturkriterien zurück. Eine gewisse Rolle spielt das Erfordernis der Existenz von „strukturellen Verflechtungen" zwischen den gemeinsam marktbeherrschenden Unternehmen. Darin mag eine gewisse Anlehnung an das zu diesem Zeitpunkt zur kollektiven Marktbeherrschung im Sinne von Art. 82 EG entwickelte Kriterium der „wirtschaftlichen Verbindung" zu sehen sein.

§ 6 EuGH – Frankreich u.a./ Kommission

Der EuGH befasst sich erstmals im Jahr 1998 in der Sache „Frankreich u.a./ Kommission"[520] mit kollektiver Marktbeherrschung in der europäischen Fusionskontrolle. Anlass der Entscheidung ist die Nichtigkeitsklage gem. Art. 173 EGV seitens Frankreichs und zweier französischer Unternehmen gegen die Entscheidung der Kommission, den Zusammenschluss zwischen K+S und der MdK

[518] Kommission, a.a.O., Tz. 144.
[519] Kommission, a.a.O., Tz. 145.
[520] EuGH, Urteil vom 31.03.1998, verb. Rs. C-68/94 und C-30/95, „Frankreich u.a./ Kommission", Slg. 1998, I – 1375ff.

nicht zu untersagen.[521] In seinem Urteil erklärt der EuGH den gesamten verfügenden Teil der Kommissions-Entscheidung für nichtig. Mittlerweile jedoch hat die Kommission den Zusammenschluss nach Wiederaufnahme des Verfahrens gemäß Art. 10 Abs. 5 FKVO freigegeben.[522]

A. Definition kollektiver Marktbeherrschung durch den EuGH

Wie der EuGH ausführt, müsse die Kommission

> „in Bezug auf eine angebliche marktbeherrschende Stellung (...) anhand einer Untersuchung der voraussichtlichen Entwicklung des Referenzmarktes prüfen, ob der Zusammenschluss, mit dem sie befasst ist, zu einer Situation führt, in der ein wirksamer Wettbewerb auf dem relevanten Markt von den zusammengeschlossenen Unternehmen und einem oder mehreren dritten Unternehmen, die insbesondere aufgrund der zwischen ihnen bestehenden verbindenden Faktoren zusammen die Macht zu einheitlichem Vorgehen auf dem Markt und in beträchtlichem Umfang zu einem Handeln unabhängig von den anderen Wettbewerbern, ihrer Kundschaft und letztlich den Verbrauchern besitzen, erheblich behindert wird."[523]

Dies erfordere eine aufmerksame Untersuchung insbesondere der Umstände, die sich nach Lage des Einzelfalls als maßgebend für die Beurteilung der Auswirkungen des Zusammenschlusses auf den Wettbewerb auf dem Referenzmarkt erweisen.[524]

I. Zur generellen Bedeutung verbindender Faktoren und struktureller Verflechtungen

Nach einer Auffassung soll der EuGH in der Existenz struktureller Verflechtungen eine notwendige Voraussetzung gemeinsamer Marktbeherrschung sehen; dafür spreche schon die intensive Beschäftigung des EuGH mit der Frage der Verflechtungen[525] und die Tatsache, dass der EuGH die Entscheidung der Kommission in erster Linie wegen der unzureichenden Ausführungen der Kommission zu den strukturellen Verbindungen für nichtig erklärt.[526] Bemängelt wird allerdings, aus ökonomischer Sicht gebe es keine Grundlage für die

---

[521] Vgl. dazu bereits unter § 5.

[522] Kommission, Entscheidung vom 09.07.1998, IV/M. 308, „Kali+Salz/ MdK/ Treuhand", WuW 1998, 963; dazu *Hacker*, Competition Policy Newsletter, October 1998, 40ff.; *Schultz/Wagemann* 1998/1999, Rz. 771.

[523] EuGH, a.a.O., Tz. 221.

[524] EuGH, a.a.O., Tz. 222.

[525] So jedenfalls *Ysewin/Caffarra*, 1998 ECLR, 468, 470.

[526] Auch *Briones/Padilla*, World Competition 24 (3) 2001, 307, 315 scheinen diesen Punkt als Argument *für* die Eigenschaft struktureller Verflechtungen als notwendige Voraussetzung zu deuten. Ähnlich *Korah*, 1999 ECLR, 337 und *Briones/Padilla*, World Competition 24 (3) 2001, 307, 315.

Annahme, die Existenz struktureller Verbindungen sei eine notwendige Voraussetzung kollektiver Marktbeherrschung.[527] Strukturelle Verflechtungen seien keine conditio sine qua non für die Bejahung kollektiver Marktbeherrschung. Strukturelle Verflechtungen könnten Kollusion zwar erleichtern, da sie den Informationsfluss zwischen den Unternehmen verbesserten. Allerdings käme strukturellen Verflechtungen bei der Untersuchung des Binnenverhältnisses nur ein relatives Gewicht zu; strukturelle Verflechtungen seien nicht isoliert, sondern immer nur in der Gesamtschau mit anderen Kriterien aussagekräftig.[528]

Auf die Bedeutung struktureller Verbindungen aus ökonomischer Sicht kommt es indes nicht an, da der EuGH entgegen der gerade beschriebenen Auffassung in seinem Urteil keineswegs angenommen hat, dass strukturelle Verflechtungen eine Voraussetzung für kollektive Marktbeherrschung sind. Aus den Äußerungen des EuGH ist nämlich nicht ersichtlich, „strukturelle Verflechtungen" ein-notwendige Bedingung kollektiver Marktbeherrschung sind:[529] Nach Tz. 221 des Urteils kann das besondere Innenverhältnis der marktbeherrschenden Unternehmen untereinander lediglich *insbesondere* auf verbindenden Faktoren zwischen den Unternehmen beruhen – das besondere Innenverhältnis kann demnach auch auf andere Art herbeigeführt werden.[530]

---

[527] Schon *Ysewin/Caffarra*, 1998 ECLR, 468, 470; *Bishop*, 1999 ECLR, 37, 29; *Nikpay/Houwen*, 2003 ECLR 193, 197 bezeichnen das Beharren auf dem Erfordernis einer Verbindung gar als eine Art "ökonomischen Analphabetismus"; vgl. auch obige Fn.

[528] *Leibenath*, S. 300.

[529] Vgl. etwa *Etter*, World Competition 23 (3) 2000, 103, 128; *Stroux*, World Competition 23 (1) 2000, 3, 32; *Bishop*, 1999 ECLR, 37, 39; vgl. auch *Ysewin/Caffara*, 1998 ECLR 468, 470 und *Venit*, CML Rev. 35, 1998, 1101, 1115, der auf *Briones*, 1995 ECLR, 334, 338 verweist: Aus ökonomischer Sicht bestehe kein Grund, Verflechtungen als Voraussetzung kollektiver Marktbeherrschung zu verlangen.

[530] Im Ergebnis auch *Briones/Padilla*, World Competition, 24 (3) 2001, 307, 315; *González-Díaz*, Competition Policy Newspaper 1998 Number 2 June, 38, 40; *Korah*, 1999 ECLR, 337 und 340; *Haupt*, EWS 2002, 361, 367; Nach Auffassung von *Briones/Padilla* World Competition 24 (3) 2001, 307, 315, hat der EuGH in auffälliger Weise die Formulierung „links" vermieden und stattdessen in zentralen Textziffern des Urteils – wie Tz. 221 – den Ausdruck „correlative factors", also „verbindende Faktoren" verwendet. Der EuGH habe sich weiter mit diesen "correlative factors" nur im Zusammenhang mit der Analyse der Auswirkungen des Zusammenschlusses auf den Wettbewerb auseinandergesetzt; die Frage der verbindenden Faktoren „appears to be instrumental to that effect" – und scheint keine eigenständige Bedeutung zu besitzen. Dies wird nach Meinung von *Briones/Padilla* dadurch bestätigt, dass der EuGH der Kommission bei Beurteilungen wirtschaftlicher Natur einen Beurteilungsspielraum zubillige. Daher kommen *Briones/Padilla* bei einer Gesamtbetrachtung der Textziffern 221 bis 224 des Urteils zu dem Schluss, der EuGH habe die Existenz struktureller Verflechtungen nicht als zwingende Voraussetzung kollektiver Marktbeherrschung angesehen. Diese Auffassung wird auch von anderen Kommentatoren des Urteils geteilt.

II. Annäherung an das Konzept kollektiver Marktbeherrschung im Rahmen von Art. 82 EG

Die ausführliche Behandlung der verbindenden Faktoren durch den EuGH könnte dafür sprechen, dass der EuGH beabsichtigt, die Voraussetzungen kollektiver Marktbeherrschung im Zusammenhang mit der FKVO an diejenigen im Sinne von Art. 82 EG anzulehnen,[531] weil auch dort das Vorliegen von verbindenden Faktoren ein wichtiger Gesichtspunkt ist.

Eine Annäherung an Art. 82 EG findet sich auch in weiteren Formulierungen des EuGH. So entspricht die vom EuGH benutzte Umschreibung der „verbindenden Faktoren" zwischen den Oligopolisten der Beschreibung der „wirtschaftlichen Bande" i.R.d. Art. 82 EG durch das EuG in „Flachglas", nämlich eine Verknüpfung, die einen Vorsprung verschafft, „der (...) in spürbarem Maße die Möglichkeit zu unabhängigem Verhalten gegenüber ihren Wettbewerbern, Kunden und letztlich den Verbrauchern" [532] gibt. Die Formulierung des EuGH, wonach es darauf ankommt, ob die verbindenden Faktoren zwischen den möglicherweise marktbeherrschenden Unternehmen diesen die Macht „zu einheitlichem Vorgehen" verleihen, erinnert an die Formulierung des EuGH in der Sache „Almelo" zu kollektiver Marktbeherrschung i.R.d. Art. 82 EGV,[533] worin der EuGH auf die Fähigkeit der kollektiv marktbeherrschenden Unternehmen abstellte, auf dem Markt „in gleicher Weise" vorzugehen.[534]

III. Zum Prüfungsmaßstab des EuGH

Gemäß Tz. 222 des Urteils ist es Aufgabe der Kommission, die Auswirkungen des Zusammenschlusses „anhand einer Untersuchung der voraussichtlichen Entwicklung des Referenzmarktes" zu prüfen. Bei der Beurteilung der wirtschaftlichen Situation gesteht der EuGH der Kommission ein „bestimmtes Ermessen (...) bei Beurteilungen wirtschaftlicher Art" [535] zu.[536] Demzufolge müsse die Kontrolle der Ausübung einer solchen Befugnis durch den Gemeinschaftsrichter unter Berücksichtigung dieses Beurteilungsspielraums erfolgen.[537] Viele

---

[531] Vgl. dazu auch *Stroux*, World Competition 23 (1) 2000, 3, 32.

[532] EuG, Urteil vom 10.03.1992, verb. Rs. T-68/89, T-77/89 und T-78/89, „Società Italiana Vetro SpA u.a./ Kommission", Slg. 1992, II – 1403ff., Tz. 358.

[533] *Haupt*, EWS 2002, 361, 367.

[534] EuGH, Urteil vom 27.04.1994, Rs. C-393/92, „Gemeinde Almelo u.a./ N.V. Energiebedrijf Ijsselmij [IJM]", EuZW 1994, 408.

[535] EuGH, Urteil vom 31.03.1998, verb. Rs. C-68/94 und C-30/95, „Frankreich u.a./ Kommission", Slg. 1998, I – 1375ff., 1501ff., Tz. 223.

[536] *Etter*, World Competition 23 (3) 2000, 103, 128 hält dies sogar für eine der wichtigsten Aussagen des EuGH in diesem Urteil; *Zekos*, 2000 ECLR, 37, 40.

[537] EuGH, a.a.O., Tz. 224.

Kommentatoren verstehen dies als Aufforderung an die Kommission, die Auswirkungen des Zusammenschlusses zu einem „sufficient legal standard" darzulegen und betonen das Erfordernis einer in die Zukunft gerichteten, an ökonomischen Gesichtspunkten ausgerichteten Analyse.[538] Die Kommission könne sich nicht mit einer Abarbeitung einer „Checkliste" von Faktoren begnügen, die theoretisch die Wahrscheinlichkeit kollektiver Marktbeherrschung erhöhen, sondern sie habe diese Faktoren in einen dynamischen Kontext zu stellen und den jeweiligen Einzelfall zu prüfen.[539] Ihrer Ansicht nach hat der EuGH damit den Konflikt zwischen dem Bedürfnis nach Rechtssicherheit einerseits und dem Ansatz der Ökonomen andererseits, verschiedene Faktoren in ihrem Zusammenspiel zu untersuchen, zugunsten der von der ökonomischen Analyse geforderten Flexibilität entschieden.[540]

Die Forderung des EuGH, Marktstrukturfaktoren nicht isoliert zu betrachten, sondern in einen dynamischen Kontext zu stellen, zeigt sich indes nicht nur in den genannten Tz. 222ff. der Entscheidung des EuGH, sondern vor allem auch in der Auseinandersetzung des EuGH mit den einzelnen Feststellungen der Kommission:

B. Zu den Feststellungen der Kommission im Einzelnen

Wie der EuGH ausführt, stellt ein gemeinsamer Marktanteil von 60 %, von denen ein Unternehmen 23 % und das andere Unternehmen 37 % hält, für sich genommen keinen maßgeblichen Anhaltspunkt für das Vorliegen einer kollektiven beherrschenden Stellung der Unternehmen dar.[541] Nach Auffassung des EuGH löst ein Marktanteil von 60 % keine Vermutung für das Vorliegen einer kollektiven beherrschenden Stellung aus.[542]

Soweit die Kommission privilegierte Vertriebsbeziehungen als verbindenden Faktor ansieht, bestehen nach Ansicht des EuGH solche privilegierte Vertriebsbeziehungen jedenfalls nicht auf dem relevanten Produktmarkt für Kali.[543] Der EuGH erörtert allerdings nicht, inwieweit privilegierte Vertriebsbeziehungen auf Drittmärkten als *multi-market-contact* hätten berücksichtigt werden können.

---

538 „Dynamic economic analysis": *Etter*, World Competition 23 (3) 2000, 103; *Venit*, CML Rev. 35, 1998, 1101, 1110f; *Bishop*, 1999 ECLR, 37, 39; *Haupt*, EWS 2002, 361, 366; *González-Díaz*, Competition Policy Newspaper 1998 Number 2 June, 38, 40.
539 *Venit*, CML Rev. 35, 1998, 1101, 1112f; *Zekos*, 2000 ECLR, 37, 40.
540 *Venit*, CML Rev. 35, 1998, 1101, 1112.
541 EuGH, a.a.O., Tz. 226.
542 Vgl. auch *García Pérez*, (1998) 23 E.L.Rev., 475, 477.
543 EuGH, a.a.O., Tz. 231.

Die Feststellung der Kommission, die Beteiligung von K+S und SCPA an einem Exportkartell könne Auswirkungen auf ihr Wettbewerbsverhalten in der Gemeinschaft haben, sieht der EuGH nicht durch „hinreichend signifikante und bedeutende Beweismittel erhärtet." Die Kommission hätte das Vorliegen eines Kausalzusammenhangs zwischen der beiderseitigen Zugehörigkeit zum Ausfuhrkartell und ihrem wettbewerbswidrigen Verhalten „rechtlich hinreichend" dartun müssen.[544] Manche halten dem entgegen, in der Fusionskontrolle müsse der Schwerpunkt nicht – wie in Kartellverfahren – auf vergangenem Verhalten, sondern auf dem Einfluss des Zusammenschlusses auf zukünftiges Verhalten liegen. Die Untersuchung habe sich also auf den Einfluss zu konzentrieren, welche strukturelle Verflechtungen auf den Anreiz zu kollusivem Verhalten ausüben.[545] Bei Lichte besehen setzt der EuGH hier jedoch keineswegs einen Schwerpunkt auf vergangenes Verhalten; er verlangt lediglich, dass falls die Kommission überhaupt Ausführungen zu Kartellverhalten in der Vergangenheit macht, sie auch darlegt, wo der Zusammenhang zu wettbewerbswidrigem Verhalten liegen soll.

Der EuGH setzt sich sodann mit dem Argument der Kommission für die Feststellung einer kollektiven beherrschenden Stellung auseinander, durch die „bedeutende" Angliederung von MdK an K+S werde das gemeinsame Interesse von K+S/ MdK und SCPA aufrechterhalten, nicht in einen aktiven Wettbewerb untereinander einzutreten. Dieses Argument der Kommission hält der EuGH für „nicht hinreichend stichhaltig"[546] und führt eine Reihe von Faktoren auf, die Wettbewerb zwischen K+S/ MdK und SCPA fördern. So verfüge MdK nicht nur über einen 7 %-Marktanteil in der Gemeinschaft außerhalb Deutschlands, sondern sei auch zweitgrößter Kalierzeuger in der Gemeinschaft, obwohl seine Anlagen nur zu 50 % ausgelastet seien.[547] K+S und MdK bestritten 35 % und 25 % der Kalierzeugung in der Gemeinschaft, SCPA dagegen nur 20 %.[548] Weiter sei K+S Tochtergesellschaft der BASF; deren Wirtschaftskraft sei sehr viel höher als diejenige der EMC, der SCPA angehöre.[549] Schließlich hätte die Rückläufigkeit der Kali-Nachfrage berücksichtigt werden müssen; ein rückläufiger Markt fördere jedoch im Allgemeinen den Wettbewerb.[550] Die Kartellvereinbarung zwischen K+S und SCPA sei zwanzig Jahre alt und daher nur ein äußerst schwacher, wenn nicht gar unerheblicher Anhaltspunkt für die Vermutung feh-

---

544 EuGH, a.a.O., Tz. 228.
545 *Ysewin/Caffarra*, 1998 ECLR, 468, 470; beachte aber *Temple Lang*, FCLI 2001, 269, 307 zu Art. 82 EG: „Past parallel conduct is of course evidence of joint dominance."
546 EuGH, a.a.O., Tz. 239.
547 EuGH, a.a.O., Tz. 235.
548 EuGH, a.a.O., Tz. 236.
549 EuGH, a.a.O., Tz. 237.
550 EuGH, a.a.O., Tz. 238.

lenden Wettbewerbs.[551] Welche Aussagekraft der EuGH generell einem früheren Marktverhalten der Beteiligten für die Wahrscheinlichkeit von Parallelverhalten in der Zukunft beimisst, wird aus dem Urteil freilich nicht deutlich.[552]

In Bezug auf den von der Kommission behaupteten Rückgang der Einfuhren stellt der EuGH fest, dass die Kommission mit ihren diesbezüglichen Ausführungen verdecke, dass der Marktanteil auf dem Referenzmarkt zugenommen habe.[553] Bezüglich des spanischen Herstellers Coposa habe die Kommission nicht berücksichtigt, dass Coposa über Überkapazitäten verfüge und daher mit der bloßen Feststellung des Rückgangs der Erzeugerkapazitäten nicht dargetan sei, dass Coposa nicht über das notwendige Potential verfüge, seinen Marktanteil und damit den Druck auf K+S/ MdK und SCPA zu erhöhen.[554]

Der EuGH bemängelt außerdem, der Kommission sei es nicht gelungen, das Fehlen eines wirksamen Gegengewichts im Wettbewerb zu der angeblich aus K+S/MdK und SCPA gebildeten Gruppe darzutun.[555] Um die Auswirkungen eines Zusammenschlusses auf den Wettbewerb auf dem relevanten Markt mit hinreichender Wahrscheinlichkeit beurteilen zu können, müsse man sich notwendigerweise auf eine gründliche Untersuchung des Gewichtes der Wettbewerber stützen.[556]

Die Kommission habe endlich nicht konsequent begründet, warum durch Einfuhren[557] und vom Wettbewerber Coposa[558] kein Wettbewerbsdruck ausgeübt werde. Angesichts erheblicher Überkapazitäten von Coposa hätte aus der bloßen Verringerung der Kapazitäten von Coposa im kommenden Jahr nicht geschlossen werden dürfen, dass Coposa nicht über die Möglichkeit verfüge, den eigenen Marktanteil zu erhöhen und Wettbewerbsdruck auszuüben.[559]

C. Folgerungen aus dem Urteil des EuGH

Haupt entnimmt dem Urteil ein „vom EuGH geforderte[s] Kausalitätserfordernis zwischen den durch den Zusammenschluss veränderten strukturellen Marktgegebenheiten und der hieraus für die Zukunft abgeleiteten Wettbewerbsbeein-

---

[551] EuGH, a.a.O., Tz. 241.
[552] Darauf weist auch *Schröer* in *FK*, Art. 2 FKVO, Rz. 283, Fn. 5 hin.
[553] EuGH, a.a.O., Tz. 245.
[554] EuGH, a.a.O., Tz. 247.
[555] EuGH, a.a.O., Tz. 248.
[556] EuGH, a.a.O., Tz. 246.
[557] EuGH, a.a.O., Tz. 243ff.
[558] EuGH, a.a.O., Tz. 247.
[559] EuGH, a.a.O., Tz. 247.

trächtigung".[560] In der Tat zeigt insbesondere die ausführliche Auseinandersetzung des EuGH mit den einzelnen Feststellungen der Kommission, dass der EuGH diese Feststellungen jeweils sorgfältig daraufhin überprüft, welche Anreize zu Parallelverhalten sich für die Oligopolmitglieder aus den einzelnen Marktstrukturfaktoren ergeben. Diese Vorgehensweise entspricht dem grundlegenden Ansatz des *tacit collusion*-Konzepts.

Manche meinen jedoch, der EuGH habe in diesem Urteil die Kommission nicht davon abgehalten, kollektive Marktbeherrschung auch in den Fällen anzuwenden, in denen koordinierte Effekte zwischen den Oligopolmitgliedern *nicht* wahrscheinlich sind.[561] Dem ist entgegenzuhalten, dass der EuGH nach einer Analyse der Feststellungen der Kommission ausdrücklich offen lässt, ob deren Feststellungen in der streitigen Entscheidung ausgereicht hätten, auf das Vorliegen einer kollektiven beherrschenden Stellung zu schließen[562] – der EuGH verzichtet also ausdrücklich auf eine Stellungnahme zu dem von der Kommission verwandten Konzept kollektiver Marktbeherrschung. Dieses Unterlassen einer Stellungnahme ist nicht ausreichend, um auf eine Abkehr des EuGH vom *tacit collusion*-Ansatz kollektiver Marktbeherrschung zu schließen.

§ 7 Abweichungen vom *tacit collusion*-Konzept durch die Kommission und Reaktionen von EuG und EuGH

A. Kommission – Gencor/ Lonrho

Ansätze der Kommission, vom *tacit collusion*- Konzept abzuweichen, finden sich in einigen Passagen der Entscheidung „Gencor/ Lonrho"; andere Passagen der Entscheidung deuten freilich auf eine weitere Anwendungen dieses Konzepts hin.

Gencor Ltd (nachfolgend: „Gencor") plant zusammen mit der Lonrho Plc (nachfolgend: „Lonrho"), die Übernahme der gemeinsamen Kontrolle über die Impala Platinum Holdings Ltd. (nachfolgend: „Implats"), einer Gesellschaft, in der die Aktivitäten von Gencor im Bereich Platinmetalle zusammengefasst sind. In einem zweiten Schritt soll Implats die ausschließliche Kontrolle über Eastern Platinum Ltd (nachfolgend: „Eastplats") und Western Platinum Ltd (nachfolgend: „Westplats"), die zusammen den Geschäftsbereich Lonrho Platinum Division (nachstehend: „LPD") bilden, übernehmen. In Eastplats und Westplats sind

---

560 *Haupt*, EWS 2002, 361, 369.

561 *Ysewin/Caffarra*, 1998 ECLR, 468, 472: „It is important that the ECJ's judgment does not distract the Commission from applying unilateral analysis wherever appropriate."

562 EuGH, Urteil vom 31.03.1998, verb. Rs. C-68/94 und C-30/95, „Frankreich u.a./ Kommission", Slg. 1998, I – 1375ff., 1501ff., Tz. 249.

die Tätigkeiten von Lonrho im Bereich Platinmetalle zusammengefasst. Nach Abschluss des Vorhabens soll sich das Kapital von Implats zu 32 % im Besitz von Gencor und Lonrho und zu 36 % in Streubesitz befinden. Eine Vereinbarung über die Entsendung und Stimmrechte der Board-Mitglieder soll Gencor und Lonrho die gemeinsame Kontrolle über Implats verschaffen.

Nach Auffassung der Kommission besteht im Platinmarkt bereits vor dem Zusammenschluss ein Oligopol aus Amplats, Implats, LPD und Russland. Der Platinmarkt weist zu diesem Zeitpunkt nach Überzeugung der Kommission bereits Tendenzen zu oligopolistischer Marktbeherrschung auf.[563] Infolge des geplanten Zusammenschlusses würde LPD als unabhängiger Marktbeteiligter ausgeschaltet;[564] aufgrund der schlechteren Wettbewerbsfähigkeit Russlands entstünde mittelfristig ein aus Amplats und Implats/LPD gebildetes Duopol.[565] Mangels Wettbewerbsanreizen zwischen den Duopolisten würde dieses Duopol marktbeherrschend.[566]

Nachfolgend ist sowohl die von der Kommission verwendete Definition einer kollektiven marktbeherrschenden Stellung (dazu unter I.) als auch die konkrete Feststellung kollektiver Marktbeherrschung durch die Kommission (dazu unter II.) zu untersuchen.

I. Definition der kollektiven beherrschenden Stellung

Nach der von der Kommission in „Gencor/ Lonrho“ verwendeten Definition kollektiver Marktbeherrschung kann die beherrschende Stellung eines Oligopols eintreten,

> „wenn die bloße Anpassung der Mitglieder des Oligopols an die Marktbedingungen ein wettbewerbswidriges Parallelverhalten verursacht, durch das das Oligopol beherrschend wird. Eine aktive Kollusion wäre daher keine unbedingte Voraussetzung dafür, dass die Mitglieder des Oligopols eine beherrschende Stellung erreichen und sich in erheblichem Ausmaß unabhängig von ihren restlichen Wettbewerbern, ihren Kunden und schließlich auch den Verbrauchern verhalten.“[567]

---

[563] Kommission, Entscheidung vom 24.04.1996, IV/M. 619, „Gencor/Lonrho”, ABl. L 11/30 vom 14.01.1997, Tz. 142.

[564] Kommission, a.a.O., Tz. 186.

[565] Kommission, a.a.O., Tz. 206.

[566] Kommission, a.a.O., Tz. 205.

[567] Kommission, a.a.O., Tz. 140; diese Passage wird die Kommission etwa in ihrer Entscheidung vom 25.11.1998, IV/M. 1225, „Enso/ Stora“, ABl. L 254/9 vom 29.09.1999, Tz. 66 wieder aufgreifen.

Der letzte Satz erweckt den Anschein, als sei die beherrschende Stellung eines Oligopols nur durch das unabhängige Verhalten seiner Mitglieder gegenüber den restlichen Wettbewerbern, Kunden und Verbrauchern gekennzeichnet. Dies entspricht der Ausschaltung des Außenwettbewerbs. Den Aspekt des Fehlens von Binnenwettbewerb lässt die Definition unerwähnt. Die von der Kommission gewählte Formulierung entspricht zwar in etwa derjenigen in der Entscheidung „Mannesmann/ Vallourec/ Ilva", wo die Kommission auch ohne ausdrückliche Erwähnung des Kriteriums des fehlenden Binnenwettbewerbs im Rahmen ihrer Untersuchung durchaus auf die Binnenbeziehung zwischen den Oligopol-Mitgliedern eingeht. In späteren Entscheidungen wie etwa „ABB/ Daimler-Benz" differenzierte die Kommission jedoch sehr genau zwischen Binnen- und Außenwettbewerb. Von dieser ausdrücklichen Unterscheidung scheint sie hier wieder abzurücken.

In ihrer Definition führt die Kommission aus, „aktive Kollusion" sei „keine unbedingte Voraussetzung" für Marktbeherrschung durch ein Oligopol. Nicht ganz deutlich wird, ob die Kommission damit meint, Oligopol-Marktbeherrschung könne auch in Form von „passiver" Kollusion auftreten – was wohl mit „stillschweigender Kollusion" bzw. *tacit collusion* gleichgesetzt werden könnte – oder ob sich der Schwerpunkt ihrer Feststellung eher auf den Aspekt der Kollusion überhaupt bezieht. In letzterem Fall würde die Kommission auch dann oligopolistische Marktbeherrschung bejahen, wenn die Mitglieder des Oligopols in keiner Weise kollusiv zusammenarbeiten. Damit würde die Kommission das kollusive Element von *tacit collusion* aufgeben. Hinzu kommt die Formulierung der Kommission, ein Oligopol könne dadurch marktbeherrschend werden, dass „die bloße Anpassung der Mitglieder des Oligopols an die Marktbedingungen ein wettbewerbswidriges Parallelverhalten verursacht". Was die Kommission hier beschreibt, ist nichts anderes als die oligopolistische Interdependenz. Eine darüber hinausgehende Binnenbeziehung zwischen den Mitgliedern des Oligopols scheint die Kommission nicht zu verlangen. Dazu passt auch der bereits oben erörterte Verzicht auf die Voraussetzung des fehlenden Binnenwettbewerbs. Außerdem könnte man sich fragen, wo dann noch das „kollektive" Element der kollektiven Marktbeherrschung bleibt.[568] Aus dieser Beschränkung der Voraussetzungen oligopolistischer Marktbeherrschung kann man den Schluss ziehen, dass sich die Kommission hier vom *tacit collusion*-Konzept entfernt.[569]

Damit würde die Kommission ihre Möglichkeiten zur Kontrolle von Oligopolen erheblich erweitern, denn oligopolistische Interdependenz ist eine typische Er-

---

[568] So auch *Richardson/Gordon*, 2001 ECLR, 416.
[569] So im Ergebnis auch *Niels*, 2001 ECLR, 168, 169.

scheinung des Oligopols und sagt noch nichts über die Existenz von Binnenwettbewerb aus. Bei einer Beschränkung der Voraussetzungen kollektiver Marktbeherrschung auf die Feststellung von auf oligopolistischer Interdependenz beruhendem Parallelverhalten besteht zumindest die Gefahr, dass nahezu jedes Oligopol als kollektiv marktbeherrschend eingestuft werden könnte.[570]

II. Feststellung kollektiver Marktbeherrschung

Der Ansatz zu einem nicht-kollusiven Konzept kollektiver Marktbeherrschung wird jedoch von der Kommission im Fortgang der Entscheidung bei der Begründung oligopolistischer Marktbeherrschung nicht konsequent weiterverfolgt. So untersucht sie – ganz im Sinne des *tacit collusion*-Konzepts – die Marktstruktur unter dem Gesichtspunkt der Möglichkeiten, zu einem *agreement* zu gelangen und weist auf bestehende Vergeltungsmöglichkeiten zwischen den Unternehmen hin.

1. Möglichkeiten, stillschweigend ein Parallelverhalten zu erreichen

Wie die Kommission ausführt, ermöglicht die Marktstruktur den Oligopol-Mitgliedern, zu einem *agreement* zu gelangen: Bei Platin handele es sich um ein homogenes Produkt, wichtigste Wettbewerbsparameter seien Liefermengen und Preis. Da Platin an Metallbörsen[571] gehandelt werde, seien Preise und Liefermengen bekannt. Der Markt sei aber auch transparent hinsichtlich etwaiger Kapazitätssteigerungen durch neue Investitionsprojekte und das Gesamtvorkommen der Erzeuger. Zudem gebe es nur eine kleine Zahl von Erzeugern, die in engem Kontakt zueinander stünden. Diese Markttransparenz verschaffe in Verbindung mit hoher Produkthomogenität den Zusammenschlussbeteiligten Kenntnis von den Aktivitäten der anderen Marktbeteiligten.[572] Daher falle es den Unternehmen leicht, die Maßnahmen der Wettbewerber zu verfolgen und

---

[570] Ähnlich auch *Niels*, 2001 ECLR, 168, 170. *Temple Lang*, FCLI 2001, 269, 275f.: Es sei irreführend, wenn die Kommission bewusstes Parallelverhalten mit „Kollusion" gleichsetze. Es sei nicht das Parallelverhalten als solches, das die Mitglieder eines Oligopols gemeinsam marktbeherrschend mache. Dazukommen müsse sowohl fehlender Außen- als auch fehlender Binnenwettbewerb. Nach Auffassung von *Temple Lang* ist genau genommen auch die Formulierung der Kommission, dass die bloße Anpassung der Mitglieder des Oligopols an die Marktbedingungen ein wettbewerbswidriges Parallelverhalten verursache, durch das das Oligopol beherrschend wird, nicht exakt. Parallelverhalten sei nicht per se wettbewerbswidrig. Es sei vielleicht kein wettbewerbliches Handeln, aber als solches noch nicht verboten

[571] Kommission, a.a.O., Tz. 144.

[572] Kommission, a.a.O., Tz. 148.

eigene Entscheidungen daran ausrichten.[573] Dies vereinfache wettbewerbswidriges Parallelverhalten.[574]

2. Anreize für ein Parallelverhalten

Neben der Möglichkeit eines *agreements* untersucht die Kommission weiter die Anreize der Unternehmen, zu einem *agreement* zu gelangen. So ist nach den Feststellungen der Kommission die Nachfrage unelastisch; die geringe Preiselastizität der Nachfrage schaffe einen Anreiz für wettbewerbswidriges Parallelverhalten, da ein Preiswettbewerb allen Anbietern schaden würde.[575] Es fehle eine ausgleichende Nachfragemacht der Käufer.[576] Das Nachfragewachstum sei lediglich mäßig, was keine neuen Unternehmen zum Eintritt in den Markt ermutige und keine aggressiven Maßnahmen rechtfertige, mithin keinen Wettbewerbsanreiz biete.[577] Weiter sei die Technologie ausgereift, also ebenfalls keine Quelle intensiven Wettbewerbs,[578] die Markzutrittsschranken hoch und keine neu in den Markt eintretenden bedeutenden Unternehmen zu erwarten.[579]

3. Existenz eines Vergeltungsmechanismus

Die Kommission stellt außerdem fest, dass die Oligopol-Mitglieder auf einer Vielzahl von Märkten zusammentreffen – mit anderen Worten: „Multimarkt-Beziehungen“ bestehen.[580] Zudem bestünden zwischen den Unternehmen strukturelle Verbindungen in Form von Kartellabkommen und Verbindungen über Beteiligungen. Dies sei geeignet, eine disziplinierende Wirkung auf die Oligopol-Unternehmen ausüben.[581] Im Ergebnis sollen die Multimarkt-Beziehungen den Anreiz für ein paralleles Verhalten erhöhen, da sie die einzelnen Unternehmen im Fall aggressiven Wettbewerbshandelns verletzlicher machen.[582] Auch diese Überlegungen der Kommission entsprechen denjenigen zur Existenz eines Vergeltungs- Mechanismus im Sinne des spieltheoretischen *tacit collusion*-Ansatzes.

---

[573] Kommission, a.a.O., Tz. 143.
[574] Kommission, a.a.O., Tz. 148.
[575] Kommission, a.a.O., Tz. 149.
[576] Kommission, a.a.O., Tz. 150.
[577] Kommission, a.a.O., Tz. 151.
[578] Kommission, a.a.O., Tz. 153.
[579] Kommission, a.a.O., Tz. 143-154.
[580] Hierauf weist auch *Hirsbrunner*, EuZW 1997, 749, 752, hin.
[581] Kommission, a.a.O., Tz. 158.
[582] *Hirsbrunner*, EuZW 1997, 749, 752 weist darauf hin, die Kommission hätte aus diesen „Multimarkt-Beziehungen“ auch schließen können, dass sich mit der Zahl der Märkte die Zahl der Reibungsflächen zwischen den Oligopol-Mitgliedern vervielfache, was zur Instabilität des Oligopols beitragen könnte.

4. Geringe Wettbewerbsintensität in der Vergangenheit

Bereits in der Vergangenheit gab es nach Auffassung der Kommission eine Tendenz zu oligopolistischer Marktbeherrschung. So schätzt die Kommission den Preiswettbewerb bei den bestehenden langfristigen und stabilen Lieferbeziehungen als gering ein[583] und sieht in dem anhaltend hohen Preisniveau einen Beleg für eine lediglich geringe Wettbewerbsintensität.[584] Die Kommission stellt außerdem fest, dass sich die Hauptakteure auf dem Markt in der Vergangenheit wenig wettbewerblich verhalten haben. Diese Tendenz zu oligopolistischer Beherrschung sieht die Kommission durch den geringen Wettbewerb auf dem Platinmarkt in den letzten zehn Jahren belegt.[585]

5. Geringe Wettbewerbswahrscheinlichkeit in der Zukunft

Auch eine zukünftige Wettbewerbssituation sei lediglich durch geringe Wettbewerbselemente gekennzeichnet. Bei einer Verwirklichung des Vorhabens verfügten Implats/LPD und Amplats im Jahr 1994 über Marktanteile von jeweils 30-35 %. Nach dem in zwei Jahren zu erwartenden Abbau der Lagerbestände des nächst-starken Wettbewerbers Russland mit einem Marktanteil von 22 % sei eine Erhöhung der Marktanteile von Implats/LPD und Amplats auf jeweils 40 % zu vermuten, mithin ein gemeinsamer Marktanteil von 80 %.[586] Dadurch werde ein Duopol zwischen Implats/LPD und Amplats entstehen, was die Bedeutung von Russland als Marktbeteiligten weiter herabsetze.[587] Der Zusammenschluss von Implats/LPD und die Ausschaltung von LPD als unabhängigem Marktbeteiligten würden die ohnehin schwachen Wettbewerbsanreize weiter verringern. So verfügten Amplats und Implats/LPD über ähnliche Kostenstrukturen.[588] Nach den Erwartungen der Kommission wird ein Zusammenschluss dazu führen, dass das neue Unternehmen Implats/LPD seine Produktion drosselt[589] und es zu insgesamt höheren Preisen kommt.[590] Daraus folgert die Kommission, das geplante Vorhaben würde mittelfristig ein aus Amplats und Implats/LPD bestehendes marktbeherrschendes Duopol im Platinmarkt (der bereits durch schwachen Wettbewerb gekennzeichnet ist) schaffen, wodurch ein effektiver Wettbewerb im Gemeinsamen Markt erheblich beeinträchtigt würde.

---

583 Kommission, a.a.O., Tz. 162.
584 Kommission, a.a.O., Tz. 165ff.
585 Kommission, a.a.O., Tz. 159ff.
586 Kommission, a.a.O., Tz. 181.
587 Kommission, a.a.O., Tz. 181.
588 Kommission, a.a.O., Tz. 182ff.
589 Kommission, a.a.O., Tz. 187.
590 Kommission, a.a.O., Tz. 188.

[591] Aus diesen Gründen untersagt die Kommission schließlich den geplanten Zusammenschluss.

B. EuG – Gencor/ Kommission

Gegen die Entscheidung der Kommission erhebt Gencor Klage vor dem EuG. Das EuG bestätigt in seinem Urteil, dass kollektive beherrschende Stellungen nicht vom Anwendungsbereich der FKVO ausgeschlossen sind,[592] und schließt sich damit der ständigen Praxis der Kommission seit „Nestlé/ Perrier“[593] aus dem Jahr 1992 und dem „Frankreich u.a./ Kommission“ [594]-Urteil des EuGH aus dem Jahr 1998 an.[595] Daran anschließend äußert sich das EuG grundlegend zur Definition kollektiver Marktbeherrschung (dazu unter I.), zum eigenen Beurteilungsmaßstab (II.), zur Bedeutung von Marktanteilen (III.), von strukturellen Verflechtungen (IV.) und der Natur der wirtschaftlichen Verbindung zwischen den Oligopol-Mitgliedern (V). Dies wirft Fragen auf hinsichtlich einer etwaigen Trendwende in der Zielsetzung der Zusammenschlusskontrolle (VI.) sowie zum Verhältnis zu Art. 82 EG (VII.).

I. Zur Definition der kollektiven beherrschenden Stellung durch das EuG

Im Rahmen von „Allgemeinen Erwägungen”[596] nimmt das EuG zwar ausdrücklich Bezug auf die Definition einer kollektiven beherrschenden Stellung durch den EuGH in Tz. 221 des Urteils „Frankreich u.a./ Kommission”,[597] definiert jedoch dann seinerseits eine beherrschende Stellung im Sinne von Art. 2 Abs. 3 FKVO als

> „die wirtschaftliche Machtstellung eines oder mehrerer Unternehmen (...), die diese in die Lage versetzt, die Aufrechterhaltung eines wirksamen Wettbewerbs auf dem relevanten Markt zu verhindern, indem sie ihnen die Möglichkeit verschafft, sich ihren Konkurrenten,

---

[591] Kommission, a.a.O., Tz. 206.
[592] EuG, Urteil vom 25.03.1999, Rs. T-102/96, „Gencor Ltd./ Kommission”, Slg. 1999, II – 753ff., Tz. 156.
[593] Kommission, Entscheidung vom 22.07.1999, WuW/E EV 1903ff.
[594] EuGH, Urteil vom 31.03.1998, verb. Rs. C-68/94 und C-30/95, „Frankreich u.a./ Kommission“, Slg. 1998, I – 1375ff.
[595] *González-Díaz*, World Competition 22 (3) 1999, 3, 14f. betont, das EuG habe einen wichtigen eigenständigen argumentativen Beitrag zu dieser Frage geleistet.
[596] EuG, Urteil vom 25.03.1999, Rs. T-102/96, „Gencor Ltd./ Kommission”, Slg. 1999, II – 753ff., Tz. 163.
[597] Vgl. hierzu bereits oben.

ihren Kunden und letztlich den Verbrauchern gegenüber in nennenswertem Umfang unabhängig zu verhalten."[598]

und bezieht sich damit ausdrücklich auf das „Hoffmann-La Roche"-Urteil.[599] Diese Definition des EuG nimmt die Formulierung des EuGH aus „Frankreich u.a./ Kommission" in Bezug auf die „Macht zu einem einheitlichen Vorgehen" nicht auf. Nach Auffassung von *Haupt*[600] soll hier ein „erhebliches Defizit des *Gencor*-Urteils" liegen. Durch Bezugnahme auf die Formel zur Einzelmarktbeherrschung habe das Gericht das spezifische Merkmal gemeinsamer Marktbeherrschung, nämlich die Fähigkeit einer Gruppe voneinander unabhängiger Unternehmen zu einheitlichem Vorgehen auf dem relevanten Markt, missachtet. Auch *Temple Lang* stellt fest, dass den Darstellungen des EuG in „Gencor" zufolge „future joint dominance can exist without the companies concerned necessarily acting as a single unit".[601] Dieser Schluss ist jedoch keinesfalls zwingend. Tz. 206 der Entscheidung zeigt, dass sich das EuG sehr wohl der Bedeutung eines einheitlichen Handelns der Oligopol-Mitglieder bewusst ist. Dort setzt stellt das EuG nämlich fest, im Unterschied zu einer individuellen beherrschenden Stellung hätten im Kontext eines Oligopols Marktanteile „nicht notwendig die gleiche Bedeutung für im Hinblick auf die Möglichkeiten der Oligopolisten, sich als Gruppe ihren Konkurrenten, ihren Kunden und letztlich den Verbrauchern gegenüber in nennenswertem Umfang unabhängig zu verhalten".[602] Ein Verhalten „als Gruppe" bedeutet bei Lichte besehen jedoch nichts anderes als ein einheitliches Verhalten.

II. Zum Beurteilungsmaßstab des EuG

Hinsichtlich seines Beurteilungsmaßstabs nimmt das EuG wiederum Bezug auf die Ausführungen des EuGH in „Frankreich u.a./ Kommission", wonach die Grundregeln der FKVO, insbesondere Art. 2 FKVO, der Kommission ein bestimmtes Ermessen namentlich bei wirtschaftlichen Beurteilungen einräumen.[603] Die Kontrolle der Ausübung eines solchen Ermessens müsse durch den Gemeinschaftsrichter unter Berücksichtigung des Beurteilungsspielraums erfolgen, der den Bestimmungen wirtschaftlichen Charakters, die Teil der Regelung für Zusammenschlüsse seien, zugrunde liege.[604]

---

[598] EuG, a.a.O., Tz. 200.
[599] EuG, a.a.O., Tz. 201.
[600] *Haupt*, EWS 2002, 361, 367.
[601] *Temple Lang*, FCLI 2001, 269, 281.
[602] EuG, a.a.O., Tz. 206.
[603] EuG, a.a.O., Tz. 164.
[604] EuG, a.a.O., Tz. 165.

III. Zur Bedeutung von Marktanteilen

Zur Bedeutung von Marktanteilen bei der Feststellung einer beherrschenden Stellung führt das EuG aus, ein beträchtlicher Marktanteil sei als Beweiselement für das Vorliegen einer beherrschenden Stellung keine unveränderliche Größe. Seine Bedeutung variiere von Markt zu Markt je nach dessen Struktur, insbesondere was die Produktion, das Angebot und die Nachfrage angehe. [605] Das Verhältnis zwischen den Marktanteilen der am Zusammenschluss beteiligten Unternehmen und denen ihrer Konkurrenten, insbesondere der nächst kleineren, stelle ein taugliches Indiz für das Vorliegen einer beherrschenden Stellung dar. Dieser Faktor gestatte nämlich die Bewertung der Wettbewerbsfähigkeit der Konkurrenten des fraglichen Unternehmens.[606] Somit könne der Umstand, dass sich die Kommission in anderen Fällen eines Zusammenschlusses auf mehr oder weniger hohe Marktanteile gestützt habe, um ihre Annahme einer möglichen Begründung oder Verstärkung einer kollektiven beherrschenden Stellung zu untermauern, die Kommission nicht bei ihrer Beurteilung in anderen Verfahren binden, in denen es insbesondere um Märkte gehe, für die eine andere Angebots- und Nachfragestruktur und andere Wettbewerbsbedingungen gelten.[607]

Die Bedeutung der Marktanteile ist also grundsätzlich für jeden konkreten Einzelfall gesondert zu ermitteln. Trotzdem scheint das EuG besonders hohen Marktanteilen über einen längeren Zeitraum hinweg generell besondere Bedeutung zuzumessen: Ein Unternehmen, das längere Zeit einen besonders hohen Marktanteil besitze, befinde sich aufgrund seines Produktions- und Angebotsvolumens – ohne dass die Inhaber erheblich geringerer Anteile imstande wären, die Nachfrage, die sich von dem Unternehmen mit dem größten Anteil abwenden will, rasch zu befriedigen – in einer Machtposition, die aus ihm einen Zwangspartner mache und ihm bereits deswegen, jedenfalls während relativ langer Zeiträume, die Unabhängigkeit des Verhaltens sichere, die für eine beherrschende Stellung kennzeichnend sei.[608]

Dies soll nach den Ausführungen des EuG im Prinzip auch für die Beurteilung der Wettbewerbsverhältnisse im Oligopol gelten. Zwar hätten im Kontext eines Oligopols hohe Marktanteile der Oligopolisten im Vergleich mit der Analyse einer individuellen beherrschenden Stellung nicht notwendig die gleiche Bedeutung im Hinblick auf die Möglichkeiten für die Oligopolisten, sich als Gruppe ihren Konkurrenten, ihren Kunden und letztlich den Verbrauchern gegenüber in

[605] EuG, a.a.O., Tz. 201.
[606] EuG, a.a.O., Tz. 202.
[607] EuG, a.a.O., Tz. 203.
[608] EuG, a.a.O., Tz. 205.

nennenswertem Umfang unabhängig zu verhalten. Gleichwohl könne auch ein hoher Marktanteil, insbesondere bei einem Duopol, ein sehr wichtiges Indiz für das Vorliegen einer kollektiven beherrschenden Stellung sein, falls keine Anzeichen für das Gegenteil vorliegen.[609]

Dem schließt sich die Frage an, wann das EuG einen solchen „hohen" Marktanteil als gegeben erachtet. Hierzu führt das EuG aus, nach den Feststellungen der Kommission hätten Implats/LPD und Amplats nach dem Zusammenschluss einen gemeinsamen Marktanteil von ca. 60 bis 70 % besessen; nach zwei weiteren Jahren hätten sie einen gemeinsamen Marktanteil von 80 % gehabt, was einem „sehr hohen" Marktanteil entsprochen hätte.[610] Vergleicht man diese Ausführungen des EuG zur Bedeutung eines hohen Marktanteils mit denjenigen des EuGH in „Frankreich u.a./ Kommission", wo der EuGH feststellte, dass ein gemeinsamer Marktanteil von 60% für sich genommen kein maßgeblicher Anhaltspunkt für das Vorliegen einer kollektiven beherrschenden Stellung der Unternehmen sein soll,[611] scheint – jedenfalls bei Duopolen – die „kritische Marktanteilsgrenze" bei ca. 80% erreicht zu sein.

IV. Zur Bedeutung struktureller Verflechtungen

Nach Ansicht der Klägerin soll die Kommission bei ihrer Entscheidung „Gencor/ Lonrho" die Rechtsprechung zu Art. 82 EG nicht hinreichend berücksichtigt haben. Nach dem „Flachglas"-Urteil des EuG[612] sei die Feststellung einer kollektiven beherrschenden Stellung von der Feststellung struktureller Verbindungen zwischen den Unternehmen abhängig.[613] Diese Einwände nimmt das EuG – wie zuvor schon der EuGH in „Frankreich u.a./ Kommission" – zum Anlass, Bezug auf die Rechtsprechung zur kollektiven Marktbeherrschung im Zusammenhang mit Art. 82 EG zu nehmen und sich ausführlich zur Bedeutung struktureller Verflechtungen zu äußern:

Im „Flachglas"-Urteil habe das Gericht Verbindungen struktureller Art, auf die lediglich beispielhaft hingewiesen worden sei, nicht als notwendiges Kriterium für die Feststellung des Vorliegens einer kollektiven beherrschenden Stellung

---

[609] EuG, a.a.O., Tz. 206.
[610] EuG, a.a.O., Tz. 207.
[611] EuGH, Urteil vom 31.03.1998, verb. Rs. C-68/94 und C-30/95, „Frankreich u.a./ Kommission", Slg. 1998, I – 1375ff., Tz. 226.
[612] EuG, Urteil vom 10.03.1992, verb. Rs. T-68/89, T-77/89 und T-78/89, „Società Italiana Vetro SpA u.a./ Kommission", Slg. 1992, II – 1403ff.
[613] EuG, Urteil vom 25.03.1999, Rs. T-102/96, „Gencor Ltd./ Kommission", Slg. 1999, II – 753ff., Tz. 264.

betrachtet.[614] Es habe lediglich nicht grundsätzlich ausschließen wollen, dass zwei oder mehr unabhängige wirtschaftliche Einheiten auf einem spezifischen Markt durch wirtschaftliche Bande so eng miteinander verknüpft seien, dass sie infolgedessen eine beherrschende Stellung im Verhältnis zu den anderen Marktteilnehmern einnehmen würden. Dies könne beispielsweise dann der Fall sein, wenn zwei oder mehr unabhängige Unternehmen gemeinsam aufgrund Vereinbarung oder Lizenzvergabe über einen technologischen Vorsprung verfügten, der ihnen in spürbarem Maße die Möglichkeit zu unabhängigem Verhalten ihren Kunden, ihren Konkurrenten und letztlich den Verbrauchern gegenüber gäbe.[615] Dem „Flachglas"-Urteil lasse sich jedenfalls nicht entnehmen, dass das Gericht den Begriff der wirtschaftlichen Verbindungen auf den Begriff der strukturellen Verbindungen beschränkt hätte.[616] Nach Auffassung des EuG sind strukturelle Verflechtungen also keine notwendige Voraussetzung kollektiver Marktbeherrschung.[617] Damit hat das EuG ausdrücklich ausgesprochen, was der EuGH in „Frankreich u.a./ Kommission" bereits angedeutet hat.[618]

Die Tatsache, dass das EuG den Nachweis struktureller Verflechtungen nicht für eine unabdingbare Voraussetzung kollektiver Marktbeherrschung hält, ist gleichwohl nicht so zu verstehen, dass der Existenz solcher Verbindungen im Falle ihres Vorliegens keine Bedeutung zukäme für die Entstehung oder Verstärkung kollektiver beherrschender Stellungen.[619] Die Bedeutung struktureller Verflechtungen ist vielmehr anhand ihrer Auswirkungen auf die Stabilität des kollusiven *agreements* nach dem *tacit collusion*-Konzept zu würdigen.[620]

---

[614] EuG, a.a.O., Tz. 273.
[615] EuG, a.a.O., Tz. 274.
[616] EuG, a.a.O., Tz. 275.
[617] Vgl. statt vieler *Weitbrecht* in *Schwarze*, Instrumente zur Durchsetzung des europäischen Wettbewerbsrechts, S. 61, 64; *Forrester/McLennan*, Yearbook of European Law 2001, 365, 480; *Schütz* in *Gemeinschaftskommentar*, Artikel 2, Rz. 129; *Albers/Hacker* in *Schröter/Jakob/Mederer*, Fusionskontrollverordnung Artikel 2, Rz. 367; *Hirsbrunner*, EuZW 2001, 197, 201.
[618] vgl. oben, § 6 A I.; *Haupt*, EWS 2002, 361, 367.
[619] *Bartosch*, BB 2003, Beilage 3, 1, 5 unter Hinweis auf *Montag/Leibenath*, WuW 2000, 852, 857.
[620] *Briones/Padilla*, World Competition 24 (3) 2001, 307, 316, kritisieren zu Recht die fortgesetzte Diskussion um das Erfordernis struktureller Verbindungen. Um festzustellen, ob der Binnenwettbewerb eines Oligopols ausgeschaltet ist, seien die Möglichkeiten der Entdeckung und Bestrafung abweichenden Verhaltens zu untersuchen. Aus ökonomischer Sicht müsse die Fragestellung also lauten, ob eine existierende Verflechtung die Stabilität eines kollusiven Gleichgewichts erhöht, und nicht, ob strukturelle Verflechtungen eine notwendige Voraussetzung kollektiver Marktbeherrschung seien. Genau diese Wende von der isolierten Betrachtung struktureller Verflechtungen als Voraussetzung kollektiver Marktbeherrschung hin zur Bedeutung struktureller Verflechtungen für die Stabilität des kollusiven Gleichgewichts leistet das Urteil des EuG.

V. Zur Natur der wirtschaftlichen Verbindung

Nach dieser Klarstellung, dass der Begriff der wirtschaftlichen Verbindung nicht auf strukturelle Verflechtungen zwischen den Unternehmen beschränkt ist, erläutert das EuG den Begriff der wirtschaftlichen Verbindung selbst näher:

„[Es] besteht rechtlich oder wirtschaftlich kein Grund, in den Begriff der wirtschaftlichen Verbindung nicht auch die Wechselbeziehung zwischen den Mitgliedern eines beschränkten Oligopols mit einzubeziehen, in dessen Rahmen diese auf einem Markt mit den entsprechenden Merkmalen insbesondere im Hinblick auf Marktkonzentration, Transparenz und Homogenität des Erzeugnisses in der Lage sind, ihre jeweiligen Verhaltensweisen vorherzusehen, und daher unter einem starken Druck stehen, ihr Marktverhalten einander anzupassen, um insbesondere ihren gemeinsamen Gewinn durch eine auf Preiserhöhung abzielende Produktionsbeschränkung zu maximieren. In einem solchen Kontext weiß nämlich jeder Marktbeteiligte, dass jede auf Vergrößerung seines Marktanteils gerichtete, stark wettbewerbsorientierte Maßnahme (z. B. eine Preissenkung) seinerseits die gleiche Maßnahme seitens der anderen auslösen würde, so dass er keinerlei Vorteil aus seiner Initiative ziehen könnte. Folglich hätten alle Marktteilnehmer die Absenkung des Preisniveaus hinzunehmen."[621]

Wie bereits im Zusammenhang mit Art. 82 EG ausgeführt, erfordern die Formulierungen „Wechselbeziehungen" und „starker Druck" nicht unbedingt eine – dauerhafte – Ausschaltung von Binnenwettbewerb.[622] Wenn demzufolge die kollektive Marktbeherrschung durch Mitglieder eines engen Oligopols unabhängig davon möglich wäre, ob zwischen seinen Mitgliedern Binnenwettbewerb herrscht oder nicht, könnte in Konsequenz kollektive Marktbeherrschung auch auf einer rein individuellen Basis beruhen.[623] Weiter beschreibt das EuG den Mechanismus, der den Unternehmen einen parallelen Marktauftritt ermöglicht, ohne dass sie in irgendeiner Form miteinander kooperieren – nämlich in dem sie ihr jeweiliges Verhalten vorhersehen und daher unter einem starken Druck stehen, ihr Verhalten einander anzupassen. Auch dies spricht für ein individuelles Verständnis des EuG von kollektiver Marktbeherrschung. Manche sehen daher den Schwerpunkt der Entscheidung in der Betonung der individuellen Momente und betrachten dies als Bestätigung dafür, dass nach Auffassung des EuG kollektive Marktbeherrschung auch auf rein individueller Basis denkbar ist.[624] Die Vertreter dieser Auffassung lassen jedoch die sich daran anschließende Folgefrage, ob eine solche Marktbeherrschung mehrerer auf individueller Basis noch vom *tacit collusion*-Konzept erfasst wird, unbeantwortet.

---

[621] EuG, a.a.O., Tz. 276.
[622] *Preece*, 2000 ECLR, 388, 390.
[623] So auch *Kloosterhuis*, ECLR 2001, 79, 87f.
[624] *Kloosterhuis*, ECLR 2001, 79, 87f.; *Haupt*, EWS 2002, 361, 367.

In einem gewissen Widerspruch zu diesen als Indiz für ein individuelles Verständnis deutbaren Äußerungen des EuG stehen andere Elemente derselben Textpassage des Urteils, die für ein kooperatives Verständnis kollektiver Marktbeherrschung sprechen. So handeln die Unternehmen nach Auffassung des EuG, um ihren *gemeinsamen* Gewinn zu maximieren.[625] Außerdem bestätigt das EuG in Tz. 227 zur Markttransparenz die Bedeutung der Existenz eines Vergeltungsmechanismus: Transparenz in preislicher Hinsicht stelle ein grundlegendes Merkmal bei der Ermittlung des Transparenzniveaus auf einem oligopolistischen Markt dar. Über den Preismechanismus könnten Oligopolisten insbesondere die Entscheidungen anderer Oligopolisten, ihre Marktanteile zu Lasten des status quo ante zu erhöhen, sofort erkennen und unter Umständen die notwendigen Vergeltungsmaßnahmen ergreifen, um dieses Verhalten scheitern zu lassen.[626] Auch dies spricht für ein kooperatives Verständnis kollektiver Marktbeherrschung. Dementsprechend kommen manche zu dem Ergebnis, die Entscheidung stehe im Einklang mit dem *tacit collusion*-Konzept.[627] Denn dieses definiere kollektive Marktbeherrschung über die oligopolistische Interdependenz *plus* das weitere Merkmal der Maximierung des gemeinsamen Gewinns durch stillschweigende Kollusion.[628] Dies leuchtet ein. Verstünde man das EuG so, dass wirtschaftliche Verbindungen im Sinne kollektiver Marktbeherrschung in der oligopolistischen Interdependenz zwischen diesen Unternehmen liegen können,[629] ohne dass es auf das Vorliegen weiterer Elemente des *tacit collusion*-Ansatzes ankäme, könnte jegliches Oligopol kollektiv marktbeherrschend im Sinne der EG-Fusionskontrollverordnung sein. Den Parteien eines Zusammenschlusses, der zu einem engen Oligopol führt, wäre die Möglichkeit genommen zu argumentieren, innerhalb des Oligopols herrsche Wettbewerb.[630] Die ökonomische Unterscheidung von Oligopolen mit und ohne Binnenwettbewerb bliebe dann unberücksichtigt. Man könnte dies zwar damit zu rechtfertigen versuchen, dass die Fusionskontrolle nach der Fusionskontrollverordnung eine präventive Funktion erfüllt und das Entstehen von Marktstrukturen verhindern soll, die erhebliche wettbewerbliche Risiken in sich bergen.[631] Ein Verbot von Zusammenschlüssen, die zu einem engen Oligopol führen, würde demnach voraussetzen, dass solche Zusammenschlüsse erhebliche wettbewerbliche Risiken in sich tragen. Es müsste sich also eine Regel formulieren lassen, wonach enge Oligopole wettbewerbliche Risiken in sich bergen. Aus ökonomischer Sicht sagt die Existenz eines Oligopols jedoch für sich allein

---

[625] *Kloosterhuis*, ECLR 2001, 79, 87.
[626] EuG, a.a.O., Tz. 227.
[627] *Niels*, 2001 ECLR, 79, 87; *Caffarra/Kühn*, 1999 ECLR, 355, 356.
[628] *Niels*, ECLR 2001, 168, 169.
[629] *Stroux*, World Competition 23 (1) 2000, 3, 35.
[630] *Monti*, CML Rev. 38, 2001, 131, 135.
[631] *Monti*, CML Rev. 38, 2001, 131, 135.

noch nichts über die Existenz von Wettbewerb aus, da es sowohl Oligopole mit als auch Oligopole ohne funktionierenden Binnenwettbewerb gibt. Die ökonomische Wissenschaft vermag lediglich Marktverhältnisse zu beschreiben, die die Wahrscheinlichkeit der Ausschaltung von Binnenwettbewerb erhöhen. Gesicherte Kausalzusammenhänge allgemeiner Natur vermag sie nicht zu formulieren. Der Vermutung, wonach durch Oligopole der Wettbewerb beeinträchtigt wird, fehlt eine ökonomische Grundlage.

VI. *tacit collusion* unter Beteiligung von Nicht-Zusammenschluss-beteiligten

Manche betonen, das „Gencor"-Urteil habe klargestellt, dass die Fusionskontrollverordnung sich nicht nur mit Zusammenschlüssen befasse, die eine marktbeherrschende Stellung der *am Zusammenschluss beteiligten* Unternehmen selbst begründen oder verstärken, sondern auch mit solchen Zusammenschlüssen, die zu einer Marktstruktur führen, die Kollusion zwischen den Zusammenschlussbeteiligten und ihren Wettbewerbern wahrscheinlicher machen.[632] Insoweit betrete das „Gencor"-Urteil Neuland. Allerdings hat der EuGH bereits in „Frankreich u.a./ Kommission"[633] ausgeführt:

> „Ein Zusammenschluss, der eine beherrschende Stellung der Beteiligten gemeinsam mit einer am Zusammenschluss unbeteiligten Einheit begründet oder verstärkt, kann sich als unvereinbar mit dem vom Vertrag geforderten System des unverfälschten Wettbewerbs erweisen. Wenn daher davon ausgegangen würde, dass nur solche Zusammenschlüsse, die eine beherrschende Stellung der an ihnen Beteiligten begründen oder verstärken, von der Verordnung erfasst würden, so wäre ihre Zielsetzung (...) teilweise gefährdet."[634]

Die wurde weithin so verstanden, dass es unabhängig vom Oligopol-Problem für die Untersagung nach Art. 2 Abs. 3 FKVO ausreichen soll, dass infolge des Zusammenschlusses eine beherrschende Stellung bei einem nicht am Zusammenschluss beteiligten Unternehmen begründet oder verstärkt wird.[635] Insofern ist die Berücksichtigung von Veränderungen der Marktmacht Zusammenschluss-Unbeteiligter in „Gencor" keine Novität in der Zusammenschlusskontrolle.

---

[632] *Niels*, 2001 ECLR, 168.
[633] EuGH, Urteil vom 31.03.1998, verb. Rs. C-68/94 und C-30/95, „Frankreich u.a./ Kommission", Slg. 1998, I – 1375ff.
[634] EuGH, a.a.O., Tz. 171.
[635] *Bechtold*, EuZW 1998, 313, 314.

C. Danish Crown/ Vestjyske Slagterier

Gewisse Zweifel an der Beibehaltung des *tacit collusion*-Konzepts kollektiver Marktbeherrschung durch die Kommission schürt auch die Entscheidung „Danish Crown/ Vestiyke Slagterier".[636] Danish Crown verfügt über einen Marktanteil von 20 – 25 %, Vestjyske Slagterier über 15 – 20 %. Nach Durchführung des geplanten Zusammenschlusses würden Danish Crown/ Vestjyske Slagterier und Steff-Houlberg über einen gemeinsamen Marktanteil von 70 % verfügen.[637]

Nach dem Zusammenschluss würde sich nach den Feststellungen der Kommission das Verhältnis zwischen den Parteien und Steff-Houlberg nicht durch einen ausgeprägten Wettbewerb, sondern durch ein wettbewerbswidriges, gleichgerichtetes Vorgehen auszeichnen, was zur Begründung einer duopolistisch marktbeherrschenden Stellung führen würde. Die Marktbeherrschung würde nicht durch ein offenkundiges Zusammenspiel der Duopolisten, sondern ihre Anpassung an die Marktverhältnisse begründet werden, die für Steff-Houlberg und die Parteien keinen Anreiz zur Aufnahme eines Wettbewerbs böten.[638] Die Kommission scheint folglich nicht auf ein kollusives Element abzustellen, sondern allein auf ein gleichförmiges Verhalten im Außenverhältnis. Eine besondere Qualität der Binnenbeziehung, wie sie das *tacit collusion*-Konzept zu definieren sucht, spielt nach diesen Ausführungen offenbar keine Rolle.

Im Gegensatz hierzu stehen die Feststellungen der Kommission zur Existenz eines Vergeltungsmechanismus: Es bestehe kein Anreiz für Steff-Houlberg, den Wettbewerb mit den Beteiligten des Zusammenschlusses aufzunehmen. Einmal böten die strukturellen Marktgegebenheiten wenig Anreiz für die Aufnahme von Wettbewerb, da Markt und die Technik ausgereift, der Markt aufgrund wöchentlicher Zusammenkünfte zur Preisnotierung transparent und etwaige Preisnachlässe schnell zu entdecken seien.[639] Zum anderen soll nach den Feststellungen der Kommission auch die Marktstellung von Steff-Houlberg nicht stark genug sein, um einen Anreiz für die Aufnahme von Wettbewerb zu bieten. So bestehe für den Fall, dass Steff-Houlberg den Wettbewerb auf dem Markt aufnimmt, die Gefahr, dass Danish Crown/ Vestjyske Slagterier auf den Ausfuhrmärkten zurückschlägt – mit anderen Worten: Es existiert ein Vergeltungsmechanismus. Außerdem sollen strukturelle Verbindungen auf diesen Ausfuhrmärkten bestehen. Steff-Houlberg hätte gegenüber den Zusammenschlussbetei-

---

[636] Kommission, Entscheidung vom 09.03.1999, IV/M. 1313, „Danish Crown/ Vestjyske Slagterier", ABl. L 20/1 vom 25.01.2000.
[637] Kommission, a.a.O., Tz. 146 und 149.
[638] Kommission, Entscheidung vom 09.03.1999, IV/M. 1313, „Danish Crown/ Vestjyske Slagterier", ABl. L 20/1 vom 25.01.2000, Tz. 175.
[639] Kommission, a.a.O., Tz. 176.

ligten keine Kostenvorteile und wäre wirtschaftlich bedeutend weniger mächtig als die Zusammenschlussbeteiligten.[640]

Die Existenz eines Vergeltungsmechanismus trägt zur Stabilität eines kollusiven *agreements* bei; diese Stabilität ist Voraussetzung kollektiver Marktbeherrschung nach dem *tacit collusion*-Konzept. Insofern setzt sich die Kommission hier in einen gewissen Widerspruch zu ihrer vorherigen Äußerung, wonach sie ein „Zusammenspiel" zwischen den Oligopolisten – sprich ein kollusives Element – für nicht erforderlich erklärt.

Die Kommission äußert sich in dieser Entscheidung ein weiteres Mal zur generellen Bedeutung struktureller Verflechtungen: Gemeinsame Marktbeherrschung könne mit und ohne strukturelle Verbindungen bestehen.[641] Da die Kommission im vorliegenden Fall ohnehin strukturelle Verbindungen zwischen den Parteien bejaht,[642] hätte für eine solche grundsätzliche Äußerung keine Notwendigkeit bestanden. Dies zeigt, dass die Frage der Bedeutung struktureller Verflechtungen noch nicht allseits als endgültig geklärt betrachtet wird.

D. Kommission: Airtours/ First Choice

In der Entscheidung „Airtours/ First Choice"[643] unternimmt die Kommission den bis dahin massivsten Versuch, das Konzept kollektiver Marktbeherrschung auszudehnen. Gegenstand der Entscheidung ist der Erwerb der Kontrolle über die Gesamtheit des britischen Unternehmens First Choice plc (nachfolgend: „First Choice") durch das ebenfalls britische Unternehmen Airtours plc (nachfolgend: „Airtours"). Im Vereinten Königreich verfügt Airtours auf dem Markt für Kurzstrecken-Auslandspauschalreisen über einen Marktanteil von 21 %, First Choice über 15 %, die nächst größten Wettbewerber Thomson und Thomas Cook über Marktanteile von 30,7 % bzw. 20,4 %. Diesen großen Unternehmen steht eine Reihe von sehr kleinen Reiseunternehmen mit Marktanteilen von jeweils unter 3 % gegenüber.[644]

Durch den Zusammenschluss würde die Zahl der möglichen Konkurrenzverhältnisse zwischen diesen großen Vier von sechs auf drei verringert. Dadurch würde nach Auffassung der Kommission die Interdependenz zwischen den Oli-

---

[640] Kommission, a.a.O., Tz. 177.
[641] Kommission, Entscheidung vom 09.03.1999, IV/M. 1313, „Danish Crown/Vestjyske Slagterier", ABl. L 20/1 vom 25.01.2000, Tz. 179 lit. c.
[642] Kommission, a.a.O., Tz. 179 lit. c.
[643] Kommission, Entscheidung vom 22.09.1999, IV/M.1524, „Airtours/ First Choice", ABl. L 93/1 vom 13.04.2000.
[644] Kommission, a.a.O., Tz. 72.

gopolisten erhöht und damit auch der Anreiz zur Einschränkung des Angebots, denn für die drei Oligopolisten wäre offensichtlich, dass ein Wettbewerb um Marktanteile nur die Gewinnspanne für alle nach unten drücken würde.[645] Außerdem wäre durch die geringere Anbieterzahl der Markt durchschaubarer und Veränderungen des Marktgleichgewichts leichter aufzudecken,[646] und es fiele leichter, sofortige Gegenmaßnahmen zu ergreifen.[647] Die Kommission hält es für nicht erforderlich nachzuweisen, dass sich die Marktteilnehmer infolge des geplanten Zusammenschlusses (stillschweigend) wie ein Kartell verhalten. Insbesondere der Nachweis strenger Sanktionsmechanismen sei nicht notwendig.[648] Für die Bejahung kollektiver Marktbeherrschung im vorliegenden Fall ist aus Sicht der Kommission allein ausschlaggebend, ob das Ausmaß der gegenseitigen Abhängigkeit der Oligopolisten diesen eine Einschränkung des Angebots sinnvoll erscheinen lasse und damit der Wettbewerb in einer Form eingeschränkt werde, die zur Begründung einer beherrschenden Stellung führe.[649]

Die Kommission kommt letztlich zum Ergebnis, dass wegen des höheren Konzentrationsgrades die Anreize für die großen Anbieter, den Wettbewerb untereinander zu verringern, nach dem Zusammenschluss zunehmen würden.[650] Der Zusammenschluss würde folglich auf dem Reiseveranstaltermarkt des Vereinigten Königreichs ein dauerhaftes Oligopol der Unternehmen Airtours/ First Choice, Thomson und Thomas Cook begründen.[651]

Die Begründung der Untersagung des Zusammenschlussvorhabens findet keine allgemeine Zustimmung, manche empfinden die Entscheidung der Kommission gar als „aggressiv".[652] Die Entscheidung der Kommission weist jedenfalls eine Reihe Besonderheiten auf im Hinblick auf die Art der Marktstruktur (dazu unter I.) und auch im Hinblick auf das von der Kommission gewählte Konzept kollektiver Marktbeherrschung (dazu II.).

---

[645] Kommission, a.a.O., Tz. 143.
[646] Kommission, a.a.O., Tz. 144.
[647] Kommission, a.a.O., Tz. 147.
[648] Kommission, a.a.O., Tz. 150.
[649] Kommission, a.a.O., Tz. 150.
[650] Kommission, a.a.O., Tz. 158.
[651] Kommission, a.a.O., Tz. 158.
[652] *Weitbrecht*, 2002 ECLR, 407, 409.

I. Besonderheiten der Entscheidung in Bezug auf die Marktstruktur

1. Dreier-Oligopol

Nach Auffassung der Kommission würde der Zusammenschluss zu einem Oligopol der Unternehmen Airtours/ First Choice, Thomson und Thomas Cook führen.[653] Damit bejaht die Kommission erstmals kollektive Marktbeherrschung durch ein Dreier-Oligopol.[654] Nach einer Auffassung ebnet diese Bejahung einer Marktbeherrschung durch drei Unternehmen den Weg für eine spätere Anerkennung von Marktbeherrschung durch eine noch größere Anzahl von Unternehmen. Zwischen Zweier- und Dreier-Marktbeherrschung existiere nämlich eine Art psychologische Grenze. Durch den Sprung der Kommission von zwei zu drei Unternehmen erhöhe sich die Anzahl potentiell marktbeherrschender Oligopole signifikant.[655] *Montag/Leibenath* halten die erstmalige Bejahung eines Dreier-Oligopols für einen bedeutsamen Schritt der Kommission in Richtung einer kontinuierlichen Ausweitung des Konzepts kollektiver Marktbeherrschung in der EG-Fusionskontrollverordnung.[656]

Tatsächlich hat die Kommission jedoch die Anzahl an Oligopolmitgliedern, die kollektive Marktbeherrschung wahrscheinlich machen soll, in einer früheren Entscheidung bereits eingeschränkt. Muss nach den Ausführungen der Kommission in „Airtours/ First Choice" in transparenten Märkten auch bei einer über zwei hinausgehenden Zahl von Wettbewerbern Parallelverhalten nicht unwahrscheinlich sein, hat die Kommission es in „Price Waterhouse/ Coopers & Lybrand" für unwahrscheinlich gehalten, dass es bei mehr als drei oder vier Wettbewerbern zu Parallelverhalten kommt.[657] Manche Kommentatoren entnehmen dem, dass als Anwendungsfall für kollektive Marktbeherrschung damit lediglich Duopole und Dreier-Oligopole verbleiben.[658] In späteren Entscheidungen wird die Kommission indessen auch kollektive Marktbeherrschung durch mehr Unternehmen in Betracht ziehen.[659]

---

[653] Kommission, a.a.O., Tz. 158.

[654] So beispielsweise auch *Barr*, Global Competition October 2002, 41; *Stroux*, World Competition 23 (1) 2000, 3, 36; *Briones/Padilla*, World Competition 24 (3) 2001, 307, 309.

[655] *Briones/Padilla*, World Competition 24 (3) 2001, 307, 309; *Navarro Varona/Font Galarza/Folguera Crespo/Briones Alonso*, 7.62; *Ratliff*, The European Antitrust Review 2002, 20, 21 zieht kollektive Marktbeherrschung auch bei eine Verengung eines Fünfer- zu einem Vierer-Oligopol in Betracht.

[656] *Montag/Leibenath*, WuW 2000, 852, 858.

[657] Vgl. dazu auch *Rivas/Stroud*, CML Rev. 38, 2001, 935, 976.

[658] *Etter*, World Competition 23 (3) 2000, 103, 135.

[659] Kommission, Entscheidung vom 29.09.1999, IV/M. 1383, „Exxon/ Mobil", im Internet abrufbar unter http://www.europa.eu.int, Tz. 466: „Drei bis fünf Anbieter".

2. Zusammenschluss ohne Beteiligung des Marktführers/ Oligopol kontrolliert nicht den gesamten Markt

Bechtold weist zutreffend darauf hin, dass in „Airtours" erstmals eine Fusion unter Beteiligung nicht des Marktführers, sondern von Unternehmen untersagt wurde, die an dritter und vierter Stelle des Oligopols standen und einen gemeinsamen Marktanteil von unter 35 % erreichten.[660] Ähnlich bemerken *Rivas/Stroud,* die „Airtours"-Entscheidung sei insofern eine Weiterentwicklung der Kommissionspraxis, als sie zeige, dass ein aus einem Zusammenschluss resultierendes Oligopol auch dann verboten werden könne, wenn es nicht den gesamten relevanten Markt kontrolliere.[661] Die Kommission wird diesen Aspekt in ihrer späteren Entscheidung „Exxon/ Mobil"[662] wieder aufgreifen. Allerdings haben – wie bereits *oben* ausgeführt – der EuGH in „Frankreich u.a./ Kommission"[663] und das EuG in „Gencor/ Kommission" anerkannt, dass in der Zusammenschlusskontrolle auch Veränderungen in der Marktmacht von Unternehmen berücksichtigt werden können, die nicht am Zusammenschluss beteiligt sind.

3. Symmetrie des Oligopols

Aufmerksamkeit verdienen weiter die Feststellungen der Kommission zur Symmetrie des Oligopols. Die Symmetrie zwischen den führenden Unternehmen hinsichtlich ihrer vertikalen Integration werde durch den Zusammenschluss erhöht und damit bestehende Asymmetrien in der vertikalen Integration ausgeglichen.[664] Thomson und Airtours seien im vorgelagerten Bereich „Bereitstellung von Sitzplatzkapazitäten" aufgrund eigener Fluggesellschaften relativ autark; First Choice dagegen verkaufe zwar 30 % seiner Sitzplatzkapazität an andere Reiseveranstalter – und übertreffe damit deutlich Airtours, Thomson und Thomas Cook – decke aber ca. 25 % seiner Sitzplatzkapazitäten bei fremdem Fluggesellschaften.[665] Im nachgelagerten Bereich „Vermittlung von Reisen" sei First Choice gerade dabei, eine eigene Reisebürokette aufzubauen.[666] Im Rahmen des geplanten Vorhabens schließe sich somit ein weniger vertikal integriertes Unternehmen mit einem stärker integrierten zusammen.[667]

---

[660] *Bechtold* in *Schwarze*, Europäisches Wettbewerbsrecht im Wandel, S. 114.
[661] *Rivas/Stroud*, CML Rev. 38, 2001, 935, 975.
[662] Kommission, Entscheidung vom 29.09.1999, IV/M. 1383, „Exxon/ Mobil", im Internet abrufbar unter http://www.europa.eu.int, Tz. 228.
[663] EuGH, Urteil vom 31.03.1998, verb. Rs. C-68/94 und C-30/95, „Frankreich u.a./ Kommission", Slg. 1998, I – 1375ff., Tz. 171.
[664] *Briones/Padilla*, World Competition 24 (3) 2001, 307, 310.
[665] Kommission, a.a.O., Tz. 67 bis 69.
[666] Kommission, a.a.O., Tz. 70.
[667] Dies heben auch *Briones/Padilla*, World Competition 24 (3) 2001, 307, 310 hervor.

Als Besonderheit in „Airtours/ First Choice“ wird folglich die *Art* der von der Kommission untersuchten Symmetrien hervorgehoben. In vorangegangenen Entscheidungen habe die Kommission auf Symmetrien in Bezug auf Kostenstrukturen, Marktanteilen, Technologie und Kapazitäten abgestellt und nicht auf Symmetrien hinsichtlich des Grades vertikaler Integration.[668] Die Kommission berücksichtigte etwa in „Pilkington-Techint/ SIV“ eine asymmetrische vertikale Integration,[669] Symmetrien hinsichtlich des Grades der vertikalen Integration spielten in der bisherigen Kommissionspraxis also durchaus eine Rolle spielten. Im Übrigen verzichtet die Kommission auch in „Airtours/ First Choice“ nicht auf die „übliche“ Untersuchung der Symmetrien der Kostenstrukturen:[670] Airtours verfüge zwar über ein Flotte von 36 Flugzeugen, Thomson über eine von 41 und First Choice von 25. Trotz dieser sehr unterschiedlichen Zahlen hätten die vier großen Reiseunternehmen grundsätzlich dieselben Kostenstrukturen,[671] da mit mehr als 15 bis 20 Flugzeugen keine Größenvorteile mehr möglich seien und alle vier Veranstalter diese kritische Mindestgröße erreichten.[672]

4. Produkthomogenität

Airtours meint im Verfahren „Airtours/ First Choice“, die Unterschiede zwischen den verschiedenen Kategorien von Auslandspauschalreisen seien so groß, dass sie eine oligopolistische Beherrschung von Thomson, Airtours/ First Choice und Thomas Cook ausschlössen. Wegen der Art des Produkts seien Preisabsprachen unmöglich.[673] Die Kommission dagegen bejaht Produkthomogenität von Auslandspauschalreisen auf Kurzstrecken mit der Begründung, sie bestünden alle aus zwei Schlüsselelementen (nämlich Flug und Unterkunft) und würden als Massenartikel angeboten. Sie seien also gewissermaßen genormt, um Größen- und Umfangvorteile zu erwirtschaften und damit sie zu einem niedrigeren Preis vermarktet werden könnten als entsprechende Individualreisen.[674] Die Kommission sieht sich durch Marktuntersuchungen bestätigt, wonach für 85 % der Abnehmer der Preis bei der Wahl der Reise sehr wichtig sei, während Markentreue kaum ins Gewicht falle.[675] Auf die Frage, ob der Differenzie-

---

668 *Briones/Padilla*, World Competition 24 (3) 2001, 307, 310.

669 Kommission, Entscheidung vom 21.12.1993, IV/M.358, „Pilkington-Techint/ SIV“, ABl. L 158/24 vom 25.06.1994, Tz. 47.

670 A.A. *Temple Lang*, FCLI 2001, 269, 290.

671 Kommission, Entscheidung vom 22.09.1999, IV/M.1524, „Airtours/ First Choice", ABl. L 93/1 vom 13.04.2000, Tz. 101.

672 Kommission, a.a.O., Tz. 99f.

673 Auffassung von Airtours, referiert in Kommission, Entscheidung vom 22.09.1999, IV/M.1524, „Airtours/First Choice", ABl. 2000, L 93/1 vom 13.04.2000, Tz. 90.

674 Kommission, a.a.O., Tz. 88.

675 Kommission, Entscheidung vom 22.09.1999, IV/M.1524, „Airtours/ First Choice", ABl. L 93/1 vom 13.04.2000, Tz. 88.

rungsgrad der Produkte Preiskoordinierung zulasse, komme es nicht an, da die Veranstalter ihre Gewinne nicht im Wege der Preiskoordinierung zu maximieren suchten, sondern durch eine Begrenzung des Angebots.[676]

Einige meinen, die Kommission weiche hier von dem bisher verwandten Begriff des homogenen Produktes ab.[677] Zuvor habe die Kommission Produkthomogenität bei „basic commodity products" wie Wasser oder Aluminium bejaht. Der Markt für Kurzstrecken-Flugreisen biete dagegen eine Fülle von Möglichkeiten zur Produkt- und Preisdifferenzierung.[678] Auch wenn man indessen die Bejahung von Produkthomogenität durch die Kommission als zumindest „ungewöhnlich" empfinden mag, ist von der Frage, ob tatsächlich Produkthomogenität besteht, die Frage zu unterscheiden, welche Folgen sich aus deren vermeintlichen Fehlens für die Annahme kollektiver Marktbeherrschung ergeben. So wehren sich *Christensen/Rabassa* zutreffend gegen das Argumentationsmuster, kollektive Marktbeherrschung sei unmöglich aufgrund des Differenzierungsgrades der Produkte. Letztlich kann es immer nur darauf ankommen, ob ein *tacit collusion*-Mechanismus möglich bleibt.[679] Eine isolierte Betrachtung der Produkthomogenität liefe auf einen *checklist-approach* hinaus.

5. Markteintrittsschranken und Volatilität der Marktanteile

Airtours macht weiter geltend, es bestünden lediglich unbedeutende Marktzutrittsschranken. Dem widerspricht die Kommission nicht, verweist jedoch auf eine erhebliche Zunahme der Marktkonzentration. In den Jahren 1996 bis 1998 sei der Anteil der vier größten Reiseveranstalter von 54 % auf über 60 % gestiegen.[680] In diesem stärker konzentrierten Markt werden sich nach Auffassung der Kommission Zutrittsschranken „wahrscheinlich" stärker auswirken. Die Möglichkeit des Marktzutritts als solche reiche nicht aus, um die Gefahr der Begründung einer beherrschenden Stellung auszuräumen. Der Eintritt in den Markt müsse unter anderem auf Dauer erfolgen können. In Märkten wie dem relevanten Markt, auf dem Größe ein wichtiger Faktor sei, müsse ein neues Un-

---

[676] Kommission, a.a.O., Tz. 91.

[677] *Stroux*, World Competition 23 (1) 2000, 3, 38; *Barr*, Global Competition October 2002, 41, 42; *Temple Lang*, FCLI 2001, 269, 290; im Ergebnis auch *Weitbrecht* in *Schwarze*, Instrumente zur Durchsetzung des europäischen Wettbewerbsrechts, S. 61, 65. *Weitbrecht* weist überdies daraufhin, dass neben fehlender Produkthomogenität der Markt in „Airtours/First Choice" auch nicht durch fehlende Produktinnovationen und hohe Investitionskosten gekennzeichnet ist, mithin durch Faktoren, die üblicherweise für oligopolistisches Verhalten sprächen.

[678] *Briones/Padilla*, World Competition 24 (3) 2001, 307, 310.

[679] *Christensen/Rabassa*, 2001 ECLR, 227, 236.

[680] Kommission, Entscheidung vom 22.09.1999, IV/M.1524, „Airtours/ First Choice", ABl. L 93/1 vom 13.04.2000, Tz. 114f., insbesondere Tz. 115, Fn. 80.

ternehmen in der Lage sein, von Anfang an groß genug zu sein oder in kurzer Zeit groß genug zu werden, um für die beherrschenden Anbieter eine tatsächliche Herausforderung darzustellen. Dies ist nach Ansicht der Kommission im vorliegenden Fall unwahrscheinlich.[681]

Volatilität der Marktanteile[682] sowie niedrige Markteintrittsschranken sind indes nicht die typischen Merkmale eines Marktes, der zu *tacit collusion* neigt.[683] Auch das EuG wird später den Argumenten der Kommission nicht folgen.[684]

6. Anwendung des HHI

Der Zusammenschluss hätte nach den Feststellungen der Kommission einen Anstieg des Konzentrationsgrades auf dem Markt von 70 % auf 83 % zur Folge. Der Wert nach dem Herfindahl-Hirschmann-Index (HHI) würde von 1700 um mehr als 450 auf über 2150 Punkte ansteigen.[685] Auch wenn die Kommission vor „Airtours/ First Choice" den Herfindahl-Hirschmann-Index etwa bereits im Zusammenschlussverfahren „Enso/ Stora" verwendet hat,[686] handelt es sich im Zeitpunkt der Entscheidung doch um ein noch relativ neues Element im Prüfungsansatz der Kommission, welches sie wenige Tage nach ihrer „Airtours/ First Choice"-Entscheidung in ihrer Entscheidung „Exxon/ Mobil"[687] und später in „UPM-Kymmene/ Haindl und Norske Skog/ Parenco/ Walsum" [688] wieder aufgreifen wird.

Der Herfindahl-Hirschmann-Index ist ursprünglich ein Instrument der US-amerikanischen *Horizontal Merger Guidelines* zu Messung der Konzentration der vom Zusammenschluss betroffenen Märkte. Der HHI errechnet sich aus der Summe der im Quadrat multiplizierten Marktanteile aller auf dem relevanten Markt tätigen Unternehmen.[689] Bei einem HHI von unter 1000 gehen die *US*

---

[681] Kommission, a.a.O., Tz. 115.
[682] *Temple Lang*, FCLI 2001, 269, 290; *Barr*, Global Competition October 2002, 41, 42.
[683] *Barr*, Global Competition October 2002, 41, 42.
[684] Dazu unten unter § 12 B I.
[685] Kommission, a.a.O., Tz. 139.
[686] Kommission, Entscheidung vom 25.11.1998, IV/M. 1225, „Enso/ Stora", ABl. L 254/9 vom 29.09.1999, Tz. 67. Die ausdrückliche Verwendung des HHI in „Enso/ Stora" betont auch *Temple Lang*, FCLI 2001, 288.
[687] Kommission, Entscheidung vom 29.09.1999, IV/M. 1383, „Exxon/ Mobil", im Internet abrufbar unter http://www.europa.eu.int, Tz. 256.
[688] Kommission, Entscheidung vom 21.11.2001, IV/M.2499, „UPM-Kymmene/ Haindl" und „Norske Skog/ Parenco/ Walsum", ABl. L 233 vom 30.08.2002, Tz. 115ff.
[689] *Bartosch/Nollau*, EuZW 2002, 197, 205 bilden folgendes Beispiel: Falls auf einem Markt drei Unternehmen mit Marktanteilen von 50%, 30% und 20% tätig sind, beträgt der HHI 50x50 + 30x30 + 20x20 = 3800.

Horizontal Merger Guidelines davon aus, dass das Zusammenschlussvorhaben unkonzentrierte Märkte betrifft; ein Einschreiten der Wettbewerbsbehörden wird dann für unwahrscheinlich gehalten. Bei mäßig konzentrierten Märkten mit einem HHI zwischen 1000 und 1800 sind den *US Horizontal Merger Guidelines* zufolge wettbewerbsrechtliche Bedenken möglich, wenn infolge des Zusammenschlusses der Indexwert um mehr als 100 Punkte ansteigen würde. Bei hochkonzentrierten Märkten mit einem 1800 übersteigenden HHI soll bereits ein Anstieg um 50 Index-Punkte wettbewerbsrechtliche Bedenken verursachen.[690] Gemessen an den Maßstäben der *US Horizontal Merger Guidelines* betrifft der Zusammenschluss „Airtours/ First Choice" also einen mäßig konzentrierten Markt, auf dem es jedoch zu einem solch hohen Anstieg des HHI-Wertes kommt, dass wettbewerbsrechtliche Bedenken möglich sind.

Es ist allerdings zweifelhaft, welche Aussagekraft dem Wert nach dem HHI-Index im Hinblick auf den im Zeitpunkt des Zusammenschlussvorhabens „Airtours/ First Choice" geltenden Marktbeherrschungstest der FKVO 4064/89 zukommen kann. Materielles Beurteilungskriterium der US-amerikanischen Fusionskontrolle ist der so genannte *SLC*-Test, bei dem Wettbewerbsbehörden insbesondere untersuchen, ob ein Zusammenschluss zu einem *substantial lessening of competition*, also zu einer erheblichen Verminderung der Wettbewerbsintensität auf dem Markt, führt. Industrieökonomisch lässt sich darlegen, dass die mit dem HHI ausgedrückte Änderung der Anbieterkonzentration auf einem Markt mit einer Änderung der Wettbewerbsintensität einhergeht; daher ist der HHI-Index als Ausgangspunkt des SLC-Tests sinnvoll.[691] Demgegenüber hat die Kommission bei der Anwendung des HHI in „Airtours/ First Choice" nicht dargelegt, welcher industrieökonomische Zusammenhang zwischen einer Veränderung des Wertes nach dem HHI-Index und dem Marktbeherrschungstest besteht.[692]

Die Tatsache, dass die Kommission den HHI überhaupt anwendet, ist vor dem Hintergrund der Reform der Fusionskontrollverordnung von Bedeutung. Im Rahmen dieses – zum Zeitpunkt der „Airtours/ First Choice"-Entscheidung der Kommission noch nicht abgeschlossenen Reformvorhabens[693] – gab es Erwägungen, anstelle des Marktbeherrschungstests der FKVO 4064/89 den SLC-Test

---

690 Horizontal Merger Guidelines, para. 1.5; vgl. zum Ganzen die Darstellung von *Bartosch/Nollau*, EuZW 2002, 197, 205 und *Etter*, World Competition 23 (3) 2000, 103, 134f.
691 *Ulshöfer*, ZWeR 2004, 50, 58.
692 Vgl. hierzu auch *Biro/Parker/Etten/Riechmann*, WuW 2004, 1267, 1268.
693 Zur Reform vergleiche etwa *Arhold*, EWS 2001, 573ff.

einzuführen.[694] Die Anwendung des HHI könnte daher ein Indiz für die Bereitschaft der Kommission darstellen, das materielle Beurteilungskriterium der europäischen Fusionskontrolle zu öffnen – möglicherweise auch für Einflüsse des SLC-Tests.[695]

II. Abkehr vom *tacit collusion*-Konzept kollektiver Marktbeherrschung

Neben den bereits angesprochenen Besonderheiten der „Airtours/ First Choice"-Konstellation in Bezug auf die Marktstruktur weist auch das von der Kommission angewandte Konzept kollektiver Marktbeherrschung eine Vielzahl von Besonderheiten auf, die auf eine Abkehr der Kommission vom *tacit collusion*-Konzept hindeuten. Im Einzelnen:

1. Verzicht auf „aktive Kollusion", „einheitliches Vorgehen" und „Maximierung des gemeinsamen Gewinns"

a) Verzicht auf „aktive Kollusion"

In Tz. 53 und 54 der Entscheidung greift die Kommission ihren Ansatz aus „Gencor/ Lonrho" auf, wonach kollektive Marktbeherrschung keine „aktive Kollusion" zwischen den Unternehmen voraussetzen soll. Die Oligopolisten müssten sich nicht unbedingt so verhalten, als ob zwischen ihnen Absprachen bestünden. Es reiche vielmehr aus,

> „wenn die einzelnen Unternehmen durch die Anpassung an die Marktbedingungen Verhaltensweisen an den Tag legen, die den Wettbewerb untereinander erheblich verringern und die darauf hinauslaufen, dass die Unternehmen merklich ohne Rücksicht auf Wettbewerber, Kunden und Verbraucher agieren können".[696]

Der Verzicht der Kommission auf eine „aktive Abstimmung" der Verhaltensweisen begegnet denselben Bedenken, wie sie schon nach der „Gencor/ Lonrho"-Entscheidung der Kommission vorgebracht wurden (vgl. *oben*, § 7 A I.). Auch jetzt werden diese Ausführungen der Kommission als ein Verzicht auf

---

[694] Vgl. Kommission, *Grünbuch über die Revision der Verordnung (EWG) Nr. 4064/89 des Rates*, 11 Dezember 2001, Tz. 159ff.; vgl. auch *Arhold*, EWS 2002, 449, 457; *Weitbrecht*, 2002 ECLR, 407, 412.

[695] Im Ergebnis, wenn auch nicht unter Hinweis auf den Gebrauch des HHI durch die Kommission *Temple Lang*, FCLI 2001, 269, 291, 310 und 358; *Höhn*, RIW 2003, 63, 68.

[696] Kommission, Entscheidung vom 22.09.1999, IV/M.1524, „Airtours/ First Choice", ABl. L 93/1 vom 13.04.2000, Tz. 54.

das Erfordernis von *tacit collusion* für kollektive Marktbeherrschung verstanden.[697]

b) Verzicht auf „einheitliches Vorgehen“

Die Formulierung der Kommission, es reiche aus, wenn die *einzelnen Unternehmen* Verhaltensweisen an den Tag legen, die den Wettbewerb der Unternehmen untereinander behindern, unterscheidet sich von der Formulierung des EuGH in „Frankreich u.a./ Kommission“,[698] wonach es auf die Macht der Unternehmen zu *einheitlichem* Vorgehen ankommen soll.[699] Verhaltensweisen *einzelner* Unternehmen verlangen keine Ausschaltung des Binnenwettbewerbs zwischen den Unternehmen. Die Kommission rückt vielmehr das individuelle Verhalten der Unternehmen in den Blickpunkt und entfernt sich hier in der Tat vom *tacit collusion*-Ansatz, der ein – wenn auch ein möglicherweise stillschweigendes oder *tacit* – kollusives Verhalten voraussetzt.

c) Verzicht auf das Element der Maximierung des gemeinsamen Gewinns

Wie die Kommission weiter ausführt, soll zur Begründung einer kollektiven marktbeherrschenden Stellung ein Nachweis, dass sich die Marktteilnehmer infolge des Zusammenschlusses – eventuell auch stillschweigend – wie ein Kartell verhalten, nicht erforderlich sein. Entscheidend sei stattdessen, dass die Oligopolisten aufgrund ihrer gegenseitigen Abhängigkeit eine Einschränkung ihres Angebots für sinnvoll halten.[700]

Wie bereits erwähnt, bezieht sich die Kommission bezüglich des Erfordernisses aktiver Kollusion zwischen den Unternehmen auf ihre Entscheidung „Gencor/ Lonrho”, nicht jedoch auf das – zu diesem Zeitpunkt bereits ergangene – Urteil des EuG in derselben Sache. Während das EuG es als charakteristisch für die kollektive Marktbeherrschung angesehen hat, dass die Unternehmen ihr Verhalten aneinander anpassen, um den *gemeinsamen* Gewinn zu maximieren,[701] verzichtet die Kommission in „Airtours/ First Choice” auf dieses Element der Ma-

---

[697] *Barr*, Global Competition October 2002, 41, 42; *Stroux*, World Competition 23 (1) 2000, 3, 39.
[698] EuGH, Urteil vom 31.03.1998, verb. Rs. C-68/94 und C-30/95, Slg. 1998, I – 1375ff., „Frankreich u.a./ Kommission“, Tz. 221.
[699] *Höhn*, RIW 2003, 63, 66.
[700] Kommission, Entscheidung vom 22.09.1999, IV/M.1524, „Airtours/ First Choice”, ABl. L 93/1 vom 13.04.2000, Tz. 150.
[701] EuG, Urteil vom 25.03.1999, Rs. T-102/96, „Gencor Ltd./ Kommission”, Slg. 1999, II – 753ff., Tz. 276.

ximierung des gemeinsamen Gewinns. Auch hierin liegt eine Abweichung vom *tacit collusion*-Konzept.[702] Denn dieses beinhaltet – wie bereits ausgeführt – sowohl das Element der oligopolistischen Interdependenz als auch dasjenige der Maximierung des gemeinsamen Gewinns.[703]

2. Zur Erforderlichkeit eines Vergeltungsmechanismus

Weiteres Indiz für eine Abkehr der Kommission vom *tacit collusion*-Konzept kollektiver Marktbeherrschung sind die Ausführungen der Kommission zur Erforderlichkeit eines Vergeltungsmechanismus. In vielen ihrer bisherigen Entscheidungen[704] untersucht die Kommission Möglichkeiten, ein etwaiges Abweichen der Oligopol-Mitglieder vom parallelen Verhalten zu sanktionieren.[705] In „Airtours/ First Choice" jedoch führt die Kommission zur Frage, ob die Existenz eines Vergeltungsmechanismus eine notwendige Bedingung kollektiver Marktbeherrschung ist, aus:

> „Die Kommission (...) geht (...) nicht davon aus, dass eine kollektive Marktbeherrschung nur dann vorliegt, wenn alle einschlägigen Merkmale vorhanden sind und/oder infolge des Zusammenschlusses stärker zum Ausdruck kommen. Ebenso wenig sieht sie in straffen Sanktionsmöglichkeiten oder Gegenmaßnahmen, wie sie Airtours in der Erwiderung auf die Mitteilung der Beschwerdepunkte erwähnt, eine notwendige Voraussetzung für die Existenz eines Oligopols im vorliegenden Fall, in dem es starke Anreize für die Einschränkung des Wettbewerbs gibt, welche die Ausübung von Zwang überflüssig machen."[706]

Verzichtet die Kommission hier auf den Vergeltungsmechanismus als Voraussetzung kollektiver Marktbeherrschung?[707]

a) Sanktion durch bloße Rückkehr zu wettbewerblichem Verhalten?

Manche vertreten, besagte Tz. 55 der Entscheidung müsse im Zusammenhang gelesen werden. Die Kommission habe lediglich ausgeführt, ein Bestrafungs-

---

702 *Niels*, 2001 ECLR, 168.

703 *Niels*, 2001 ECLR, 168f.

704 Stellvertretend etwa Kommission, Entscheidung vom 24.04.1996, IV/M. 619, „Gencor/ Lonrho", ABl. L 11/30 vom 14.01.1997, Tz. 158: „Die Kontakte auf mehreren Märkten und die strukturellen Verbindungen können eine disziplinierende Wirkung auf die Mitglieder eines Oligopols ausüben, weil dann mehrere Vergeltungsmöglichkeiten bestehen, indem sie das Vergeltungsrisiko erhöhen".

705 Vgl. auch *Kloosterhuis*, 2001 ECLR, 79, 87.

706 Kommission, Entscheidung vom 22.09.1999, IV/M.1524, „Airtours/ First Choice", ABl. L 93/1 vom 13.04.2000, Tz. 55.

707 Bejahend *Etter*, World Competition 23 (3) 2000, 103, 133; *Barr*, Global Competition October 2002, 41, 42; *Kokkoris*, 2005 ECLR 37, 39; im Ergebnis auch *Temple Lang*, FCLI 2001, 269, 303; *Montag/Leibenath*, WuW 2000, 852, 858.

mechanismus, *wie ihn Airtours erwähne*, sei keine notwendige Voraussetzung. Dies bedeute jedoch keine generelle Abkehr vom Erfordernis eines Sanktionsmechanismus.[708] Weiteres Indiz gegen einen Verzicht auf einen Sanktionsmechanismus sei Tz. 143 der Entscheidung, wo die Kommission explizit einen Vergeltungsmechanismus beschreibe.[709] Tz. 143 lautet:

„Sollte einer von ihnen vorpreschen und nicht befriedigte Nachfrage durch zusätzliche Kapazitäten an sich zu binden versuchen, würden die beiden übrigen wahrscheinlich nachziehen und damit ein Überangebot schaffen. Die Gewinne aller Beteiligten gingen zurück, und die Strategie des Reiseveranstalters, der die Initiative ergriffen hatte, ginge ins Leere. In diesem Sinne würde die Gefahr eines Überangebots auf dem Markt die drei Großanbieter vor einem Kampf um Marktanteile zurückschrecken lassen".[710]

Christensen/Rabassa verweisen darauf, ein Bestrafungsmechanismus könne mehr oder weniger massiv ausfallen und im einfachsten Fall in der Rückkehr zu wettbewerblichem Verhalten bestehen.[711] In „Airtours" gehe der Vergeltungsmechanismus jedoch sogar deutlich über eine solche Rückkehr zu wettbewerblichem Verhalten hinaus, da Vergeltung hier die Form eines Überangebots annehme.[712]

b) Verzicht auf Erfordernis eines Sanktionsmechanismus

In der Tat kann aus spieltheoretischer Sicht – wie von *Christensen/Rabassa* zutreffend ausgeführt – ein Bestrafungsmechanismus durchaus auch in der bloßen Drohung zur Rückkehr zu wettbewerblichem Verhalten bestehen.[713] Dies hilft jedoch nicht darüber hinweg, dass die Kommission in Tz. 150 ausdrücklich die Existenz eines Sanktionsmechanismus für verzichtbar erklärt: „Insbesondere der Nachweis strenger Sanktionsmechanismen ist nicht notwendig." In Fußnote 94 derselben Textziffer heißt es überdies:

„In der Sache Gencor/ Lonrho (...) hat weder die Kommission argumentiert, dass ein spezifischer Sanktionsmechanismus notwendig sei, noch hat das Gericht erster Instanz diesen Punkt in seinem Urteil besonders betont".

---

[708] Vgl. dazu *Nikpay/Houwen*, 2003 ECLR, 193, 201.

[709] *Christensen/Rabassa*, ECLR 2001, 227, 235f.; auch *Stroux*, World Competition 23 (1) 2000, 3, 38 weist darauf hin, dass die Kommission einerseits festhält, ein strikter Bestrafungsmechanismus sei nicht erforderlich, andererseits aber in der konkreten Konstellation das Vorliegen eines Sanktionsmechanismus durchaus bejaht.

[710] Kommission, Entscheidung vom 22.09.1999, IV/M.1524, „Airtours/ First Choice", ABl. L 93/1 vom 13.04.2000, Tz. 143.

[711] *Christensen/Rabassa*, ECLR 2001, 227, 236.

[712] Vgl. Kommission, Entscheidung vom 22.09.1999, IV/M.1524, „Airtours/ First Choice", ABl. 93/1 vom 13.04.2000, Rz. 143.

[713] So auch *Drauz* in *Niemeyer/Drauz/Jenny/Lang*, FCLI 2002, 375, 382.

Die Äußerungen der Kommission zur Frage des Erfordernisses eines Sanktionsmechanismus werden daher von vielen als zwiespältig empfunden.[714] Auch das EuG wird später in seinem Urteil „Airtours/ Kommission" feststellen, die Kommission habe diesbezüglich einen nicht ganz eindeutigen Standpunkt eingenommen.[715] Bei Lichte besehen bringt die Kommission indes in Tz. 150 eindeutig zum Ausdruck, dass sie generell die Existenz eines Sanktionsmechanismus nicht für erforderlich hält. Dass die Kommission in der Entscheidung dennoch die Existenz eines Strafmechanismus feststellt, ist kein Widerspruch. Der Verzicht auf ein zwingendes Erfordernis eines Strafmechanismus heißt noch nicht, dass die Kommission einem solchen Mechanismus keine Bedeutung zumisst, wenn er tatsächlich vorliegt.

Nach der spieltheoretischen „Wirkungskette stabiler Kollusion" ist die Existenz eines Vergeltungsmechanismus zwar keine isoliert zu betrachtende Voraussetzung kollektiver Marktbeherrschung, jedoch für die Stabilität eines *agreements* zwischen den Unternehmen von Bedeutung. Wie bereits im Rahmen der ökonomischen Grundlagen kollektiver Marktbeherrschung erläutert,[716] hängt diese Stabilität des *agreements* davon ab, ob es für das einzelne Unternehmen lohnender ist, sein Verhalten weiterhin dem kollektiven wettbewerbsbeschränkenden Verhalten der anderen Oligopolisten anzupassen oder ob das Unternehmen sich größere Vorteile aus einem einseitigen Ausbrechen aus diesem kollektiven Verhalten verspricht. Bei dieser Abwägung spielt die Gefahr von Vergeltungsmaßnahmen durch die anderen Oligopol-Unternehmen eine entscheidende Rolle. Die Existenz eines Vergeltungsmechanismus ist also unabdingbare Voraussetzung kollektiver Marktbeherrschung nach dem *tacit collusion*-Konzept. Die Kommission weicht demnach auch durch den Verzicht auf die Existenz eines Vergeltungsmechanismus vom *tacit collusion*-Konzept ab.[717]

3. Stützt die Kommission ihre Untersagungsentscheidung auf *unilateral effects?*

Es wird die Auffassung vertreten, die Kommission habe in „Airtours/ First Choice" ein Zusammenschlussvorhaben untersagt, das im Falle seiner Realisie-

---

[714] So auch *Höhn*, RIW 2003, 63, 67; *Barr*, Global Competition October 2002, 41, 42; *Stroux*, World Competition 23 (1) 2000, 3, 38; *Kloosterhuis*, ECLR 2001, 79, 89.

[715] EuG, Urteil vom 06.06.2002, Rs. T –342/99, „Airtours/ Kommission", Slg. 2002, II - 2585ff., Tz. 191.

[716] S. oben § 1.

[717] *Nicholson/Cardell*, Global Competition Review, August 2002, 13, 15; *Etter*, World Competition 23 (3) 2000, 103, 137; *Montag/Leibenath*, WuW 2000, 852, 858.

rung nicht zu Einzelmarktbeherrschung oder *tacit collusion,* sondern zu *unilateral effects* geführt hätte.[718]

a) Was sind *unilateral effects* eines Zusammenschlusses?

Die Unterscheidung zwischen *unilateral effects* und *coordinated effects* eines Zusammenschlusses stammt – wie der HHI – aus dem US-amerikanischen Kartellrecht. Die US Horizontal Merger Guidelines unterscheiden zwischen Wettbewerbsbeeinträchtigungen durch *co-ordinated interaction* und durch *unilateral effects.*[719] *Coordinated effects* eines Zusammenschlusses sind solche, aufgrund derer die Fähigkeit eines Unternehmens, die Preise zu erhöhen, vom Verhalten seiner Wettbewerber abhängt:[720]

„Coordinated interaction is comprised of actions by a group of firms that are profitable for each of them only as a result of the accommodating reactions of the others. This behaviour includes tacit or express collusion, and may or may not be lawful in and of itself.
Successful coordinated interaction entails reaching terms of coordination that are profitable to the firms involved and an ability to detect and punish deviations that would undermine the coordinated interaction."[721]

Eine Fusion führt demnach zu *coordinated effects*, wenn sie Marktbedingungen schafft, die es zwei oder mehreren Unternehmen ermöglichen, stillschweigend ein paralleles Wettbewerbsverhalten anzunehmen und aufrechtzuerhalten.[722] *Unilateral effects* dagegen versetzen ein Unternehmen nach einem Zusammenschluss in die Lage, einseitig die Preise zu erhöhen.[723] Die Eliminierung des Wettbewerbsdrucks zwischen den beiden fusionierenden Unternehmen ermöglicht dem neu entstehenden Unternehmen, Preise über das Niveau vor der Fusion anzuheben, ohne dass das neue Unternehmen dabei die Reaktionen der Wettbewerber berücksichtigen muss.[724] Mit den Worten der US Horizontal Merger Guidelines:

„A merger may diminish competition even if it does not lead to increased likelihood of successful coordinated interaction, because merging firms may find it profitable to alter their

---

[718] *Barr*, Global Competition October 2002, 41, 42; *Stroux*, World Competition 23 (1) 2000, 3, 39; *Kloosterhuis*, 2001 ECLR, 79, 87; *Jenny* in *Niemeyer/Drauz/Jenny/Temple Lang*, FCLI 2001, 375, 378.
[719] US Merger Guidelines, § 2.1 und § 2.2.
[720] *Christensen/Rabassa*, 2001 ECLR, 227, 229.
[721] US 1992 Horizontal Merger Guidelines, § 2.1.
[722] *Alfter*, WuW 2003, 20, 22.
[723] *Christensen/Rabassa*, 2001 ECLR, 227, 229.
[724] *Alfter*, WuW 2003, 20, 21; *Vickers*, 2003 ECLR 95, 99.

behaviour unilaterally following the acquisition by elevating price and suppressing output."[725]

b) Anhaltspunkte dafür, dass die Kommission die Untersagungs-Entscheidung auf *unilateral effects* stützt

Eine Reihe von Kommentatoren sehen (mit jeweils unterschiedlicher Nuancierung) in der Entscheidung Anhaltspunkte dafür, dass die Kommission ihre Untersagung auf *unilateral effects* stützt:

So vertritt etwa *Stroux*, die Kommission stelle in „Airtours/ First Choice" darauf ab, dass die Oligopolisten sich individuell und einseitig an die Marktbedingungen anpassen.[726] Die Kommission habe – das „Gencor"-Urteil des EuG übergehend – beharrlich aus ihrer eigenen Entscheidung in der Sache „Gencor/ Lonrho" zitiert.[727] Das EuG dagegen in seinem „Gencor"-Urteil

„had recognised that undertakings can be linked through oligopolistic interdependence, which results in the adaptation of the oligopolists within the „collective dominance" to each other's behaviour, in the sense that they „align their conduct in the market". The Commission instead seems to condemn the individual unilateral adaptation of each oligopolist to the market conditions."[728]

Motta bezweifelt, dass die Kommission in „Airtours" eine hinreichende Wahrscheinlichkeit von Kollusion dargetan habe, um die Bejahung kollektiver Marktbeherrschung zu rechtfertigen.[729] Er verweist auf das Vorbringen von Airtours, wonach durch die Volatilität der Nachfrage Unruhe am Markt entstehe. Diese erschwere es, abweichendes Verhalten festzustellen und somit Verhaltensweisen zu koordinieren (Tz. 94 der Entscheidung). Die Kommission dagegen habe die Auffassung vertreten, der Markt werde durch die Volatilität der Nachfrage anfälliger für oligopolistische Beherrschung (Tz. 97 der Entscheidung).[730] *Motta* meint daher, in „Airtours" Anzeichen für einen Versuch der Kommission entdecken zu können, mittels einer Überdehnung des Konzepts kollektiver Marktbeherrschung die FKVO auf solche Zusammenschlüsse anwenden zu können, die negative Wohlfahrtseffekte haben, aber keine beherrschende Stellung begründen oder verstärken[731].

---

[725] US 1992 Horizontal Merger Guidelines, § 2.2.
[726] *Stroux*, World Competition 23 (1) 2000, 3, 39.
[727] Vgl. Kommission, Entscheidung vom 22.09.1999, IV/M.1524, „Airtours/ First Choice", ABl. L 93/1 vom 13.04.2000, Tz. 53.
[728] *Stroux*, World Competition 23 (1) 2000, 3, 39.
[729] A.A. *Christensen/Rabassa*, 2001 ECLR, 227, 237.
[730] *Motta*, 2000 ECLR, 199, 206.
[731] *Motta*, 2000 ECLR, 199.

Nach Darstellung von *Kloosterhuis* lässt die Kommission in „Airtours/ First Choice“ zur Begründung kollektiver Marktbeherrschung ausreichen, dass die einfache Anpassung an die Marktbedingungen zu einem nichtwettbewerblichen Marktergebnis führt. Darin liege ein Bekenntnis der Kommission, dass die Anpassung der Oligopolisten an die Marktverhältnisse auch ein rein individueller Akt sein könne.[732] Letztlich ziehe die Kommission nicht-kooperatives Verhalten von Unternehmen heran, um gemeinsame Marktbeherrschung in Fusionsfällen zu begründen.[733]

Auch *Jenny* unterscheidet kooperative und nicht-kooperative Oligopole.[734] Es komme zu einem nicht-kooperativen Oligopol, wenn die Oligopol-Mitglieder nicht zu stillschweigender Kollusion im Sinne von *tacit collusion* gelangen. In diesem nicht-kooperativen Oligopol würden die Oligopolisten keine gemeinsame Gewinnmaximierung – und damit nicht den Monopolpreis – erzielen wie bei *tacit collusion.* Somit werde ihr Ergebnis unterhalb des – aus ihrer Sicht – bestmöglichen liegen. Andererseits würden sie jedoch das nächstbeste Ergebnis erzielen können, nämlich ein Gleichgewicht, das zwar unterhalb des Monopolpreises, aber dennoch oberhalb des wettbewerblichen Preises liege (*nicht-kooperatives Gleichgewicht).* In „Airtours/ First Choice” habe die Kommission ein solches nicht-kooperatives Gleichgewicht als Situation kollektiver Marktbeherrschung behandelt.[735]

Christensen/Rabassa dagegen sind der Auffassung, die Kommission habe in „Airtours/ First Choice“ nicht untersucht, ob das geplante Zusammenschlussvorhaben zu *unilateral effects* führen würde. Denn dann hätte die Kommission prüfen müssen, ob Airtours/ First Choice nach dem Zusammenschluss einseitig hätten die Preise erhöhen können. Eine solche Prüfung sei jedoch nicht erfolgt. Die Annahme, die Kommission habe ihre Entscheidung auf *unilateral effects* gestützt, scheine daher zu rühren, dass man die Entscheidung der Kommission fälschlich so interpretiere, dass sie einen Vergeltungsmechanismus *nicht* voraussetze, um kollektive Marktbeherrschung zu begründen. Richtigerweise habe die Kommission ausdrücklich einen Vergeltungsmechanismus beschrieben, die Entscheidung also gerade nicht auf *unilateral effects* gestützt.[736] Auch die Kommission selbst wird später vor dem EuG erklären, sie habe in „Airtours/ First Choice“ die Untersagungsentscheidung nicht auf *unilateral effects* gestützt. Die vieldiskutierte Formulierung in Tz. 54 der Entscheidung, – wonach

---

[732] *Kloosterhuis*, 2001 ECLR, 79, 87.
[733] *Kloosterhuis*, 2001 ECLR, 79, 87.
[734] *Jenny*, FCLI 2002, 361, 369ff. und in *Niemeyer/Drauz/Jenny/Temple Lang*, FCLI 2001, 375, 378ff.
[735] *Jenny*, in *Niemeyer/Drauz/Jenny/Temple Lang*, FCLI 2001, 375, 378.
[736] *Christensen/Rabassa*, 2001 ECLR, 227, 235f.

es ausreiche, wenn *die einzelnen Unternehmen* bestimmte Verhaltensweisen an den Tag legen – sei lediglich gewählt worden, um zu verdeutlichen, eine Vereinbarung im engeren Sinne zwischen den Unternehmen sei nicht erforderlich.[737]

Wie jedoch bereits ausgeführt, ist die Annahme, die Kommission verneine das Erfordernis der Existenz eines Vergeltungsmechanismus, durchaus richtig; im Gegensatz zu der von *Christensen/Rabassa* vetretenen Auffassung ist eine solche Interpretation der Kommissionsentscheidung also nicht als „fälschlich" zu bezeichnen. Die Tatsache, dass die Abweichungen der Kommission vom *tacit collusion*-Konzept alle den kooperativen Aspekt von *tacit collusion* betreffen (Verzicht auf das Erfordernis eines kollusiven Elements, gemeinsamer Gewinnmaximierung sowie der Existenz eines Vergeltungsmechanismus), legt in der Tat die Vermutung nahe, die Kommission habe ihre Untersagungsentscheidung auf zusammenschlussbedingte *unilateral effects* gestützt. Gleichwohl ist *Christensen/Rabassa* zuzugeben, dass in der Tat keine Prüfung erfolgt, ob Airtours/ First Choice nach dem Zusammenschluss einseitig ihre Preise erhöhen könnten.

4. Ausdehnung der Oligopolkontrolle als Folge des von der Kommission verwendeten Konzepts kollektiver Marktbeherrschung

Das der Entscheidung der Kommission zugrunde liegende Konzept kollektiver Marktbeherrschung erlaubt der Kommission, die Oligopolkontrolle in der Fusionskontrolle beträchtlich auszudehnen. Dies zeigt auch Tz. 150 der Entscheidung:

> „Für die Feststellung einer kollektiven Marktbeherrschung ist im vorliegenden Fall ausschlaggebend, ob das Ausmaß der gegenseitigen Abhängigkeit der Oligopolisten diesen eine Einschränkung des Angebots sinnvoll erscheinen lässt und damit der Wettbewerb in einer Form eingeschränkt wird, die zur Begründung einer gemeinsamen beherrschenden Stellung führt."[738]

Wie *Jenny*[739] richtig anmerkt, lässt sich diese Passage auf zwei Arten lesen. Einmal kann man die Kommission so verstehen, dass nur wenn die Einschränkung des Wettbewerbs zwischen den Oligopolisten ausreichend groß ist, um kollektive Marktbeherrschung zu begründen, die Situation als eine „kollektive marktbeherrschende Stellung" beschrieben werden kann. Dann wäre die Äuße-

---

[737] Kommission, zitiert nach *Nikpay/Houwen*, 2003 ECLR, 193, 201.
[738] Kommission, Entscheidung vom 22.09.1999, IV/M.1524, „Airtours/ First Choice", ABl. L 93/1 vom 13.04.2000, Tz. 150.
[739] *Jenny*, FCLI 2002, 361, 368.

rung reine Tautologie. Oder man versteht die Passage so, als sei es für die Begründung kollektiver Marktbeherrschung ausreichend, dass die Oligopol-Mitglieder einen Anreiz zu einer Einschränkung des Angebots haben. Diese Voraussetzung ist jedoch im Oligopol regelmäßig erfüllt. Denn einen Anreiz zur Einschränkung des Angebots haben die Oligopol-Mitglieder schon aufgrund der oligopolistischen Interdependenz, auch wenn sie es nicht immer für sinnvoll halten, diesem Anreiz entsprechend zu handeln.[740] Für ein solches – weites – Verständnis der Entscheidung spricht auch die Äußerung der Kommission selbst in Fußnote 45 zu Tz. 58 der Entscheidung:

„ ‚Kollektive Marktbeherrschung' und ‚Oligopol' werden in dieser Entscheidung synonym verwendet."[741]

Obschon es der Kommission selbstverständlich freisteht, die von ihr verwendeten Begriffe selbst zu definieren, ist die Gleichsetzung von „Oligopol" und „kollektive Marktbeherrschung" ein weiteres Indiz dafür, dass die Kommission das Verbot der Begründung und Verstärkung kollektiver marktbeherrschender Stellung in Art. 2 Abs. 3 FKVO 4064/89 auf eine Kontrolle sämtlicher oligopolistischer Marktstrukturen auszudehnen zumindest geneigt ist.[742] Mit einem solchen Verständnis kollektiver Marktbeherrschung im Sinne von Art. 2 Abs. 3 FKVO 4064/89 hätte die Kommission ein Mittel in der Hand, die zusammenschlussbedingte Entstehung oder Verstärkung *jeden* Oligopols zu untersagen. Damit blieben die unterschiedlichen wettbewerblichen Auswirkungen von Oligopolen mit und ohne Binnenwettbewerb unberücksichtigt.

E. EuG: Airtours/ Kommission

Im Juni 2002 erklärt das EuG in einem viel beachteten Urteil die Untersagung der Kommission in der Sache „Airtours/ First Choice" für nichtig.[743] In seiner Entscheidung setzt sich das EuG nicht nur mit den einzelnen Beurteilungsfehlern der Kommission auseinander (dazu *unten* unter II.), sondern äußert sich auch grundlegend zu den Voraussetzungen einer kollektiven beherrschenden Stellung (dazu sogleich I.):

---

[740] *Jenny*, FCLI 2002, 361, 368.

[741] Kommission, Entscheidung vom 22.09.1999, IV/M.1524, „Airtours/ First Choice", ABl. L 93/1 vom 13.04.2000, Tz. 58, Fn. 45.

[742] *Niels*, 2001 ECLR, 168, 170.

[743] EuG, Urteil vom 06.06.2002, Rs. T –342/99, „Airtours/ Kommission", Slg. 2002, II – 2585ff.

I. Zu den Voraussetzung einer kollektiven beherrschenden Stellung

1. Drei-Schritt-Prüfung des EuG

Nach Darstellung des EuG setzt eine kollektive beherrschende Stellung der Mitglieder eines engen Oligopols dreierlei voraus:

„- Zum einen muss jedes Mitglied des beherrschenden Oligopols das Verhalten der anderen Oligopol-Mitglieder in Erfahrung bringen können, um festzustellen, ob sie einheitlich vorgehen oder nicht. Wie die Kommission ausdrücklich einräumt, genügt es nicht, dass jedes Mitglied des beherrschenden Oligopols sich dessen bewusst ist, dass alle von dem interdependenten Verhalten auf dem Markt profitieren können, sondern es muss auch über ein Mittel verfügen, zu erfahren, ob die anderen Marktbeteiligten dieselbe Strategie wählen und beibehalten. Der Markt müsste daher so transparent sein, dass jedes Mitglied des beherrschenden Oligopols mit hinreichender Genauigkeit und Schnelligkeit die Entwicklung des Verhaltens aller anderen Mitglieder auf dem Markt in Erfahrung bringen kann;
- zum anderen muss die stillschweigende Koordinierung auf Dauer erfolgen können, d.h., es muss einen Anreiz geben, nicht vom gemeinsamen Vorgehen auf dem Markt abzuweichen. Wie die Kommission ausführt, können die Mitglieder des beherrschenden Oligopols nur dann, wenn sie alle ein Parallelverhalten beibehalten, davon profitieren. Diese Voraussetzungen schließen daher Gegenmaßnahmen im Fall eines Abweichens vom gemeinsamen Vorgehen ein. Die Parteien sind sich hier darin einig, dass eine kollektive beherrschende Stellung nur dann Bestand haben kann, wenn genügend Abschreckungsmittel langfristig für einen Anreiz sorgen, nicht vom gemeinsamen Vorgehen abzuweichen, was voraussetzt, dass jedes Mitglied des beherrschenden Oligopols weiß, dass jede auf Vergrößerung seines Marktanteils gerichtete, stark wettbewerbsorientierte Maßnahme seinerseits die gleiche Maßnahme seitens der anderen auslösen würde, so dass es keinerlei Vorteil aus seiner Initiative ziehen könnte (in diesem Sinne Urteil Gencor, Randnr. 276);
- zum dritten kann die Kommission das Vorliegen einer kollektiven beherrschenden Stellung rechtlich hinreichend nur dartun, wenn sie nachweist, dass die voraussichtliche Reaktion der tatsächlichen und potentiellen Konkurrenten sowie der Verbraucher die erwarteten Ergebnisse des gemeinsamen Vorgehens nicht in Frage stellt.“[744]

Unschwer lässt sich in den ersten beiden Prüfungsschritten dieses „Drei-Schritts“[745] der Voraussetzungen kollektiver Marktbeherrschung die von *Kantzenbach/Kottmann/Krüger* entwickelte „Wirkungskette stabiler Kollusion”[746] wieder erkennen, wonach (Wie oben unter § 2 dargestellt) zur Beurteilung der Wahrscheinlichkeit von Kollusion im engen Oligopol zu untersuchen sind

---

[744] EuG, Urteil vom 06.06.2002, Rs. T –342/99, „Airtours/ Kommission”, Slg. 2002, II – 2585ff., Tz. 62.

[745] *N.N.*, RBB Brief 02, June 2002, 3: „three-step-procedure”.

[746] *Kantzenbach/Kottmann/Krüger*, S. 37.

- die Möglichkeiten zur Erzielung eines kollusiven *agreements*,
- die *cheating*-Anreize einzelner Unternehmen, sprich der wirtschaftliche Nutzen, den sich der Ausbrecher verspricht, abzuwägen gegen die zu erwartenden Nachteile, die von Möglichkeit und Schnelligkeit abhängen, *cheating* zu entdecken und darauf zu reagieren.

Bei der allgemeinen Darstellung der Voraussetzung kollektiver Marktbeherrschung wählt das EuG hier also einen Ansatz, der sich stark am spieltheoretisch geprägten *tacit collusion*-Konzept orientiert.[747]

Bartosch vergleicht den dreistufiges Prüfungsansatz des EuG[748] mit der bisher vom EuG in „Gencor“ angewandten „Zwei-Stufen-Prüfung“, wonach es auf das Fehlen von Binnen- und Außenwettbewerb ankommt. *Bartosch* untersucht, ob die Drei-Stufen-Prüfung eine Erweiterung der Zwei-Stufen-Prüfung darstellt, verneint dies im Ergebnis jedoch zutreffend. Die ersten beiden Prüfungsgesichtspunkte des EuG bezögen sich auf die Prüfung fehlenden Binnenwettbewerbs, der dritte Punkt auf das Fehlen von Außenwettbewerb. Wie in „Gencor“ komme es auch nach dem vorliegenden Prüfungsansatz des EuG auf das kombinierte Vorliegen fehlenden wesentlichen Außenwettbewerbs sowie fehlenden Binnenwettbewerbs zwischen den (angeblichen) Oligopolisten an.[749]

Allerdings lässt nicht nur die „Drei-Stufen-Prüfung“ die „klassische“ Prüfung fehlenden Binnen- und Außenwettbewerbs erkennen. Auch Tz. 61 des Urteils[750]

---

[747] Im Ergebnis ebenso *Burgstaller*, WuW 2003, 726, 734; Nicholson/*Cardell*, Global Competition Review, August 2002, 13, 14; *Feddersen/O'Donoghue*, EuR 2002, 740, 743 sprechen gar von einer „Rückführung der kollektiven Marktbeherrschung auf den Boden der relevanten ökonomischen Grundlagen“; *Burgstaller*, WuW 2003, 726, 734.

[748] *Bartosch*, EuZW 2002, 645, 647, Fn. 20 weist darauf hin, ein dreistufiger Prüfungsansatz sei bereits von *Lang*, FCLI 2001, 269, 270 favorisiert worden. Allerdings betrifft der Vorschlag von *Temple Lang* kollektive Marktbeherrschung im Zusammenhang mit Art. 82 EG; zudem unterscheiden sich die Prüfungsschritte („Do all the companies concerned follow the same or substantially the same price policy? Are they relatively immune from outside competition? Is there effective competition between them?“) von denjenigen des EuG in „Airtours“.

[749] *Bartosch*, EuZW 2002, 645, 647.

[750] Eine kollektive beherrschende Stellung könne sich „aus einem Zusammenschluss ergeben, wenn dieser – aufgrund der Merkmale des relevanten Marktes und indem die Marktstruktur durch den Zusammenschluss geändert wird – dazu führt, dass jedes Mitglied des beherrschenden Oligopols es in Wahrnehmung der gemeinsamen Interessen für möglich, wirtschaftlich vernünftig und daher ratsam hält, dauerhaft einheitlich auf dem Markt vorzugehen, um zu höheren als den Wettbewerbspreisen zu verkaufen, ohne zuvor eine Vereinbarung im Sinne von Artikel 81 EG treffen oder auf eine abgestimmte Verhaltensweise im Sinne dieser Vorschrift zurückgreifen zu müssen (in diesem Sinne Gencor/Kommission, Randnr. 277) und ohne das die tatsächlichen oder potenziellen Wettbewerber oder die Kunden und Verbraucher wirksam reagieren können.“

setzt zumindest indirekt ein bestimmtes Innenverhältnis der Oligopolmitglieder – nämlich ein Innenverhältnis, was ein einheitliches Verhalten in der Gruppe lohnenswert erscheinen lässt – und ein bestimmtes Außenverhältnis zu den anderen Marktteilnehmern voraus.[751] Die Differenzierung zwischen Binnen- und Außenwettbewerb zeigt sich auch im weiteren Fortgang der Entscheidung in den Ausführungen des EuG zur Beweislast der Kommission: Als von der Kommission zu beweisende Umstände, die „eine wichtige Rolle bei der Bewertung der Frage spielen, ob eine kollektive beherrschende Stellung begründet wird", nennt das EuG das „Fehlen eines wirksamen Wettbewerbes zwischen den angeblich dem Oligopol angehörenden Marktbeteiligten" – sprich das Fehlen von Binnenwettbewerb – und „Schwäche des Wettbewerbsdrucks, der (...) von den anderen Marktbeteiligten ausgeübt werden kann" – also fehlender Außenwettbewerb.[752]

Manche halten die Drei-Schritt-Prüfung des EuG für strenger als den üblicherweise von der Kommission verwendeten „Checklisten-Ansatz", denn nun habe das EuG klargestellt, bei Nichterfüllung auch nur einer der drei vom EuG genannten Voraussetzungen sei die Feststellung kollektiver Marktbeherrschung ausgeschlossen.[753] Dabei wird verkannt, dass die Kommission – zumindest in neueren Entscheidungen (vgl. hierzu später unter § 8) – schon vor dem „Airtours"-Urteil des EuG von einem reinen „checklist approach" abgekommen ist.[754]

Weiter wird von manchen Kommentatoren des Urteils hervorgehoben, das EuG habe die „gerichtliche Betrachtung um die Frage ergänzt, inwieweit das Koordinierungsrisiko im Oligopol durch die Reaktionen von kleineren Wettbewerbern, potentiellen Wettbewerbern und Kunden (Außenwettbewerb) reduziert" werde.[755] Dabei handelt es sich indes um keinen neuen Aspekt. Die Kommission hat – wie im Zusammenhang mit den jeweiligen Entscheidungen bereits *oben* dargestellt - die Frage des Außenwettbewerbs bereits in „Nestlé/ Perrier" berücksichtigt, ebenso EuGH und EuG in ihren Urteilen.

---

[751] So im Ergebnis auch *Hoffmann/Terhechte*, AG 2003, 415, 416; *Haupt*, EWS 2002, 361, 368 und 2002 ECLR, 434, 442.
[752] EuG, Urteil vom 06.06.2002, Rs. T –342/99, „Airtours/ Kommission", Slg. 2002, II – 2585ff., Tz. 63.
[753] *N.N.*, RBB Brief 2002, June 02, 3.
[754] So auch *Overd*, 2002 ECLR, 375, 376. Vgl. nur Kommission, Entscheidung vom 21.11.2001, IV/M. 2498 und IV/M.2499, „UPM-Kymmene/ Haindl" und „Norske Skog/ Parenco/ Walsum", ABl. L 233/38 vom 30.08.2002.
[755] *Wirtz*, EWS 2003, 146, 154.

2. Das Erfordernis einheitlichen Vorgehens

Nach den Ausführungen des EuG kann sich eine kollektive beherrschende Stellung

> „aus einem Zusammenschluss ergeben, wenn dieser – aufgrund der Merkmale des relevanten Marktes und indem die Marktstruktur durch den Zusammenschluss geändert wird – dazu führt, dass jedes Mitglied des beherrschenden Oligopols es in Wahrnehmung der gemeinsamen Interessen für möglich, wirtschaftlich vernünftig und daher ratsam hält, dauerhaft einheitlich auf dem Markt vorzugehen, um zu höheren als den Wettbewerbspreisen zu verkaufen, ohne zuvor eine Vereinbarung im Sinne von Artikel 81 EG treffen oder auf eine abgestimmte Verhaltensweise im Sinne dieser Vorschrift zurückgreifen zu müssen (in diesem Sinne Gencor/ Kommission, Randnr. 277) und ohne das die tatsächlichen oder potentiellen Wettbewerber oder die Kunden und Verbraucher wirksam reagieren können." [756]

Jene Formulierung, es komme auf die Anreize an, *einheitlich* vorzugehen, wiederholt das EuG nicht nur in der ersten der von ihm formulierten drei Voraussetzungen kollektiver Marktbeherrschung, sondern auch an späterer Stelle der Entscheidung. Nach den Feststellungen der Kommission müsse das EuG nämlich davon ausgehen, dass vor dem Zusammenschluss eine kollektive marktbeherrschende Stellung noch nicht vorlag, mithin

> „dass (...) die vier großen Reiseveranstalter nicht die Macht zu einem einheitlichen Vorgehen auf dem Markt haben und dort somit nicht als Einheit gegenüber ihren Konkurrenten, ihren Geschäftspartnern und den Verbrauchern auftreten, und dass sie somit nicht die für eine kollektive beherrschende Stellung charakteristischen Möglichkeiten haben". [757]

Durch das Abstellen auf das einheitliche Verhalten der Oligopolmitglieder beseitigt das EuG nach Auffassung von *Haupt* das vermeintliche „Defizit" des „Gencor"-Urteils, in dem das EuG das Erfordernis eines einheitlichen Verhaltens der Oligopolmitglieder nicht hinreichend berücksichtigt habe, und stellt endlich den Einklang mit der „Frankreich u.a./ Kommission"-Entscheidung des EuGH her.[758] Wie jedoch bereits zum „Gencor"-Urteil ausgeführt, lassen sich auch in der „Gencor"-Entscheidung Elemente eines Ansatzes des EuG zu einheitlichem Handeln nachweisen.[759] Dass auch das EuG selbst davon ausgegangen ist, das Konzept des „einheitlichen Handelns" auch in „Gencor" verfolgt zu haben, belegt in „Airtours" die Tatsache, dass das EuG an dieser Stelle der „Airtours"-Entscheidung ausdrücklich auf das „Gencor"-Urteil Bezug nimmt.

---

[756] EuG, a.a.O., Tz. 61.
[757] EuG, a.a.O., Tz. 76.
[758] *Haupt*, EWS 2002, 361, 367.
[759] Auch *Bartosch*, EuZW 2002, 645, 647 sieht im „Gencor"-Urteil des EuG Hinweise auf die Notwendigkeit eines Anreizes zu gemeinsamem Vorgehen auf dem betreffenden Markt.

3. Untersuchungspflicht der Kommission

Unter Verweisung auf Rz. 94 seiner „Gencor"-Entscheidung führt das EuG aus, die Kommission müsse bei der Prüfung des Vorliegens einer kollektiven beherrschenden Stellung

> „untersuchen, ob die Begründung oder Verstärkung einer solchen Stellung, die geeignet ist, einen wirksamen Wettbewerb auf dem Markt erheblich oder dauerhaft zu behindern, die unmittelbare und sofortige Folge des Zusammenschlusses wäre."[760]

Allerdings hat das EuG in Tz. 94 des „Gencor"-Urteils keine allgemeine Regel zur Darlegungslast bzw. zum Beweismaß formuliert, sondern lediglich festgestellt, dass im *dort konkret untersuchten Fall* missbräuchliche Verhaltensweisen unmittelbare und sofortige Folge des Zusammenschlusses gewesen wären.[761] Insofern gehen die Anforderungen des EuG an die Prüfungspflicht der Kommission in „Airtours" über diejenigen in der „Gencor"-Entscheidung hinaus.[762]

4. Beweislast

Bezüglich der Beweislast[763] führt das EuG unter Berufung auf das „Frankreich u.a./ Kommission"-Urteil des EuGH aus,

> „dass die Kommission, wenn sie der Auffassung ist, dass ein Zusammenschluss zu verbieten ist, weil er eine kollektive beherrschende Stellung begründen wird, eindeutige Beweise liefern muss. Diese Beweise müssen insbesondere die Umstände betreffen, die ein wichtige Rolle bei der Bewertung der Frage spielen, ob eine kollektive beherrschende Stellung begründet wird, wie das Fehlen eines wirksamen Wettbewerbs zwischen den angeblich dem

---

[760] EuG, Urteil vom 06.06.2002, Rs. T –342/99, „Airtours/ Kommission", Slg. 2002, II – 2585ff., Tz. 58.

[761] EuG, Urteil vom 25.03.1999, Rs. T-102/96, „Gencor Ltd./ Kommission", Slg. 1999, II – 753ff., Tz. 94: „Das Auftreten eines missbräuchlichen Verhaltens ist zwar nicht immer notwendig die unmittelbare Folge des Zusammenschlusses, da es von den Entscheidungen abhängt, die die Duopolisten in Zukunft möglicherweise treffen. Indessen wäre die Entstehung von Bedingungen, die derartige Verhaltensweisen nicht nur möglich machen, sondern auch wirtschaftlich vernünftig erscheinen ließen, die unmittelbare und sofortige Folge des Zusammenschlusses gewesen, da dieser einen wirksamen Wettbewerb auf dem Markt erheblich behindert und die Struktur der betreffenden Märkte dauerhaft verändert hätte."

[762] *Haupt*, EWS 2002, 361, 369 bejaht – jedenfalls im Ergebnis – ebenfalls einen strengeren Prüfungsmaßstab des EuG in „Airtours".

[763] *Barr*, Global Competition Review, October 2002, 41, 43 empfindet das Urteil im Hinblick auf die Beweislast als „wake-up-call" des EuG an die Adresse der Kommission.

Oligopol angehörenden Marktbeteiligten und die Schwäche des Wettbewerbsdrucks, der unter Umständen von den anderen Marktbeteiligten ausgeübt werden kann."[764]

Haupt meint, hier sei ein „Schulterschluss" des EuG mit dem EuGH in „Frankreich u.a./ Kommission" erfolgt.[765] M.E. ist jedoch im Hinblick auf das Beweis*maß* die Formulierung des EuG in „Airtours" hinsichtlich der Beweispflichten der Kommission schärfer als in der „Frankreich u.a./ Kommission". Dort hatte der EuGH sich darauf beschränkt, von der Kommission „eine aufmerksame Untersuchung" zu verlangen,[766] während das EuG nunmehr „eindeutige Beweise" erwartet.

Unter Berufung auf Tz. 223 und 224 des „Frankreich u.a./ Kommission"-Urteils des EuGH gesteht das EuG der Kommission zwar zu, dass die materiellen Bestimmungen der Fusionskontrollverordnung, insbes. Art. 2 FKVO 4064/89, der Kommission ein bestimmtes Ermessen namentlich bei wirtschaftlichen Beurteilungen einräumen.[767] Gleichwohl hindert die Anerkennung eines Beurteilungsermessens der Kommission das EuG (wie auch den EuGH in „Frankreich u.a./ Kommission") nicht daran, den von der Kommission zu beurteilenden Sachverhalt umfassend nachzuprüfen.[768] Dies zeigt – wie *Haupt* formuliert –, dass „im Rahmen der wettbewerblichen Prognose kein Raum für Spekulationen ist".[769] Diese umfassende Analyse des Sachverhalts hat das EuG mittlerweile auch schon in weiteren Verfahren praktiziert, so etwa in „Schneider Electric SA/ Kommission"[770] und „Tetra Laval BV/ Kommission".[771]

---

[764] EuG, Urteil vom 06.06.2002, Rs. T –342/99, „Airtours/ Kommission", Slg. 2002, II – 2585ff., Tz. 63.

[765] *Haupt*, EWS 2002, 361, 369.

[766] EuGH, Urteil vom 31.03.1998, verb. Rs. C-68/94 und C-30/95, „Frankreich u.a./ Kommission", Slg. 1998 I – 1375ff., Tz. 222.

[767] EuG, Urteil vom 06.06.2002, Rs. T –342/99, „Airtours/ Kommission", Slg. 2002, II – 2585ff., Tz. 64.

[768] So auch *Bartosch*, EuZW 2002, 645, 649; *Nikpay/Houwen*, 2003 ECLR, 193, halten angesichts der umfassenden Prüfung des Sachverhalts durch das EuG die Ausführungen des EuG zum Beurteilungsermessen der Kommission für ein reines Lippenbekenntnis. *Nicholson/Cardell* in *Drauz/Reynolds*, 285, 297 sprechen gar von einer „systematic demolition of the Commission's decision on the facts"; vgl. auch *Drexl*, GRUR Int. 2004, 716, 718.

[769] *Haupt*, EWS 2002, 361, 369; *Montag/Bonin* in *Drauz/Reynolds*, 323, 340, die allerdings darauf hinweisen, dass ein Beurteilungsermessen subjektive Elemente enthält und daher mit dem Maßstab „eindeutige Beweise" in einem Spannungsverhältnis steht.

[770] EuG, Urteile vom 22.10.2002, Rs. T-310/01 und T-77/02, „Schneider Electric SA", im Internet abrufbar unter http://www.curia.eu.int.; vgl. hierzu *Schohe*, WuW 2003, 359ff.

[771] EuG, Urteile vom 25.10.1002, Rs. T-5/02 und T-80/02, „Tetra Laval BV/ Kommission", "; im Internet abrufbar unter http://www.curia.eu.int; vgl. hierzu *Feddersen*, WuW 2003, S. 15ff. Manche sehen hierin eine grundlegende Wende im Rechtsschutz in der europäischen Fusionskontrolle, *Ehlermann/Völcker*, EuZW 2003, 1.

5. Zur Bedeutung von Gegenmaßnahmen

Auch im Urteil des EuG nimmt – wie zuvor in der Entscheidung der Kommission – die Auseinandersetzung mit etwaigen Sanktionsmechanismen einen breiten Raum ein:

a) Zur generellen Bedeutung von Gegenmaßnahmen

Mit der generellen Bedeutung von Vergeltungsmöglichkeiten für kollektive Marktbeherrschung setzt sich das EuG in seinem „Airtours"-Urteil zweimal auseinander, nämlich einmal im Rahmen der – bereits oben zitierten – zweiten der drei Voraussetzungen kollektiver Marktbeherrschung durch ein enges Oligopol,[772] und zum anderen im Rahmen der Feststellung der mangelnden Eignung der von der Kommission festgestellten Abschreckungsmittel:

> „Die Möglichkeit von Gegenmaßnahmen gewährleistet in gewissem Maße den dauerhaften Zusammenhalt der Mitglieder des Oligopols, da sie die einzelnen Mitglieder davon abhält, vom gemeinsamen Vorgehen abzuweichen."[773]

Nach diesen Ausführungen des EuG ist die Existenz von Vergeltungsmechanismen keine isoliert zu untersuchende Voraussetzung kollektiver Marktbeherrschung. Übergeordneter Prüfungspunkt soll vielmehr die Stabilität der stillschweigenden Koordinierung sein. Diese Stabilität hänge wiederum von den Anreizen der Oligopol-Unternehmen ab, sich weiterhin stillschweigend koordiniert zu verhalten. Erst im Rahmen der Prüfung dieser Anreize soll die Gefahr von Vergeltungsmaßnahmen eine Rolle spielen. Damit im Einklang stehen die Anforderungen des EuG an den Nachweis von Gegenmaßnahmen. Danach nämlich

> „muss die Kommission nicht unbedingt das Bestehen eines bestimmten, mehr oder weniger strengen Sanktionsmechanismus nachweisen; sie muss aber auf jeden Fall beweisen, dass es ausreichende Abschreckungsmittel gibt, so dass keines der Oligopolmitglieder ein Interesse daran hat, zum Nachteil der übrigen Mitglieder vom gemeinsamen Verhalten abzuweichen."[774]

Nicholson/Cardell verstehen diese Ausführungen des EuG als nicht allzu strenge Anforderungen des EuG an den Nachweis von Sanktionsmechanismen durch

---

[772] EuG, Urteil vom 06.06.2002, Rs. T –342/99, „Airtours/ Kommission", Slg. 2002, II – 2585ff., Tz. 62.
[773] EuG, a.a.O., Tz. 194.
[774] EuG, Urteil vom 06.06.2002, Rs. T –342/99, „Airtours/ Kommission", Slg. 2002, II – 2585ff., Tz. 195.

die Kommission.[775] *Overd* lobt den Ansatz des EuG als einen vernünftigen Kompromiss zwischen dem Erfordernis eines Vergeltungsmechanismus einerseits und relativ milden Beweisanforderungen andererseits.[776] Richtigerweise sind diese Ausführungen des EuG nicht als eigenständige Aussage zum Beweismaß zu verstehen; sie sind vielmehr die logische Konsequenz der Haltung des EuG zur Bedeutung von Vergeltungsmaßnahmen. Denn wenn es letztlich gar nicht auf den Sanktionsmechanismus als solchen ankommt, sondern auf die durch diesen erzeugte abschreckende Wirkung und Kollusionsstabilität, ist auch ein Nachweis eines bestimmten Sanktionsmechanismus entbehrlich.[777]

Zutreffend stellt daher auch *Bartosch* auf die Anreize der Unternehmen ab: „Gegenmaßnahmen" bzw. „Abschreckungsmittel" dürften nicht als „individuellen Bestrafungshandlungen" der Oligopol-Mitglieder verstanden werden. Vielmehr seien „Abschreckungsmittel" in dem vom EuG verwandten Sinn Umstände, die es für einzelne Oligopol-Mitglieder unattraktiv erscheinen lassen, von dem gemeinsamen Verhalten auf dem Markt abzuweichen.[778] Eine wirksame Abschreckung könne schon darin liegen, dass ein Oligopol-Mitglied nach Analyse der Vor- und Nachteile eines Abweichens zu dem Schluss komme, dass sich abweichendes Verhalten wirtschaftlich nicht lohne. Erst wenn eine solche Analyse ein mögliches Abweichen durchaus lohnenswert erscheinen lasse, komme es auf die Möglichkeit der Verhängung einseitiger Strafmaßnahmen gegen den Abweichler an.[779]

Der Ansatz des EuG, die Stabilität der Kollusion anhand der vorhandenen *cheating*-Anreize und der Vergeltungsmöglichkeiten zu bestimmen, steht im Einklang mit neueren Entscheidungen der Kommission.[780] So hat diese etwa in „UPM-Kymmene/ Haindl" und „Norske Skog/ Parenco/ Walsum"[781] bestehende Vergeltungsmöglichkeiten, in „MAN/ Auwärter"[782] die Stabilität einer stillschweigenden Koordinierung sehr umfangreich geprüft. Somit bestätigt das EuG in diesem Teil seines Urteils – zumindest indirekt – die neuere Praxis der Kommission (hierzu vgl. Ausführungen *unten* unter § 8).

---

775 Das betonen auch *Nicholson/Cardell*, Global Competition Review, August 2002, 13, 15.
776 *Overd*, 2002 ECLR, 375, 376: „reasonable balance".
777 Ähnlich *Nikpay/Houwen*, 2003 ECLR, 193, 199.
778 *Bartosch*, EuZW 2002, 645, 647f.
779 *Bartosch*, EuZW 2002, 645, 648.
780 Ebenso *Haupt*, EWS 2002, 361, 363 unter Hinweis auf „Pilkington Techint/ SIV", „Price Waterhouse/ Coopers & Lybrand", „Alcan/ Alusuisse", „MAN/ Auwärter", „UPM/ Kymmene/ Haindl", „Shell/ DEA" und „BP/ E.ON".
781 Kommission, Entscheidung vom 21.11.2001, IV/M.2499, „UPM-Kymmene/ Haindl" und „Norske Skog/ Parenco/ Walsum", ABl. L 233 vom 30.08.2002, Tz. 126ff.
782 Kommission, Entscheidung vom 20.06.2001, COMP/M.2201 – „MAN/ Auwärter", Tz. 37.

b) Zur Eignung der von der Kommission festgestellten Abschreckungsmittel, den inneren Zusammenhang zwischen den Mitgliedern des Oligopols zu gewährleisten

Das EuG untersucht in der Folge die von der Kommission festgestellten Abschreckungsmittel und hält sie allesamt für nicht ausreichend, um ein Mitglied des beherrschenden Oligopols zu veranlassen, nicht vom gemeinsamen Vorgehen abzuweichen.[783] Die Drohung mit der Rückkehr zu einer Situation des Überangebots sei nicht abschreckend, weil ein solches Überangebot erst eine Saison später und nur dann möglich sei, wenn die übrigen Oligopolmitglieder beschlössen, ihr Angebot erheblich zu erweitern.[784] Eine mögliche Aufstockung des Angebots während der Verkaufssaison wirke nicht abschreckend, weil erstens der Markt durch eine gewisse Vorsicht bei der Angebotsplanung gekennzeichnet sei, zweitens die Entscheidung zur Erweiterung des Angebots kaum rechtzeitig entdeckt würde und drittens ein zusätzliches, als Gegenmaßnahme gedachtes Angebot aufgrund seines späteren Zeitpunktes und geringerer Qualität mit dem Angebot des Abweichlers kaum konkurrieren könnte.[785] Eine Angebotserweiterung in der nächsten oder übernächsten Saison bliebe wegen der unvorhersehbaren Nachfrageentwicklung möglicherweise wirkungslos.[786] Gegenmaßnahmen auf der Vertriebsebene beträfen nur einen geringen Teil des Absatzes und wären überdies mit wirtschaftlichen Verlusten bei ihren Urhebern verbunden, so dass auch diese kein geeignetes Abschreckungsmittel darstellten.[787]

Albers/Hacker kritisieren die Maßstäbe, die das EuG an das Vorhandensein eines Vergeltungsmechanismus stellt. Nach ihrem Verständnis des Urteils verlangt das EuG, Vergeltungsmaßnahmen müssten „hart, unverzüglich, mit Sicherheit verlustbringend und wirtschaftlich nicht belastend sein für diejenigen, die sie umsetzen, damit ein Vergeltungsmechanismus als ein hinreichender Anreiz für die Oligopolisten angesehen werden könne, nicht von dem wettbewerbslosen Parallelverhalten abzuweichen".[788]

Die Aussage, Vergeltungsmaßnahmen dürften wirtschaftlich nicht belastend sein für diejenigen, die sie umsetzen, halten *Albers/Hacker* für zu eng. Wenn ein Mitglied eines Oligopols von der gemeinsamen Politik abweiche, gehe es für die übrigen um eine langfristige Güterabwägung zwischen den Kosten für

---

[783] EuG, a.a.O., Tz. 207.
[784] EuG, a.a.O., Tz. 200.
[785] EuG, a.a.O., Tz. 201 – 204.
[786] EuG, a.a.O., Tz. 205.
[787] EuG, a.a.O., Tz. 206.
[788] *Albers/Hacker* in *Schröter/Jakob/Mederer*, Fusionskontrollverordnung Artikel 2, Rz. 390.

eine Bestrafung des Abweichlers und den langfristigen Gewinnen bei erfolgreicher Aufrechterhaltung der gemeinsamen Politik einerseits und den langfristigen Gewinneinbußen bei der Wiederherstellung von Wettbewerb andererseits. Bei einer solchen Güterabwägung könnten sich kurzfristige Verluste, welche eine Vergeltungsmaßnahme erfordere, langfristig für einen Oligopolisten auszahlen, wenn eine Wiederherstellung des Oligopols ihm höhere Gewinne gewährleiste. Außerdem erscheine es ausreichend, wenn die Oligopolisten sich bewusst seien, dass eine Abweichung vom Parallelverhalten die oligopolistische Marktbeherrschung auf Dauer gefährde und beseitige. Hier sei die Erwartung dauerhafter Einbußen hinreichender Anreiz, nicht vom wettbewerbslosen Parallelverhalten abzuweichen.[789]

Entgegen der Darstellung von *Albers/Hacker* lässt sich dem Urteil indes keineswegs entnehmen, das EuG verlange, Vergeltungsmaßnahmen dürften wirtschaftlich nicht belastend sein für diejenigen, die sie umsetzen. Ein solches Erfordernis erscheint nicht in den allgemeinen Erwägungen des EuG zu den Voraussetzungen kollektiver Marktbeherrschung. Auch in den Ausführungen des EuG zu den von der Kommission festgestellten Abschreckungsmitteln taucht die genannte Formulierung nicht auf. Da *Albers/Hacker* leider auf die Angabe einer Fundstelle verzichten, lässt sich nur vermuten, dass sie sich auf die Feststellungen des EuG zu möglichen Gegenmaßnahmen der übrigen Oligopolmitglieder auf der Vertriebsebene beziehen. Dort führt das EuG zwar aus:

„(...) würden derartige Gegenmaßnahmen zu einem wirtschaftlichen Verlust bei ihren Urhebern führen, die auf die Provision der Klägerin für Verkäufe über die Reisebüros ihrer Hauptkonkurrenten verzichten müssten. Eine derartige Gegenmaßnahme wirkt also nicht so abschreckend wie in der Entscheidung behauptet.“[790]

Das EuG setzt hier also keineswegs voraus, dass Gegenmaßnahmen die Urheber *generell* nicht belasten dürfen, sondern setzt sich lediglich mit bestimmten einzelnen Gegenmaßnahmen auseinander. Ebenso wenig verlangt das EuG, Gegenmaßnahmen müssten „hart“ und „unverzüglich“ sein. Das EuG hält lediglich die Gefahr einer Rückkehr zu einer Situation des Überangebots für nicht abschreckend, weil ein solches Überangebot erst eine Saison später möglich sei.791 Es besteht ein deutlicher Unterschied zwischen dem Erfordernis „unverzüglicher“ Sanktionen und dem Erfordernis, dass sich angedrohte Gegenmaßnahmen in (gewissem) zeitlichem Zusammenhang mit *cheating* realisieren las-

---

[789] *Albers/Hacker* in *Schröter/Jakob/Mederer*, Fusionskontrollverordnung Artikel 2, Rz. 390.
[790] EuG, Urteil vom 06.06.2002, Rs. T –342/99, „Airtours/ Kommission", Slg. 2002, II – 2585ff., Tz. 206.
[791] EuG, Urteil vom 06.06.2002, Rs. T –342/99, „Airtours/ Kommission", Slg. 2002, II – 2585ff., Tz. 200.

sen müssen, um einen hinreichend abschreckenden Effekt zu erzielen. Die Aussage von *Albers/Hacker*, das EuG verlange, dass Gegenmaßnahmen „mit Sicherheit verlustbringend“ seien, bezieht sich wohl auf Tz. 204 des Urteils. Dort geht es um die Möglichkeit einer Aufstockung des Angebots während der Verkaufssaison. Nach Auffassung des EuG ist davon auszugehen,

> „dass die übrigen Mitglieder des beherrschenden Oligopols in dem Wissen, dass die Urheber der Gegenmaßnahmen möglicherweise Mühe haben werden, die im letzten Moment zusätzlich angebotenen Pauschalreisen zu verkaufen, da sie von schlechter Qualität sind (ungünstige Flugzeiten, schlechte Unterkünfte), zögern werden, derartige Angebotserweiterungen als Gegenmaßnahmen vorzunehmen. Das so geschaffene Angebot scheint mit dem vom abweichenden Unternehmen während der Planungsperiode hinzugefügten Angebot nicht wirksam konkurrieren zu können, da es verspätet ist und von geringerer Qualität ist. Der abweichende Veranstalter würde so von den Vorteilen profitieren, die damit verbunden sind, dass er als erster gehandelt hat.“[792]

Das EuG legt hier lediglich dar, warum bestimmte Gegenmaßnahmen nicht abschreckend wirken, nämlich weil sie letztlich dem Abweichler zugute kommen könnten. Das EuG ist jedoch weit entfernt davon, ein generelles Erfordernis aufzustellen, wonach Gegenmaßnahmen „mit Sicherheit verlustbringend sein“ müssten.

6. Kapazitätskollusion

Auch wenn das EuG zahlreiche Beurteilungsfehler der Kommission feststellt (hierzu sogleich unter II.), gilt es dennoch festzuhalten, dass das EuG im Grundsatz die von der Kommission angenommene Kapazitätskollusion nicht beanstandet. Damit ist nun auch durch das EuG anerkannt, dass *tacit collusion* nicht nur die Preishöhe, sondern auch Kapazitäten betreffen kann.[793]

II. Zu den einzelnen Beurteilungsfehlern der Kommission

Das EuG setzt sich in seinem Urteil detailliert mit den tatsächlichen Feststellungen der Kommission auseinander[794] und unterstreicht damit die von ihm formu-

---

[792] EuG, a.a.O., Tz. 204.

[793] *N.N.*, RBB Brief 02, June 2002, 3; a. A. *Feddersen/O'Donoghue*, EuR 2002, 740, 748 unter Hinweis darauf, dass vergeltungsmäßige Angebots- und Kapazitätserweiterungen – im Gegensatz zu gezielten Preisattacken gegen ein abweichendes Unternehmen – alle Oligopolisten gleichermaßen betreffen. So habe auch die Entscheidung der Kommission vom 30.10.2001, COMP/M.2420, „Mitsui/CVRD/Caemi“, dort Tz. 239-241, gezeigt, dass die Eignung von Angebots- und Kapazitätserweiterungen als Gegenmaßnahmen zweifelhaft sei.

[794] So auch *Nicholson/Cardell*, Global Competition Review, August 2002, 13, 14, 15; *Bartosch*, BB 2003, Beilage 3, 1, 2: Ausführungen des EuG seien durch „Akribie“ gekennzeichnet; *derselbe*, WuW 2003, 575, 585; vgl. auch *Pape/Hossenfelder/Töllner*, Rz. 869.

lierten Anforderungen an die Prüfungspflichten und der Beweislast der Kommission.

Hinsichtlich der Feststellung der Kommission, der Zusammenschluss würde die drei verbleibenden Anbieter dazu verleiten, einander keine Konkurrenz zu machen, belegt die Kommission nach den Feststellungen des EuG bei der Analyse der Wettbewerbsverhältnisse auf dem relevanten Markt nicht hinreichend, warum bereits vor dem Zusammenschluss eine Tendenz zu kollektiver Marktbeherrschung bestanden haben soll. Außerdem lässt die Kommission nach Auffassung des EuG unberücksichtigt, dass die Marktanteile in der Vergangenheit volatil waren und dass diese Volatilität Indiz für Wettbewerb auf diesem Markt ist.[795]

Das EuG bemängelt weiter, die Kommission habe die Entwicklung und Vorhersehbarkeit der Nachfrage, der Nachfragevolatilität und den Grad der Markttransparenz fehlerhaft beurteilt:[796] Die Beurteilung des Nachfragewachstums durch die Kommission beruhe auf einer „unvollständigen und fehlerhaften Bewertung der Daten, die ihr im Rahmen des Verwaltungsverfahrens übermittelt wurden".[797] Die Kommission habe „die ihr vorliegenden Daten zum Nachfragewachstum unzutreffend interpretiert" und hätte daher „mangels Beweises" nicht davon ausgehen dürfen, dass die Marktentwicklung durch geringes Wachstum gekennzeichnet sei.[798] Obwohl aus wirtschaftstheoretischer Sicht Nachfragevolatilität die Begründung einer kollektiven Marktbeherrschung erschwere, halte die Kommission die von ihr festgestellte Nachfragevolatilität angesichts einer Neigung der Reiseveranstalter zu vorsichtiger Planung des Angebots für irrelevant[799] und beharre darauf, dass der Markt durch die Volatilität der Nachfrage für eine oligopolistische Beherrschung anfälliger werde.[800]

Das EuG beanstandet außerdem, der Grad an Markttransparenz sei nicht so hoch, wie von der Kommission angenommen. Die Kommission sei deshalb zu Unrecht zu dem Ergebnis gelangt, dass der Grad der auf dem Markt herrschenden Transparenz zu oligopolistischer Marktbeherrschung führen könnte.[801]

---

[795] EuG, a.a.O., Tz. 120.
[796] EuG, a.a.O., Tz. 181.
[797] EuG, a.a.O., Tz. 127.
[798] EuG, a.a.O., Tz. 133.
[799] EuG, Urteil vom 06.06.2002, Rs. T –342/99, „Airtours/ Kommission", Slg. 2002, II – 2585ff., Tz. 141.
[800] Kommission, Entscheidung vom 22.09.1999, IV/M.1524, „Airtours/ First Choice", ABl. 2000, L 93/1, Tz. 97.
[801] EuG, a.a.O., Tz. 180.

Wie bereits dargestellt, hält das EuG die von der Kommission festgestellten Abschreckungsmittel für unzureichend.

Auch die voraussichtliche Reaktion der kleinen Reiseveranstalter, der potentiellen Wettbewerber, der Verbraucher und der Hotelbesitzer hat die Kommission nach Ansicht des EuG nicht richtig beurteilt und diese Reaktionen als Gegengewicht, das der Begründung einer kollektiven beherrschenden Stellung entgegenwirken könnte, unterschätzt.[802]

Sodann bemängelt das EuG, die Entscheidung der Kommission enthalte keine klaren Angaben zu den starken wirtschaftlichen Verflechtungen zwischen den großen Anbietern und zur Art und Weise, in der sie die Interdependenz der integrierten Anbieter verstärkten.[803] Die Kommission stelle zwar fest, dass die Reiseveranstalter bereits vor dem Zusammenschluss wegen der Auswirkungen des saisonalen Programmangebots auf die Marktbedingungen voneinander abhängig seien und dass hierdurch starke wirtschaftliche Verflechtungen zwischen den Anbietern entstünden. Jedoch werde weder die Art der wirtschaftlichen Verflechtungen noch die Bedeutung des Begriffs der wirtschaftlichen Verflechtung in der Entscheidung näher erläutert.

Weiter habe die Kommission nicht geprüft, wie sehr die geschäftlichen Verflechtungen, die aus der vertikalen Integration und der Funktionsweise des Marktes herrühren, die Interdependenz der Reiseveranstalter verstärkten.[804] Die Kommission scheine im Rahmen ihrer Bewertungen der Auswirkungen des Zusammenschlusses nicht erwogen zu haben, wie sich die wirtschaftliche Sachgesetzlichkeit einer Gruppe auswirke, nämlich als Einnahmenmaximierung durch Maximierung der Gesamtgewinne auf der Ebene der Gruppe als Ganzer.[805] Damit nimmt das EuG Bezug auf das von ihm bereits in „Gencor" formulierte Merkmal der Maximierung des *gemeinsamen* Gewinns der marktbeherrschenden Gruppe. Es ist genau dieses Merkmal, was ein *tacit collusion*-Oligopol von einem „einfachen" Oligopol unterscheidet. Nur kollektive Marktbeherrschung erlaubt es den Unternehmen, einen gemeinsamen, über der Summe der Einzelgewinne liegenden Gewinn zu maximieren. Damit wird deutlich, dass das EuG die Tendenz der Kommission, im Wege einer Überdehnung des *tacit collusion*-Konzepts die Untersagung jeden Oligopols als kollektiv marktbeherrschend begründen zu können, nicht mitträgt.

---

[802] EuG, a.a.O., Tz. 277.
[803] EuG, a.a.O., Tz. 286.
[804] EuG, a.a.O., Tz. 288.
[805] EuG, a.a.O., Tz. 290.

Die Kommission hat nach Auffassung des EuG nicht dargetan, dass der Zusammenschluss die Struktur des relevanten Marktes so ändern würde, dass die großen Veranstalter anders als in der Vergangenheit handeln und eine kollektive beherrschende Stellung begründen würden.[806] Die in der Entscheidung dargestellte Untersuchung der voraussichtlichen Entwicklung sei nicht auf eindeutige Beweise gestützt und weise hinsichtlich von Faktoren, die für die Beurteilung einer etwaigen Begründung einer kollektiven beherrschenden Stellung wichtig sind, eine Reihe von Beurteilungsfehlern auf. Die Kommission habe somit den Zusammenschluss untersagt, ohne rechtlich hinreichend dargetan zu haben, dass er zu einer kollektiven beherrschenden Stellung der daraus hervorgehenden drei großen Reiseveranstalter führen würde, die geeignet wäre, einen wirksamen Wettbewerb auf dem relevanten Markt zu behindern.[807]

Damit ist die Rüge der Klägerin erfolgreich, die Kommission habe nicht hinreichend dargetan, dass das Ergebnis des Zusammenschlusses eine kollektive beherrschende Stellung wäre, durch die der Wettbewerb auf dem relevanten Markt erheblich behindert würde. Da die Entscheidung der Kommission bereits aus diesem Grund für nichtig zu erklären sei, verzichtet das EuG auf eine Prüfung des Klagegrundes, mit dem die Klägerin die Anwendung eines fehlerhaften Begriffes der kollektiven beherrschenden Stellung durch die Kommission rügt.[808]

III. Folgerungen aus dem Urteil des EuG

Das „Airtours"- Urteil des EuG wird allgemein als ein bedeutendes Ereignis in der Entwicklung der Praxis zu kollektiver Marktbeherrschung in der europäischen Fusionskontrolle empfunden.[809] Allerdings entgegnen andere, viele Elemente der Entscheidung seien bereits im „Gencor"-Urteil des EuG angedeutet worden; „Airtours" stelle also keine Neuausrichtung der Prüfung der Voraussetzungen kollektiver Marktbeherrschung in der europäischen Fusionskontrolle dar.[810]

---

[806] EuG, a.a.O., Tz. 293.
[807] EuG, a.a.O., Tz. 294.
[808] EuG, a.a.O., Tz. 295.
[809] *Haupt*, EWS 2002, 361, 369; *Nicholson/Cardell*, Global Competition Review, August 2002, 13; *Overd*, 2002 ECLR, 375, 377; a.A. wohl *Immenga/Immenga*, BB 2002, Heft 51/52, S. I, die lediglich sachliche Kritik an der Entscheidung für angemessen halten und darauf hinweisen, die Aufhebung von Kommissionsentscheidungen sei für sich genommen „nicht dramatisch", spiegele sich darin doch die Fähigkeit der Gerichtsbarkeit, Entscheidungsbefugnisse der Kommission zu begrenzen – so auch *Taylor/Ainger*, European Antitrust July 2002.
[810] *Bartosch*, EuZW 2002, 645, 647.

1. Zum Vorgehen des EuG im Allgemeinen

Haupt begrüßt das „Airtours"-Urteil des EuG als „Meilenstein in der Entwicklung des Konzepts kollektiver Marktbeherrschung", da das Gericht „den Blick primär auf die Frage der wirtschaftlichen Rationalität einer stillschweigenden Kooperation sowie die Bedingungen für deren dauerhafte Aufrechterhaltbarkeit"[811] gerichtet habe. Das EuG habe mit seiner „Airtours"-Entscheidung „den Schwerpunkt der ökonomischen Analyse von der in der bisherigen Verwaltungspraxis überwiegenden statischen Betrachtung struktureller Merkmale hin zu einer dynamischen Prognose der inneren Anreiz- und Wirkungsmechanismen des betroffenen Referenzmarktes verschoben"[812].

Das EuG untersucht in der Tat sehr sorgfältig, wie sich der Wettbewerb zwischen den großen Anbietern in Zukunft entwickeln wird und legt dabei besonderes Augenmerk auf die Frage der Stabilität einer etwaigen stillschweigenden Verhaltenskoordinierung, insbesondere im Hinblick auf die Existenz wirksamer Vergeltungsmechanismen der Oligopol-Mitglieder untereinander und möglicher Reaktionen von außerhalb des Oligopols. Das EuG hält in der Entscheidung auch ausdrücklich fest, dass bei der voraussichtliche Entwicklung des Marktes die angebliche kollektive beherrschende Stellung

„nicht lediglich statisch zu einem gegebenen Zeitpunkt, nämlich dem der Durchführung des Zusammenschlusses und der Änderung der Wettbewerbsstruktur, betrachtet werden darf, sondern auch dynamisch zu bewerten ist"[813].

Entgegen der Darstellung von *Haupt* gibt es jedoch auch vor dem „Airtours"-Urteil Entscheidungen der Kommission, die eine sorgfältige, zukunftsgerichtete und an wirtschaftlichen Anreizen der Unternehmen ausgerichtete ökonomische Analyse erkennen lassen. So hat die Kommission etwa in „UPM-Kymmene/ Haindl" und „Norske Skog/ Parenco/ Walsum"[814] (dazu sogleich unter § 8) im Rahmen der Untersuchung der Nachhaltigkeit einer Verhaltenskoordinierung detailliert geprüft, welche Vergeltungsmechanismen mit etwaigen Koordinationsmechanismen verbunden werden könnten. Die Kommission hat auch eine mögliche Koordinierung von Investitionsentscheidungen untersucht, was auf eine Koordinierung zukünftiger bzw. potentieller Produktionskapazitäten hi-

---

[811] *Haupt*, EWS 2002, 361, 369; *derselbe*, 2002 ECLR, 434, 443.

[812] *Haupt*, EWS 2002, 361, 369; *derselbe*, 2002 ECLR, 434, 443.

[813] EuG, Urteil vom 06.06.2002, Rs. T – 342/99, „Airtours/ Kommission", Slg. 2002, II – 2585ff., Tz. 192.

[814] Kommission, Entscheidung vom 21.11.2001, IV/M. 2498 und IV/M.2499, „UPM-Kymmene/ Haindl" und „Norske Skog/ Parenco/ Walsum", ABl. L 233/38 vom 30.08.2002, Tz.126 ff.

nausläuft; auch hier ist die Analyse der Kommission durchaus in die Zukunft gerichtet. Daher ist es wohl angebrachter, nicht von einer „Verschiebung der bisherigen Verwaltungspraxis" zu sprechen, sondern anzuerkennen, dass die Kommission seit ihrer „Airtours"-Entscheidung ihr Konzept kollektiver Marktbeherrschung weiterentwickelt bzw. stärker am *tacit collusion* Konzept orientiert hat,[815] wenn auch vielleicht nicht immer systematisch und daher nur schwer vorhersehbar.[816]

2. Folgerungen für das *tacit collusion*-Konzept

Auch wenn das EuG Ausführungen zu den Voraussetzungen kollektiver Marktbeherrschung gemacht hat, die das *tacit collusion*-Konzept betreffen, sind diese nach Meinung einiger Autoren nicht von genereller Bedeutung, sondern sollen allein für den konkreten vom EuG zu entscheidenden „Airtours"-Fall Gültigkeit beanspruchen.[817] So habe das EuG keine Ausführungen darüber gemacht, ob *tacit collusion* tatsächlich eine generelle Voraussetzung der Anwendung von Art. 2 FKVO 4064/89 auf oligopolistische Märkte sei.[818] Diese Autoren sehen ihre Auffassung zum einen darin bestätigt durch „the Court's general rule that it deals only with the issue before it".[819] Außerdem habe das EuG in der „Airtours"-Entscheidung ausdrücklich auf die Prüfung verzichtet, ob die Kommission ein fehlerhaftes Konzept kollektiver Marktbeherrschung anwendet.[820] In der Tat enthält das Urteil des EuG formal keine Überprüfung des von der Kommission formulierten Konzepts kollektiver Marktbeherrschung. Dennoch macht das EuG relativ weitgehende „Allgemeine Ausführungen" zu den Voraussetzungen der Begründung einer kollektiven beherrschenden Stellung. Zumindest eine faktische Geltungskraft dieser Ausführungen für die zukünftige Handhabung des Konzepts der kollektiven Marktbeherrschung lässt sich kaum von der Hand weisen. Wie bereits dargelegt, scheint das EuG in seinen Ausführungen zu den Voraussetzungen der Begründung einer kollektiven beherrschenden Stellung das *tacit collusion*-Konzept kollektiver Marktbeherrschung zu bestätigen.

---

[815] *Montag/Bonin* in *Drauz/Reynolds*, 322, 325. Im Hinblick auf die Verwendung eines verhaltensbezogenen Analyseansatzes erkennt auch *Haupt*, EWS 2002, 361, 369 einen „Einklang" des „Airtours"-Urteils mit den Kommissionsentscheidungen „Price Waterhouse/ Coopers & Lybrand", „Alcan/ Alusuisse", „MAN/ Auwärter" und „UPM-Kymmene/ Haindl" fest.

[816] *Overd*, 2002 ECLR, 375, 376.

[817] *Barr*, Global Competition Review, October 2002, 41, 43; *Bischke/Mäger*, EWS 2003, 97, 100.

[818] *Barr*, Global Competition Review, October 2002, 41, 43.

[819] *Barr*, Global Competition Review, October 2002, 41, 43.

[820] *Barr*, Global Competition Review, October 2002, 41, 43; im Ergebnis auch *Nikpay/Houwen*, 2003 ECLR, 193, 201; *Bischke/Mäger*, EWS 2003, 97, 100; *González-Díaz* in *Drauz/Reynolds*, 303, 312.

3. Folgerungen für die materiellen Beurteilungskriterien von Zusammenschlüssen

Schon anlässlich der Kommentierung der „Airtours/ First Choice"-Entscheidung der Kommission wurde diskutiert, ob der geplante Zusammenschluss – anstatt eine kollektive beherrschende Stellung nach dem tacit collusion-Konzept zu begründen – lediglich unilateral effects hervorrufe (vgl. Darstellung oben unter § 7 D II. 3.). Man erhoffte sich vom EuG eine Klarstellung, ob solche unilateral effects vom Konzept der kollektiven Marktbeherrschung erfasst werden oder ob diesbezüglich eine Lücke in der Fusionskontrollverordnung klaffe, die gegebenenfalls eine Abkehr vom Marktbeherrschungstest der FKVO hin zum Substantial Lessening of Competition-Test erforderlich machen könnte. Dementsprechend gab es vor der Entscheidung des EuG Spekulationen darüber, ob ein Urteil des EuG *gegen* die Entscheidung der Kommission jene dazu ermutigen würde, vorzuschlagen, im Rahmen der Reform der EG-Fusionskontroll-verordnung[821] den Marktbeherrschungs-Test zugunsten des SLC-Tests aufzugeben.[822] Manche hielten dies zwar deswegen für unwahrscheinlich, weil ihrer Auffassung nach die Überlegungen bezüglich der Einführung des SLC-Tests nicht durch die „Airtours/ First Choice"-Entscheidung verursacht worden seien, sondern mit der unterschiedlichen Beurteilung von Zusammenschlussvorhaben durch „Kartellbehörden diesseits und jenseits des Atlantiks"[823] zusammenhingen. Andererseits nahm die Kommission im Jahr 2001 in ihrem Grünbuch über die Revision der FKVO einen von ihr selbst als „hypothetisch" bezeichneten, aber möglicherweise doch an „Airtours/ First Choice" angelehnten,[824] Beispielsfall zum Anlass, die Diskussion über die Einführung des SLC-Tests zu eröffnen.[825]

---

[821] Zur Reform vgl. etwa *Arhold*, EWS 2001, 573ff. und EWS 2002, 449, 457; *Weitbrecht*, 2002 ECLR, 407, 412.

[822] Dazu etwa *Nicholson/Cardell*, Global Competition Review, August 2002, 13, 15; *Bartosch*, EuZW 2002, 645, 648; *Bartosch/Nollau*, EuZW 2002, 197, 206; *Schmidt*, WuW 2003, 115.

[823] *Bartosch*, EuZW 2002, 645, 648.

[824] *Feddersen/O'Donoghue*, EuR 2002, 740, 746.

[825] Kommission, Grünbuch über die Revision der Verordnung (EWG) Nr. 4064/89 des Rates vom 11.12.2001, KOM(2001) 745/6 endgültig, Tz. 166: „Eine der konkreteren hypothetischen Fragen, die gelegentlich mit der Reichweite des Marktbeherrschungstests in der Fusionskontrollverordnung gestellt werden, zielt auf die Feststellung ab, inwieweit dieser Test eine effiziente Kontrolle in ganz bestimmten Situationen erlaubt, in denen es einem Unternehmen möglich sein kann, einseitig die Preise zu erheben und so Marktmacht auszuüben. Als Beispiel wird in diesem Zusammenhang immer wieder der Zusammenschluss des zweit- und drittgrößten Unternehmens in einem Markt angeführt, in dem ihre Produkte am ehesten austauschbar sind. In diesem Fall kann das fusionierte Unternehmen kleiner bleiben als der Marktführer. Mit dem SLC-Test, so wird argumentiert, könnten solche Fälle besser beurteilt

Das EuG setzt sich in seinem Urteil – wie bereits ausgeführt – indes nicht mit dem Konzept der kollektiven Marktbeherrschung an sich auseinander,[826] sondern lediglich mit der Art seiner Anwendung durch die Kommission.[827] Das EuG lässt folglich die Frage unbeantwortet, ob die Fusionskontrollverordnung auf Zusammenschlüsse anwendbar ist, die zu *unilateral effects* führen.[828] Die Entscheidung bietet keine Anhaltspunkte dafür, dass mit dem Marktbeherrschungstest kollektive Marktbeherrschung nicht hinreichend erfasst werden könnte – folglich ergeben sich aus dem Urteil auch keine Anhaltspunkte dafür, dass der SLC-Test für die Erfassung kollektiver Marktbeherrschung besser geeignet wäre.[829]

Manche glauben zwar, das „Airtours"-Urteil des EuG habe die Hoffnungen beendet, dass das Konzept der kollektiven Marktbeherrschung auch auf bereits konzentrierte Märkte angewendet werden könnte. Dadurch werde die Bereitschaft der *European policy-makers* erhöht, sich vom hergebrachten Marktbeherrschungs-Test zu verabschieden.[830] Dagegen spricht jedoch, dass Wettbewerbskommissar *Monti* die Klarstellungen des EuG im „Airtours"-Urteil zu kollektiver Marktbeherrschung ausdrücklich begrüßte.[831]

IV. Bekräftigung eines einheitlichen Begriffes kollektiver Marktbeherrschung für Art. 82 EG und Art. 2 FKVO

Wie bereits dargestellt,[832] nimmt das EuG in Tz. 61 und 76 die Formulierung „einheitlich" vorzugehen bzw. „als Einheit" auftreten in seine Definition kollektiver Marktbeherrschung auf. Diese Formulierung hat sich – wie das „Compagnie Maritime Belge"-Urteil des EuGH und die *Mitteilung der Kommission über*

---

werden, insbesondere wenn aufgrund der Merkmale des Marktes nicht auf eine kollektive Marktbeherrschung geschlossen werden kann. Diese Konstellation ist in der theoretischen Diskussion zwar interessant, doch stand die Kommission in der Praxis bisher noch nicht vor dieser Situation".

826 *Loughran/Parplies/Schade*, Competition Policy Newspaper October 2002, 59; *Nikpay/Houwen*, 2003 ECLR, 193, 201.

827 *Nicholson/Cardell*, Global Competition Review, August 2002, 13, 15; ähnlich *Lange*, EWS 2003, Heft 1, S. I: Die Bedeutung des Urteils liege in seiner Begründung, die sich phasenweise wie eine „schallende Ohrfeige" lese.

828 *Barr*, Global Competition October 2002, 41 und 43; *Kokkoris,* 2005 ECLR 37, 41; *Nikpay/Houwen*, 2003 ECLR, 193, 202; *Drauz*, http://www.abanet.org/antitrust/source/nov02/airtours.pdf, S. 6; *González-Díaz*, http://www.abanet.org/antitrust/source/nov02/airtours.pdf, S. 7; vgl. auch *Vickers*, How to reform the EC merger test?, S. 2.

829 Im Ergebnis auch *Böge/Müller*, 2002 ECLR, 495, 498.

830 *N.N.*, Global Competition Review, July 2002, 7.

831 *Tayler/Ainger*, European Antitrust Update July 2002.

832 Vgl. § 12 A. I.

die Anwendung der Wettbewerbsregeln auf Zugangsvereinbarungen im Telekommunikationsbereich zeigen[833] – auch im Zusammenhang mit kollektiver Marktbeherrschung im Sinne von Art. 82 EG immer weiter verfestigt.[834] Dies spricht für eine starke inhaltliche Annäherung der Begriffe kollektiver Marktbeherrschung in der FKVO und Art. 82 EG.[835] Über diese Annäherung der Definitionen hinaus weist *Bartosch* daraufhin, das EuG habe der Kommission bereits in „Flachglas“ Beurteilungsfehler und Beweismängel bei der Prüfung einer kollektiven beherrschenden Stellung im Zusammenhang mit Art. 82 EG nachgewiesen.[836] Mit „Airtours“ sei nun der Schulterschluss hinsichtlich der Anforderungen an die Prüfung einer kollektiven beherrschenden Stellung im Zusammenhang mit der FKVO erfolgt.[837]

In der Tat fällt auf, dass sowohl die Europäische Kommission als auch EuG und EuGH bei Entscheidungen zu kollektiver Marktbeherrschung im Zusammenhang mit Art. 82 EG auf Entscheidungen im Zusammenhang mit Art. 2 Abs. 3 FKVO 4064/89 Bezug nehmen[838] und – umgekehrt – bei Entscheidungen zur FKVO 4064/89 auf solche zu Art. 82 EG.[839]

§ 8 Rückkehr der Kommission zum *tacit collusion*-Konzept kollektiver Marktbeherrschung

Die Entscheidungen der Kommission zur kollektiven Marktbeherrschung in der europäischen Fusionskontrolle seit „Airtours/ First Choice“ – insbesondere die Entscheidung „UPM-Kymmene/ Haindl und „Norske Skog/ Parenco/ Walsum” – zeichnen sich durch ein sehr starkes Bemühen um eine gründliche und sorg-

---

833 Vgl. *oben*, § 3 B III. 3.

834 EuG, Urteil vom 16.03.2000, verb. Rs. C-395/96 P und C-396/96 P, „Compagnie maritime belge transports SA u.a./ Kommission”, Slg. 2000, I – 1443ff., Tz. 36.

835 Im Ergebnis auch *Haupt*, EWS 2002, 361, 365 und 367.

836 *Bartosch*, EuZW 2002, 645, 549.

837 *González-Díaz*, The 2002 Handbook of Competition Enforcement Agencies, 29, 30, vertritt den – recht weitreichenden – Standpunkt, seit der „Compagnie maritime belge”-Entscheidung des EuGH wisse man, „dass kollektive Marktbeherrschung i.R.d. 82 dasselbe bedeutet wie im Rahmen der FKVO”. Etwas abgemildert vertritt dagegen *Haupt*, EWS 2002, 361, 365, mit „Compagnie maritime belge” habe der EuGH „die Rechtslage nach Art. 82 EG weitgehend derjenigen des Art. 2 FKVO angepasst”.

838 Zum Beispiel EuGH, Urteil vom 16.03.2000, verb. Rs. C-395/96 P und C-396/96 P, „Compagnie maritime belge transports SA u.a.”, Slg. 2000, I – 1442ff., Tz. 41; Kommission, „Mitteilung über die Anwendung von Wettbewerbsregeln auf Zugangsvereinbarungen im Telekommunikationsbereich”, ABl. C 265/2 vom 22.08.1998, Tz. 79.

839 EuGH, Urteil vom 31.03.1998, verb. Rs. C-68/94 und C-30/95, „Frankreich u.a./ Kommission", Slg. 1998, I – 1375ff., Tz. 221.; EuG, Urteil vom 25.03.1999, Rs. T-102/96, „Gencor Ltd./ Kommission”, Slg. 1999, II – 753ff., Tz. 273ff.

fältige Argumentation aus und treffen daher zu Recht auf positive Resonanz.[840] Wenn in früheren Phasen der Entscheidungspraxis der Kommission der Schwerpunkt mehr auf der Feststellung einzelner Marktstrukturfaktoren lag, welche die Wahrscheinlichkeit von *tacit collusion* erhöhen, steht nun das Zusammenwirken dieser einzelnen Marktstrukturfaktoren im Vordergrund.[841] Die Kommission widmet sich verstärkt den Wirkungsmechanismen der Kollusion und rückt das Zeitelement in den Vordergrund. Durch eine stärkere Dynamisierung der Untersuchung kann nun auch die Interaktion der Unternehmen einbezogen werden. Der gesamte Prüfungsansatz bezieht neben starren Marktstrukturfaktoren nun das Element des Verhaltens der Unternehmen mit ein.[842] Im Einzelnen:

A. VEBA/ VIAG

Bemerkenswert an der Entscheidung in der Sache „VEBA/ VIAG"[843] ist die Vorwegnahme des später vom EuG in „Airtours/ Kommission" formulierten Kriteriums der Maximierung des gemeinsamen Gewinns der kollektiv marktbeherrschenden Unternehmen[844] durch die Kommission.[845]

---

[840] *Haupt*, EWS 2002, 361, 369 sieht in den Entscheidungen „zentrale Erkenntnisse der nichtkooperativen Spieltheorie in das gemeinschaftliche Konzept kollektiver Marktbeherrschung aufgenommen"; *Temple Lang*, FCLI 2001, 269, 298 hält die Entscheidungen seit „Airtours/ First Choice" bis „MAN/ Auwärter" für „vernünftig".

[841] *Ratliff*, The European Antitrust Review 2002, 20, 21: „overall appraisal of the incentives of the various companies to compete or tacitly collude".

[842] So im Ergebnis auch *Haupt*, EWS 2002, 361, 363: er spricht von einer zunehmenden Beachtung dynamisch-verhaltensorientierter Kriterien.

[843] Kommission, Entscheidung vom 13.06.2000, IV/M. 1673, „VEBA/ VIAG", ABl. L 188/1 vom 10.07.2001, WuW EU-V 509.

[844] EuG, Urteil vom 06.06.2002, Rs. T –342/99, „Airtours/ Kommission", Slg. 2002, II – 2585ff., Tz. 290.

[845] Wie die Kommission im Weiteren feststellt, sei aufgrund einer Vielzahl struktureller Faktoren sei kein wesentlicher (Binnen-)Wettbewerb zwischen VEBA/ VIAG und RWE zu erwarten. So sei „Elektrizität" ein homogenes Produkt, das auf einem Markt angeboten werde, der aufgrund der Transparenz der Erzeugungskosten und einer Vielzahl von Veröffentlichungen betreffend der Verkaufspreise transparent sei (Kommission, a.a.O., Tz. 71ff.) VEBA/ VIAG und RWE verfügten über vergleichbare Kostenstrukturen (Kommission, a.a.O., Tz. 75). Parallelverhalten würde weiter gefördert durch Verflechtungen zwischen den Unternehmen (Kommission, a.a.O., Tz. 78ff.), einem lediglich geringen zu erwartenden Nachfragewachstum (Kommission, a.a.O., Tz. 81f.), geringer Preiselastizität der Nachfrage (Kommission, a.a.O., Tz. 83f.) und geringer Nachfragemacht (Kommission, a.a.O., Tz. 85ff.). Preisliche Vorstöße eines Oligopolmitglieds seien nicht zu erwarten, da leicht erkennbar und aufgrund ähnlicher Vergeltungspotentiale des anderen Oligopolmitglieds wenig Erfolg versprechend (Kommission, a.a.O., Tz. 89). Das zu erwartende Duopol VEBA/ VIAG und RWE werde auch keinem wesentlichen Außenwettbewerb ausgesetzt sein. Dennoch genehmigt die Kommission den Zusammenschluss unter weit reichenden Auflagen. So müssen unter ande-

Die Kommission[846] stellt fest, dass der deutsche Markt für die Elektrizitätsabgabe auf Verbundebene eine Vielzahl von Merkmalen aufweist, die geeignet seien, bei einer Verstärkung der Konzentration durch den Zusammenschluss von VEBA und VIAG zu einem bewussten Parallelverhalten von VEBA/ VIAG und RWE und damit zu kollektiver Marktbeherrschung zu führen.[847] So würden nach einem Zusammenschluss VEBA/ VIAG und RWE (bzw. RWE/ VEW nach Durchführung des geplanten Zusammenschlusses RWE/ VEW) beispielsweise über vergleichbare Marktanteile verfügen, die weit vor denen der übrigen Wettbewerber lägen. Daraus folgt nach Auffassung der Kommission ein gemeinsames Interesse an wettbewerbsbeschränkendem Parallelverhalten, denn „friedliches Parallelverhalten" erlaube symmetrischen Oligopolen eine in etwa gleiche Gewinnmaximierung aller Beteiligten.[848]

B. Outokumpu/ Avesta Sheffield

Im Rahmen des Zusammenschlussvorhabens „Outokumpu/ Avesta Sheffield"[849] untersucht die Kommission, ob der Zusammenschluss Marktbedingungen schafft, die *tacit collusion* möglich und effektiv machen. Die Kommission spricht in dieser Entscheidung ausdrücklich von „tacit collusion", wohingegen in vorangehenden Entscheidungen allenfalls von „tacit coordination", stillschweigendem und/oder wettbewerbswidrigem Parallelverhalten die Rede war.

---

rem die wesentlichen Verbindungen zwischen VEBA/ VIAG und RWE gelöst werden. Gleichzeitig soll mit VEAG eine dritte Kraft auf dem Markt aufgebaut werden: Vgl. Kommission, Presseerklärung vom 13.06.2000, IP/00/613; gegen den Versuch, VEAG zu einem „unabhängigen dritten Anbieter" zu „züchten", wendet *Möschel*, DB 2001, 131, 133 ein: „Schon die Idee, dass die Reduzierung von vier Anbietern auf zwei aufgrund der Zusammenschlüsse und die Aufstockung auf drei durch die Züchtung eines dritten wettbewerblich die bessere Option sei als die Untersagung der Zusammenschlüsse und die damit gewährleistete Selbständigkeit von vier potenten Anbietern, überrascht. Sollte ein solcher Strukturvergleich zugunsten der ersten Option ausgehen, müssten schon ungewöhnliche Pluselemente hinzutreten, die trotz Verdichtung eines ohnehin schon engen Oligopols die besseren Chancen für mehr Wettbewerb liefern. Die Verselbständigung der VEAG reicht angesichts der konkreten Verhältnisse nicht hin." – dies nach Auffassung *Möschels* vor allem deshalb, weil von den sechs Abnehmern der VEAG von vornherein fünf im Beteiligungsumfeld des Duopols bleiben. Eine kritische Beurteilung der Entscheidung der Kommission wird weiter angedeutet etwa von *Markert*, BB 2001, 105, 106 Fn. 8 und *derselbe*, Energiewirtschaftliche Tagesfragen 2000, 355ff.

[846] Zu Aspekten dieses Verfahrens aus Sicht des deutschen Kartellrechts *Bechtold*, NJW 2001, 3159, 3165.

[847] Kommission, Entscheidung vom 13.06.2000, IV/M. 1673, „VEBA/ VIAG", ABl. L 188/1 vom 10.07.2001, Tz. 61.

[848] Kommission, a.a.O., Tz. 64.

[849] Kommission, Entscheidung vom 04.12.2000, COMP/ECSC.1342, „Outokumpu/ Avesta Sheffield", im Internet abrufbar unter http://www.europa.eu.int.

Nach dem Zusammenschluss verbleiben auf den Märkten für Warm- und Kalt-Walz-Produkte fünf Anbieter, von denen die TOP 2 über einen gemeinsamen Marktanteil von 50 bis 60 % bzw. 55 bis 65 % verfügen, die TOP 3 über 70 bis 80 % und die TOP 5 über 85 bis 95 % bzw. 90 bis 100 %. *Tacit collusion* wird nach den Untersuchungen der Kommission begünstigt durch die Art der Produkte (Handelsprodukte ohne Marken oder Qualitäts-Unterschiede), Verbindungen zwischen dem Markt für Warmwalz- zu dem für Kaltwalz-Erzeugnisse, Markttransparenz und hohe Markteintrittsbarrieren.[850] Gegen *tacit collusion* sollen nach den Feststellungen der Kommission eine Wachstumsrate von 0 bis 10 % sprechen, die in den nächsten vier Jahren wahrscheinlich noch ansteigen werde, eine hohe Kapazitätsauslastung von bis zu 85 bis 95 %, unterschiedliche Kostenstrukturen der Unternehmen und die Tatsache, dass die unterschiedlichen Produzenten sich auf verschiedene Produkte konzentrierten.[851] Trotz einer relativ hohen Markttransparenz erschwere die hohe Kapazitätsauslastung Wettbewerbern Vergeltungsmaßnahmen im Fall eines Abweichens von dem, was stillschweigend vereinbart wurde. Zusätzliche Kapazitäten kämen nur in großen Paketen auf den Markt; dadurch werde das Gleichgewicht zwischen den Anbietern gestört. Unterschiede hinsichtlich der Verkaufsanteile und der Kapazitätsanteile führten zu weiterem Ungleichgewicht. Unterschiedliche Kostenstrukturen brächten Divergenzen hinsichtlich der kommerziellen Interessen mit sich, was die Kollusions-Anreize weiter abmildere.[852] Daher genehmigt die Kommission schließlich das geplante Vorhaben.

C. MAN/ Auwärter

In der Sache „MAN/ Auwärter"[853] beschäftigt sich die Kommission mit kollektiver Marktbeherrschung in Ausschreibungsmärkten.[854] Die Kommission betont ausdrücklich, die Tatsache der Auftragsvergabe im Wege öffentlicher Ausschreibungen schließe für sich allein die Möglichkeit einer stillschweigenden Koordinierung des Wettbewerbsverhaltens im Sinne kollektiver Marktbeherrschung nicht aus, denn die betroffenen Unternehmen könnten Elemente der be-

---

[850] Kommission, Entscheidung vom 04.12.2000, COMP/ECSC.1342, „Outokumpu/ Avesta Sheffield", im Internet abrufbar unter http://www.europa.eu.int, Tz. 30f.

[851] Kommission, a.a.O., Tz. 32.

[852] Kommission, a.a.O. Tz. 33ff.

[853] Kommission, Entscheidung vom 20.06.2001, COMP/M.2201, „MAN/ Auwärter", ABl. L 116/35 vom 03.05.2002.

[854] Die Frage von kollektiver Marktbeherrschung in Verbindung mit Ausschreibungsmärkten hat die Kommission – zumindest am Rande – bereits vorher in den Zusammenschlussvorhaben „ABB/ Daimler-Benz", „Agfa/ Sterling" (Kommission, Entscheidung vom 15.04.1999, IV/M.1432, „Agfa/ Sterling", ABl. C 228/11 vom 11.08.1999.) und auch „BP Amoco/ Burmah Castrol" (Kommission, Entscheidung vom 19.05.2000, COMP/M.1891, „BP Amoco/ Burmah Castrol", im Internet abrufbar unter http://www.europa.eu.int.) beschäftigt.

stehenden Marktsituation, etwa das Vorhandensein einer bedeutenden Anzahl von Stammkunden, stillschweigend als Referenz dafür ansehen, wer in Zukunft welche Ausschreibung gewinnen soll, und könnten ihr künftiges Bieterverhalten an solchen Referenzwerten ausrichten.[855]

Durch den Erwerb der Kontrolle über die Gottlieb Auwärter GmbH & Co. KG durch die MAN Nutzfahrzeuge AG (beide Hersteller von Nutzfahrzeugen)[856] verengt sich die Zahl der deutschen Bushersteller nach den Feststellungen der Kommission von drei auf zwei,[857] nämlich MAN/ Auwärter und EvoBus. Diese erreichten auf dem deutschen Markt für Stadtbusse einen gemeinsamen Marktanteil von 97,8%,[858] der unter den beiden Anbietern nahezu hälftig aufgeteilt sei.[859] Angesichts des Entsetzens eines nahezu symmetrischen Duopols hält die Kommission die Prüfung einer gemeinsamen marktbeherrschenden Stellung für nahe liegend[860] und untersucht, ob der Zusammenschluss zu einer stillschweigenden Koordinierung des Wettbewerbsverhaltens der beiden Unternehmen führt, die die nahezu hälftige Aufteilung des relevanten Marktes dauerhaft verfestigt. Dabei prüft die Kommission, ob im Wege einer stillschweigenden Koordinierung der Binnenwettbewerb zwischen den Unternehmen ausgeschaltet wird und dadurch beide Unternehmen höhere Preise und Gewinne erzielen können als unter Wettbewerbsbedingungen.[861]

D. UPM-Kymmene/ Haindl und Norske Skog/ Parenco/ Walsum

Die Sache „UPM-Kymmene/ Haindl und „Norske Skog/ Parenco/ Walsum"[862] wird zu Recht als eine „in geradezu schulmäßiger Weise" durchgeführte Oligopolprüfung der Kommission gelobt.[863] Manche sehen in der Entscheidung den Rückzug der Kommission von ihrer „aggressiven Position" in „Airtours/ First Choice".[864]

---

[855] Kommission, Entscheidung vom 20.06.2001, COMP/M.2201, „MAN/ Auwärter", ABl. L 116/35 vom 03.05.2002, Tz. 35; vgl. dazu *Hirsbrunner*, EuZW 2002, 453, 456 und *Schultz/Wagemann*, Kartellrechtspraxis und Kartellrechtsprechung 2001/2002, Rz. 885.
[856] Kommission, a.a.O., Tz. 28.
[857] Kommission, a.a.O., Tz. 27.
[858] Kommission, a.a.O., Tz. 32.
[859] Kommission, a.a.O., Tz. 33.
[860] Kommission, a.a.O., Tz. 32.
[861] Kommission, a.a.O., Tz. 33 und 34.
[862] Kommission, Entscheidung vom 21.11.2001, IV/M. 2498 und IV/M.2499, „UPM-Kymmene/ Haindl" und „Norske Skog/ Parenco/ Walsum", ABl. L 233/38 vom 30.08.2002.
[863] *Montag*, Vortrag beim 9. St. Galler Internationales Kartellrechtsforum 25./26. April 2002; *Nicholson/Cardell* in *Drauz/Reynolds*, 285, 299.
[864] *Weitbrecht*, 2002 ECLR, 407, 409.

Die Entscheidung betrifft ein Zusammenschlussvorhaben, in dem zwei Transaktionen miteinander verkoppelt werden sollen, nämlich einmal den Verkauf des deutschen Papierherstellers Haindl an den finnischen Wettbewerber UPM-Kymmene und zum anderen den daran anschließenden Weiterverkauf der zwei Haindl'schen Papierwerke Parenco und Walsum an den norwegischen Papierhersteller Norske Skog, gleichzeitig mit dem Erwerb der Kontrolle über Haindl durch UPM-Kymmene.[865]

Nach allgemeinen Ausführungen zur gemeinsamen Marktbeherrschung (dazu sogleich unter I.) und zu den Charakteristika der betroffenen Märkte (vgl. II.) untersucht die Kommission die Auswirkungen des Zusammenschlusses auf die Marktstruktur (III.), die Geeignetheit der Marktstruktur, kollektive Marktbeherrschung zu fördern (IV.) sowie Koordinations- und Vergeltungsmechanismen (V.). Im Einzelnen:

I. Allgemeine Ausführungen zu gemeinsamer Marktbeherrschung

Unter dem Stichwort „Allgemeines“ führt die Kommission aus, die gemeinsame Marktbeherrschung gehe in der Regel mit der gemeinsamen Ausübung von Marktmacht durch die stillschweigende Abstimmung des Marktverhaltens einer Gruppe von Unternehmen einher.[866] In der englischen Fassung dieser Passage[867] wird deutlich, dass die Kommission den Begriff „tacit collusion” – im Gegensatz zur Entscheidung „Outokumpu/ Avesta Sheffield“ in Anlehnung an ihre frühere Praxis – vermeidet und sich statt dessen auf die Formulierung „tacit co-ordination” beschränkt.

Unter ausdrücklicher Bezugnahme auf ihre Entscheidungen „Nestlé/ Perrier“, „Gencor/ Lonrho“ und „Airtours/ First Choice“ nennt die Kommission erstmals einzelne Prüfungsschritte für die Feststellung kollektiver Marktbeherrschung, nämlich:

a) die Auswirkungen des Zusammenschlusses auf den Wettbewerb;
b) ob sich der Markt wegen seiner Gegebenheiten für eine stillschweigende Abstimmung eignet;
c) die Nachhaltigkeit der Abstimmung, d. h.:
   i) ob einer der Spitzenanbieter angesichts der Fähigkeiten und Anreize der Nichtabweichler zu einem Gegenschlag die Fähigkeit

---

[865] Kommission, a.a.O., Tz. 1 und 7.
[866] Kommission, a.a.O., Tz. 74.
[867] „the joint exercice of market power through the tacit co-ordination of market behaviour of a group of firms“

und Anreize hat, von dem abgestimmten Ergebnis abzuweichen und
ii) ob die Abnehmer/ kleinen Marktteilnehmer/ Neuzugänge die Fähigkeit und den Anreiz haben, die Spitzenanbieter in ihrem wettbewerbswidrigen Verhalten herauszufordern. [868]

Außerdem untersucht die Kommission die Merkmale des Wettbewerbs in der Vergangenheit.[869]

In diesen Prüfungspunkten lassen sich Elemente der spieltheoretischen „Wirkungskette stabiler Kollusion“ wieder finden. So entspricht etwa Prüfungspunkt b) der Prüfung der Frage der grundsätzlichen Eignung der Marktstruktur zur Erzielung eines *agreements* der Unternehmen; Prüfungspunkt c) i) spiegelt die Frage der Stabilität des *agreements* insbesondere im Hinblick auf mögliche *cheating*-Anreize wieder. Differenziert sind die Ausführungen zum „Gegenschlag“. Die Kommission postuliert hier nicht einfach ein Erfordernis der Existenz eines Vergeltungsmechanismus, sondern betrachtet die Möglichkeit zum „Gegenschlag“ unter dem Blickwinkel des *cheating*-Anreizes. Es kommt demnach nicht isoliert darauf an, ob ein Vergeltungsmechanismus existiert. Entscheidend ist vielmehr, ob die Unternehmen angesichts der Vergeltungs-Fähigkeiten und -Anreize der anderen Unternehmen einen Anreiz zu einem vom *agreement* abweichenden Verhalten haben.

II. Allgemeine Marktcharakteristika

Nach diesen einleitenden Bemerkungen zu den allgemeinen Voraussetzungen kollektiver Marktbeherrschung untersucht die Kommission die Eigenschaften der betroffenen Märkte der Produktion von Zeitungspapier und holzhaltigem Magazinpapier.

Nach Darstellung der Kommission sind diese Märkte sehr ähnlich[870] und durch einen langfristigen Kapazitäts- und einen kurzfristigen Preiswettbewerb gekennzeichnet.[871] Die Kommission schätzt die Produkte als relativ homogen ein.[872] Die Marktanteile der stärksten Anbieter seien nicht absolut symmetrisch. Die Kommission weist jedoch darauf hin, dass auch in früheren Entscheidungen – wie etwa „Danish Crown” – totale Symmetrie jedenfalls dort keine zwingende Voraussetzung kollektiver Marktbeherrschung gewesen sei, wo bestehende A-

---

[868] Kommission, a.a.O., Tz. 76.
[869] Kommission, a.a.O., Tz. 76.
[870] Kommission, a.a.O., Tz. 77.
[871] Kommission, a.a.O., Tz. 78.
[872] Kommission, a.a.O., Tz. 78.

symmetrien kein Hindernis für eine stillschweigende Koordination des Marktverhaltens bildeten.[873] In der Tat nahm die Kommission etwa in „Danish Crown/ Vestjyske Slagterier“ eine duopolistische beherrschende Stellung der Zusammenschlussbeteiligten und Steff-Houlberg an, obgleich die Zusammenschlussbeteiligten etwa wirtschaftlich mächtiger waren als Steff-Houlberg und Steff-Houlberg nicht dieselbe Produkte anbieten konnte wie die Parteien des Zusammenschlusses.[874]

Die Kommission stellt weiter einen Mangel an Markttransparenz hinsichtlich der Investitionsentscheidungen[875] und individueller Transaktionspreise[876] fest. Nach Darstellung der Kommission ist die Nachfrage unelastisch.[877] Sodann stellt die Kommission fest, dass infolge der geplanten Zusammenschlüsse die Kostenstrukturen der Anbieter sich gegenseitig annähern würden. Da den Anbietern jedoch dennoch die Möglichkeit verbleibe, auf Änderungen der Input-Preise unterschiedlich zu reagieren, hält die Kommission den Grad der Kostensymmetrie für nicht zwingend geeignet, kollektive Marktbeherrschung zu fördern.[878] Hinsichtlich bestehender *multi-market-contacts* zwischen den Anbietern meint die Kommission, bei der gemeinsamen Marktbeherrschung könnten die Kontakte in mehreren Märkten das strategische Verhalten beeinflussen und die Dauerhaftigkeit der Abstimmung in den Märkten tendenziell stärken.[879]

Daran anschließend untersucht die Kommission noch die Nachfragemacht[880] den Grad der technologischen Innovation[881] sowie Markteintritts- und Expansionsschranken.[882]

III. Auswirkungen der geplanten Zusammenschlüsse auf die Marktstruktur

Die geplanten Transaktionen sollen nach den Feststellungen der Kommission dazu führen, dass die Zahl der Anbieter auf dem relevanten Markt sich von fünf

---

[873] Kommission, a.a.O., Tz. 81.
[874] Kommission, Entscheidung vom 09.03.1999, IV/M. 1313, „Danish Crown/ Vestjyske Slagterier", ABl. L 20/1 vom 25.01.2000, Tz. 177
[875] Kommission, Entscheidung vom 21.11.2001, IV/M. 2498 und IV/M.2499, „UPM-Kymmene/ Haindl" und „Norske Skog/ Parenco/ Walsum", ABl. L 233/38 vom 30.08.2002, Tz. 85.
[876] Kommission, a.a.O., Tz. 87.
[877] Kommission, a.a.O., Tz. 88.
[878] Kommission, a.a.O., Tz. 94.
[879] Kommission, a.a.O., Tz. 99.
[880] Kommission, a.a.O., Tz. 100ff.
[881] Kommission, a.a.O., Tz. 106ff.
[882] Kommission, a.a.O., Tz. 108ff.

auf vier verringere. Der Marktanteil der vier führenden Anbieter werde sich – den Umsätzen nach – von 50 bis 60 % auf ca. 60 bis 70 % und – den Kapazitäten nach – von 60 bis 70 % auf ca. 70 bis 80 % erhöhen. Der HHI werde dennoch unterhalb der Grenze von 1800 verbleiben.[883] Auch wenn die geplanten Transaktionen den Konzentrationsgrad auf dem Markt erhöhen sollten, verringerten sie die Symmetrie zwischen den Top-Anbietern.[884] Allerdings werde ein Wettbewerber ganz ausgeschaltet.[885]

IV. Geeignetheit der Marktstrukturen, kollektive Marktbeherrschung zu fördern

Nach Darstellung der Kommission wird die Verringerung der Zahl der Top-Anbieter durch die Transaktionen von fünf auf vier bzw. von vier auf drei zu einem transparenteren Markt führen, der weniger von Unsicherheiten geprägt ist. Die Kommission scheint hier also – wiederum im Gegensatz zu ihren Äußerungen in der Sache „Price Waterhouse/ Coopers" – auch bei einer Zahl von vier Oligopolisten kollektive Marktbeherrschung grundsätzlich nicht für ausgeschlossen zu halten.[886] Die Auswirkungen der geplanten Zusammenschlüsse auf die Eignung des Marktes zu kollektiver Marktbeherrschung sind nach den Feststellungen der Kommission jedoch zwiespältig:[887] Auf die Eignung zu kollektiver Marktbeherrschung sollen nach Auffassung der Kommission die hinreichende Homogenität der Produkte, die hohe Inelastizität der Nachfrage, die beschränkte Käufermacht und die hohen Markteintrittsschranken hinweisen.[888] Gegen kollektive Marktbeherrschung sollen die nur beschränkte Stabilität der Marktanteile sowie die mangelnde Transparenz bezüglich der Projekte zur Kapazitäts-Expansion und die fehlende Symmetrie der Kostenstrukturen sprechen.[889] Daher untersucht die Kommission mögliche Koordinations-Mechanismen und deren Dauerhaftigkeit.[890]

V. Koordinations- und Vergeltungsmechanismen

Die Kommission betrachtet zwei mögliche Koordinations- und damit verbundene Vergeltungsmechanismen näher. Bei einer Koordination von Investitionsentscheidungen mit dem Ziel, Kapazitäten zu verringern und damit langfristig die

---

[883] Kommission, a.a.O., Tz.115.
[884] Kommission, a.a.O., Tz. 119.
[885] Kommission, a.a.O., Tz. 121.
[886] *Hirsbrunner*, EuZW 2002, 453, 456.
[887] Kommission, a.a.O., Tz. 123.
[888] Kommission, a.a.O., Tz. 124.
[889] Kommission, a.a.O., Tz. 125.
[890] Kommission, a.a.O., Tz. 126.

Preise zu erhöhen, könnte die Vergeltung im Falle eines Abweichens vom koordinierten Verhalten in einem Investitions-Wettlauf bestehen.[891] In Betracht käme daneben auch eine Koordinierung von Stillstandzeiten, um während einer Phase nachlassender Nachfrage kurzfristig das Preisniveau halten zu können. Abweichlerisches Verhalten könnte hier dadurch bestraft werden, dass die anderen Oligopolisten die Kunden des Abweichlers abwerben.[892]

Eine Parallele zur „Airtours"- Entscheidung besteht hier insoweit, als die Kommission keine Koordinierung hinsichtlich des Preisverhaltens, sondern hinsichtlich der Produktionskapazitäten untersucht.[893] Darüber hinausgehend betrifft in „UPM-Kymmene/ Haindl und Norske Skog/ Parenco/ Walsum" die Koordinierung nicht nur bestehende, sondern auch zukünftige bzw. potentielle Produktionskapazitäten.[894]

Die Existenz von Vergeltungsmechanismen untersucht die Kommission nicht isoliert, sondern unter dem Blickwinkel der Dauerhaftigkeit der Verhaltenskoordinierung: Eine stillschweigende Koordinierung von Investmententscheidungen sei unwahrscheinlich, weil wegen der mangelnden Markttransparenz eine solche Koordinierung nur schwerlich dauerhaft sein könne. Es sei sehr unwahrscheinlich, dass die anderen Unternehmen von einem abweichlerischen Investitions-Projekt eines Oligopolisten erführen, bevor dieses so weit fortgeschritten sei, dass es unumkehrbar sei. Sobald jedoch eine Investition getätigt wäre, würde jede Drohung mit Bestrafung ihre Glaubwürdigkeit verlieren, da ihre Durchsetzung zu kostenaufwendig wäre.[895] Eine Koordinierung der Stillstandzeiten hält die Kommission im Grundsatz zwar nicht für ausgeschlossen.[896] Hier gebe es durchaus einen glaubwürdigen Bestrafungsmechanismus.[897] Allerdings hätten *fringe firms* jederzeit die Möglichkeit, koordiniertes Verhalten zu unterminieren.[898] Im Vergleich zu „Airtours/ First Choice" fällt jedenfalls die Vermeidung missverständlicher Ausführungen der Kommission zum Erfordernis eines Vergeltungsmechanismus auf.[899]

---

[891] Kommission, a.a.O., Tz. 128 und 131.
[892] Kommission, a.a.O., Tz. 128 und 132.
[893] *Hirsbrunner*, EuZW 2002, 453, 455.
[894] *Hirsbrunner*, EuZW 2002, 453, 455.
[895] Kommission, a.a.O., Tz. 135.
[896] Kommission, a.a.O., Tz. 133.
[897] Kommission, a.a.O., Tz.138.
[898] Kommission, a.a.O., Tz. 139.
[899] *Nikpay/Houwen*, 2003 ECLR, 193, 201 betonen angesichts der Diskussion nach der „Airtours/First Choice"-Entscheidung zu Frage, ob die Kommission die Existenz eines Vergeltungsmechanismus als konstitutiv für kollektive Marktbeherrschung betrachtet, dass die Kommission *hier* das Fehlen eines Vergeltungsmechanismus als Grund für die Freigabe betrachtet.

Daher kommt die Kommission abschließend zu dem Ergebnis, dass das Zusammenschlussvorhaben nicht zur Entstehung oder Verstärkung einer kollektiven marktbeherrschenden Stellung führen wird.

E. BP/ E.ON

In der Sache „BP/ E.ON“[900] kommt die Kommission zu dem Ergebnis, dass durch die geplante Transaktion eine gemeinsame marktbeherrschende Stellung von Shell/ DEA und BP/ E.ON auf dem *market for the supply of ethylene on the ARG+ pipeline network* entstehen würde.

Einleitend führt die Kommission unter ausdrücklicher Bezugnahme auf ihre Entscheidung „Exxon/ Mobil“ aus:

> „In former collective dominance cases, the Commission has referred to the following elements to establish the existence or not of a collective dominant position: (i) supply concentration, (ii) homogeneity of the product, (iii) symmetry of market shares, costs and interests, (iv) price transparency, (v) retaliation possibilities, (vi) high entry barriers and absence of potential competition, and (vii) inelastic demand without countervailing buying power. However, this list is neither binding in particular not all these elements have to be present to establish a collective dominant position nor exhaustive but merely serves to provide a set of useful indicators“.[901]

Die Bezugnahme der Kommission auf „Exxon/ Mobil“ ist ungewöhnlich und lässt sich vielleicht durch die Ähnlichkeiten der betroffenen Produktmärkte erklären. Bis dahin hat die Kommission regelmäßig andere Entscheidungen als „Referenz“-Entscheidungen zur kollektiven Marktbeherrschung herangezogen.

Vor dem Hintergrund des sorgfältigen Prüfungsschemas der Kommission in der lediglich einen Monat zurückliegenden Entscheidung „UPM-Kymmene/ Haindl und Norske Skog/ Parenco/ Walsum” scheint die Auflistung der Prüfungspunkte der Kommission in „BP/ E.ON“ vergleichsweise karg. Da die einzelnen Prüfungspunkte nicht zueinander in Beziehung gesetzt und auch nicht in einen größeren Zusammenhang gestellt werden, lassen sich trotz des Hinweises der Kommission, die angeführte Liste sei nicht verbindlich, gewisse Anklänge an den früheren „*checklist-approach*“ nicht verleugnen.

Der Eindruck eines Rückfalls in „*checklist-approach*“-Zeiten verfestigt sich im weiteren Fortgang der Entscheidung jedoch nicht; die Kommission begründet vielmehr sorgfältig und ausführlich, warum ihrer Ansicht nach durch den Zu-

---

[900] Kommission, Entscheidung vom 20.12.2001, COMP/M.2533, „BP/ E.ON“, im Internet abrufbar unter http://www.europa.eu.int.

[901] Kommission, a.a.O., Tz. 42.

sammenschluss eine kollektive beherrschende Stellung begründet wird: Nach Verwirklichung der geplanten Zusammenschlussvorhaben würden Shell und BP nach den Feststellungen der Kommission über einen gemeinsamen Marktanteil von ca. 55-65% verfügen und dabei keinem vergleichbar starken Wettbewerber ausgesetzt sein.[902] BP/ Veba verfügten über einen privilegierten Zugang zu der ARG Pipeline und über einen starken Einfluss auf die Unternehmensstruktur von ARG.[903] Shell/ DEA würden über privilegierten Zugang zur Import-Infrastruktur verfügen und wichtige Pipeline-Verbindungen kontrollieren.[904] Weiter sei Ethylen ein homogenes Produkt mit niedriger Innovationsrate auf einem reifen Markt.[905] Shell und BP ähneln sich nach den Feststellungen der Kommission bezüglich ihrer Marktanteile, Kapazitäten und Kosten.[906] Beide seien in ähnlicher Weise vertikal integriert und hätten daher ähnliche Interessen hinsichtlich des vorgelagerten Ethylen-Markts (*upstream market for ethylene*).[907] Auch die Situation auf den nachgelagerten Märkten für Etyhlen-Derivate (*downstream markets for ethylene derivates)* schränke die Fähigkeiten der Zusammenschlussbeteiligten nicht ein, eine gemeinsame Preis-Strategie zu verfolgen.[908] Die Kommission hält es für wahrscheinlich, dass die beiden durch die Zusammenschlussvorhaben neu zu bildenden Einheiten den Markt stillschweigend untereinander aufteilen.[909] Der Ethylen-Markt sei hinreichend transparent, um stillschweigende Koordination zwischen den beiden neuen Marktführern zu ermöglichen.[910] Außerdem stünden den Parteien hinreichende Mittel zur Vergeltung zur Verfügung:[911] Aufgrund der hohen Transparenz sei es jeder Partei möglich, festzustellen, ob die jeweils andere Partei ihre Preise erhöht;[912] die beiden neuen Einheiten verfügten weiter über hinreichende Volumina, um in den Wettbewerb um die Kunden der jeweils anderen Einheit einzutreten.[913] Aufgrund der beschränkten Importmöglichkeiten und der Kontrolle von *necessary facilities* durch die neuen Einheiten bestünden hohe Marktzutrittsschranken.[914] Neue Markteintritte in nennenswertem Umfang erwartet die Kommissi-

---

902 Kommission, a.a.O., Tz. 43.
903 Kommission, a.a.O., Tz. 54.
904 Kommission, a.a.O., Tz. 63.
905 Kommission, a.a.O., Tz. 69.
906 Kommission, a.a.O., Tz. 72.
907 Kommission, a.a.O., Tz. 74.
908 Kommission, a.a.O., Tz. 93.
909 Kommission, a.a.O., Tz. 101.
910 Kommission, a.a.O., Tz. 102.
911 Kommission, a.a.O., Tz. 106.
912 Kommission, a.a.O., Tz. 108.
913 Kommission, a.a.O., Tz. 109.
914 Kommission, a.a.O., Tz. 116.

on nicht.[915] Schließlich bestehe kein hinreichendes Gegengewicht durch eine starke Nachfragemacht.[916]

§ 9 Zusammenfassende Darstellung der Voraussetzungen kollektiver Marktbeherrschung in der Entscheidungspraxis zur europäischen Fusionskontrolle

A. Das Konzept kollektiver Marktbeherrschung

Eine kollektive marktbeherrschende Stellung i. S. v. Art. 2 Abs. 3 FKVO 4064/89 ist durch das Fehlen von Binnenwettbewerb innerhalb der marktbeherrschenden Gruppe sowie das Fehlen von wesentlichem Wettbewerbsdruck auf die marktbeherrschende Gruppe von außerhalb gekennzeichnet.[917]

Wie bei der Definition kollektiver Marktbeherrschung gemäß Art. 82 EG ist auch bei Art. 2 Abs. 3 FKVO zentrales Merkmal der Binnenbeziehung der kollektiv marktbeherrschenden Unternehmen die „Einheit" der marktbeherrschenden Gruppe. Während diese sich nach der Rechtsprechung des EuGH in der „Macht zu einheitlichem Vorgehen" der gemeinsam marktbeherrschenden Unternehmen manifestiert, untersucht das EuG in „Gencor/ Kommission"[918] die Fähigkeit der Oligopol-Unternehmen, sich „als Gruppe" unabhängig zu verhalten bzw. in „Airtours/ Kommission"[919] die Anreize der Unternehmen, „einheitlich vorzugehen".

Während sich der EuGH auf den Hinweis beschränkt, die „Macht zu einheitlichem Vorgehen" der Unternehmen könne „insbesondere" auf den „zwischen ihnen bestehenden verbindenden Faktoren" beruhen[920] und nur andeutet, strukturelle Verflechtungen seien keine unabdingbare Voraussetzung, stellt das EuG ausdrücklich klar, dass strukturelle Verflechtungen zwischen den Unternehmen keine Voraussetzung kollektiver Marktbeherrschung sind.[921] Kollektive Marktbeherrschung soll lediglich „wirtschaftliche Verbindungen" zwischen den Un-

---

[915] Kommission, a.a.O., Tz. 122.
[916] Kommission, a.a.O., Tz. 128.
[917] EuGH, Urteil vom 31.03.1998, verb. Rs. C-68 u. C-30/5, „Frankreich u.a./ Kommission", Slg. 1998, I – 1375ff., Tz. 221.
[918] EuG, Urteil vom 25.03.1999, Rs. T-102/96, „Gencor Ltd./ Kommission", Slg. 1999, II – 753ff., Tz. 206.
[919] EuG, Urteil vom 06.06.2002, Rs. T –342/99, „Airtours/ Kommission", Slg. 2002, II – 2585ff., Tz. 61.
[920] EuGH, Urteil vom 31.03.1998, verb. Rs. C-68/94 und C-30/95, „Frankreich u.a./ Kommission", Slg. 1998, I – 1375ff., Tz. 221.
[921] EuG, Urteil vom 25.03.1999, Rs. T-102/96, „Gencor Ltd./ Kommission", Slg. 1999, II – 753ff., Tz. 274.

ternehmen erfordern. Wie schon bei kollektiver Marktbeherrschung im Zusammenhang mit Art. 82 EG stellt das EuG klar, dass der Begriff „wirtschaftliche Verbindungen" in einem weiten Sinn zu verstehen ist. Einzubeziehen sind danach auch die Wechselbeziehung zwischen den Mitgliedern eines beschränkten Oligopols, in dessen Rahmen diese in der Lage sind, ihre jeweiligen Verhaltensweisen vorherzusehen, und daher unter einem starken Druck stehen, ihr Marktverhalten aneinander anzupassen, um insbesondere ihren gemeinsamen Gewinn durch eine auf Preiserhöhung abzielende Produktionsbeschränkung zu maximieren.[922]

Hinsichtlich der einzelnen Voraussetzungen kollektiver marktbeherrschender Stellungen, die allein auf oligopolistische Marktstrukturen zurückzuführen sind, stellt das EuG einen Katalog von Voraussetzungen auf, der auf dem *tacit collusion*-Konzept beruht. Danach muss

1. jedes Mitglied des beherrschenden Oligopols das Verhalten der anderen Mitglieder hinreichend genau und schnell in Erfahrung bringen können, um eine stillschweigende Verhaltenskoordinierung zu ermöglichen; das bloße Bewusstsein der oligopolistischen Interdependenz soll hierfür nicht ausreichen.[923]
2. Die stillschweigende Koordinierung soll auf Dauer erfolgen können; es muss einen Anreiz für die Oligopolmitglieder geben, nicht vom gemeinsamen Vorgehen auf dem Markt abzuweichen.[924]
3. Die voraussichtliche Reaktion tatsächlicher und potentieller Konkurrenten sowie der Verbraucher darf die zu erwartenden Ergebnisse des gemeinsamen Vorgehens nicht in Frage stellen.[925]

Die Kommission dagegen führt sowohl in „Gencor/ Lonrho" [926] als auch in „Airtours/ First Choice" [927] aus, „aktive Kollusion" zwischen den Mitgliedern eines engen Oligopols sei keine zwingende Voraussetzung für die beherrschende Stellung der Mitglieder eines Oligopols. Damit scheint die Kommission vom *tacit-collusion*-Konzept kollektiver Marktbeherrschung abzuweichen. In der

---

[922] EuG, Urteil vom 25.03.1999, Rs. T-102/96, „Gencor Ltd/ Kommission", Slg. 1999, II – 753ff., Tz. 276.
[923] EuG, Urteil vom 06.06.2002, Rs. T-342/99, „Airtours/ Kommission", Slg. 2002, II – 2585ff., Tz. 60.
[924] EuG, a.a.O., Tz. 60.
[925] EuG, Urteil vom 06.06.2002, Rs. T-342/99, „Airtours/ Kommission", Slg. 2002, II – 2585ff., Tz. 60.
[926] Kommission, Entscheidung vom 24.04.1996, IV/M. 619, „Gencor/ Lonrho", ABl. L 11/30 vom 14.01.1997, Tz. 140.
[927] Kommission, Entscheidung vom 22.09.1999, IV/M.1524, „Airtours/ First Choice", ABl. L 93/1 vom 13.04.2000, Tz. 53 und 54.

Rechtsprechung von EuGH und EuG taucht dagegen eine solche Formulierung nicht auf. Wie bereits ausgeführt, beharren die Gerichte auf dem Erfordernis eines „einheitlichen“ Verhaltens der Oligopol-Mitglieder bzw. eines Verhaltens „als Gruppe“ und betonen damit im Gegensatz zur Kommission das kooperative Element kollektiver Marktbeherrschung. Weiter muss nach den Ausführungen des EuG in „Gencor/ Kommission”[928] für die Bejahung kollektiver Marktbeherrschung zu der oligopolistischen Interdependenz noch hinzukommen, dass die Unternehmen handeln, um ihren gemeinsamen Gewinn zu maximieren. Auch in „Airtours/ Kommission“ beharrt das EuG auf seinem Standpunkt, kennzeichnend für eine Situation kollektiver Marktbeherrschung sei die „Einnahmenmaximierung durch Maximierung der Gesamtgewinne auf der Ebene der Gruppe als Ganzer”,[929] also die Maximierung des gemeinsamen Gewinns.

Zur Frage der Bedeutung der Existenz von Sanktionsmechanismen kann man Äußerungen der Kommission in „Airtours/ First Choice” so verstehen, als vertrete die Kommission, die Existenz eines Vergeltungsmechanismus sei keine zwingende Voraussetzung für kollektive Marktbeherrschung durch die Mitglieder eines engen Oligopols. Ungeachtet dessen betrachtet die Kommission in anderen Entscheidungen – etwa „UPM-Kymmene/ Haindl” und „Norske Skog/ Parenco/ Walsum”[930] – die Existenz von Vergeltungsmöglichkeiten als Indiz für eine auch von der Kommission als erforderlich angesehene Nachhaltigkeit der Verhaltenskoordinierung. Das EuG stellt nun in seinem „Airtours”-Urteil klar, kollektive Marktbeherrschung erfordere die Existenz von Anreizen für die Unternehmen der marktbeherrschenden Gruppe, nicht von der gemeinsamen Vorgehensweise abzuweichen. [931] In diesem Zusammenhang spielt auch die Existenz von Vergeltungsmechanismen eine Rolle.

Auch nachdem das EuG in „Airtours” einer reinen „Checklisten”-artigen Abarbeitung von Marktstrukturkriterien endgültig eine Absage erteilt hat, kommt Marktstrukturkriterien immer noch eine wichtige Bedeutung für die Frage zu, ob durch einen Zusammenschluss kollektive Marktbeherrschung begründet oder verstärkt wird. Allerdings sind Marktstrukturkriterien wie Produkthomogenität, Markttransparenz, Symmetrie der Marktanteile, Kostenstrukturen der Unter-

---

[928] EuG, Urteil vom 25.03.1999, Rs. T-102/96, „Gencor Ltd./ Kommission”, Slg. 1999, II – 753ff., Tz. 276.

[929] EuG, Urteil vom 06.06.2002, Rs. T –342/99, „Airtours/ Kommission”, Slg. 2002, II – 2585ff., Tz. 290.

[930] Kommission, Entscheidung vom 21.11.2001, IV/M. 2498 und IV/M.2499, „UPM-Kymmene/ Haindl” und „Norske Skog/ Parenco/ Walsum”, ABl. L 233/38 vom 30.08.2002, Tz. 76.

[931] EuG, Urteil vom 06.06.2002, Rs. T –342/99, „Airtours/ Kommission”, Slg. 2002, II – 2585ff., Tz. 194.

nehmen, Kapazitätszwänge, ausgleichende Nachfragemacht, Verflechtungen, Marktreife und Wachstumsprognose, Markteintrittsschranken und Spielraum für dritte Wettbewerber, Anreize der Unternehmen, sich wettbewerblich zu betätigen oder sich stillschweigend parallel zu verhalten, nicht getrennt voneinander zu betrachten. Sie sind vielmehr unter dem Blickwinkel des Drei-Schritt-Schemas des EuG in „Airtours/ Kommission" zu prüfen, also daraufhin zu untersuchen, ob durch sie den Unternehmen ermöglicht wird, das Verhalten der anderen Unternehmen vorherzusagen und dadurch eine Verhaltenskoordinierung zu erzielen, sodann darauf, ob es Anreize für die Unternehmen gibt, vom koordinierten Verhalten abzuweichen und schließlich, ob das Ergebnis der Verhaltenskoordination von Marktteilnehmern außerhalb der koordinierten Gruppe beeinflusst werden kann.

Während der EuGH von der Kommission „eine aufmerksame Untersuchung insbesondere der Umstände, die nach Lage des Einzelfalles als maßgebend für die Beurteilung der Auswirkungen des Zusammenschlusses auf den Wettbewerb auf dem Referenzmarkt erweisen" [932] verlangt, fordert das EuG noch schärfer „eindeutige Beweise" [933] der Kommission. Zwar erkennen sowohl EuGH[934] als auch EuG[935] einen „Beurteilungsspielraum" der Kommission bei „Bestimmungen wirtschaftlicher Art" an. Insbesondere in „Airtours/ First Choice" wird jedoch die Bereitschaft des EuG deutlich, die Argumentation der Kommission detailliert nachzuprüfen.

Auch nach dem „Airtours/ Kommission"-Urteil des EuG ist weiterhin gerichtlich ungeklärt, ob mit dem Konzept der kollektiven Marktbeherrschung auch solche Zusammenschlüsse untersagt werden können, die nicht zur Begründung oder Verstärkung einer marktbeherrschenden Stellung einer Mehrheit von Unternehmen, sondern lediglich zu *unilateral effects* führen. Obwohl die Kommission in „Airtours/ First Choice" kollektive Marktbeherrschung in einer Situation bejaht, die sich in vielerlei Hinsicht von der „klassischen" Konstellation kollektiver Marktbeherrschung unterscheidet und daher zu Spekulationen über mögliche Tendenzen der Kommission zur Abkehr vom herkömmlichen Marktbeherrschungstest hin zum *Substantial Lessening of Competition*-Test führt, entscheidet das EuG in seinem Urteil ausdrücklich nicht über das von der Kommission

---

[932] EuGH, Urteil vom 31.03.1998, verb. Rs. C-68/94 und C-30/95, „Frankreich u.a./ Kommission", Slg. 1998, I – 1375ff. Tz. 222.
[933] EuG, Urteil vom 06.06.2002, Rs. T –342/99, „Airtours/ Kommission", Slg. 2002, II – 2585ff., Tz. 63.
[934] EuGH, Urteil vom 31.03.1998, verb. Rs. C-68/94 und C-30/95, „Frankreich u.a./ Kommission", Slg. 1998, I – 1375ff. Tz. 224.
[935] EuG, Urteil vom 25.03.1999, Rs. T-102/96, „Gencor Ltd./ Kommission", Slg. 1999, II – 753ff., Tz. 165.

angewandte Konzept kollektiver Marktbeherrschung. Allerdings sprechen die vom EuGH formulierten drei Voraussetzungen kollektiver Marktbeherrschung dafür, dass aus Sicht des EuG kollektive Marktbeherrschung auf die Fälle von *tacit collusion* beschränkt ist, mithin Zusammenschlüsse mit lediglich einseitigen Effekten bzw. *unilateral effects* nicht erfasst.

B. Marktstrukturkriterien

Wie gerade ausgeführt, sind bei der Prüfung, ob durch einen Zusammenschluss kollektive Marktbeherrschung begründet oder verstärkt wird, Marktstrukturfaktoren daraufhin zu untersuchen, ob durch sie den Unternehmen (1.) ermöglicht wird, das Verhalten der anderen Unternehmen vorherzusagen und dadurch eine Verhaltenskoordinierung zu erzielen, sodann daraufhin, ob es (2.) Anreize für Unternehmen gibt, vom koordinierten Verhalten abzuweichen und ob (3.) das Ergebnis der Verhaltenskoordinierung von Marktteilnehmern außerhalb der koordinierten Gruppe beeinflusst werden kann. In diesem Zusammenhang haben in Verwaltungspraxis der Kommission und der Rechtsprechung der europäischen Gerichte insbesondere nachfolgend genannte Marktstrukturfaktoren eine Rolle gespielt:

Über den Grad der *Marktkonzentration*, der für kollektive Marktbeherrschung spricht, lassen sich für den Einzelfall keine endgültigen Aussagen treffen. Das beginnt bereits bei der *Zahl der Anbieter*, die maximal ein marktbeherrschendes Oligopol bilden können. Während die Kommission in „Price Waterhouse/ Coopers & Lybrand“ „gemeinsame Marktbeherrschung durch mehr als drei Anbieter“ noch für „unwahrscheinlich“ gehalten hatte,[936] führte sie in „Exxon Mobil“ bereits aus, dass mit der Anzahl der an einem Oligopol beteiligten Unternehmen zwar das Risiko für ein Unterlaufen des Parallelverhaltens steige; dennoch zeige die ökonomische Wettbewerbstheorie, dass auch Oligopole in weniger konzentrierten Märkten funktionieren könnten.[937] Die fehlende Möglichkeit, allgemeingültige Aussagen zu treffen, setzt sich bei der Feststellung relevanter *Marktanteile* fort:[938] So hat die Kommission vereinzelt duopolistische Marktbeherrschung schon ab einem gemeinsamen Marktanteil von ca. 45% („Varta/

[936] Kommission, Entscheidung vom 20.05.1998, IV/M. 1016 „Price Waterhouse/ Coopers & Lybrand“, ABl. L 50/27 vom 26.02.1999, Tz. 103.
[937] Kommission, Entscheidung vom 29.09.1999, IV/M. 1383, „Exxon/ Mobil”, im Internet abrufbar unter http://www.europa.eu.int, Tz. 466.
[938] A.A. *Albers/Hacker* in *Schröter/Jakob/Mederer*, Fusionskontrollverordnung Artikel 2, Rz. 330, die ein „Daumenregel“ formulieren wollen, wonach die Kommission kollektive Marktbeherrschung in Bretacht ziehe ab einem gemeinsamen Marktanteil von zwei bis drei Anbietern von über 60%, bei vier Anbietern von über 80% und bei fünf Anbietern von mehr als 70%.

Bosch“) [939] bzw. 50% („Henkel/ Nobel“) [940] in Betracht gezogen; kollektive Marktbeherrschung von drei Anbietern ab ca. 50% gemeinsamem Marktanteil („Alcatel/ AEG Kabel“) ,[941] bei vier Anbietern ab 80% („EMI/ Time Warner“)[942] sowie bei fünf Anbietern ab einem gemeinsamen Marktanteil von ca. 75% („Enso/ Stora“).[943] Dementsprechend erklärt das EuG in „Gencor/ Kommission“, [944] Marktanteilen komme keine unveränderliche Beweiskraft zu; ihre Bedeutung variiere vielmehr entsprechend der strukturellen Besonderheiten des jeweiligen Marktes.

Die Feststellung von *Symmetrien* der Mitglieder der – möglicherweise – kollektiv marktbeherrschenden Gruppe ist weiterhin ein wichtiges Thema auch schon der frühen Entscheidungspraxis („Nestlé/ Perrier“, [945] „Mannesmann/ Vallourec/ Ilva“, [946] „ABB/ Daimler-Benz“ [947]). Dabei geht die Kommission im Grundsatz davon aus, dass Symmetrien zu ähnlichen Interessenlagen der Unternehmen führen und daher den Anreiz für bewusstes Parallelverhalten erhöhen („VEBA/ VIAG“ [948]). Umgekehrt sollen die Anreize für eine gleichgerichtete wettbewerbswidrige Vorgehensweise weniger stark sein, wenn erhebliche strukturelle Unterschiede zwischen den Unternehmen bestehen, die unterschiedliche Möglichkeiten bzw. Anreize bei der Erwiderung auf Veränderungen bei den Marktbedingungen bieten („Mannesmann/ Vallourec/ Ilva“[949], „Valeo/ ITT Industries“[950]). So sollen in „Pirelli/ BICC“ [951] Asymmetrien der Gewinne, die aus der

---

[939] Kommission, Entscheidung vom 31.07.1991, IV/M. 012, „Varta/ Bosch", WuW/E EV 1701ff., Tz. 32.

[940] Kommission, Entscheidung vom 23.03.1992, IV/M. 186, „Henkel/ Nobel", WuW/E EV 1829 ff.

[941] Kommission, Entscheidung vom 18.12.1991, IV/M. 165, „Alcatel/ AEG Kabel", WuW/E EV 1713ff., Tz. 19f.

[942] Kommission, Pressemitteilung vom 14.07.2000, IP/00617.

[943] Kommission, Entscheidung vom 25.11.1998, IV/M. 1225, „Enso/ Stora“, ABl. L 254/9 vom 29.09.1999, Tz. 65.

[944] EuG, Urteil vom 25.03.1999, Rs. T-102/96, „Gencor Ltd./ Kommission", Slg. 1999, II – 753ff., Tz. 201.

[945] Kommission, Entscheidung vom 22.07.1992, IV/M. 190, „Nestlé/ Perrier", WuW/E EV 1903ff., Tz. 123.

[946] Kommission, Entscheidung vom 31.01.1994, IV/M.315, „Mannesmann/ Vallourec/ Ilva", WuW 1995, 235ff., Tz. 57f.

[947] Kommission, Entscheidung vom 18.10.1995, IV/M.580, „ABB/ Daimler-Benz", ABl. L 11/1 vom 14.01.1997, Tz. 115.

[948] Kommission, Entscheidung vom 13.06.2000, IV/M. 1673, „VEBA/ VIAG", ABl. L 188/1 vom 10.7.2001, Tz. 64.

[949] Kommission, Entscheidung vom 18.10.1995, IV/M.580, „ABB/ Daimler-Benz", ABl. L 11/1 vom 14.01.1997, Tz. 57.

[950] Kommission, Entscheidung vom 30.07.1998, IV/M.1245, „Valeo/ ITT Industries“, Abl. C 288 vom 16.09.1998, Tz. 55.

Verfolgung kollusiver Strategien zu erzielen wären, und asymmetrische Marktanteile gegen ein kollusives Verhalten sprechen. In „ABB/ Daimler-Benz“ allerdings geht die Kommission davon aus, dass die infolge des Zusammenschlusses erhöhte Symmetrie zu Wettbewerbsanreizen führt.[952] Strukturelle Unterschiede, die die Anreize zu wettbewerbswidrigem Parallelverhalten herabsetzen, können etwa *unterschiedliche Kostenstrukturen* sein („Mannesmann/ Vallourec/ Ilva“,[953] „Nestlé/ Perrier“,[954] „Gencor/ Lonrho“,[955] „Danish Crown/ Vestiyske Slagterier“,[956] „Outokumpu/ Avesta Sheffield“, [957] und „VEBA/ VIAG“[958]). Die Kommission geht dabei davon aus, dass symmetrische Kostenstrukturen der Oligopolisten sich auf kollektive Marktbeherrschung stabilisierend auswirken, da sie üblicherweise zu ähnlichen Handlungsanreizen in vergleichbaren Marktsituationen führen und zudem das Vergeltungsrisiko erhöhen sollen („Exxon/ Mobil“[959]). Die Ähnlichkeit des Maßes an *vertikaler Integration* untersucht die Kommission etwa in „Pilkington-Techint/ SIV“[960] und in „Mannesmann/ Vallourec/ Ilva“.[961] In „Air Liquide/ BOC“[962] stützt die Kommission kollektive Marktbeherrschung auf den gemeinsamen Zugang zu Rohstoffquellen.

Eine große Rolle für die Begründung bzw. Verstärkung kollektiver marktbeherrschender Stellungen spielt weiter die *Transparenz des relevanten Marktes*.

---

951 Kommission, Entscheidung vom 19.07.2000, COMP/M. 1882, „Pirelli/ BICC“, im Internet abrufbar unter http://www.europa.eu.int, Tz. 83.
952 Kommission, Entscheidung vom 18.10.1995, IV/M.580, „ABB/ Daimler-Benz”, ABl. L 11/1 vom 14.01.1997, Tz. 115.
953 Kommission, Entscheidung vom 18.10.1995, IV/M.580, „ABB/ Daimler-Benz”, ABl. L 11/1 vom 14.01.1997, Tz. 57 und 68.
954 Kommission, Entscheidung vom 22.07.1992, IV/M. 190, „Nestlé/ Perrier”, WuW/E EV 1903ff., Tz. 125.
955 Kommission, Entscheidung vom 24.04.1996, IV/M. 619, „Gencor/ Lonrho”, ABl. L 11/30 vom 14.01.1997, Tz. 182ff.
956 Kommission, Entscheidung vom 09.03.1999, IV/M. 1313, „Danish Crown/ Vestiyke Slagterier”, ABl. L 20/1 vom 25.01.2000, Tz. 177.
957 Kommission, Entscheidung vom 04.12.2000, COMP/ECSC.1342, „Outokumpu/ Avesta Sheffield“, im Internet abrufbar unter http://www.europa.eu.int, Tz. 32.
958 Kommission, Entscheidung vom 13.06.2000, IV/M. 1673, „VEBA/ VIAG”, ABl. L 188/1 vom 10.7.2001, Tz. 75.
959 Kommission, Entscheidung vom 29.09.1999, IV/M 1383, „Exxon/ Mobil”, im Internet abrufbar unter http://www.europa.eu.int, Tz. 476.
960 Kommission, Entscheidung vom 21.12.1993, IV/M.358, „Pilkington-Techint/ SIV“, ABl. L 158/24 vom 25.06.1994, Tz. 47.
961 Kommission, Entscheidung vom 18.10.1995, IV/M.580, „ABB/ Daimler-Benz”, ABl. L 11/1 vom 14.01.1997, Tz. 68.
962 Kommission, Entscheidung vom 18.01.2000, COMP/M.1630, „Air Liquide/ BOC“, WuW 2000, 266.

Sie ist erforderlich, um überhaupt zu einem parallelen Marktverhalten zu gelangen und dieses später zu überwachen. Markttransparenz kann auf vielfältige Weise begünstigt werden – so etwa durch Statistiken und Preislisten („Nestlé/ Perrier“ [963]), Auftragsvergabe im Wege öffentlicher Ausschreibungen („ABB/ Daimler-Benz“ [964]), Börsenhandel („Gencor/ Lonrho“ [965]), regelmäßige Zusammenkünfte der Anbieter („Danish Crown/ Vestiyske Slagterier“ [966]), Kontakte der Anbieter untereinander sowie Veröffentlichungen der Fachpresse („Airtours/ First Choice“ [967]) oder sonstige Veröffentlichungen („VEBA/ VIAG“[968]) oder Herstellerbindungen („Pilkington-Techint/ SIV“[969]). Die Marktgängigkeit der Produkte und die Tatsache, dass Preislisten um ein Standardprodukt herum aufgebaut sind, kann den Markt transparenter machen („Mannesmann/ Vallourec/ Ilva“ [970]). Ein erhebliches Maß an Preistransparenz kann auch durch transparente Stundenhonorare bzw. transparente Kosten („PriceWaterhouse/ Coopers&Lybrand“ [971]) bzw. transparente Erzeugungskosten („VEBA/ VIAG“ [972]) hervorgerufen werden. Auch eine niedrige Innovationsrate kann Markttransparenz begünstigen („Mannesmann/ Vallourec/ Ilva“,[973] „Price Waterhouse/ Coopers & Lybrand“[974]). Grundsätzlich erleichtern eine geringe Zahl von Marktteilnehmern („ABB/ Daimler-Benz“,[975] „Gencor/ Lonrho“[976]) und häufige Käufe

---

[963] Kommission, Entscheidung vom 22.07.1992, IV/M. 190, „Nestlé/ Perrier", WuW/E EV 1903ff., Tz. 122.

[964] Kommission, Entscheidung vom 18.10.1995, IV/M.580, „ABB/ Daimler-Benz", ABl. L 11/1 vom 14.01.1997, Tz. 89.

[965] Kommission, Entscheidung vom 24.04.1996, IV/M. 619, „Gencor/ Lonrho", ABl. L 11/30 vom 14.01.1997, Tz. 144.

[966] Kommission, Entscheidung vom 09.03.1999, IV/M. 1313, „Danish Crown/ Vestiyke Slagterier", ABl. L 20/1 vom 25.01.2000, Tz. 176.

[967] Kommission, Entscheidung vom 22.09.1999, IV/M.1524, „Airtours/ First Choice", ABl. L 93/1 vom 13.04.2000, Tz. 105.

[968] Kommission, Entscheidung vom 13.06.2000, IV/M. 1673, „VEBA/ VIAG", ABl. L 188/1 vom 10.07.2001, Tz. 71ff.

[969] Kommission, Entscheidung vom 21.12.1993, IV/M.358, „Pilkington-Techint/ SIV“, ABl. L 158/24 vom 25.06.1994, Tz. 37.

[970] Kommission, Entscheidung vom 31.01.1994, IV/M.315, „Mannesmann/ Vallourec/ Ilva", WuW 1995, 235ff., Tz. 80 und 94.

[971] Kommission, Entscheidung vom 20.05.1998, IV/M. 1016, „Price Waterhouse/ Coopers & Lybrand", ABl. L 50/27 vom 26.02.1999, Tz. 98 bis 100.

[972] Kommission, Entscheidung vom 13.06.2000, IV/M. 1673, „VEBA/ VIAG", ABl. L 188/1 vom 10.7.2001, Tz. 71ff.

[973] Kommission, Entscheidung vom 31.01.1994, IV/M.315, „Mannesmann/ Vallourec/ Ilva", WuW 1995, 235ff, Tz. 94.

[974] Kommission, Entscheidung vom 20.05.1998, IV/M. 1016, „Price Waterhouse/ Coopers & Lybrand", ABl. L 50/27 vom 26.02.1999, Tz. 98 bis 100.

[975] Kommission, Entscheidung vom 18.10.1995, IV/M.580, „ABB/ Daimler-Benz", ABl. L 11/1 vom 14.01.1997, Tz. 89.

(„Mannesmann/ Vallourec/ Ilva“ [977]) die Herstellung von Markttransparenz. Umgekehrt können die Seltenheit von Vertragsabschlüssen und eine große wirtschaftliche Bedeutung jedes einzelnen Vertrages einen starken Anreiz zu aggressivem wettbewerblichen Verhalten bieten („Pirelli/ BICC“[978]). Die Gewährung von Geheimrabatten kann („Enso/ Stora“[979]), muss aber Markttransparenz nicht zwingend entgegenstehen („Mannesmann/ Vallourec/ Ilva“[980]).

Eng mit der Transparenz des Marktes verbunden ist die *Homogenität* der Produkte des relevanten Produktmarktes. Zwar mag aus ökonomischer Sicht die Bedeutung von Produkthomogenität für die Kollusionswahrscheinlichkeit ambivalent sein, da homogene Produkte zwar einerseits die Erzielung eines kollusiven *agreements* erleichtern, andererseits aber heterogene Produkte Vergeltungsmaßnahmen erleichtern. In der Entscheidungspraxis zur europäischen Fusionskontrolle jedoch wird Produkthomogenität meist als Faktor gewertet, der kollektive Marktbeherrschung erleichtert; gleichwohl wird kollektive Marktbeherrschung teilweise auch bei heterogenen Produkten in Betracht gezogen. So bejaht die Kommission – zumindest ein gewisses Maß an – Produktheterogenität in „Thorn EMI/ Virgin Music“[981], „ABB/ Daimler-Benz“ [982] und „MAN/ Auwärter“. [983] Homogene Produkte bejaht die Kommission[984] in „Nestlé/ Perrier“,[985] „Kali+Salz/ MdK/ Treuhand“,[986] „Gencor/ Lonrho“,[987] „Price Water-

---

[976] Kommission, Entscheidung vom 24.04.1996, IV/M. 619, „Gencor/ Lonrho", ABl. L 11/30 vom 14.01.1997, Tz. 148.

[977] Kommission, Entscheidung vom 31.01.1994, IV/M.315, „Mannesmann/ Vallourec/ Ilva", WuW 1995, 235ff., Tz. 80.

[978] Kommission, Entscheidung vom 19.07.2000, COMP/M. 1882, „Pirelli/ BICC“, im Internet abrufbar unter http://www.europa.eu.int, Tz. 82.

[979] Kommission, Entscheidung vom 25.11.1998, IV/M. 1225, „Enso/ Stora“, ABl. L 254/9 vom 29.09.1999, Tz. 68.

[980] Kommission, Entscheidung vom 31.01.1994, IV/M.315, „Mannesmann/ Vallourec/ Ilva", WuW 1995, 235ff., Tz. 89ff.

[981] Kommission, Entscheidung vom 27.04.1992, IV/M. 202, „Thorn EMI/ Virgin Music", WuW/E EV 1836ff., Rz. 29.

[982] Kommission, Entscheidung vom 18.10.1995, IV/M.580, „ABB/ Daimler-Benz", ABl. L 11/1 vom 14.01.1997, Tz. 91.

[983] Kommission, Entscheidung vom 20.06.2001, COMP/M.2201, „MAN/ Auwärter", ABl. L 116/35 vom 3.5.2002, Tz. 28, 51.

[984] Trotz der Bejahung von Produkthomogenität durch die Kommission gehen *Albers/Hacker* in *Schröter/Jakob/Mederer*, Fusionskontrollverordnung, Artikel 2, Rz. 337, Fn. 473 von heterogenen Produkten aus in „Nestlé/ Perrier“, „Price Waterhouse/ Coopers & Lybrand“ und „Airtours/ First Choice“.

[985] Kommission, Entscheidung vom 22.07.1992, IV/M. 190, „Nestlé/ Perrier", WuW/E EV 1903ff., Tz. 122.

[986] Kommission, Entscheidung vom 14.12.1993, IV/M. 308, „Kali+Salz/ MdK/ Treuhand", ABl. L 186/38, vom 21.07.1994, Tz. 57-61.

house/ Coopers&Lybrand“,[988] „Airtours/ First Choice“[989] und „VEBA/ VIAG“.[990]

Markttransparenz kann nach Auffassung der Kommission auch durch eine *niedrige technische Innovationsrate* („Mannesmann/ Vallourec/ Ilva“[991]) gefördert werden. Weiterhin soll Produktinnovation zur Produktdifferenzierung führen, wodurch die Entstehung wettbewerbsfeindlichen Parallelverhaltens erschwert werde („Pilkington-Technit/ SIV“,[992] „Kali+Salz/ MdK/ Treuhand“[993] und „Bosch/ Allied Signal“[994]); umgekehrt führe eine ausgereifte Technologie zu einer einheitlichen Interessenlage der Anbieter, was Parallelverhalten erleichtere („Nestlé/ Perrier“,[995] „Knorr Bremse/ Allied Signal“,[996] „Alcatel/ AEG Kabel“[997]). In „ABB/ Daimler-Benz“ geht die Kommission davon aus, dass heterogene Produkte in Verbindung mit einer erheblichen Bedeutung von Forschung und Entwicklung die Gefahr einer Dämpfung des Binnenwettbewerbs der etwaig marktbeherrschenden Gruppe mindere.[998] In „Rhone-Poulenc-SNIA/ Nordfaser“ soll rasche Produktinnovation zu hoher Wettbewerbsintensität führen.[999]

---

[987] Kommission, Entscheidung vom 24.04.1996, IV/M. 619, „Gencor/ Lonrho", ABl. L 11/30 vom 14.01.1997, Tz. 148.

[988] Kommission, Entscheidung vom 20.05.1998, IV/M. 1016, „Price Waterhouse/ Coopers & Lybrand", ABl. L 50/27 vom 26.02.1999, Tz. 98 bis 100.

[989] Kommission, Entscheidung vom 22.09.1999, IV/M.1524, „Airtours/ First Choice", ABl. L 93/1 vom 13.04.2000, Tz. 87.

[990] Kommission, Entscheidung vom 13.06.2000, IV/M. 1673, „VEBA/ VIAG", ABl. L 188/1 vom 10.7.2001, Tz. 71ff.

[991] Kommission, Entscheidung vom 31.01.1994, IV/M.315, „Mannesmann/ Vallourec/ Ilva", WuW 1995, 235ff., Tz. 94.

[992] Kommission, Entscheidung vom 21.12.1993, IV/M.358, „Pilkington-Techint/ SIV“, ABl. L 158/24 vom 25.06.1994, Tz. 42.

[993] Kommission, Entscheidung vom 14.12.1993, IV/M. 308, „Kali+Salz/ MdK/ Treuhand", ABl. L 186/38, vom 21.07.1994, Tz. 57.

[994] Kommission, Entscheidung vom 09.04.1996, IV/M.726, „Bosch/ Allied Signal“, ABl. C 155/11 vom 30.05.1996, vgl. WuW 1997, 126.

[995] Kommission, Entscheidung vom 22.07.1992, IV/M. 190, „Nestlé/ Perrier", WuW/E EV 1903ff., Tz. 125f.

[996] Kommission, Entscheidung vom 15.10.1993, IV/M. 337, „Knorr-Bremse/ Allied Signal", WuW/E EV 2105ff., Tz. 45.

[997] Kommission, Entscheidung vom 18.12.1991, IV/M. 165, „Alcatel/ AEG Kabel", WuW/E EV 1713ff., Tz. 21.

[998] Kommission, Entscheidung vom 18.10.1995, IV/M.580, „ABB/ Daimler-Benz", ABl. L 11/1 vom 14.01.1997, Tz. 91.

[999] Kommission, Entscheidung vom 03.02.1994, IV/M.399, „Rhône-Poulenc-SNIA/ Nordfaser“, ABl. C 42/13 vom 12.02.1994, vgl. WuW 1994, 537, 538.

Eine große Bedeutung misst die Kommission dem *wettbewerblichen Verhalten der Anbieter* in der Vergangenheit zu. In „Thorn EMI/ Virgin Music" wertet die Kommission fehlendes wettbewerbswidriges Verhalten in der Vergangenheit als Indiz gegen kollektive Marktbeherrschung. [1000] In „Nestlé/ Perrier" verringert nach Auffassung der Kommission die frühere gemeinsame Abwehr des Markteintritts von Außenseitern[1001] und die aktuelle Zusammenarbeit der Duopolisten die Wahrscheinlichkeit von Wettbewerb zwischen den Oligopolisten, da sie das gemeinsame Interesse an Gewinnmaximierung durch wettbewerbsfeindliches Parallelverhalten verstärkt.[1002] In „Kali+Salz/ MdK/ Treuhand" hat es nach den Feststellungen der Kommission bereits in der Vergangenheit Vereinbarungen über die Produkte gegeben; beide Unternehmen unterhielten ein Gemeinschaftsunternehmen sowie langjährige Lieferbeziehungen und arbeiteten in einem Exportkartell zusammen.[1003] Bezüglich dieses Exportkartells weist der EuGH jedoch darauf hin, eine zwanzig Jahre alte Kartellvereinbarung sei nur ein äußert schwacher, wenn nicht gar unerheblicher Anhaltspunkt für die Vermutung fehlenden Wettbewerbs.[1004] In „Pilkington-Techint/ SIV" stellt die Kommission ebenfalls kartellähnliches Verhalten in der Vergangenheit fest;[1005] in „Nestlé/ Dalgety"[1006] hält die Kommission ausdrücklich fest, dass kein wettbewerbswidriges Parallelverhalten in der Vergangenheit bestand. In „ABB/ Daimler-Benz" misst die Kommission Zusammenarbeit in der Vergangenheit jedoch geringe Bedeutung bei, da die Kooperation von der Nachfrageseite veranlasst worden sein könnte. [1007] Aus geringem Wettbewerb in der Vergangenheit schließt die Kommission in „Gencor/ Lonrho" auf eine Tendenz zu oligopolistischer Beherrschung. [1008] In „Airtours/ First Choice" schließt die Kommission u.a. aus Geschäftsberichten, wonach die Hauptanbieter nicht beabsichtigen,

---

[1000] Kommission, Entscheidung vom 27.04.1992, IV/M. 202, „Thorn EMI/ Virgin Music", WuW / E EV 1836ff., Rz. 39.

[1001] Kommission, Entscheidung vom 22.07.1992, IV/M. 190, „Nestlé/ Perrier", WuW/E EV 1903ff., Tz. 127.

[1002] Kommission, Entscheidung vom 22.07.1992, IV/M. 190, „Nestlé/ Perrier", WuW/E EV 1903ff., Tz. 123.

[1003] Kommission, Entscheidung vom 14.12.1993, IV/M. 308, „Kali+Salz/ MdK/ Treuhand", ABl. L 186/38, vom 21.07.1994, Tz. 57-61.

[1004] EuGH, Urteil vom 31.03.1998, verb. Rs. C-68/94 und C-30/95, „Frankreich u.a./ Kommission", Slg. 1998, I – 1375ff., Tz. 241.

[1005] Kommission, Entscheidung vom 21.12.1993, IV/M.358, „Pilkington-Techint/ SIV", ABl. L 158/24 vom 25.06.1994, Tz. 32.

[1006] Kommission, Entscheidung vom 02.04.1998, IV/M. 1127, „Nestlé/ Dalgety", WuW EU-V 45ff., Tz. 29.

[1007] Kommission, Entscheidung vom 18.10.1995, IV/M.580, „ABB/ Daimler-Benz", ABl. L 11/1 vom 14.01.1997, Tz. 95f.

[1008] Kommission, Entscheidung vom 24.04.1996, IV/M. 619, „Gencor/ Lonrho", ABl. L 11/30 vom 14.01.1997, Tz. 159ff.

ihr Angebot am Markt zu vergrößern,[1009] dass bereits in der Vergangenheit die Tendenz zu kollektiver Marktbeherrschung bestand.[1010] Daneben soll in „Airtours/ First Choice" – wie etwa auch in „Kali+Salz/ MdK/ Treuhand"[1011] – *Stabilität der Marktanteile in der Vergangenheit* ebenfalls für Marktbeherrschung in der Vergangenheit sprechen.[1012]

Genau wie im Rahmen der Untersuchung des Wettbewerbs in der Vergangenheit liegt auch hinsichtlich der Frage von zu erwartendem Wettbewerb in der Zukunft ein Schwerpunkt auf der Prüfung von etwaigen *Verbindungen zwischen den Anbietern*. Schon in „Mannesmann/ Vallourec/ Ilva" deutet die Kommission an, dass *strukturelle Verflechtungen* keine notwendige Voraussetzung kollektiver Marktbeherrschung sind; durch strukturelle Marktbedingungen können auch andere Anreize zu parallelem Verhalten geschaffen werden.[1013] Spätestens mit dem Urteil des EuG in der Sache „Gencor/ Kommission" ist klargestellt, dass strukturelle Verbindungen zwischen den Anbietern keine zwingende Voraussetzung kollektiver Marktbeherrschung darstellen.[1014] Gleichwohl nimmt die Prüfung von Verbindungen zwischen den Anbietern einen breiten Raum ein. In „Pilkington" stellt die Kommission etwa Herstellerbindungen,[1015] technologische Bindungen und Querlieferbeziehungen zwischen den Herstellern sowie Bindungen im Rahmen von Gemeinschaftsunternehmen[1016] fest. In „Price Waterhouse/ Coopers & Lybrand" führt die Kommission aus, das Vorhandensein wirtschaftlicher und struktureller Verbindungen zwischen den Anbietern stärke die Vermutung einer oligopolistischen Marktbeherrschung.[1017] In „Airtours/ First Choice" bejaht die Kommission weit reichende kommerzielle Bindungen

---

[1009] Kommission, Entscheidung vom 22.09.1999, IV/M.1524, „Airtours/ First Choice", ABl. L 93/1 vom 13.04.2000, Tz. 136ff.

[1010] Kommission, Entscheidung vom 22.09.1999, IV/M.1524, „Airtours/ First Choice", ABl. L 93/1 vom 13.04.2000, Tz. 138.

[1011] Kommission, Entscheidung vom 14.12.1993, IV/M. 308, „Kali+Salz/ MdK/ Treuhand", ABl. L 186/38, vom 21.07.1994, Tz. 57.

[1012] Kommission, Entscheidung vom 22.09.1999, IV/M.1524, „Airtours/ First Choice", ABl. L 93/1 vom 13.04.2000, Tz. 128.

[1013] Kommission, Entscheidung vom 31.01.1994, IV/M.315, „Mannesmann/ Vallourec/ Ilva", WuW 1995, 235ff., Tz. 55.

[1014] EuG, Urteil vom 25.03.1999, Rs. T-102/96, „Gencor Ltd./ Kommission", Slg. 1999, II – 753ff., Tz. 275.

[1015] Kommission, Entscheidung vom 21.12.1993, IV/M.358, „Pilkington-Techint/ SIV", ABl. L 158/24 vom 25.06.1994, Tz. 37.

[1016] Kommission, Entscheidung vom 21.12.1993, IV/M.358, „Pilkington-Techint/ SIV", ABl. L 158/24 vom 25.06.1994, Tz. 38-39.

[1017] Kommission, Entscheidung vom 20.05.1998, IV/M. 1016, „Price Waterhouse/ Coopers & Lybrand", ABl. L 50/27 vom 26.02.1999, Tz. 101.

unter den Hauptanbietern.[1018] In „VEBA/ VIAG“ schließlich stellt die Kommission fest, Parallelverhalten würde gefördert durch Verflechtungen zwischen den Unternehmen.[1019]

Ähnlich wie sonstige Verflechtungen sollen auch Kontakte der Anbieter auf einer Vielzahl von Märkten Parallelverhalten fördern. In „Nestlé/ Perrier“ beschränkt sich die Kommission noch darauf, solche *Multimarkt-Kontakte* als Indiz für fehlenden Wettbewerb in der Gegenwart zu betrachten.[1020] Später geht die Kommission jedoch zunehmend dazu über, die besondere Bedeutung dieser Beziehungen im Rahmen möglicher Vergeltungsmaßnahmen im Falle etwaigen Abweichens vom Parallelverhalten zu begreifen, so etwa in „Gencor/ Lonrho“[1021] und „Danish Crown/ Vestiyske Slagterier“.[1022]

Marktmacht der Marktgegenseite kann die Verstärkung oder Entstehung kollektiver Marktbeherrschung entgegenstehen. So hält die Kommission es etwa in „Henkel/ Nobel“,[1023] „Bosch/ Allied Signal“,[1024] „Knorr Bremse/ Allied Signal“[1025] und „ABB/ Daimler-Benz“[1026] für unwahrscheinlich, dass es bei starker *Nachfragemacht* zu einer Ausschaltung von Wettbewerb kommt. In „Pilkington-Techint/ SIV“ geht die Kommission davon aus, dass erhebliche Nachfragemacht der Abnehmer den Wettbewerbsdruck erhöht.[1027] Auch in „Enso/ Stora“ bejaht die Kommission starke Nachfragemacht. Eine die Macht der Anbieter ausgleichende Nachfragemacht der Käufer verneint die Kommission dagegen in

---

[1018] Kommission, Entscheidung vom 22.09.1999, IV/M.1524, „Airtours/ First Choice", ABl. L 93/1 vom 13.04.2000, Tz. 87.

[1019] Kommission, Entscheidung vom 13.06.2000, IV/M. 1673, „VEBA/ VIAG", ABl. L 188/1 vom 10.7.2001, Tz. 78ff.

[1020] Kommission, Entscheidung vom 22.07.1992, IV/M. 190, „Nestlé/ Perrier", WuW/E EV 1903ff., Tz. 123 a.E.

[1021] Kommission, Entscheidung vom 24.04.1996, IV/M. 619, „Gencor/ Lonrho", ABl. L 11/30 vom 14.01.1997, Tz. 158.

[1022] Kommission, Entscheidung vom 09.03.1999, IV/M. 1313, „Danish Crown/ Vestiyke Slagterier", ABl. L 20/1 vom 25.01.2000, Tz. 177.

[1023] Kommission, Entscheidung vom 23.03.1992, IV/M. 186, „Henkel/ Nobel", WuW/E EV 1829ff., Tz. 17.

[1024] Kommission, Entscheidung vom 09.04.1996, IV/M.726, „Bosch/ Allied Signal“, ABl. C 155/11 vom 30.05.1996, vgl. WuW 1997, 126.

[1025] *Kantzenbach/Kottmann/Krüger*, S. 61.

[1026] Kommission, Entscheidung vom 18.10.1995, IV/M.580, „ABB/ Daimler-Benz", ABl. L 11/1 vom 14.01.1997, Tz. 123.

[1027] Kommission, Entscheidung vom 21.12.1993, IV/M.358, „Pilkington-Techint/ SIV“, ABl. L 158/24 vom 25.06.1994, Tz. 56.

„Gencor/ Lonrho“[1028], in „Danish Crown/ Vestiyske Slagterier“[1029] sowie in „Alcan/ Alusuisse“.[1030]

Die Kommission geht in ihrer Entscheidungspraxis weiter davon aus, dass kollusives Verhalten durch eine niedrige Nachfrageelastizität begünstigt wird, da Preiserhöhungen sich nur gering auf die nachgefragte Menge auswirkten, was einen Anreiz zu gemeinsamen Preiserhöhungen schaffe, vgl. „Nestlé/ Perrier“,[1031] „Pilkington-Techint/ SIV“,[1032] „Mannesmann/ Vallourec/ Ilva“,[1033] „Gencor/ Lonrho“[1034] und „VEBA/ VIAG“.[1035] Umgekehrt geht die Kommission in „Rhone-Poulenc-SNIA/ Nordfaser“ davon aus, dass eine hohe Nachfrageelastizität zu hoher Preissensibilität führt, was Anreize für ein wettbewerbsdämpfendes Parallelverhalten reduziere.[1036]

Nach der Entscheidungspraxis der Kommission erhöhen ein *niedriges Nachfragewachstum* oder gar ein rückläufiger Markt die Anreize zu wettbewerbswidrigem Parallelverhalten („Kali+Salz/ MdK/ Treuhand“,[1037] „Airtours/ First Choice“,[1038] „Mannesmann/ Vallourec/ Ilva“,[1039] „Gencor/ Lonrho“[1040]). Bei niedrigem Nachfragewachstum bestehe kein Anreiz, in Wettbewerb zueinander zu

---

[1028] Kommission, Entscheidung vom 24.04.1996, IV/M. 619, „Gencor/ Lonrho", ABl. L 11/30 vom 14.01.1997, Tz. 150.

[1029] Kommission, Entscheidung vom 09.03.1999, IV/M. 1313, „Danish Crown/ Vestiyke Slagterier", ABl. L 20/1 vom 25.01.2000, Tz. 172.

[1030] Kommission, Entscheidung vom 14.03.2000, COMP/M. 1663, „Alcan/ Alusuisse", ABl. L 90/1 vom 05.04.2002, Tz. 104.

[1031] Kommission, Entscheidung vom 22.07.1992, IV/M. 190, „Nestlé/ Perrier", WuW/E EV 1903ff., Tz. 124.

[1032] Kommission, Entscheidung vom 21.12.1993, IV/M.358, „Pilkington-Techint/ SIV“, ABl. L 158/24 vom 25.06.1994, Tz. 31.

[1033] Kommission, Entscheidung vom 31.01.1994, IV/M.315, „Mannesmann/ Vallourec/ Ilva", WuW 1995, 235ff., Tz. 55.

[1034] Kommission, Entscheidung vom 24.04.1996, IV/M. 619, „Gencor/ Lonrho", ABl. L 11/30 vom 14.01.1997, Tz. 149.

[1035] Kommission, Entscheidung vom 13.06.2000, IV/M. 1673, „VEBA/ VIAG", ABl. L 188/1 vom 10.7.2001, Tz. 83f.

[1036] Kommission, Entscheidung vom 03.02.1994, IV/M.399, „Rhône-Poulenc-SNIA/ Nordfaser“, ABl. C 42/13 vom 12.02.1994, vgl. WuW 1994, 537, 538.

[1037] Kommission, Entscheidung vom 14.12.1993, IV/M. 308, „Kali+Salz/ MdK/ Treuhand", ABl. L 186/38, vom 21.07.1994, Tz. 57.

[1038] Kommission, Entscheidung vom 22.09.1999, IV/M. 1524, „Airtours/ First Choice", ABl. L 93/1 vom 13.04.2000, Tz. 92.

[1039] Kommission, Entscheidung vom 31.01.1994, IV/M. 315, „Mannesmann/ Vallourec/ Ilva", WuW 1995, 235ff, Tz. 55.

[1040] Kommission, Entscheidung vom 24.04.1996, IV/M. 619, „Gencor/ Lonrho", ABl. L 11/30 vom 14.01.1997, Tz. 150f.

treten, da jeglicher Zuwachs an Marktanteilen nur auf Kosten der Wettbewerber erzielt könne, was die Gefahr eines Preiskrieges ohne Gewinner heraufbeschwöre. Weiter reize ein Markt mit niedrigem Nachfragewachstum nicht zu Marktneueintritten („Exxon/ Mobil“[1041]). Auch der EuGH führt in „Frankreich u.a./ Kommission“ [1042] aus, ein rückläufiger Markt fördere im Allgemeinen den Wettbewerb. Umgekehrt soll ein relativ hohes Nachfragewachstum zu Wettbewerbsanreizen führen („Outokumpu/ Avesta Sheffield“[1043]). Unklar ist allerdings, ab wann ein Nachfragewachstum als „gering“ zu bewerten ist – in „Outokumpu/ Avesta Sheffield“[1044] bejaht die Kommission Wettbewerbsanreize bei einem Nachfragewachstum von 0 bis 10 %, in „Airtours/ First Choice“[1045] hält sie dagegen ein jährliches durchschnittliches Nachfragewachstum von 3 bis 4 % für niedrig.

Hohe Marktzutrittsschranken begünstigen nach der Entscheidungspraxis der Kommission die Entstehung oder Verstärkung kollektiver Marktbeherrschung, da sie den späteren Markteintritt von Wettbewerbern unwahrscheinlich machen („Nestlé/ Perrier“,[1046] „Gencor/ Lonrho“,[1047] „Airtours/ First Choice“[1048]). Umgekehrt sollen niedrige Marktzutrittsschranken gegen kollusives Verhalten sprechen („Valeo/ ITT Industries“ [1049]). Marktzutrittsschranken können in vielerlei Gestalt auftreten, so etwa im Erfordernis erheblicher finanzieller Mittel, technischen Know-hows („Pilkington-Techint/ SIV“ [1050]), Transportkosten und Abnehmerpräferenzen („Valeo/ ITT Industries“[1051]).

[1041] Kommission, Entscheidung vom 29.09.1999, IV/M 1383, „Exxon/ Mobil”, im Internet abrufbar unter http://www.europa.eu.int, Tz. 475.
[1042] EuGH, Urteil vom 31.03.1998, verb. Rs. C-68/94 und C-30/95, „Frankreich u.a./ Kommission”, Slg. 1998, I – 1375ff., Tz. 238.
[1043] Kommission, Entscheidung vom 04.12.2000, COMP/ECSC.1342, „Outokumpu/ Avesta Sheffield“, im Internet abrufbar unter http://www.europa.eu.int, Tz. 32.
[1044] Kommission, Entscheidung vom 04.12.2000, COMP/ECSC.1342, „Outokumpu/ Avesta Sheffield“, im Internet abrufbar unter http://www.europa.eu.int, Tz. 32.
[1045] Kommission, Entscheidung vom 22.09.1999, IV/M. 1524, „Airtours/ First Choice”, ABl. L 93/1 vom 13.04.2000, Tz. 92.
[1046] Kommission, Entscheidung vom 22.07.1992, IV/M. 190, „Nestlé/ Perrier”, WuW/E EV 1903ff., Tz. 130.
[1047] Kommission, Entscheidung vom 24.04.1996, IV/M. 619, „Gencor/ Lonrho”, ABl. L 11/30, vom 14.01.1997, Tz. 143 - 154.
[1048] Kommission, Entscheidung vom 22.09.1999, IV/M.1524, „Airtours/ First Choice”, ABl. L 93/1 vom 13.04.2000, Tz. 87.
[1049] Kommission, Entscheidung vom 30.07.1998, IV/M. 1245, „Valeo/ ITT Industries“, ABl. C 288 vom 16.9.1998, WuW/E EU-V 119ff., Tz. 55.
[1050] Kommission, Entscheidung vom 21.12.1993, IV/M.358, „Pilkington-Techint/ SIV“, ABl. L 158/24 vom 25.06.1994, Tz. 44.
[1051] Kommission, Entscheidung vom 30.07.1998, IV/M. 1245, „Valeo/ ITT Industries“, ABl. C 288 vom 16.9.1998, WuW/E EU-V 119ff., Tz. 55.

Gegen die Wahrscheinlichkeit von *tacit collusion* spricht nach der Entscheidungspraxis der Kommission schließlich eine hohe *Kapazitätsauslastung* von bis zu 85 bis 95 % („Outokumpu/ Avesta Sheffield“[1052]).

Zu berücksichtigen ist mithin, dass – wie bereits ausgeführt – die einzelnen Faktoren im jeweiligen Einzelfall in ihrem konkreten Zusammenspiel zu untersuchen sind, so dass sich zu den einzelnen Faktoren isoliert keine allgemeingültigen Aussagen über ihren Anreiz zu *tacit collusion* treffen lassen. Aufgabe der Kommission in zukünftigen Entscheidungen zur kollektiven Marktbeherrschung wird sein, die genannten einzelnen Marktstrukturkriterien systematisch den vom EuG im „Airtours“-Urteil entwickelten Voraussetzungen kollektiver Marktbeherrschung zuzuordnen. Wie im vierten Kapitel gezeigt werden wird, hat die Kommission einen ersten Schritt hierzu bereits in ihren *Leitlinien zur Bewertung horizontaler Zusammenschlüsse gemäß der Ratsverordnung über die Kontrolle von Unternehmenszusammenschlüssen*[1053] unternommen.

[1052] Kommission, Entscheidung vom 04.12.2000, COMP/ECSC.1342, „Outokumpu/ Avesta Sheffield“, im Internet abrufbar unter http://www.europa.eu.int, Tz. 32.

[1053] Kommission, *Leitlinien zur Bewertung horizontaler Zusammenschlüsse gemäß der Ratsverordnung über die Kontrolle von Unternehmenszusammenschlüssen*, ABl. C 31/5 vom 05.02.2004, Tz. 24ff.

4. KAPITEL: DIE ZUKUNFT DER KOLLEKTIVEN MARKTBEHERRSCHUNG IN DER EUROPÄISCHEN FUSIONSKONTROLLE

§ 10 Lückenhaftigkeit des Marktbeherrschungstests bei Zusammenschlüssen in oligopolistischen Marktstrukturen

Wie im 3. Kapitel gezeigt, haben Kommission und die europäischen Gerichte mit dem Konzept kollektiver Marktbeherrschung ein System zur Kontrolle von Zusammenschlüssen in oligopolistischen Marktstrukturen entwickelt, das auf dem spieltheoretischen *tacit collusion* Modell beruht und koordinierte Effekte zwischen den Oligopolisten erfasst. Hinsichtlich solcher Zusammenschlüsse in oligopolistischen Märkten, die nicht zu koordinierten Effekten führen, sprechen viele von einer Lücke[1054] im System der europäischen Fusionskontrolle. In der Entscheidungspraxis der Kommission hat sich eine derartige Lücke indes noch nie gezeigt; es handelt sich damit nicht um eine praktische (vgl. dazu unter A.), sondern allenfalls um eine theoretische Lücke (vgl. dazu unter B.). Im Einzelnen:

A. Praktische Lückenhaftigkeit der FKVO 4064/89?

Als exemplarisch für die Lückenhaftigkeit des Marktbeherrschungstests wird immer wieder die Rechtssache „Airtours/ First Choice" angeführt. Wie jedoch *oben* (vgl. § 7 E.) im Zusammenhang mit der Darstellung der „Airtours/ First Choice"-Entscheidung des EuG gezeigt, eignet sich das „Airtours/ Kommission"-Urteil des EuG gerade nicht für die Herleitung einer Lücke im Marktbeherrschungstest. Schließlich ist die Entscheidung der Kommission nicht aufgehoben worden, weil das EuG den Marktbeherrschungstest auf die gegebene Oligopolsituation für nicht anwendbar gehalten hat, sondern wegen „fehlerhafter

---

[1054] *Alfter*, WuW 2003, 20, 22; *Barr*, Global Competition Review, October 2002, 41, 42; *Bundesministerium für Wirtschaft und* Arbeit, Diskussionspapier für die Neufassung von § 36 Abs. 1 GWB, S. 2; *Korah*, 1999 ECLR, 337; *Monti*, Rede vom 7.11.2002, im Internet abrufbar unter http://www.europa.eu.int, S. 4; *Motta*, 2000 ECLR, 199, 201f.; *Vickers*, 2003 ECLR, 95, 102 und: in How to reform the EC merger test, S. 2; *Wirtz*, EWS 2003, 146, 147; von der Existenz einer „Lücke" scheinen auch auszugehen *Lowe*, S. 10 und *Voigt/Schmidt*, WuW 2003, 897, 900; *Drauz* in *Schwarze*, Instrumente zur Durchsetzung des europäischen Wettbewerbsrechts, S. 47, 51 weist darauf hin, dass in den Antworten auf das Grünbuch viele Kommentatoren auf Lücken im Marktbeherrschungstest hinweisen; ebenso *Ryan*, Competition Policy Newsletter Spring 2003, 9, 10; das Vorliegen einer Lücke bezweifeln etwa *Böge*, WuW 2004, 138, 143, FN 13; *BDI*, Stellungnahme zur Diskussion über die Einführung des SIEC-Tests in die 7. GWB-Novelle, 2; *Schwalbe*, WuW 2004, 997 („vermeintliche Lücke" im Marktbeherrschungstest) – vgl. aber auch *Schwalbe* , Diskussionsbeiträge aus dem Institut für Volkswirtschaftslehre, 17.

Bewertung der konkreten Umstände des Fusionsfalls" durch die Kommission.[1055] Die Kommission ist in „Airtours/ First Choice" nicht an etwaigen „Regelungslücken" der Zusammenschlusskontrolle durch die FKVO 4064/89 gescheitert, sondern konnte schlicht die Möglichkeit einer Verhaltenskoordinierung nicht hinreichend nachweisen.[1056]

Ein starkes Indiz für die fehlende Lückenhaftigkeit der Zusammenschlusskontrolle in oligopolistischen Marktstrukturen durch den Marktbeherrschungstest der FKVO 4064/89 ist im Übrigen die Tatsache, dass offenbar Schwierigkeiten bestehen, Beispielsfälle aus der europäischen Fusionskontrolle für besagte Lückenhaftigkeit zu benennen. Regelmäßig wird stattdessen auf ein Beispiel aus dem US-amerikanischen Fusionskontrollrecht[1057] zurückgegriffen[1058] – Beispiele aus der europäischen Entscheidungspraxis sind offenbar – abgesehen von solchen „Scheinfällen" wie „Airtours/ First Choice" – nicht bekannt.[1059]

B. Theoretische Lückenhaftigkeit

Ob das Recht der europäischen Fusionskontrolle hinsichtlich der Erfassung von *unilateral effects* zumindest eine theoretische Lücke enthält, wird nicht einheitlich beantwortet. Vielfach wird der Marktbeherrschungstest auch zur Erfassung von *unilateral effects* für ausreichend gehalten; gleichwohl bleiben gewisse Zweifel.

Die Kommission geht in ihrem *Vorschlag für eine Verordnung des Rates über die Kontrolle von Unternehmenszusammenschlüssen* nicht von einer Lückenhaftigkeit des Marktbeherrschungstests aus. In ihrem Grünbuch zur Reform der FKVO hatte sie zu Stellungnahmen zu der Frage aufgefordert, ob der *Substantial Lessening of Competition*-Test (SLC-Test) dem herkömmlichen Marktbeherrschungstest in Art. 2 FKVO überlegen ist.[1060] In ihrem späteren *Vorschlag für eine Verordnung des Rates über die Kontrolle von Unternehmenszusammenschlüssen* erläutert die Kommission, in den Reaktionen auf das Grünbuch sei klar geworden, dass ein Bedürfnis nach einer effektiven Kontrolle von Oligo-

---

[1055] *Böge*, WuW 2002, 825.

[1056] *Bartosch*, BB 2003, Beilage 3, 1, 6.

[1057] FTC V HJ Heinz Co, 246 F 3d 708 (DC Cir 27 April 2001).

[1058] Vgl. nur *Alfter/Bishop/Mahr*, Business Law International, 385, 388; *Staebe/Denzel*, EWS 2004, 194, 199, FN 55; *Kokkoris*, 2005 ECLR, 37, 42; zu diesem Phänomen auch *Montag/Bonin* in *Drauz/Reynolds,* 323, 330; *Bishop/Ridyard*, 2003 ECLR, 357, 359; *Schroeder*, WuW 2004, 893, 901, FN 37.

[1059] *Nicholson/Cardell* in *Drauz/Reynolds*, 285, 300; *Bishop/Ridyard*, 2003 ECLR, 357, 359.

[1060] Kommission, Grünbuch über die Revision der Verordnung (EWG) Nr. 4064/89 des Rates vom 11.12.2001, KOM(2001) 745/6, Tz. 159ff, insbesondere Tz. 168.

pol-Situationen bestehe, in denen die sich zusammenschließenden Unternehmen in der Lage seien, Preise zu erhöhen und eine gewisse Marktmacht auszuüben, ohne ihr Verhalten zu koordinieren und ohne unbedingt über den größten Marktanteil zu verfügen. Mit Hilfe des SLC-Tests könnten diese Konstellationen abgedeckt werden.[1061] Auf der anderen Seite sei in zahlreichen Antworten zum Grünbuch betont worden, dass der Marktbeherrschungstest und der SLC-Test in vielen Fällen zu denselben Ergebnissen gelangten. Auch der Marktbeherrschungstest könne eine große Bandbreite an Marktmacht-Konstellationen abdecken. Letztlich sei nicht die Wahl des Tests entscheidend, sondern die Art und Weise der Anwendung des jeweiligen Tests. Der Marktbeherrschungstest habe sich in der Vergangenheit als sehr anpassungsfähig erwiesen. Daher hält die Kommission es für ausreichend, das Marktbeherrschungskonzept in der FKVO klarzustellen.[1062]

In der Literatur wird ebenfalls vertreten, mit dem Marktbeherrschungstest könnten auch Zusammenschlüsse angemessen erfasst werden, die zu *unilateral effects* führen.[1063] Methodisch wird hierzu sowohl vorgeschlagen, *unilateral effects* mit dem Konzept kollektiver Marktbeherrschung (hierzu sogleich unter I.) als auch mit dem Konzept der Einzelmarktbeherrschung zu erfassen (vgl. hierzu. unter II.):

I. Erfassung von *unilateral effects* durch kollektiver Marktbeherrschung?

Christensen/Rabassa befürworten die Erfassung von *unilateral effects* über das Konzept der kollektiven Marktbeherrschung. Ob kollektive Marktbeherrschung nur aus *coordinated effects* oder auch aus *unilateral effects* resultieren könne, sei niemals entschieden worden.[1064] Die gerichtliche Haltbarkeit jener Zuordnung sei folglich nicht gesichert.[1065]

[1061] Kommission, *Vorschlag für eine Verordnung des Rates über die Kontrolle von Unternehmenszusammenschlüssen*, KOM (2002) 711 endg., ABl. C 20/4 vom 28.01.2003, Tz. 53.

[1062] Kommission, a.a.O., Tz. 54f.

[1063] *Böge*, WuW 2002, 825; *Alfter*, WuW 2003, 20, 26; *Bartosch*, BB 2003, Beilage 3 , 1, 7f.

[1064] *Christensen/Rabassa*, 2001 ECLR, 227, 229.

[1065] *Christensen/Rabassa*, 2001 ECLR, 227, 235f. Im Übrigen scheine die Annahme, die Kommission habe ihre Entscheidung auf *unilateral effects* gestützt, daher zu rühren, dass man die Entscheidung der Kommission fälschlich so interpretiere, dass sie einen Vergeltungsmechanismus nicht voraussetze, um kollektive Marktbeherrschung zu begründen. Richtigerweise habe die Kommission ausdrücklich einen Vergeltungsmechanismus beschrieben, die Entscheidung also gerade nicht auf *unilateral effects* gestützt. Zur Frage des Verzichts der Kommission auf das Erfordernis eines Vergeltungsmechanismus vergleiche jedoch die Ausführungen *oben*, § 10 C III.

Gegen ein Erfassung von *unilateral effects* durch kollektive Marktbeherrschung spricht, dass ein Begriff kollektiver Marktbeherrschung, der auch nicht-kooperative Oligopole erfasst, voraussetzen würde, dass nach einem Zusammenschluss das Marktgleichgewicht weiter vom wettbewerblichen Gleichgewicht entfernt ist als vorher. Bei einigen Oligopoltheorien gibt es jedoch keinen Anlass für die Vermutung, dass sich das Gleichgewicht durch den Zusammenschluss verändert (vgl. hierzu bereits oben unter § 2 B I).[1066]

Neben diesem ökonomischen Argument spricht gegen eine Erfassung von *unilateral effects* durch kollektive Marktbeherrschung, dass die europäischen Gerichte ein Konzept kollektiver Marktbeherrschung entwickelt haben, das auf dem *tacit collusion*-Konzept beruht und das Zusammenschlüsse, die lediglich zu *unilateral effects* führen, eben gerade nicht erfasst. Eine Ausdehnung dieses Konzepts auf *unilateral effects* hätte eine Auflösung der gerade mühsam geformten Konturen des Konzepts kollektiver Marktbeherrschung zur Folge. Dies indessen liefe dem berechtigten Bedürfnis der betroffenen Unternehmen nach Rechtssicherheit zuwider.

II. Erfassung von *unilateral effects* durch Einzelmarktbeherrschung?

Da nach einer weit verbreiteten Auffassung *coordinated effects* eines Zusammenschlusses in der Regel mit kollektiver Marktbeherrschung korrespondieren sollen,[1067] geht eine andere Überlegung in die Richtung, *unilateral effects* mit dem Konzept der Einzelmarktbeherrschung zu erfassen.[1068] Hiergegen wird vorgebracht, das Konzept der Einzelmarktbeherrschung sei mit monopolartiger

---

[1066] *Jenny*, FCLI 2002, 361, 370 und 378: Bei *Cournot*-Oligopolisten, die alle über überschüssige Kapazitäten und dieselbe Diskount-Rate verfügten, könne ein Zusammenschluss zwar durchaus dazu führen, dass das Marktgleichgewicht nach dem Zusammenschluss weiter vom wettbewerblichen Gleichgewicht entfernt sei als vorher. Bei *Bertrand*-Oligopolisten gebe es jedoch keinen Anlass für die Vermutung, dass sich das Gleichgewicht durch den Zusammenschluss verändere. Dem kooperativen und dem nicht-kooperativen Modell stellt *Jenny* einen eigenen, dem Konzept des EuGH zum Problem des *predatory pricing* angelehnten Entwurf eines Konzepts kollektiver Marktbeherrschung gegenüber. Danach sei kollektive Marktbeherrschung dann zu bejahen, wenn klar sei, „that the merger increases the threat exerciced by the oligopolists, or makes it more credible for their competitors (...) But if I don't have firm evidence that a credible threat can be exercised, then I shouldn't block the merger, except when there is clear evidence that the firms intent to increase prices together after the merger." Zum Oligopol-Modell *Bertrands* vgl. nur *Etter*, World Competition 23 (3), 2000, 103, 112 und *Rees*, Oxford Review of Economic Policy, Vol. 9, No. 2, 27, 29.

[1067] *Christensen/Rabassa*, 2001 ECLR, 227, 229; *Alfter*, WuW 2003, 20, 22; *Motta*, 2000 ECLR, 199, 201; *Vickers*, 2003 ECLR, 95, 99.

[1068] Etwa *Montag/Bonin* in *Drauz/Reynolds*, 323, 332f.; *Staebe/Denzel*, EWS 2004, 194, 200; *Bartosch*, BB 2003, Beilage 3 , 1, 7f.

Marktmacht verbunden und nicht mit der Änderung des Wettbewerbsgleichgewichts im Oligopol.[1069] Zweifel an der Angemessenheit der Erfassung von *unilateral effects* mittels Einzelmarktbeherrschung könnten sich überdies daraus ergeben, dass der Marktbeherrschungstest auf einem strukturellen Ansatz der Marktbeurteilung beruhe, der sich in starkem Maße an Marktanteilen orientiere. Bei einer entsprechenden Marktabgrenzung bei differenzierten Produkten könnte sich fusionsbedingt eine Veränderung des Wettbewerbsdrucks ergeben, die sich nicht in Marktanteilen niederschlage.[1070] Bei Anbietern differenzierter Produkte komme es für die Frage der Reduzierung des Wettbewerbsdrucks durch die Fusion weniger auf die Größe der fusionierenden Unternehmen an als vielmehr darauf, wie stark die fusionierenden Unternehmen miteinander konkurrierten.[1071]

Angesichts der vorgetragenen Bedenken gegen die Erfassung von *unilateral effects* durch das Konzept kollektiver Marktbeherrschung bzw. das Konzept der Einzelmarktbeherrschung – das ist als vorläufiges Fazit festzuhalten – lässt sich zumindest nicht ausschließen, dass der Marktbeherrschungstest der FKVO 4064/89 eine theoretische Lücke hinsichtlich solcher Zusammenschlüsse in oligopolistischen Marktstrukturen enthält, die nicht zu koordinierten Effekten zwischen den Oligopolisten führen.

C. Vorschläge zur Schließung der theoretischen Lücke

Zur Schließung dieser – theoretischen – Lücke in der europäischen Fusionskontrolle bzw. zur Reform der europäischen Fusionskontrolle wurden vor Geltung der FKVO 139/2004 verschiedene Reaktionsmöglichkeiten diskutiert:

Erwogen wurde zunächst, die Entwicklung eines praktikablen Verfahrens der Rechtspraxis zu überlassen. Im Rahmen eines solchen *case-by-case* Ansatzes könnte jeder Einzelfall individuell seinen Besonderheiten gemäß behandelt werden. Allerdings gewährleistet dieser Ansatz – jedenfalls im Augenblick – nicht die von den Unternehmen zu Recht eingeforderte Rechtssicherheit. Bis zur Festigung einer Praxis der Wettbewerbsbehörden bliebe es den Unternehmen unmöglich, das Verhalten der Europäischen Kommission im Voraus einzuschätzen und ihr eigenes Verhalten daran auszurichten.[1072]

[1069] *Fingleton* in *Drauz/Reynolds*, 343, 351.
[1070] *Alfter*, WuW 2003, 20, 23.
[1071] *Alfter*, WuW 2003, 20, 23.
[1072] *Etter*, World Competition 23 (3) 2000, 103, 137; zum case-by-case-Ansatz im Zusammenhang mit der *efficiency defence*: *Camesasca*, 1999 ECLR, 14, 23f. und 27f.

Andere plädierten für die Einführung eines anderen materiellen Beurteilungskriteriums für Zusammenschlüsse. Die Vorschläge reichten von einer Übernahme des US-amerikanischen *SLC-Tests*[1073] bis zur *Einführung eines neuen materiellen Marktbeherrschungstests*. Dieser neue Test sollte nach einem Vorschlag auf der Grunddefinition für Marktbeherrschung aufbauen, der von der Kommission im Verfahren „Continental Can" entwickelt und vom EuGH zumindest implizit bestätigt wurde. Danach sind Unternehmen marktbeherrschend, wenn sie die Macht haben, Preise festzulegen oder für einen bedeutenden Teil der fraglichen Produkte die Produktion oder Produktverteilung zu kontrollieren.[1074] Dementsprechend soll Marktbeherrschung durch mehrere Unternehmen (als „multi-firm-dominance" zu bezeichnen) bejaht werden, wenn Unternehmen ihre Preise oberhalb des *competition levels* festsetzen können. Sowohl bei der Übernahme des SLC-Tests als auch bei Einführung eines gänzlich neuen materiellen Tests könnte jedoch die bisherige europäische Entscheidungspraxis nicht übernommen worden. Bei Einführung eines gänzlich neuen Tests bestünde zudem nicht einmal die Möglichkeit – wie bei der Übernahme des SLC-Tests – auf die Erfahrungen eines anderen Rechtssystems mit diesem materiellen Beurteilungskriterium zurückzugreifen. Soweit der neuen Test zudem nicht auf einem klaren, auf ökonomischer Grundlage ausgearbeiteten Konzept basieren sollte, würde die Rechtsunsicherheit weiter verstärkt.[1075] Gleichwohl wird man sich bei der Reform der EG-Fusionskontrollverordnung für die Einführung eines neuen materiellen Tests entscheiden (dazu sogleich *unten*, § 11).

[1073] Eine Ersetzung des Marktbeherrschungstest durch den SLC-Test befürwortet etwa *Schwalbe*, Diskussionsbeiträge aus dem Institut für Volkswirtschaftslehre, 17. In letzter Zeit nahmen allerdings die Stimmen derer zu, die vom SLC-Test bei der Erfassung Situationen kollektiver Marktbeherrschung keine besseren Ergebnisse erwarten als vom „herkömmlichen" Marktbeherrschungstest - vgl. nur *Arhold*, EWS 2002, 449, 457; *Böge*, WuW 2002, 825; *Bundeskartellamt*, Stellungnahme zum Grünbuch der Kommission zu Revision der Verordnung Nr. EG 4064/89, 21. März 2002, 17, 18, 19; *Arbeitskreis Kartellrecht*, Tagungspapier 8./9. Oktober 2001, S. 24; im Ergebnis auch *Monti*, Rede vom 7.11.2002, S. 3, für den Fall der „richtigen Interpretation" des Marktbeherrschungstests; Green Paper on the Review of Council Regulation (EEC) No 4064/89 („Merger Review"), Summary of the Replies recieved, Tz. 89; *Nicholson/Cardell,* Global Competition Review, August 2002, 13, 15 und *Feddersen/O'Donoghue*, EuR 2002, 740, 745 meinen gar im Urteil des EuG selbst eine Annäherung des Marktbeherrschungs-Tests und des SLC-Tests zu entdecken. *Bartosch/Nollau*, EuZW 2002, 197, 206 versprachen sich von einer Übernahme des SLC-Tests in die europäische Fusionskontrolle nicht einmal einen harmonisierenden Effekt. Denn selbst wenn die Kommission und die verschiedenen nationalen Kartellbehörden denselben materiellen Test anwenden würden, erfolge die Prüfung jeweils auf unterschiedlichen geographischen Märkten, die unterschiedliche wettbewerbliche Probleme aufwerfen. Abgesehen davon bestünde zusätzlich noch das Problem unterschiedlicher Interpretation desselben Sachverhalts.

[1074] *Richardson/Gordon*, 2001 ECLR, 416, 421.

[1075] Zum Problem der Rechtssicherheit im Zusammenhang mit dem Wechsel vom Marktbeherrschungstest zum SIEC-Test ausführlich *Voigt/Schmidt*, 2004 ECLR, 584ff.

Teilweise wurde auch die Entwicklung einer *absoluten Checkliste* von Kriterien erwogen, bei deren Erfüllung sozusagen „mathematisch" kollektive Marktbeherrschung bejaht werden könnte. Dieser Ansatz bietet zwar ein relativ hohes Maß an Rechtssicherheit. Voraussetzung ist indes, dass es überhaupt möglich ist, eine solche Checkliste zu erstellen. Dies scheitert jedoch daran, dass es – jedenfalls bis jetzt – noch keine allgemeine wirtschaftswissenschaftliche Theorie kollektiver Marktbeherrschung gibt.[1076] Außerdem dürfte die Checkliste vergleichsweise „grob" ausfallen und wenig Raum für Einzelfallgerechtigkeit lassen.

Vorgeschlagen wird auch die *Einführung von an die Überschreitung von Schwellenwerten gebundenen Marktbeherrschungsvermutungen.* Ähnlich wie im deutschen Kartellrecht würde beim Überschreiten bestimmter Marktanteils-Schwellenwerte gemeinsame Marktbeherrschung widerleglich vermutet.[1077] Eine solche positive Vermutung könnte eine Orientierunghilfe für die Unternehmen darstellen und das Fusionskontrollverfahren vereinfachen, da Marktanteile – relativ – einfach zu ermitteln oder zumindest zu schätzen sind.[1078] Gegen Marktbeherrschungsvermutungen in der Fusionskontrolle spricht allerdings, dass sie erfahrungsgemäß zu häufig widerlegt werden, um in der Praxis tatsächlich eine einigermaßen verlässliche Orientierungshilfe zu geben. Gerade in der Fusionskontrolle spielen dynamische Faktoren sowie Marktzutrittsschranken eine wichtige Rolle, die jedoch bei Marktanteilsvermutungen naturgemäß nicht berücksichtigt werden können.[1079] Im Übrigen stellt sich die Frage, ob sich die Kartellbehörden bei der gebotenen Würdigung aller Umstände vom Einfluss solcher Vermutungen tatsächlich freimachen können.[1080]

Manche halten das Instrument der Gesetzgebung schon vom Ansatz her für nicht geeignet, eine wirksame Oligopolkontrolle in der Fusionskontrolle zu etablieren. Gerade an der FKVO lasse sich zeigen, dass auch ein recht eng gefasster normativer Rahmen die Kommission nicht daran gehindert habe, Vorschriften weit auszulegen und damit die eigenen Kompetenzen auszudehnen.[1081] Das Hauptproblem der europäischen Oligopolkontrolle liege vielmehr darin, dass sie der Europäischen Kommission obliege.[1082] Die Kommission vereine unter einem Dach die Funktion von Ankläger, Richter und Geschworenen. Dies

---

[1076] *Etter*, World Competition 23 (3) 2000, 103, 137.

[1077] Zu den Erfahrungen mit den Oligopolvermutungen des GWB vgl. statt aller *Mestmäcker/ Veelken* in *Immenga/Mestmäcker*, § 36, Rz. 157ff.

[1078] *Albers* in *Groeben/Thiesing/Ehlermann*, Art 2 FKVO, Rz. 215.

[1079] *Albers* in *Groeben/Thiesing/Ehlermann*, Art 2 FKVO, Rz. 216.

[1080] Die Besorgnis äußert für das deutsche Recht *Richter* in *Wiedemann*, § 20, Rz. 87.

[1081] *McGregor*, 2001 ECLR, 434, 438.

[1082] *McGregor*, 2001 ECLR, 434, 438.

könne Zweifel an der Objektivität der Kommission schüren.[1083] Außerdem sei die Entscheidungsfindung innerhalb der Kommission nicht immer transparent. An anderer Stelle auch mit industriepolitischen Fragestellungen betraut, sei durchaus vorstellbar, dass der Kommission die Grenzziehung zum reinen Wettbewerbsschutz bei der Entscheidungsfindung nicht immer ganz leicht falle.[1084] Schließlich sei das Wettbewerbsrecht ein hoch spezialisiertes und komplexes Sachgebiet und von daher insbesondere in schwierigen wirtschaftlichen Konstellationen nicht einfach zu handhaben. Daher solle die Wettbewerbskontrolle einer von der Europäischen Kommission verschiedenen, separaten Wettbewerbsbehörde übertragen werden. Eine solche Behörde könne sich vollständig auf Fragen des Wettbewerbs konzentrieren. Dadurch würde eine verständige Beurteilung oligopolistischer Märkte wahrscheinlicher.[1085] Allerdings sei nicht unbedingt wahrscheinlich, dass die Mitgliedstaaten die Schaffung einer solchen Behörde unterstützen würden.[1086]

Ob die Kommission tatsächlich das zur europäischen Oligopolkontrolle geeignete Organ ist, betrifft allerdings nicht die – an dieser Stelle eigentlich interessierende – Frage der Ausgestaltung der materiellen Fusionskontrolle. Daher erübrigt sich eine vertieftere Erörterung jenes Vorschlags in vorliegendem Zusammenhang.

Nicht zuletzt nach dem „Airtours/ Kommission"-Urteil[1087] hielten viele den Zeitpunkt für gekommen, dass die Kommission *Leitlinien* für die Behandlung von Oligopolsachverhalten in der europäischen Fusionskontrolle herausgibt. Die Kommission hat auch schon in anderen Bereichen *notices* und *communications* herausgebracht, in denen sie einen analytischen Rahmen für ökonomische Betrachtungen absteckt. Beispielhaft sind etwa die *Bekanntmachung der Kommission zur Definition des relevanten Marktes im Wettbewerbsrecht*,[1088] die *Leitlinien für vertikale Beschränkungen*[1089] sowie die *Leitlinien zur Anwendbarkeit von Artikel 81 EG-Vertrag auf Vereinbarungen über horizontale Zusammenarbeit*[1090] zu nennen.[1091] Die Entwicklung von Leitlinien durch die Kommission wird vor allem deshalb als ein für die Kontrolle von kollektiver Markt-

---

1083 *McGregor*, 2001 ECLR, 434, 439; ähnlich in etwas anderem Zusammenhang *Voigt/Schmidt*, 2004 ECLR 584, 590.
1084 *McGregor*, 2001 ECLR, 434, 439.
1085 *McGregor*, 2001 ECLR, 434, 439.
1086 *McGregor*, 2001 ECLR, 434, 439.
1087 *Rill/Soames*, International Business Lawyer 2002, 483, 487.
1088 ABl. C 372/5 vom 09.12.1997.
1089 ABl. C 291/1 vom 13.10.2000.
1090 ABl. C 3/2 vom 06.01.2001.
1091 *Briones/Padilla*, World Competition 24 (3) 2001, 307, 318.

beherrschung geeignetes Instrument angesehen, weil Guidelines von der Kommission je nach Bedarf geändert werden können und daher ein flexibles Instrument darstellen. Somit könnten die Leitlinien unproblematisch neuen wirtschaftswissenschaftlichen Erkenntnissen zur Oligopoltheorie angepasst werden.[1092]

Gerade bei den Leitlinien zu vertikalen und horizontalen Wettbewerbsbeschränkungen hat sich jedoch gezeigt, dass auch Leitlinien nicht alle auftauchenden Fragen beantworten können und überdies zusätzlich neue Fragen aufwerfen.[1093] Ihr Aussagewert und damit auch ihr praktischer Nutzen sind also durchaus beschränkt. Dazu schafft die besondere rechtliche Natur von Guidelines weitere Schwierigkeiten. So besitzt die Kommission keine Gesetzgebungsgewalt. Es existiert keine Rechtsgrundlage, die die Kommission dazu ermächtigt, verbindliche Grundsätze für die Auslegung des europäischen Kartellrechts zu entwickeln.[1094] Immerhin führen Leitlinien jedoch zu einer Selbstbindung der Kommission in ihrer Verwaltungspraxis. Hinzu kommt eine gewisse faktische Bindungswirkung von Leitlinien: Bei der Ausgestaltung von Rechtsverhältnissen kann die Tatsache, dass eine Regelung mit den Leitlinien der Kommission übereinstimmt, die Chancen erhöhen, dass die Regelung als in wettbewerbsrechtlicher Hinsicht wirksam angesehen wird. So können Guidelines langfristig eine faktische Bindungskraft entwickeln, die in die Nähe einer rechtlichen Bindung kommt.[1095]

§ 11 Auswirkungen der Reform der Europäischen Fusionskontrolle zum 01.05.2004

Eine Reihe der oben genannten Vorschläge zu den Gestaltungsmöglichkeiten wurden bei der Reform der europäischen Fusionskontrolle berücksichtigt. So beschloss die Kommission bereits am 11. Dezember 2002 im Rahmen eines Vorschlags zu einer umfassenden Reform der EU-Fusionskontrolle[1096] die Ein-

---

[1092] *Etter*, World Competition 23 (3) 2000, 103, 138; auch *Camesasca*, 1999 ECLR, 23, 28 befürwortet – allerdings nicht im Zusammenhang mit Oligopol-Zusammenschlüssen, sondern mit der *efficiency defence* – ebenfalls eine Erhellung der Kommissions-Praxis durch Leitlinien; Guidelines verlangt weiter *García Pérez*, (1998) 23 E.L.Rev. Oct., 475, 480.

[1093] So heben etwa *Immenga/Stopper*, RIW 2001, 241, 248f. die Schwierigkeiten einer Einordnung der *Leitlinien zur Anwendbarkeit von Art. 81 EG-Vertrag auf Vereinbarungen über horizontale Zusammenarbeit* in die Systematik des Art. 81 EG hervor.

[1094] Ähnlich in etwas anderem Zusammenhang *Voigt/Schmidt*, 2004 ECLR, 584, 590.

[1095] *Bechtold*, EWS 2001, 49, 54f.; *Pampel*, EuZW 2005. 11, 13; a.A. *Schweda*, WuW 2004, 1133, 1139: auch rechtliche Bindung.

[1096] Der Vorschlag ist Teil eines umfassenden Reformprojektes der Kommission. In diesem Rahmen ist bereits am 11.12.2001 ein Grünbuch der Kommission sowie eine Reihe von Kommissions-Mitteilungen erschienen, vgl. dazu statt vieler *Arhold*, EWS 2001, 573ff; *Bar-*

richtung des Postens eines Chefökonoms in der Generaldirektion Wettbewerb. Damit liegt zwar die Wettbewerbskontrolle weiterhin bei der Kommission, allerdings wird die Handhabung von ökonomischem Spezialwissen vereinfacht.[1097] Die Kommission veröffentlicht – zunächst im Entwurf[1098] und dann in endgültiger Fassung – *Leitlinien zur Bewertung horizontaler Zusammenschlüsse gemäß der Ratsverordnung über die Kontrolle von Unternehmenszusammenschlüssen,*[1099] die die Entscheidungen der Kommission für Unternehmen zukünftig besser vorhersehbar machen sollen. Die Leitlinien enthalten zwar keine absoluten Marktanteilsschwellen; die Kommission versucht allerdings durch die Nennung von Werten nach dem HHI die Rechtssicherheit zu erhöhen. Wichtigste Neuerung ist indes die Neufassung der EG-Fusionskontrollverordnung in Gestalt der FKVO 139/2004. Neben einer Reihe von Änderungen im Verfahren der europäischen Fusionskontrolle[1100] ist vor allem die Reform der materiellen Fusionskontrolle von Bedeutung: Mit Einführung des SIEC-Tests wird der Forderung nach einem neuen materiellen Beurteilungskriterium für Zusammenschlüsse entsprochen. Im Folgenden soll das neue materielle Beurteilungskriterium für Zusammenschlüsse in der FKVO 139/2004 und den Leitlinien der Kommission für horizontale Zusammenschlüsse vorgestellt werden.

A. Das materielle Beurteilungskriterium für Zusammenschlüsse nach der FKVO 139/2004

I. Vergleich mit dem Wortlaut von Art. 2 Abs. 3 FKVO 4064/89

Die FKVO 139/2004 hat mit Geltung ab dem 01.05.2004 ein neues materielles Beurteilungskriterium für Zusammenschlüsse eingeführt. Während es gemäß

---

tosch/Nollau, EuZW 2002, 197ff; *Bartosch/Schnelle*, BB 2001, 2013ff.; *Hinten-Reed/Camesasca/Schedl*, RIW 2003, 321ff.; *Hoffmann/Terhechte*, AG 2003, 415ff., *Renshaw/Goyder*, Global Competition Review, December 2002, 22ff.

[1097] *Hinten-Reed/Camesasca*, 2003 ECLR, 458, 462; *Immenga/Lange*, RIW 2003, 889, 895.

[1098] Kommission, *Entwurf einer Mitteilung über die Kontrolle horizontaler Zusammenschlüsse gemäß der Fusionskontrollverordnung*, ABl. C 331/18 vom 31.12.2002. Hierzu etwa *Bartosch, WuW 2003, 575, 577ff.; Bischke/Mäger*, EWS 2003, 97ff.; *Bishop/Ridyard*, 2003 ECLR, 357ff.; *Black*, 2003 ECLR, 408ff.; *Burgstaller*, WuW 2003, 726ff.; *Drauz*, ZWeR 2003, 254ff.; *Hinten-Reed/Camesasca*, 2003 ECLR, 458ff.; *Hinten-Reed/Camesasca/Schedl*, RIW 2003, 321ff.; *Immenga/Lange*, RIW 2003, 889ff.; *Luescher*, 2004 ECLR, 72ff.; *Voigt*, FAZ vom 14.12.2002, S. 13; *Voigt/Schmidt*, WuW 2003, 897ff.; *Wirtz*, EWS 2003, 146ff.

[1099] Konmission, *Leitlinien zur Bewertung horizontaler Zusammenschlüsse gemäß der Ratsverordnung über die Kontrolle von Unternehmenszusammenschlüssen*, ABl. C 31/5 vom 05.02.2004, Tz. 24ff.; zu den Leitlinien vgl. nur *Robert/Hudson*, 2004 ECLR, 163ff.

[1100] Zu den einzelnen verfahrensrechtlichen Änderungen vgl. nur *Dittert*, WuW 2004, S. 148ff. und *Rosenthal*, EuZW 2004, 327ff.

Art. 2 Abs. 3 FKVO 4064/89 für die Untersagung noch darauf ankam, ob die fraglichen Zusammenschlüsse

„eine beherrschende Stellung begründen oder verstärken, durch die wirksamer Wettbewerb im Gemeinsamen Markt oder in einem wesentlichen Teil desselben erheblich behindert würde",

lautet Art. 2 Abs. 3 FKVO 139/2004 nunmehr:

„Zusammenschlüsse, durch die wirksamer Wettbewerb im Gemeinsamen Markt oder in einem wesentlichen Teil desselben erheblich behindert würde, insbesondere durch Begründung oder Verstärkung einer beherrschenden Stellung, sind für unvereinbar mit dem gemeinsamen Markt zu erklären."

Ein Vergleich des Wortlauts der beiden materiellen Beurteilungskriterien ergibt auf den ersten Blick, dass beide Formulierungen zwar dieselben oder zumindest ähnliche Elemente enthalten (Begründung oder Verstärkung einer marktbeherrschenden Stellung, erhebliche Behinderung wesentlichen Wettbewerbs bzw. erhebliche Behinderung wirksamen Wettbewerbs), allerdings in unterschiedlicher Reihenfolge[1101] bzw. in unterschiedlicher Beziehung zueinander: Während es bei Art. 2 Abs. 3 FKVO 4064/89 zunächst darauf ankommt, dass eine beherrschende Stellung begründet oder verstärkt wird und erst in einem nächsten Schritt (jedenfalls nach dem Wortlaut der Vorschrift) zu prüfen ist, ob durch die Behinderung oder Verstärkung einer beherrschenden Stellung wirksamer Wettbewerb erheblich behindert würde, ist nach Art. 2 Abs. 3 FKVO 139/2004 entscheidend, ob der Zusammenschluss zu einer erheblichen Behinderung wirksamen Wettbewerbs führt; diese erhebliche Behinderung wirksamen Wettbewerbs kann *insbesondere* – aber eben nicht ausschließlich – durch die Begründung oder Verstärkung einer beherrschenden Stellung erfolgen.

Während unter der Geltung der FKVO 4064/89 dem Merkmal der „Behinderung wirksamen Wettbewerbs" meist nicht die Bedeutung eines eigenständigen Tatbestandsmerkmals zugesprochen wurde,[1102] wird es in Art. 2 Abs. 3 FKVO zum zentralen Tatbestandsmerkmal erhoben.[1103] Da die „erhebliche Behinderung wirksamen Wettbewerbs" nach Art. 2 Abs. 3 FKVO 139/2004 „insbesondere" durch die Begründung oder Verstärkung oder marktbeherrschenden Stellung hervorgerufen werden kann, ist die Begründung oder Verstärkung einer

[1101] *Böge*, WuW 2004, 138, 144; *Zimmer*, ZWeR 2004, 250, 251 spricht gar von „umgekehrter" Reihenfolge.
[1102] Ausführlich zum Streitstand *Immenga* in *Immenga/Mestmäcker*, Art. 2 FKVO, Tz. 18ff.; *Zimmer*, WuW 2004, 250, 251; vgl. auch *Rau*, BB 2002, 1973.
[1103] *Zimmer*, ZWeR 2004, 250, 252.

solchen nunmehr nur noch Regelbeispiel des zentralen Untersagungskriteriums der „erheblichen Behinderung wirksamen Wettbewerbs“.[1104]

II. Verhältnis des neuen Beurteilungskriteriums zum Marktbeherrschungstest

Näherer Untersuchung bedarf das Verhältnis des neuen zentralen Tatbestandsmerkmals der „erheblichen Behinderung wirksamen Wettbewerbs“ zum nunmehrigen Regelbeispiel der Begründung oder Verstärkung einer marktbeherrschenden Stellung. Sind künftig Fälle denkbar, in denen trotz Begründung oder Verstärkung einer beherrschenden Stellung ein Zusammenschluss nicht untersagt wird, weil er nicht zu einer erheblichen Behinderung wirksamen Wettbewerbs führt? Und welches sind umgekehrt die Fälle der erheblichen Behinderung wirksamen Wettbewerbs, in denen keine Begründung oder Verstärkung einer beherrschenden Stellung vorliegt?

1. Keine Untersagung trotz Marktbeherrschung?

Was die Rechtslage bei Bejahung einer marktbeherrschenden Stellung angeht, so sind zwei divergierende Lösungsansätze vorstellbar. Zum einen könnte es künftig möglich sein, einen Zusammenschluss trotz Begründung oder Verstärkung einer marktbeherrschenden Stellung *nicht* zu untersagen, weil er wirksamen Wettbewerb nicht erheblich behindert.[1105] Zum anderen könnte die Erfüllung des Regelbeispiels dazu führen, dass für diesen Fall – nach Art einer unwiderleglichen Vermutung – davon auszugehen ist, dass auch eine erhebliche Behinderung wirksamen Wettbewerbs vorliegt.

Nach dem 26. Erwägungsgrund der FKVO 139/2004 soll eine erhebliche Behinderung wirksamen Wettbewerbs „im Allgemeinen“ aus der Begründung oder Stärkung einer beherrschenden Stellung resultieren. Diese Formulierung beschränkt sich allerdings darauf, eine Regelbeziehung („im Allgemeinen“) und keinen zwingenden Zusammenhang zwischen Erfüllung des Regelbeispiels und dem Untersagungskriterium herzustellen.

Indiz für einen Untersagungszwang bei Begründung oder Verstärkung einer marktbeherrschenden Stellung könnte die Aufforderung in der 26. Begrün-

---

[1104] *Berg*, BB 2004, 561, 562; *Böge*, WuW 2004, 138, 144; *Bergmann/Burholt*, EuZW 2004, 161; *Zimmer*, ZWeR 2004, 250, 252; *Drexl*, GRUR Int. 2004, 716, 718.

[1105] *Zimmer*, ZWeR 2004, 240, 260; der BDI hält es für „wenig praxisnah, dass eine Wettbewerbsbehörde trotz Vorliegen einer Marktbeherrschung künftig freigeben würde, weil eine erhebliche Beeinträchtigung des Wettbewerbs nicht feststellbar sei“ – *BDI*, Stellungnahme zur Diskussion über die Einführung des SIEC-Tests in die 7. GWB-Novelle, 3.

dungserwägung der FKVO 139/2004 sein, wonach „frühere Urteile der europäischen Gerichte und die Entscheidungen der Kommission gemäß der Verordnung (EWG) Nr. 4064/89 weiterhin als Orientierung dienen sollten". Würde durch Art. 2 Abs. 3 FKVO 139/2004 der Zusammenhang zwischen der Begründung bzw. Verstärkung einer marktbeherrschenden Stellung und der Untersagung aufgehoben, verlören die genannten Urteile und Entscheidungen erheblich an Bedeutung.

Stärkstes Indiz für einen Untersagungszwang bei Begründung oder Verstärkung einer marktbeherrschenden Stellung sind jedoch die Ausführungen in der 25. Begründungserwägung der FKVO 139/2004, wonach für die Anwendung von Art. 2 Abs. 2 FKVO 139/2004 beabsichtigt werde, den Begriff „erhebliche Behinderung wirksamen Wettbewerbs" dahin gehend auszulegen, „dass er sich über das Konzept der Marktbeherrschung hinaus ausschließlich auf diejenigen wettbewerbsschädigenden Auswirkungen eines Zusammenschlusses erstreckt, die sich aus nicht koordiniertem Verhalten von Unternehmen ergeben, die auf dem jeweiligen Markt keine beherrschende Stellung haben würden." Das neue materielle Beurteilungskriterium soll also lediglich für die Fälle der *unilateral effects* von Zusammenschlüssen in oligopolistischen Marktstrukturen eine eigenständige Bedeutung gegenüber dem Marktbeherrschungstest haben. Für alle übrigen Fälle – also auch die Fälle, in denen es zu einer Begründung oder Verstärkung einer marktbeherrschenden Stellung kommt – soll sich folglich nichts ändern. Das kann jedoch nichts anderes bedeuten, als dass diese Fälle auch künftig zu untersagen sind ohne weitere Prüfung, ob sie im Einzelfall zu einer „erheblichen Behinderung wirksamen Wettbewerbs" führen.

Fraglich ist allerdings, ob dies auch vor dem Hintergrund gelten kann, dass gemäß Erwägungsgrund 29 der FKVO 139/2004 künftig auch „begründeten und wahrscheinlichen Effizienzvorteilen" Rechnung getragen werden soll. Danach ist es künftig möglich, „dass die durch einen Zusammenschluss bewirkten Effizienzvorteile die Auswirkungen des Zusammenschlusses auf den Wettbewerb, insbesondere den möglichen Schaden für die Verbraucher, ausgleichen, so dass durch den Zusammenschluss wirksamer Wettbewerb im Gemeinsamen Markt oder in einem wesentlichen Teil desselben, insbesondere durch Begründung oder Beherrschung einer erheblichen Stellung, nicht erheblich behindert würde." Die Berücksichtigungsfähigkeit von Effizienzkriterien[1106] – so wird im Schrifttum vorgeschlagen – soll außer in besagtem Erwägungsgrund 29 auch im Text

[1106] Zur Berücksichtigung von Effizienzkriterien in Zusammenschlussverfahren im Allgemeinen vgl. nur *Colley*, 2004 ECLR, 342ff.; *Drauz*, ZWeR 2003, 254ff.; *Luescher*, 2004 ECLR, 72ff.

der Verordnung selbst, nämlich in der Voraussetzung einer „erheblichen Wettbewerbsbeschränkung", ihren Niederschlag gefunden haben.[1107]

Steht die Möglichkeit der Berücksichtigung von Effizienzvorteilen einem Untersagungszwang bei Erfüllung des Marktbeherrschungstests entgegen? Bei Lichte besehen: nein. Im Schrifttum wird nämlich – zu Recht – bezweifelt, dass der Marktbeherrschungstest und Effizienzkriterien miteinander vereinbar sind. Mit einem Zusammenschluss, der zur Marktbeherrschung führt und wegen erwarteter Effizienzvorteile dennoch erlaubt werden würde, müsste verbunden sein, dass das marktbeherrschende Unternehmen diese Effizienzvorteile erstens tatsächlich realisieren könne. Zweitens müsste strukturell garantiert sein, dass es diese auch an die Verbraucher weiterleitet. Es ist aber kein nachvollziehbarer Grund ersichtlich, warum ein marktbeherrschendes Unternehmen Effizienzvorteile an Verbraucher weitergeben sollte. Der Wettbewerb zwingt es nämlich gerade nicht dazu, da der Verhaltensspielraum eines marktbeherrschenden Unternehmens definitionsgemäß nicht mehr hinreichend durch den Wettbewerb kontrolliert wird. Ein marktbeherrschendes Unternehmen hat nach einem Zusammenschluss gar keine Anreize, weiterhin nach Effizienzvorteilen zu streben, um seine Marktposition gegenüber Wettbewerbern zu verbessern.[1108]

Die Möglichkeit der Berücksichtigung von Effizienzkriterien kann daher im Ergebnis nicht dazu führen, dass die in den Erwägungsgründen 25 und 26 getroffenen Aussagen zur Weitergeltung des Marktbeherrschungstest an Bedeutung verlieren. In diesem Punkt ist die Konzeption der FKVO 139/2004 widersprüchlich. Bei der Auflösung dieses Widerspruches muss der Aussage der Erwägungsgründe zur Weitergeltung des Marktbeherrschungstests Vorrang gebühren, weil es sich dabei um eine Aussage zur Konzeption der FKVO 139/2004 in ihrer Gesamtheit und nicht nur – wie bei der Aussage der Berücksichtigungsfähigkeit von Effizienzkriterien – in einem Detail handelt.

Auch zukünftig ist ein Zusammenschluss folglich immer dann zu untersagen, wenn er zur Begründung oder Verstärkung einer marktbeherrschenden Stellung führt. Dies bedeutet für die Fälle der kollektiven Marktbeherrschung, dass auch nach dem SIEC-Test Zusammenschlüsse, die zur Begründung oder Verstärkung kollektiver marktbeherrschender Stellungen führen, zu untersagen sind, ohne dass eine erhebliche Behinderung wirksamen Wettbewerbs im Einzelfall zu prüfen wäre.

[1107] *Zimmer*, ZWeR 2004, 250, 261; a.A. wohl *Böge*, WuW 2004, 138, 146: Effizienskriterien sollen in der FKVO 139/2004 nur in Erwägungsgrund 29 ihren Niederschlag gefunden zu haben.

[1108] So zutreffend *Böge*, WuW 2004, 138, 146f; i. Erg. ähnlich *Schmidt*, WuW 2004, 359.

2. Untersagung ohne Marktbeherrschung

Das neue Recht wirft aber nicht nur die Frage auf, ob es künftig nicht untersagungsfähige Fälle der Begründung oder Verstärkung einer marktbeherrschenden Stellung gibt. Die entscheidende Neuerung ist vielmehr, dass es nach dem Wortlaut von Art. 2 Abs. 3 FKVO künftig Fälle geben kann, in denen eine Untersagung auch ohne Begründung oder Verstärkung einer marktbeherrschenden Stellung möglich ist[1109] – nämlich dann, wenn der Zusammenschluss zu einer „erheblichen Behinderung wirksamen Wettbewerbs" führen würde. Was unter einer solchen „erheblichen Behinderung wirksamen Wettbewerbs" zu verstehen ist, definiert Art. 2 Abs. 3 FKVO 139/2004 selbst allerdings nicht näher.

Entscheidende Hinweise geben wiederum die 25. und 26. Begründungserwägung der FKVO 139/2004. Wie bereits erwähnt, soll gemäß der 26. Begründungserwägung eine erhebliche Behinderung wirksamen Wettbewerbs „im Allgemeinen" aus der Begründung oder Verstärkung einer beherrschenden Stellung resultieren; gemäß der 25. Begründungserwägung soll die „erhebliche Behinderung wirksamen Wettbewerbs" dahingehend ausgelegt werden, dass diese sich über das Konzept der Marktbeherrschung hinausgehend ausschließlich auf diejenigen wettbewerbsschädigenden Voraussetzungen eines Zusammenschlusses erstreckt, welche sich aus nicht koordiniertem Verhalten von Unternehmen ergeben, die auf dem jeweiligen Markt keine beherrschende Stellung einnehmen würden - mit anderen Worten: *unilateral effects*.[1110]

Wann solche *unilateral effects* eines Zusammenschlusses zu erwarten sind, führt die FKVO 139/2004 nicht aus. Während bei der Einführung des Marktbeherrschungstests durch die FKVO 4064/89 auf die Erfahrungen zurückgegriffen werden konnte, die bereits mit dem Marktbeherrschungstest des Art. 82 EG gemacht wurden, kann die Ausarbeitung der Voraussetzungen der *unilateral effects* sich nicht auf ein solches – europäisches – Vorbild stützen.[1111] Einziger Anhaltspunkt zur Ermittlung der Voraussetzungen von *unilateral effects* ist das Konzept kollektiver Marktbeherrschung. Allerdings wäre es schon im Ansatz verfehlt, von den vom EuG formulierten Voraussetzungen kollektiver Marktbeherrschung nach dem *tacit collusion*-Konzept einfach all diejenigen Voraussetzungen zu subtrahieren, die an die Koordinierung des Verhaltens der Oligopol-

---

[1109] *Zimmer*, ZWeR 2004, 250, 253 nennt diese Fallgruppe plakativ „Untersagung auch bei fehlender Marktbeherrschung".

[1110] *Zimmer*, ZWeR 2004, 250, 253.

[1111] Verführerisch scheint daher der Gedanke des Rückgriffs auf die US-amerikanische Entscheidungspraxis zu *unilateral effects*; vgl. dazu auch *Böge*, WuW 2004, 138, 144.

mitglieder anknüpfen.[1112] Denn dann wären *unilateral effects* eines Zusammenschlusses nämlich ein *minus* gegenüber kollektiver Marktbeherrschung und der SIEC-Test wäre im Ergebnis nichts anderes als ein Instrument zur Aufweichung der Voraussetzungen des Konzepts kollektiver Marktbeherrschung. Da nach den Begründungserwägungen der FKVO 139/2004 das Konzept der Marktbeherrschung jedoch ausdrücklich weiterhin gelten soll, müssen die Voraussetzungen der Untersagung eines Zusammenschlusses wegen *unilateral effects* ein *aliud* gegenüber den Voraussetzungen einer Untersagung wegen koordinierter Effekte sein.

Die Voraussetzungen der „erheblichen Behinderung wesentlichen Wettbewerbs" durch nicht-koordinierte Effekte wird die Kommission in ihrer Entscheidungspraxis erst herausarbeiten müssen.[1113] Bis dahin besteht erhebliche Rechtsunsicherheit.[1114] Einen ersten Anhaltspunkt für ihre zukünftige Entscheidungspraxis gibt die Kommission in ihren *Leitlinien zur Bewertung horizontaler Zusammenschlüsse gemäß der Ratsverordnung über die Kontrolle von Unternehmenszusammenschlüssen*:[1115]

B. Das materielle Beurteilungskriterium für horizontale Zusammenschlüsse nach der FKVO 139/2004 in den Leitlinien der Kommission

Entsprechend der in Erwägungsgrund 25 der FKVO 139/2004 vorgenommenen Differenzierung unterscheidet auch die Kommission in ihren *Leitlinien zur Bewertung horizontaler Zusammenschlüsse gemäß der Ratsverordnung über die Kontrolle von Unternehmenszusammenschlüssen*[1116] die erhebliche Behinderung wirksamen Wettbewerbs durch koordinierte und nicht koordinierte wettbewerbswidrige Wirkungen horizontaler Zusammenschlüsse:

[1112] Dies scheint der Ansatz von *Zimmer*, ZWeR 2004, 250, 259ff. zu sein, der versucht, die Voraussetzungen einer Untersagung aufgrund von *unilateral effects* anhand der vom EuG in seinem „Airtours"-Urteil formulierten Voraussetzungen kollektiver Marktbeherrschung zu formulieren.

[1113] I. Erg. auch *Böge*, WuW 2004, 138, 146.

[1114] *Berg*, BB 2004, 561, 663; *Bergmann/Burholt*, EuZW 2004, 161; *Drexl*, GRUR Int. 2004, 716, 718; *Emmerich*, AG 2004, 629, 631. *Säcker*, WuW 2004, 1038, 1040 spricht von „Kinderkrankheiten" bei der Anwendung des SIEC-Tests.

[1115] Kommission, *Leitlinien zur Bewertung horizontaler Zusammenschlüsse gemäß der Ratsverordnung über die Kontrolle von Unternehmenszusammenschlüssen*, ABl. C 31/5 vom 05.02.2004, Tz. 24ff.

[1116] Kommission, *Leitlinien zur Bewertung horizontaler Zusammenschlüsse gemäß der Ratsverordnung über die Kontrolle von Unternehmenszusammenschlüssen*, ABl. C 31/5 vom 05.02.2004, Tz. 24ff.

I. Koordinierte Wirkungen

1. Voraussetzungen/Konzept

Nach den Ausführungen der Kommission wird eine erhebliche Behinderung wirksamen Wettbewerbs durch koordinierte Wirkungen eines horizontalen Zusammenschlusses in Märkten erleichtert, in denen es relativ einfach ist, über die Bedingungen der Koordinierung zu einem Einvernehmen zu gelangen. Ausdrücklich an die Rechtsprechung des EuG in Sachen „Airtours" angelehnt, nennt die Kommission drei Bedingungen für die Nachhaltigkeit der Koordinierung:

„Erstens müssen die koordinierten Unternehmen in ausreichendem Maße überwachen können, ob die Koordinierungsmodalitäten befolgt werden. Zweitens erfordert die Koordinierungsdisziplin, dass glaubhafte Abschreckungsmechanismen greifen, wenn eine Abweichung zutage tritt. Drittens dürfen die Reaktionen von Außenstehenden wie z.B. derzeitige und künftige Wettbewerber, die an der Abstimmung nicht teilnehmen, sowie der Kunden die mit der Koordinierung erwarteten Ergebnisse nicht gefährden."[1117]

Der Vergleich mit Tz. 62 des „Airtours"-Urteil des EuG zeigt, dass die Kommission die erste vom EuG formulierte Voraussetzung kollektiver Marktbeherrschung (nämlich die Möglichkeit des Oligopolisten, das Verhalten der anderen Oligopolmitglieder in Erfahrung zu bringen) quasi „vor die Klammer gezogen" hat in Gestalt des Erfordernisses von Marktstrukturen, die eine Verhaltenskoordinierung über Einvernehmen zu erleichtern. Die zweite vom EuG aufgestellte Voraussetzung (also die Existenz eines Anreizes, nicht vom koordinierten Verhalten abzuweichen) wurde aufgeteilt in – einerseits – die Möglichkeit der Überwachung des Marktverhaltens der anderen Unternehmen und – andererseits – die Existenz glaubhafter Abschreckungsmechanismen. Die dritte vom EuG formulierte Voraussetzung (keine Gefährdung der Koordinierung durch Reaktionen von Konkurrenten und Verbrauchern) findet ebenfalls ihre Entsprechung in den Leitlinien der Kommission. Insgesamt stehen die Ausführungen der Kommission hier also in Einklang mit der „Airtours"-Entscheidung des EuG.[1118]

[1117] Kommission, a.a.O., Tz. 41.
[1118] Vgl. auch *Alfter/Bishop/Mahr*, Business Law International 2004, 385, 393.

2. Relevante Marktstrukturen

Im Anschluss nennt die Kommission eine Reihe von Marktstrukturfaktoren, die Aufschluss geben sollen über die Erfüllung der selbst gesetzten Voraussetzungen wettbewerbswidriger koordinierter Wirkungen:

a) .... welche die Erzielung einer Übereinstimmung über Koordinierungsmodalitäten erleichtern

Koordiniertes Verhalten werde erleichtert, wenn die Teilnehmer an der Koordinierung eine ähnliche Vorstellung darüber hätten, welche Verhaltensweisen im Einklang mit der Koordinierung bzw. als hiervon abweichend anzusehen seien.[1119] Eine wesentliche Rolle spiele hierbei die Komplexität und die Stabilität des wirtschaftlichen Umfelds, welche von der Zahl der an der Koordinierung beteiligten Unternehmen, der Zahl und der Homogenität der betroffenen Produkte, der Stabilität der Angebots- und Nachfragebedingungen und der Bedeutung der Innovation auf dem betroffenen Markt beeinflusst werde.[1120] Eine Verständigung der Unternehmen werde jedoch auch durch Symmetrien der sich koordinierenden Unternehmen hinsichtlich Kostenstrukturen, Marktanteilen, Kapazitäten und Ausmaß vertikaler Integration erleichtert sowie durch strukturelle Verbindungen wie Überkreuzbeteiligungen und Beteiligungen an Gemeinschaftsunternehmen.[1121]

b) .... welche eine Überwachung von Abweichungen gestatten

Der Transparenz des Marktes komme eine wichtige Rolle bei der Überwachung des koordinierten Verhaltens der Unternehmen zu. Die Transparenz hänge von der Zahl der Marktteilnehmer ab sowie von der Art und Weise der Durchführung von Transaktionen auf dem relevanten Markt.[1122] Eine Überwachung erleichtern könnten etwa auch Überkreuzmandate in Leitungsorganen sowie Beteiligungen an Gemeinschaftsunternehmen.[1123]

c) ... welche die Glaubwürdigkeit von Abschreckungsmechanismen erhöhen

Da die Vergeltung nicht unbedingt auf demselben Markt erfolgen müsse wie die Abweichung, könne die Tatsache der Tätigkeit der Unternehmen auf unter-

---

[1119] Kommission, a.a.O., Tz. 44.
[1120] Kommission, a.a.O., Tz. 45.
[1121] Kommission, a.a.O., Tz. 48.
[1122] Kommission, a.a.O., Tz. 49f.
[1123] Kommission, a.a.O., Tz. 51.

schiedlichen Märkten Vergeltungsmöglichkeiten schaffen. Als mögliche Formen der Vergeltung nennt die Kommission etwa die Aufkündigung von Gemeinschaftsunternehmen oder anderer Formen der Zusammenarbeit oder den Verkauf von Kapitalanteilen an Unternehmen in gemeinsamem Besitz.[1124]

d) ... welche die Auswirkungen von Reaktionen der Außenseiter beeinflussen

Bei der Bewertung der Auswirkungen der Reaktionen der Außenseiter sollen insbesondere die Wirkungen eines Markteintritts sowie die Gegenmacht der Kunden zu berücksichtigen sein.[1125]

3. Bewertung

Diese von der Kommission aufgeführten Marktstrukturfaktoren entsprechen denjenigen, die in der bisherigen Entscheidungspraxis von Kommission und Rechtsprechung der europäischen Gerichte zur kollektiven Marktbeherrschung eine Rolle gespielt haben, vgl. *oben* § 9 B. Das besondere Verdienst der Kommission in ihren *Leitlinien* besteht denn auch nicht in deren Nennung, sondern darin, dass sie die genannten Marktstrukturfaktoren systematisch den einzelnen, vom EuG im „Airtours"-Urteil entwickelten, Voraussetzungen kollektiver Marktbeherrschung zuordnet. Damit ist ein wichtiger Schritt zur Erhöhung der Rechtssicherheit für die betroffenen Unternehmen getan.

II. Nicht-koordinierte Wirkungen

1. Konzept?

Die Kommission beschreibt in ihren Leitlinien zwei Formen nicht-koordinierter wettbewerbsbeschränkender Auswirkungen von Zusammenschlüssen. Die unmittelbarste Wirkung eines Zusammenschlusses liege im Verlust des Wettbewerbs zwischen den fusionierenden Unternehmen. Hätte eines der zusammenschlussbeteiligten Unternehmen vor dem Zusammenschluss seine Preise erhöht, hätte es einen Teil seines Absatzes an den anderen Fusionsteilnehmer verloren. Dieser Wettbewerbsdruck werde durch den Zusammenschluss beseitigt. Auch den übrigen Unternehmen des betroffenen Marktes könnten indes Vorteile aus dem Rückgang des Wettbewerbsdrucks aufgrund der Fusion erwachsen, da sich durch die Preiserhöhung der fusionierenden Unternehmen ein Teil der Nachfrage zu den Wettbewerbern verlagern könne, die es wiederum einträglich finden

---

[1124] Kommission, a.a.O., Tz. 55.
[1125] Kommission, a.a.O., Tz. 57.

könnten, ihre Preise zu erhöhen. Der Rückgang dieses Wettbewerbsdrucks könnte zu spürbaren Preiserhöhungen in dem relevanten Markt führen.[1126]

Beim Vergleich dieser Passage der Leitlinien der Kommission mit Erwägungsgrund 25 FKVO 139/2004,[1127] fällt auf, dass die Kommission die fusionsbedingte Preiserhöhung in den Vordergrund stellt, während die FKVO 139/2004 diesbezüglich unspezifisch bleibt. Ausführungen zu einem Konzept, unter welchen Gesichtspunkten solche nicht-koordinierten Effekte zu prüfen wären, macht die Kommission im Unterschied zu ihrer Darstellung der koordinierten Effekte eines Zusammenschlusses nicht. Sie legt lediglich dar, ein Zusammenschluss, der nicht-koordinierte Wirkungen zeige, würde wirksamen Wettbewerb dadurch erheblich behindern, dass die beherrschende Stellung eines Unternehmens begründet oder verstärkt würde. In oligopolistischen Märkten könnten darüber hinaus Zusammenschlüsse, welche zur Beseitigung wichtiger Wettbewerbszwänge, die von den fusionierenden Unternehmen vorher gegeneinander ausgeübt wurden, sowie zu einer Verringerung des Wettbewerbsdruck auf die verbleibenden Wettbewerber führen, selbst bei geringer Wahrscheinlichkeit einer Abstimmung zwischen den Mitgliedern des Oligopols eine erhebliche Behinderung des Wettbewerbsdrucks darstellen.[1128] Wo jedoch die spezifische eigene Bedeutung der nicht-koordinierten Effekten gegenüber dem Fall der Einzelmarktbeherrschung liegen soll, führt die Kommission nicht aus. Auch die von der Kommission in den Vordergrund gestellte Möglichkeit von Preiserhöhungen ist typisch für die – durch einen vom Markt nicht hinreichend kontrollierten Handlungsspielraum gekennzeichnete und damit auch Preiserhöhung erleichternde – Marktbeherrschung.

2. Relevante Marktstrukturen

Im Folgenden nennt die Kommission eine Reihe von Marktstrukturfaktoren, die darüber entscheiden sollen, ob nicht-koordinierte Wirkungen von einem Zusammenschluss zu erwarten seien. Als relevante Faktoren benennt die Kommission etwa:

[1126] Kommission, a.a.O., Tz. 24.

[1127] Die fragliche Passage des Erwägungsgrundes 25 der FKVO 139/2004 lautet wörtlich: „Viele oligopolistische Märkte lassen ein gesundes Maß an Wettbewerb erkennen. Unter diesen Umständen können Zusammenschlüsse, in deren Folge der beträchtliche Wettbewerbsdruck beseitigt wird, den die fusionierenden Unternehmen aufeinander ausgeübt haben, sowie der Wettbewerbsdruck auf die verbleibenden Unternehmen gemindert wird, zu einer erheblichen Behinderung wirksamen Wettbewerbs führen, auch wenn eine Koordinierung zwischen Oligopolmitgliedern unwahrscheinlich ist."

[1128] Kommission, a.a.O., Tz. 25.

a) ... hohe Marktanteile der fusionierenden Unternehmen

Mit dem Umfang der Marktanteilsaddition wachse die Wahrscheinlichkeit, dass ein Zusammenschluss zu einer spürbaren Erhöhung von Marktmacht führe.[1129] Dies gilt allerdings in gleichem Maße für die Frage der Begründung oder Verstärkung einer marktbeherrschenden Stellung und ist daher nicht spezifisch aussagekräftig für die Frage der erheblichen Behinderung wirksamen Wettbewerbs aufgrund nicht-koordinierter Effekte eines Zusammenschlusses.

b) ... die fusionierenden Unternehmen sind nahe Wettbewerber

Mit zunehmendem Maß an Substituierbarkeit zwischen den Produkten der fusionierenden Unternehmen werde es wahrscheinlicher, dass diese ihre Preise spürbar erhöhen würden. Auch hohe Gewinnspannen vor dem Zusammenschluss könnten spürbare Preiserhöhungen wahrscheinlicher machen, denn der Anreiz für die fusionierenden Unternehmen, die Preise zu erhöhen, werde stärker eingeschränkt, wenn die konkurrierenden Unternehmen nahe Substitute zu den Produkten der fusionierenden Unternehmen herstellten.[1130] Der Grad der Substituierbarkeit könne durch die Erhebung von Kundenpräferenzen, Analysen des Kaufverhaltens und Schätzungen der Kreuzelastizitäten bewertet werden.[1131] Auch diese Frage wird im Rahmen der Frage der Begründung oder Verstärkung von Marktbeherrschung geprüft.

c) ... Weitere Faktoren

Eine Rolle spielen sollen außerdem die begrenzte Möglichkeit der Kunden, zu einem Anbieter zu wechseln,[1132] die Kapazitäten der Wettbewerber,[1133] die Fähigkeit der fusionierten Unternehmen, die Wettbewerber am Wachstum zu hindern[1134] sowie die Beseitigung einer wichtigen Wettbewerbskraft durch den Zusammenschluss.[1135]Auch hier vermag die Kommission nicht, die spezifische Bedeutung dieser Marktstrukturfaktoren für die Frage der nicht-koordinierten Wirkungen plausibel zu machen.

[1129] Kommission, a.a.O., Tz. 27.
[1130] Kommission, a.a.O., Tz. 28.
[1131] Kommission, a.a.O., Tz. 29.
[1132] Kommission, a.a.O., Tz. 31.
[1133] Kommission, a.a.O., Tz. 33.
[1134] Kommission, a.a.O., Tz. 36.
[1135] Kommission, a.a.O., Tz. 37.

3. Bewertung

Begrüßenswert ist das offenkundige Bemühen der Kommission darum, den Voraussetzungen einer erheblichen Behinderung wirksamen Wettbewerbs durch nicht-koordinierte Wirkungen eines Zusammenschlusses eine eigenständige Bedeutung zu verleihen und sie nicht dadurch zu formulieren, dass von den Voraussetzungen kollektiver Marktbeherrschung einfach all diejenigen Voraussetzungen subtrahiert werden, die eine „Koordinierung" betreffen. Die Kommission vermeidet dadurch ein Aufweichen der Voraussetzungen kollektiver Marktbeherrschung. Der Kommission gelingt es in ihrer Darstellung jedoch nicht, die eigenständige Bedeutung von wettbewerbswidrigen nicht-koordinierten Auswirkungen von Zusammenschlüssen gegenüber der Begründung oder Verstärkung einer marktbeherrschenden Stellung herauszustellen.[1136] Auch fehlt überhaupt ein Konzept, das eine künftige Prüfung ermöglichen könnte. Die Kommission schränkt die Bedeutung ihrer eigenen Ausführungen zudem noch durch den Hinweis ein, die genannten Faktoren seien „für sich genommen nicht Ausschlag gebend", außerdem sei ihre Darstellung „nicht als eine erschöpfende Aufzählung" anzusehen.[1137] So verständlich das Bemühen, eine spätere sachgerechte Beurteilung von Einzelfällen durch übereilte Festlegungen im Vorfeld zu vermeiden, auch sein mag; akzeptabel wären die genannten Relativierungen nur, wenn dahinter ein theoretisches Konzept stünde, an dem sich die Argumentation im Einzelfall ausrichten kann. Ohne ein solches bleibt dagegen gänzlich im Unklaren, welcher Nutzen aus der derart relativierten Aufzählung von Marktstrukturfaktoren zu ziehen ist.

§ 12 Bewertung des SIEC-Tests vor dem Hintergrund kollektiver Marktbeherrschung

A. Eignung des SIEC-Tests zur Schließung der theoretischen Lücke in der Zusammenschlusskontrolle in oligopolistischen Marktstrukturen

Wie bereits ausgeführt, enthält der Marktbeherrschungstest der FKVO 4046/89 eine theoretische Lücke hinsichtlich der Erfassung solcher wettbewerbsbeschränkender Zusammenschlüsse in oligopolistischen Marktstrukturen, die nicht zu einer Koordinierung des Verhaltens der Oligopol-Mitglieder führen, also nicht durch das Konzept kollektiver Marktbeherrschung erfasst wurden. Da der SIEC-Test der FKVO 139/2004 nunmehr auch solche Zusammenschlüsse erfasst, ist er in der Tat geeignet, die genannte theoretische Lücke in der europäi-

---

[1136] *Schroeder*, WuW 2004, 893, 905 spricht gar von einer „Konturlosigkeit" des SIEC-Tests.
[1137] Kommission, a.a.O., Tz. 26.

schen Fusionskontrolle zu schließen. Allerdings schießt der SIEC-Test über dieses selbst gesteckte Ziel hinaus:

B. Aber: Gefahr der überschießenden Erfassung von Oligopolsachverhalten

Es besteht die Gefahr, dass der SIEC-Test in seiner ihm durch die FKVO 139/2004 verliehenen Gestalt eine wesentlich weitergehende Oligopolkontrolle ermöglicht als ursprünglich beabsichtigt. Die Beschränkung des gegenüber dem Marktbeherrschungstest eigenständigen Anwendungsbereichs des SIEC-Tests auf die Fälle der *unilateral effects* geht nämlich nicht aus dem eigentlichen Text der FKVO 139/2004 hervor, sondern lediglich aus deren Begründungserwägungen. Wie die Diskussion um die Bedeutung der 25%-Marktanteilsschwelle in den Begründungserwägungen der FKVO 4064/89 gezeigt hat, könnte deshalb später argumentiert werden, die Einschränkung des SIEC-Tests sei bedeutungslos, da sie nicht selbst in den Text der FKVO 139/2004 aufgenommen wurde. Es besteht daher Anlass zur Sorge, dass eine weitaus größere Zahl von Zusammenschlüssen erfasst wird, als dies bei der Einführung der FKVO 139/2004 eigentlich beabsichtigt worden war.

C. Systemwidrige Ausdehnung der Oligopolkontrolle

Auf der Grundlage des SIEC-Tests kann die Kommission künftig Zusammenschlüsse auch unterhalb der Schwelle der Marktbeherrschung untersagen, wenn sie zu nicht koordinierten Effekten im Oligopol führen.

Eine Auffassung begrüßt die Neuregelung als „Annäherung" der Prüfungsstandards von Zusammenschlusskontrolle und Kartellverbot. Diese Annäherung finde auch in den Leitlinien über horizontale Kooperation ihren Niederschlag, die eine Heraufsetzung der Schwellen für die Verfolgung von Kartellabreden nach Art. 81 EG, die Berücksichtigung der prognostizierten Marktsituation und eine Beurteilung der Marktstruktur nach dem Herfindahl-Hirschman-Index vorsähen. Im Gegenzug sehe die FKVO 139/2004 nunmehr auch eine Berücksichtigung der nach Art. 81 Abs. 3 EG maßgeblichen Gesichtspunkte in der Fusionskontrolle vor.[1138]

M.E. ist die Erfassung von *unilateral effects* von Zusammenschlüssen durch die FKVO 139/2004 jedoch keinesfalls vorbehaltlos zu begrüßen. Sie führt letztlich zu einer Ausdehnung des Verantwortungsbereichs der Unternehmen, die dem bisherigen System des europäischen Kartellrechts fremd ist: Unter der Geltung

---

[1138] *Zimmer*, ZWeR 2004, 250, 264f.

des bisherigen Systems aus Art. 81 EG, Art. 82 EG und FKVO 4064/89 waren Unternehmen in ihrer unternehmerischen Handlungsfreiheit nur dann beschränkt, wenn sie entweder eine nach dem Katalog des Art. 81 Abs. 1 EG verbotene Handlung vornahmen oder über besonderer Marktmacht in Form von Marktbeherrschung verfügten, die ihnen die durch Art. 82 EG bzw. die FKVO 4064/89 formulierten Einschränkungen auferlegte. Künftig gibt es unter den Voraussetzungen der *unilateral effects* eines Zusammenschlusses jedoch auch Einschränkungen für Unternehmen, die weder eine nach Art. 81 EG verbotene Handlung vornehmen noch marktbeherrschend sind.

5. KAPITEL: ZUSAMMENFASSENDES ERGEBNIS

1. Der Rechtsbegriff der „kollektiven Marktbeherrschung“ kennzeichnet eine Marktsituation, die aus ökonomischer Sicht als Oligopol mit ausgeschaltetem Binnenwettbewerb beschrieben wird. Der Binnenwettbewerb kann zum einen im Wege der Kollusion der Unternehmen untereinander ausgeschaltet werden. Durch das spieltheoretische *tacit collusion*-Konzept lässt sich jedoch zeigen, dass in bestimmten Fällen die Unternehmen auch durch das bloße bewusste Ausnutzen von Marktstrukturen ihr Marktverhalten koordinieren können.

2. Dieses so genannte bewusste Parallelverhalten im engen Oligopol wird vom Verbot des Art. 81 Abs. 1 EG nicht erfasst. Es ist insbesondere keine aufeinander abgestimmte Verhaltensweise, da die Unternehmen ihr Verhalten nicht durch Ausschaltung des Wettbewerbs, sondern lediglich durch das bewusste Ausnutzen der Marktmechanismen koordinieren.

Das bewusste Parallelverhalten im engen Oligopol kann jedoch unter das Verbot des Missbrauchs einer kollektiven marktbeherrschenden Stellung gemäß Art. 82 EG fallen. Voraussetzung dafür ist, dass die Unternehmen aufgrund wirtschaftlicher Verbindungen – wofür auch oligopolistische Interdependenzen ausreichen können – eine kollektive Einheit bilden, diese kollektive Einheit eine beherrschende Stellung innehat und diese Stellung durch die Unternehmen missbraucht wird.

Das bewusste Parallelverhalten im engen Oligopol kann auch im Rahmen der Zusammenschlusskontrolle erfasst werden. Dies galt bereits für die FKVO 4064/89: Nach der Auslegung der Kommission und der europäischen Gerichte erfasst die „beherrschende Stellung“ i.S.v. Art. 2 Abs. 3 FKVO 4064/89 auch „kollektive beherrschende“ Stellungen.

3. Zu den Voraussetzungen einer kollektiven beherrschenden Stellung i.S.d. EG-Fusionskontrollverordnung bedient sich die Kommission zunächst eines Konzepts, das sich an das spieltheoretische *tacit collusion*-Konzept anlehnt. Auch das EuG formuliert einen auf dem *tacit collusion*-Konzept beruhenden Katalog von Voraussetzungen für kollektive Marktbeherrschung auf. Danach muss

a) jedes Mitglied des beherrschenden Oligopols das Verhalten der anderen Mitglieder hinreichend genau und schnell in Erfahrung bringen können, um eine stillschweigende Verhaltenskoordinierung zu ermöglichen; das bloße

Bewusstsein der oligopolistischen Interdependenz soll hierfür nicht ausreichen.[1139]

b) Die stillschweigende Koordinierung soll auf Dauer erfolgen können; es muss einen Anreiz für die Oligopolmitglieder geben, nicht vom gemeinsamen Vorgehen auf dem Markt abzuweichen.[1140]
c) Die voraussichtliche Reaktion tatsächlicher und potentieller Konkurrenten sowie der Verbraucher darf die zu erwartenden Ergebnisse des gemeinsamen Vorgehens nicht in Frage stellen.[1141]

Das EuG erkennt ausdrücklich an, dass eine kollektive marktbeherrschende Stellung i.S.v. Art. 2 Abs. 3 FKVO 4064/89 keine strukturellen Verflechtungen zwischen den Mitgliedern der marktbeherrschenden Gruppe voraussetzt. Gleichwohl können bestehende strukturelle Verflechtungen zwischen den Oligopol-Mitgliedern nach der Entscheidungspraxis der Europäischen Kommission auf kollektive Marktbeherrschung hindeuten. Weitere Marktstrukturkriterien, die kollektive Marktbeherrschung begünstigen, sind nach der Entscheidungspraxis der Europäischen Kommission ein hoher Grad an Marktkonzentration, Symmetrien zwischen Mitgliedern der potentiell gemeinsam marktbeherrschenden Gruppe, Markttransparenz, Produkthomogenität, eine niedrige technische Innovationsrate, geringes wettbewerbliches Verhalten in der Vergangenheit, Stabilität der Marktanteile, Verpflichtungen zwischen den Oligopol-Mitgliedern, geringe Nachfragemacht, ein niedriges Nachfragewachstum sowie hohe Marktzutrittsschranken.

In einigen neueren Entscheidungen macht die Kommission jedoch Ausführungen zu den Voraussetzungen kollektiver Marktbeherrschung, die sich nicht mit dem *tacit collusion*-Konzept vereinbaren lassen. Zudem bejaht die Kommission in „Airtours/ Kommission“ kollektive Marktbeherrschung in einer Marktsituation, die von den „üblichen“ Konstellationen kollektiver Marktbeherrschung abweicht. Teilweise wird daher die Vermutung geäußert, die Kommission habe hier kollektive Marktbeherrschung nicht auf vom *tacit collusion*-Konzept beschriebene koordinierte Wirkungen eines Zusammenschlusses gestützt, sondern auf nicht-koordinierte Wirkungen eines Zusammenschlusses. Die Vereinbarkeit des von der Kommission verwendeten Konzepts kollektiver Marktbeherrschung mit dem Konzept der Rechtsprechung ist jedoch gerichtlich bislang nicht geklärt. Insbesondere in seinem Urteil „Airtours/ Kommission“ hat es das EuG

1139 EuG, Urteil vom 06.06.2002, Rs. T-342/99, „Airtours/ Kommission”, Slg. 2002, II – 2585ff., Tz. 60.

1140 EuG, Urteil vom 06.06.2002, Rs. T-342/99, „Airtours/ Kommission”, Slg. 2002, II – 2585ff., Tz. 60.

1141 EuG, Urteil vom 06.06.2002, Rs. T-342/99, „Airtours/ Kommission”, Slg. 2002, II – 2585ff., Tz. 60.

ausdrücklich vermieden, sich zu dem neueren Konzept kollektiver Marktbeherrschung der Kommission zu äußern. Allerdings lassen gerade die vom EuG in „Airtours/ Kommission" formulierten Voraussetzungen kollektiver Marktbeherrschung die Vermutung zu, dass auch das EuG dem *tacit collusion*-Konzept kollektiver Marktbeherrschung folgt.

4. Die FKVO 139/2004 führt mit dem SIEC-Test ein neues materielles Beurteilungskriterium für Zusammenschlüsse ein. Danach kommt es darauf an, ob ein Zusammenschluss zu einer „erheblichen Behinderung wirksamen Wettbewerbs" führt. Der bisherige Marktbeherrschungstest ist nur noch Regelbeispiel des SIEC-Tests.

Obwohl die oftmals behauptete Lücke im bisherigen Marktbeherrschungstest für wettbewerbswidrige nicht-koordinierte Effekte von Zusammenschlüssen bislang nicht tatsächlich anhand von konkreten Fällen aus der europäischen Fusionskontrollpraxis nachgewiesen werden konnte, also allenfalls eine theoretische Lücke bestand, stellen die Erwägungsgründe der FKVO 139/2004 nunmehr klar, dass der SIEC-Test nicht nur wettbewerbswidrige koordinierte Effekte, sondern auch nicht-koordinierte Effekte eines Zusammenschlusses erfasst.

Ergänzend zur neuen EG-Fusionskontrollverordnung veröffentlicht die Kommission *Leitlinien für horizontale Zusammenschlüsse.* Während die Kommission die Voraussetzungen wettbewerbswidriger koordinierter Auswirkungen von Zusammenschlüssen eng an die vom EuG in „Airtours/ Kommission" entwickelten Voraussetzungen kollektiver Marktbeherrschung anlehnt, gelingt es ihr nicht, ein Konzept zur Erfassung nicht-koordinierter wettbewerbswidriger Auswirkungen von Zusammenschlüssen zu entwerfen; unklar bleibt insbesondere die Abgrenzung zur Einzelmarktbeherrschung. Um die von der Rechtsprechung und der Kommission entwickelten Voraussetzungen kollektiver Marktbeherrschung nicht auszuhöhlen, ist es wichtig, die Voraussetzungen solcher nicht koordinierter Effekte als *aliud* und nicht als *minus* der Voraussetzungen kollektiver Marktbeherrschung zu entwickeln.

Auf die weiteren Entwicklungen darf man gespannt sein.

Literaturverzeichnis

Abramson, Bruce D. Analyzing antitrust analysis: the roles of fact and economic theory in summary judgment adjudication, Antitrust Law Journal, Vol. 69, 2001, S. 303ff.

Aigner, Andreas Kollektive Marktbeherrschung im EG-Vertrag, 2001

Albers, Willi / u.a. (Herausgeber) Handwörterbuch der Wirtschaftswissenschaft, 5.Band, 1980

Al-Dabbah, Maher M. Conduct, Dominance and Abuse in „Market Relationship“: Analysis of Some Conceptual Issues under Article 82 E.C., 2000 ECLR, S. 45ff.

Alfter, Mette Untersagungskriterien in der Fusionskontrolle, WuW 2003, S. 20ff.

Alfter, Mette / Bishop, Simon / Mahr, Eric New Horizontal Merger Guidelines – Plugging the Gap or Opening the Floodgates?, Business Law International 2004, S. 385ff.

Amstutz, Marc Kollektive Marktbeherrschung im europäischen Wettbewerbsrecht, 1999

Arbeitskreis Kartellrecht Tagungspapier des Arbeitskreis Kartellrecht 8./9. Oktober 2001 „Das Untersagungskriterium in der Fusionskontrolle – Marktbeherrschende Stellung versus Substantial Lessening of Competition“?

Anweiler, Jochen Die Auslegungsmethoden des Gerichtshofs der Europäischen Gemeinschaften, 1997

Arhold, Christoph Die neuen Kommissionsmitteilungen zur Fusionskontrollverordnung und die geplante Revision der europäischen Fusionskontrolle, EWS 2001, S. 573ff.

derselbe Grünbuch de Kommission über die Revision der europäischen Fusionskontrolle oder: Das Bundeskartellamt schlägt zurück, EWS 2002, S. 449ff.

Arnull, Anthony Collective Dominance: trump card or joker?, (1998) 23 E.L.Rev., S. 199f.

Asch, Peter / Seneca, Joseph J. Characteristics of collusive firms, 23 (1975) Journal of Industrial Economics, S. 223ff

Axster, Oliver Die europäische Fusionskontrolle, in: Festschrift für Karlheinz Quack zum 65. Geburtstag, herausgegeben von Harm Peter Westermann und Wolfgang Rosener, 1991

Bach, Albrecht Der Marktbeherrschungsbegriff in der EG-Fusionskontrolle, auch im Vergleich zum deutschen Kartellrecht, WuW 1993, S. 805ff.

Baker, Jonathan B. Two Sherman Act Section 1 Dilemmas: parallel pricing, the oligopoly problem, and contemporary economic theory, The Antitrust Bulletin 1993, S. 143ff.

Barr, Maya Implications of the Airtours case, Global Competition Review, October 2002, S. 41ff.
Bartosch, Andreas Weiterentwicklungen im Recht der europäischen Zusammenschlusskontrolle, BB 2003, Beilage 3, S. 1ff.
derselbe Gehorsam oder Widerstand, WuW 2003, S. 574ff.
derselbe Welche Dimension hat das „Neue" im Airtours-Urteil des EuG?, EuZW 2002, S. 645ff.
Bartosch, Andreas / Nollau, Anne-Kathrin Die zweite Generalüberholung der europäischen Fusionskontrolle – das Grünbuch der Kommission vom 11.12.2001, EuZW 2002, S. 197ff.
Bartosch, Andreas / Schnelle, Ulrich Die neuen Mitteilungen in der europäischen Fusionskontrolle, BB 2001, S. 2013ff.
BDI, Stellungnahme zur Diskussion über die Einführung des SIEC-Tests in die 7. GWB-Novelle, 2004.
Bechtold, Rainer EG-Gruppenfreistellungsverordnungen – eine Zwischenbilanz, EWS 2001, S. 49ff.
derselbe Neuere Entwicklungen im Bereich der Fusionskontrolle der EG, in: *Schwarze*, Europäisches Wettbewerbsrecht im Wandel, 2001
derselbe Die Entwicklung des deutschen Kartellrechts 1999 bis 2001, NJW 2001, S. 3159ff.
derselbe EG-Fusionskontrolle bei grenzüberschreitenden Fusionen, The European Legal Forum, 2000/01, S. 19ff.
derselbe Gesetz gegen Wettbewerbsbeschränkungen, 3. Aufl. 2002
derselbe EuZW 1998, S. 313ff
derselbe Die Grundzüge der neuen EWG-Fusionskontrolle, RIW 1990, S. 253ff.
Berg, Werner Die neue EG-Fusionskontrollverordnung, BB 2004, S. 561ff.
Bergmann, Helmut / Burholt, Christian Nicht Fisch und nicht Fleisch - Zur Änderung des materiellen Prüfkriteriums in der Europäischen Fusionskontrollverordnung, EuZW 2004, S. 161.
Biro, Zoltan / Parker, David / Etten, Melanie / Riechmann, Christoph Die Berücksichtigung von Asymmetrien bei der Analyse kollektiver Marktbeherrschung, WuW 2004, S. 1267ff.
Bischke, Alf-Henrik / Mäger, Thorsten Der Kommissionsentwurf einer geänderten EU-Fusionskontrollverordnung, EWS 2003, S. 97ff.
Bishop, Simon B. Power and Responsibility: The ECJ's Kali-Salz Judgment, 1999 ECLR, S. 37ff.
Bishop, Simon / Ridyard, Derek Prometheus Unbound: Increasing the Scope for Intervention in EC Merger Control, 2003 ECLR, S. 357ff.
Bishop, Simon / Walker, Mike The Economics of EC Comeptition Law: Concepts, Application and Measurement, 2002
Black, Oliver What is an Agreement?, 2003 ECLR, S. 504ff.

derselbe Collusion and Co-ordination in EC Merger Control, 2003 ECLR, S. 408ff.
derselbe Concerted Practices, Joint Action and Reliance, 2003 ECLR, S. 219ff.
Böge, Ulf Reform der Europäischen Fusionskontrolle, WuW 2004, S. 138ff.
derselbe Muss die EU zum SLC-Test wechseln?, WuW 2002, S. 825ff.
Böge, Ulf / Müller, Edith From the Market Dominance Test to the SLC Test: Are There Any Reasons for a Change?, 2002 ECLR, S. 495ff.
Briones, Juan Oligopolistic Dominance: Is there a Common Approach in Different Jurisdictions? A Review of Decisions Adopted by the Commission under the Merger Regulation, 1995 ECLR, S. 334ff.
Briones Alonso, Juan F Economic Assessment of Oligopolies under the Community Merger Control Regulation, 1993 ECLR, S. 118ff.
derselbe, Economic assessment of oligopolies under the Community Merger Control Regulation, im Internet abrufbar unter http://www.europa.eu.int/comm/competition/speeches
Briones, Juan / Padilla, Atilano Jorge The Complex Landscape of Oligopolies under EU Competition Policy, World Competition 24 (3) 2001, S. 307ff.
Bundeskartellamt Stellungnahme zum Grünbuch der Kommission zur Revision der Verordnung Nr. EG 4064/89 des Rates über die Kontrolle von Unternehmenszusammenschlüssen, 21. März 2002
Bundesministerium für Wirtschaft und Arbeit, Diskussionspapier für die Neufassung von § 36 Abs. 1 GWB, 21.06.2004 (unveröffentlicht)
Burgstaller, Markus Marktbeherrschung oder „Substantial Lessening of Competition"?, WuW 2003, S. 726ff.
Caffarra, Cristina / Kühn, Kai-Uwe Joint Dominance: The CFI Judgment on Gencor/Lonrho, 1999 ECLR, S. 335ff.
Camesasca, Peter D. The Explicit Efficiency Defence in Merger Control: Does it Make the Difference? 1999 ECLR, S. 14ff.
Caspari, Manfred / Schwarz, Dieter Europäische Fusionskontrolle – Ein Historienspiel, in: Festschrift für Werner Benisch, herausgegeben von Clemens-August Andrea, 1989ff, S. 383ff.
Christensen, Peder / Rabassa, Valérie The Airtours decision: Is there a new commission approach to collective dominance?, 2001 ECLR, S. 227ff.
Colley, Liam From „Defence" to „Attack"? Quantifying Efficiency Arguments in Mergers, 2004 ECLR, S. 342ff.
Constantinesco, Léontin-Jean Das Recht der europäischen Gemeinschaften, 1977
Cook, C. J. / Kerse, C. S. EC Merger Control, 1996
Cox, Helmut (Herausgeber) Handbuch des Wettbewerbs, 1981
Dauses, Manfred A. (Herausgeber) Handbuch des EU-Wirtschaftsrechts, Stand März 2002, 5. Ergänzungslieferung zur 2. Auflage.

Dittert, Daniel Die Reform des Verfahrens in der neuen EG-Fusionskontrollverordnung, WuW 2004, S. 148ff.
Dixit, Avinash K / Nalebuff, Barry J. Spieltheorie für Einsteiger, 1997
Drauz, Götz An efficiency defence for mergers: Putting an intricate puzzle together, ZWeR 2003, S. 254ff.
derselbe Vorstellungen der EU-Kommission zur Reform der europäischen Fusionskontrolle, in: *Schwarze*, Instrumente zur Durchsetzung des europäischen Wettbewerbsrechts, S. 47ff.
derselbe Collective Dominance Under the European Merger Control Regulation. The Implications of the Airtours Case, ABA Section of antitrust Law „Brown Bag" Program, November 2002, im Internet abrufbar unter http://www.abanet.org/antitrust/source/nov02/airtours.pdf.
Drauz, Götz / Reynolds Michael (Hrsg.) EC Merger Control: A Major Reform in Progress
Drauz, Götz / Schroeder, Dirk Praxis der europäischen Fusionskontrolle, 2. Aufl. 1994
Drexl, Josef Die neue Gruppenfreistellungsverordnung über Technologietransfer-Vereinbarungen im Spannungsfeld von Ökonomisierung und Rechtssicherheit, GRUR Int. 2004, S. 716ff.
Dubow, Ben / Elliott, David / Morrison, Eric Unilateral Effects and Merger Simulation Models, 2004 ECLR, S. 114ff.
Ebel, Hans-Rudolf Kartellrecht, 36. Aktualisierung 2000
Ehlermann, Claus Dieter / Völcker, Sven B. Kein blauer Himmel mehr über Fusionsverboten der Kommission, EuZW 2003, S. 1.
Emmerich, Volker Kartellrecht, 8.Aufl. 1999
derselbe, Fusionskontrolle 2003/2004, AG 2004, S. 629ff.
Enchelmaier, Stefan Europäische Wettbewerbspolitik im Oligopol: Eine Untersuchung der Behandlung von Oligopolfällen durch die Kommission und den Gerichtshof der europäischen Gemeinschaften, 1997
Erlinghagen, Peter Zur Verwendbarkeit wirtschaftswissenschaftlicher Theorien als Beweismittel im Kartellverfahren, Wettbewerbsordnung im Spannungsfeld von Wirtschafts- und Rechtswissenschaft, in: Festschrift für Gunther Hartmann,1976, S. 95ff.
Etter, Boris The Assessment of Mergers in the EC under the Concept of Collective Dominance, World Competition 23 (3), 2000, S. 103ff.
Evans, David S ./ Padilla, A. Jorge / Ahlborn, Christian Competition Policy in the New Economy: Is European Competition Law Up to the Challenge?, 2001 ECLR, S. 156ff.
Faull, Jonathan / Nikpay, Ali The EU Law of Competition, 1999
Feddersen, Christoph Gericht Erster Instanz erklärt Tetra Laval/Sidel Entscheidung für nichtig, WuW 2003, S. 15ff.

Feddersen, Christoph / O'Donoghue, Robert Anmerkung zu EuG, Rs. T-342/99 Airtours plc/Kommission, Urteil vom 6.6.2002, EuR 2002, S. 740ff.

Fingleton, John Does Collective Dominace Provide Suitable Housing for All Anti-Competitive Oligopolistic Mergers? in: *Drauz/Reynolds*, S. 343ff.

Forrester, Ian S. / MacLennan, Jaceuline F. EC Competition Law 1999-2000, Yearbook of European Law 2001, S. 365 ff.

Fox, Eleanor M. The Merger Regulation and its Territorial Reach, 1999 ECLR, S. 334ff.

Franke, Werner Die Berechtigung der Zusammenschlußkontrolle bei Oligopolsachverhalten und der Durchführung dieser Kontrolle in der Praxis, 1992

Fuchs, Andreas Zusagen, Auflagen und Bedingungen in der europäischen Fusionskontrolle, WuW 1996, S. 269ff.

García-Pérez, Mercedes Collective Dominance Under the Merger Regulation, (1998) 23 E.L.Rev., S. 475ff.

Glassen, Helmut / u. a. (Herausgeber) Frankfurter Kommentar zum Kartellrecht, 1982/2001, zitiert: FK

González-Díaz, Francisco Enrique Commentaire sur l' Arrêt de la Cour du 31 mars 1998 dans l' affaire „Kali und Salz", Competition Policy Newsletter June 1998, S. 38ff.

derselbe Recent Developments in EC Merger Control Law – The Gencor Judgement, World Competition 22 (3) 1999, S. 3ff.

derselbe Collective Dominance Under the European Merger Control Regulation. The Implications of the Airtours Case, ABA Section of antitrust Law "Brown Bag" Program, November 2002, im Internet abrufbar unter http://www.abanet.org/antitrust/source/nov02/airtours.pdf.

Goyder, D. G. EC Competition Law, 2. Aufl. 1993

Grabitz, Eberhard / Hilf, Meinhard Das Recht der Europäischen Union, 16. Ergänzungslieferung 2000

Groeben, Hans von der / Boeckh, Hans / Thiesing, Jochen / Ehlermann, Claus-Dieter Kommentar zum EWGV, 4. Aufl., 4 Bde. 1991, zitiert: *Groeben/ Thiesing/ Ehlermann*

Grundmann, Stefan / Riesenhuber, Karl, Die Auslegung des Europäischen Privat- und Schuldvertragsrechts, JuS 2002, 529ff.

Guersent, Olivier L' application du contrôle communautaire des concentrations aux oligopoles dominants, EC Competition Policy Newsletter, Summer 1994, S. 10ff.

Hacker, Nicole The Kali+Salz-case – the re-examination of a merger after an annulment by the Court, Competition Policy Newsletter, October 1998, S. 40ff.

Hansen, Knud Zur Unterscheidung von bewusstem Parallelverhalten und abgestimmten Verhaltensweisen in der kartellbehördlichen Praxis, ZHR 136 (1972), 52 ff.

Haucap, Justus Kollektive Marktbeherrschung im europäischen Wettbewerbsrecht, im Internet abrufbar unter http://www.unib-hamburg.de/WWWEB/vwl/kruse/forschung/download/joint-dominance.pdf

Haupt, Heiko Kollektive Marktbeherrschung in der europäischen Missbrauchs- und Fusionskontrolle nach dem Airtours-Urteil des Gerichts Erster Instanz, EWS 2002, S. 361ff.

derselbe Collective Dominance Under Article 82 E.C. and E.C. Merger Control in the light of the Airtours Judgement, 2002 ECLR, S. 434ff.

Hay, Donald The Assessment: Competition Policy, Oxford Review Of Economic Policy, Vol. 9, No. 2, S. 1ff

Heitzer, Eric Konzerne im Europäischen Wettbewerbsrecht, 1999

Hildebrand, Doris The European School in EC Competition Law, World Competition 25 (1) 2002, S. 3ff.

dieselbe The role of economic analysis in the EC competition rules, 1998

Hinten-Reed, Nils von / Camesasca, Peter D. European Merger Control: Tougher, Softer, Clearer?, 2003 ECLR, S. 458ff.

Hinten-Reed, Nils von / Camesasca, Peter D. / Schedl, Michael Reform der Europäischen Fusionskontrolle, RIW 2003, 321ff.

Hirsch, Günter Anwendung der Kartellverfahrensordnung (EG) Nr. 1/2003 durch nationale Gerichte, ZWeR 2003, S. 233ff.

Hirsch, Martin / Burkert, Thomas O. J. Gleiss/Hirsch, Kommentar zum EG-Kartellrecht, Bd. 1, 4. Aufl. 1993, zitiert: *Gleiss/Hirsch*

Hirsbrunner, Simon Neue Entwicklungen der EG-Fusionskontrolle im Jahre 2001, EuZW 2002, S. 453ff.

derselbe Neue Entwicklungen in der Europäischen Fusionskontrolle in den Jahren 1999 und 2000, EuZW 2001, S. 197ff.

derselbe Fusionskontrolle der Kommission im Jahre 1996, EuZW 1997, S. 748ff.

Höhn, Christine Kollektive Marktbeherrschung vor und nach der Airtours-Entscheidung des EuG, RIW 2003, S. 63ff.

Hoffmann, Jochen / Terhechte, Philipp Der Vorschlag der Europäischen Kommission für eine neue Fusionskontrollverordnung, AG 2003, S. 415ff.

Hossenfelder, Silke Die neue Durchführungsverordnung zu den Artikeln 81 und 82 EG-Vertrag, WuW 2003, S. 118ff.

Hootz, Christian (Herausgeber) Gesetz gegen Wettbewerbsbeschränkungen und Europäisches Kartellrecht – Gemeinschaftskommentar, 5. Auflage 1999ff, 3. Lieferung 2001, zitiert: Gemeinschaftskommentar.

Huggenberger, Thomas Die marktbeherrschende Stellung in der Fusionskontrolle der EG, 2000.

Immenga, Frank A. / Lange, Knut Werner Entwicklungen des europäischen Kartellrechts im Jahr 2003, RIW 2003, S. 889ff.

Immenga, Ulrich / Fuchs, Andreas Art. 85 EWG-Vertrag als Grenze für Unternehmensbeteiligungen?, NJW 1988, S. 3052ff.

Immenga, Ulrich / Immenga, Frank Niederlagen der Kommission in Luxemburg, BB 2002, Heft 51/52, S. I.

Immenga, Ulrich / Mestmäcker, Ernst-Joachim EG-Wettbewerbsrecht, 1997

dieselben Gesetz gegen Wettbewerbsbeschränkungen, 3. Aufl. 2001.

Immenga, Frank / Stopper, Martin Die europäischen und US-amerikanischen Leitlinien zur horizontalen Kooperation, RIW 2001, S. 241ff.

Ivaldi, Marc / Jullien, Bruno / Rey, Patrick / Seabright, Paul / Tirole, Jean The Economics of Tacit Collusion, Report for DG Competition, European Commission, 2003, im Internet abrufbar unter http://europa.eu.int./comm/competition/mergers/review/
zitiert: „*Ivaldi/Jullien/Rey/Seabright/Tirole*".

Ivaldi, Marc / Jullien, Bruno / Rey, Patrick / Seabright, Paul / Tirole, Jean The Economics of Unilateral Effects, Report for DG Competition, European Commission, 2003, im Internet abrufbar unter http://europa.eu.int./comm/competition/mergers/review/, zitiert: „*Ivaldi/Jullien/Rey/Seabright/Tirole*, The Economics of Unilateral Effects".

Janicki, Thomas EG-Fusionskontrolle auf dem Weg zur praktischen Umsetzung, WuW 1990, S. 195ff.

Jenny, Frédéric Collective Dominance and the EC Merger regulation, FCLI 2002, S. 361ff.

Jones, Christopher / Gonález-Díaz, F. Enrique The EEC Merger Regulation, 1992

Kamann, Hans-Georg / Bergmann, Ellen Einseitige Vertriebsbeschränkungen und Art. 81 EG-Vertrag – Folgerungen aus dem Bayer-Adalat-Urteil des EuGH und dem Volkswagen-Urteil des EuG, EWS 2004, S. 151ff.

Kantzenbach, Erhard / Kruse, Jörn Kollektive Marktbeherrschung, 1989

Kantzenbach, Erhard / Kottmann, Elke/Krüger, Reinald Kollektive Marktbeherrschung: Neue Industrieökonomik und Erfahrungen aus der Europäischen Fusionskontrolle, 1996

Karl, Matthias Der Zusammenschlussbegriff in der Europäischen Fusionskontrolle, 1996

Kerber, Wolfgang Europäische Fusionskontrolle: Entwicklungslinien und Perspektiven, in: Die Europäische Fusionskontrolle, herausgegeben von Peter Oberender, 2000, S. 69ff.

derselbe Die europäische Fusionskontrollpraxis und die Wettbewerbskonzeption der EG, 1994

Kleemann, Dietrich Enthält Art. 2 der EG-Fusionskontrollverordnung eine wettbewerbliche Abwägungsklausel?, in: Festschrift für Otfried Lieberknecht zum 70. Geburtstag, herausgegeben von Ernst Niederleithinger u.a., 1997

Kleinmann, Werner / Bechtold, Rainer Kommentar zur Fusionskontrolle, 2. Auflage 1989

Kloosterhuis, Erik Joint Dominance and the Interaction Between Firms, 2001 ECLR, S. 79ff.

Kokkoris, Ioannis, The Reform of the European Control Merger Regulation in the Aftermath of the Airtours Case – the Eagerly Expected Debate: SLC v Dominance Test, 2005 ECLR, S. 7ff.

Kommission Das Problem der Unternehmenskonzentration im Gemeinsamen Markt. Denkschrift der Europäischen Wirtschaftsgemeinschaft – Kommission vom 1. Dezember 1966 – SEK (65) 3500, WuW 1966, S. 330ff.

Kolasky, William J. Coordinated Effects in Merger Review, im Internet abrufbar unter http://www.usdoj.gov/atr/public/speeches/11050.htm

Korah, Valentine Gencor v. Commission: Collective Dominance, 1999 ECLR, S. 337ff.

Kranüchel, Rolf Kooperation of homogenen und heterogenen Oligopolmärkten. Eine spieltheoretische Analyse, 1986

Krimphove, Dieter Europäische Fusionskontrolle, 1992

Kronast, Stefan Die „Philip-Morris-Doktrin" und die Europäische Fusionskontrolle, 1996

Kurz, Stefan Das Verhältnis der EG-Fusionskontrollverordnung zu Artikel 85 und 86 des EWG-Vertrages, 1993

Lange, Knut Werner (Herausgeber), Handbuch zum deutschen und europäischen Kartellrecht, 2001

derselbe Europäische Fusionskontrolle am Pranger, EWS 2003, Heft 1, S. I.

Langen, Eugen / Bunte, Hermann-Josef Kommentar zum deutschen und europäischen Kartellrecht, 9. Auflage 2001

Leibenath, Christoph Die Rechtsprobleme der Zusagenpraxis in der europäischen Fusionskontrolle, 1999

Lenz, Carl Otto (Herausgeber) EG-Vertrag, 2. Aufl. 1999

Löffler, Heinz F. Kommentar zur europäischen Fusionskontrollverordnung, 2001

Loughran, Mary / Parplies, Kay / Schade, Roosmarijn Merger Control: Main Developments Between 1st May 2002 and 31th August 2002, Competition Policy Newsletter, October 2002, S. 59.

Lowe, Philip Review of the EC Merger Regulation – forging a way ahead, European Control Conference, 8 November 2002

Lübbert, Hans-Dieter Das Verbot abgestimmten Verhaltens im deutschen und europäischen Kartellrecht, 1975.

Luescher, Christoph, Efficiency Considerations in European Merger Control - Just Another Battle Ground for the European Commission, Economists and Competition Lawyers?, 2004 ECLR, S. 72ff.

Markert, Kurt Verbändevereinbarung Strom II und Kartellrecht, BB 2001, S. 105ff.

derselbe Fusionskontrolle im Zeichen der jüngsten Großfusionen, Energiewirtschaftliche Tagesfragen 2000, S. 355ff.

McGregor, Lorna The Future for the Control of Oligopolies Following Compagnie Maritime Belge, 2001 ECLR, S. 434ff.

Möschel, Wernhard Großfusionen im engen Oligopol – Fusionskontrolle am Beispiel der deutschen Stromwirtschaft, DB 2001, S. 131ff.

Montag, Frank Kollektive Marktbeherrschung nach Art. 82 EG und der Fusionskontrollverordnung, Vortrag beim 9. St. Galler Internationalen Kartellrechtsforum, 25./26. April 2002

Montag, Frank / Bonin, Andreas von Collective Dominance in Merger Cases after Airtours, in: *Drauz /Reynolds*, S. 323ff.

Montag, Frank / Kaessner, Ralph Neuere Entwicklungen in der Fallpraxis der europäischen Fusionskontrolle, WuW 1997, S. 781ff.

Montag, Frank / Leibenath, Christoph Aktuelle Probleme in der Europäischen Fusionskontrolle, WuW 2000, S. 852ff.

dieselben Die Rechtsschutzmöglichkeiten Dritter in der europäischen Fusionskontrolle, ZHR 164 (2000), S. 176ff.

Monti, Giorgio The scope of collective dominance under articles 82 EC, CML Rev. 38, 2001, S. 131ff.

Monti, Mario Merger Control in the European Union: a radical reform, Rede vom 7. November 2002, im Internet abrufbar unter http://www.europa.eu.int

Monopolkommission Konzeption einer Europäischen Fusionskontrolle, Sondergutachten der Monopolkommission gemäß § 24 b Abs. 5 Satz 4 GWB, 1989

Morgan, Eleanor J. The treatment of oligopoly under the European merger control regulation, The Antitrust Bulletin 1996, S. 203ff.

Motta, Massimo E.C. Merger Policy and the Airtours Case, 2000 ECLR, S. 199ff.

Navarro Varona, Edune / Font Galarza, Andrés / Folguera Crespo, Jaime / Briones Alonso, Juan Merger Control in the European Union, 2002

Nicholson, Malcom / Cardell, Sarah Airtours: a wake-up call for the Commission, Global Competition Review, August 2002, S. 13ff.

dieselben Airtours v Commission: Collective Dominance Contained? in: *Drauz/Reynolds*, S. 285ff.

Niederleithiger, Ernst Vier Prognosen zur europäischen Fusionskontrolle, in: Festschrift für Karlheinz Quack zum 65. Geburtstag, herausgegeben von Harm Peter Westermann und Wolfgang Rosener, 1991, S. 645ff.

derselbe Grundfragen der neuen europäischen Zusammenschlusskontrolle, EWS 1990, S. 73ff.

Niels, Gunnar Collective Dominance: More Than Just Oligopolistic Interdependence, 2001 ECLR, S. 168ff.

Niemeyer, Hans-Jörg / Drauz, Götz / Jenny, Frédéric / Temple Lang, John Collective Dominance/Oligopoly Behaviours under Articles 81/82 and the EC Merger Regulation, FCLI 2001, S. 375ff.

Nikpay, Ali / Houwen, Fred Tour de Force or a Little Local Turbulence? A Heretical View on the Airtours Judgment, 2003 ECLR, 193ff.

N.N. Airtours/First Choice: CFI Holds Commission to Account, RBB Brief 02, June 2002, S. 1ff.

N.N. EC digests implications of Airtours ruling, Global Competition Review, July 2002, S. 7f.

Noel, Pierre-Emmanuel Efficiency Considerations in the Assessment of Horizontal Mergers under European and U.S. Antitrust Law, 1997 ECLR, S. 498ff.

Oberender, Peter Die Europäische Fusionskontrolle, 2000

Opgenhoff, Carolin Die europäische Fusionskontrolle zwischen Wettbewerbsrecht und Industriepolitik, 2001

Oppermann, Thomas Europarecht, 2. Auflage 1999

Overd, Alan After the Airtours Appeal, 2002 ECLR, S. 375ff.

Pampel, Gunnar Rechtsnatur und Rechtswirkungen von Mitteilungen der Kommission im europäischen Wettbewerbsrecht, EuZW 2005, S. 11ff.

Pape, Fabian / Hossenfelder, Silke / Töllner, Wilko Kartellrechtspraxis und Kartellrechtsprechung 2002/2003, 18. Aufl. 2003.

Preece, Steven Compagnie Maritime Belge: Missing the boat?, 2000 ECLR, S. 388ff.

Quack, Karlheinz Zur Anwendbarkeit der Fusionskontrollverordnung auf Oligopolsachverhalte, GRUR 1998, S. 295ff.

Ratliff, John Developments 2000/2001: focus on remedies, The European Antitrust Review 2002, S. 20ff.

Rau, Stephan Der Erwerb aus der Insolvenz und die Fusionskontrolle – über die Genehmigungsfähigkeit von Sanierungsfusionen, BB 2002, S. 1973ff.

Rees, Ray Tacit Collusion, Oxford Review of Economic Policy, Vol. 9 No. 2 (1993), S. 27ff.

Renshaw, Andrew / Goyder, Joanna EU merger control reform: the Commission focuses on improving the process, Global Competition Review, December 2002, S. 22ff.

Richardson, Russell / Gordon, Clive Collective Dominance: The Third Way?, 2001 ECLR, S. 416ff.

Rill, James F. / Soames, Trevor Transatlantic Cooperation – Paving the Way for Success, International Business Lawyer 2002, S. 483ff.

Ritter, Lennart / Brown, W. David / Rawlinson, Francis EEC Competition Law – a practioner‘s guide, 1991

Rivas, José / Stroud, Fay Developments in EC Competition Law in 1999/2000: An Overview, CML Rev. 38, 2001, S. 935ff

Robert, Gavin / Hudson, Charles Past Co-ordination and the Commission Notice on the Appraisal of Horizontal Mergers, 2004 ECLR, S. 163ff.

Rodger, Barry J. Oligopolistic Market Failure: Collective Dominance versus Complex Monopoly, 1995 ECLR, S. 21ff.

Rosenthal, Michael Neuordnung der Zuständigkeiten und des Verfahrens in der Europäischen Fusionskontrolle, EuZW 2004, S. 327ff.

Ryan, Stephen A. Reform of the EU Merger Control System – a comprehensive package of proposals, Competition Policy Newsletter, Spring 2003, S. 9ff.

Säcker, Franz Jürgen Angleichung der deutschen Fusionskontrolle an Art. 2 abs. 3 FKVO?, WuW 2004, S. 1038ff.

Sandrock, Otto Grundbegriffe des Gesetzes gegen Wettbewerbsbeschränkungen, 1968

Scherer, F. M. Industrial market structure and economic performance, 2. Aufl. 1980

Schmalensee, Richard / Willig, Robert Handbook of industrial organization, 1989

Schmidt, Ingo SLC- oder Marktbeherrschungstest als Eingreifkriterium in der Fusionskontrolle?, WuW 2003, S. 115.

derselbe Fusionskontrolle - Effizienz durch Wettbewerb oder Konzentration?, WuW 2004, S. 359.

derselbe Wettbewerbspolitik und Kartellrecht, 7. Auflage 2001

Schmidt, Ingo / Schmidt, André Europäische Wettbewerbspolitik, 1997

Schödermeier, Martin Collective Dominance Revisited: An Analysis of the EC Commission's New Concepts of Oligopoly Control, 1990 ECLR, S. 28ff.

Schohe, Gerrit Das Verbot des Zusammenschlusses von Schneider und Legrand ist nichtig: Ein weiteres „Menetekel" für die Kommission, WuW 2003, S. 359ff.

Schroeder, Dirk Schnittstellen der Kooperations- und Oligopolanalyse im Fusionskontrollrecht, WuW 2004, S. 893ff.

Schröter, Helmuth / Jakob, Thinam / Mederer, Wolfgang (Herausgeber) Kommentare zum Europäischen Wettbewerbsrecht, 2003

Schultz, Klaus-Peter / Wagemann Markus Kartellrechtspraxis und Kartellrechtsprechung 1998/99, 14. Aufl. 1999

dieselben Kartellrechtspraxis und Kartellrechtsprechung 2001/02, 17. Aufl. 2002

Schwalbe, Ulrich Marktbeherrschungs- oder SIEC-Test im GWB?, WuW 2004, S. 997ff.

derselbe Die Airtours/First Choice Entscheidung – Ökonomische Grundlagen und wettbewerbspolitische Konsequenzen, Diskussionsbeiträge aus dem Institut für Volkswirtschaftslehre, Universität Hohenheim, Nr. 215, S. 17ff.

Schwarze, Jürgen (Herausgeber) EU-Kommentar, 2000

Schwarze, Jürgen (Herausgeber) Instrumente zur Durchsetzung des europäischen Wettbewerbsrechts, 2002

Schwarze, Jürgen Europäisches Wettbewerbsrecht im Wandel, 2001
Schweda, Marc Die Bindungswirkung von Bekanntmachungen und Leitlinien der Europäischen Kommission, WuW 2004, S. 1133ff.
Soames, Trevor An Analysis of the Principles of Concerted Practice and Collective Dominance: A Distinction without a Difference?, 1996 ECLR, S. 24ff.
Staebe, Erik / Denzel, Ulrich Die neue Europäische Fusionskontrollverordnung (VO 139/2004), EWS 2004, S. 194ff.
Stockenhuber, Peter Die Europäische Fusionskontrolle: Das materielle Recht,1995
Stroux, Sigrid Joined Cases C-395/96 P and C, Compagnie Maritime Belge and Others v. Commission, Judgment of the fifth Chamber of 16 March 2000, CML Rev. 2000, S. 1249ff.
Stroux, Sigrid Is EC Oligopoly Control Outgrowing its Infancy?, World Competition 23 (1) 2000, S. 3ff.
Stumpf, Christoph A. / Stumpf, Michael Kartellrecht und Spieltheorie, Rechtstheorie 35 (2004), S. 57ff.
Taylor, Simon / Ainger, Luke CFI Clarifies Collective Dominance in Airtours Jurisdiction, European Antitrust, July 2002
Temple Lang, John Oligopolies And Joint Dominance In Community Antitrust Law, FCLI 2001, S. 269ff.
Ulshöfer, Matthias Der Einzug des Herfindahl-Hirschman Index (HHI) in die europäische Fusionskontrolle, ZWeR 2004, S. 50ff.
Venit, James S. Two Steps Forward And No steps Back: Economic Analysis And Oligopolistic Dominance After Kali&Salz, CML Rev. 35, 1998, S. 1101ff.
Vickers, John Competition Economics and Policy, 2003 ECLR, S. 95 ff.
derselbe How to reform the EC merger test?, im Internet abrufbar unter http://www.oft.gov.uk/News/Speeches/2002/index.htm
Voigt, Stefan Rechtssicherheit für Fusionen, FAZ vom 14.12.2002, S. 13.
Voigt, Stefan / Schmidt, André Mehr Rechtssicherheit in der Europäischen Fusionskontrolle?, WuW 2003, S. 897ff.
dieselben, Switching to Substantial Impediments of Competition (SIC) can have Substantial Costs – SIC!, 2004 ECLR, S. 584ff.
Wagemann, Markus Erfahrungen mit der EG-Fusionskontrolle – der Fall „Alcatel/AEG Kabel", WuW 1992, S. 730ff.
Wambach, Achim Grenzen der Spieltheorie: Die Bedeutung des institutionellen Umfelds, im Internet abrufbar unter http://www.wiso.uni.erlangen.de/wiso/vwl/v1/veranstaltungen/Spieltheorie/Grenzen.pdf
Weitbrecht, Andreas Europäisches Kartellrecht 2000/2001, EuZW 2002, S. 581ff.
derselbe E.U. Merger Control in 2001 – The Year of Controversy, 2002 ECLR, S. 407ff.

derselbe Rechtsschutz für Unternehmen im Verfahren der Fusionskontrolle, in: *Schwarze*, Instrumente zur Durchsetzung des europäischen Wettbewerbsrechts, S. 61ff.

Wertenbruch, Johannes „Einseitige Maßnahmen" des Herstellers in Vertriebsnetzen als Kartellvereinbarung im Sinne des Art. 81 EG, EWS 2004, S. 145ff.

Wiedemann, Gerhard (Herausgeber) Handbuch des Kartellrechts, 1999

Wik, Christian / Westerling, Caroline An interview with F Enrique Gonzáléz-Díaz, The 2002 Handbook of Competition Enforcement Agencies, S. 29ff.

Winckler, Antoine / Hansen, Marc Collective Dominance Under the EC Merger Control Regulation, CML Rev. 30, 1993, S. 787ff.

Wirtz, Markus Der Mitteilungsentwurf der Kommission zur Beurteilung horizontaler Zusammenschlüsse, EWS 2003, S. 146ff.

Withers, Chris / Jephcott, Mark Where to now for E.C. oligopoly control?, 2001 ECLR, S. 295ff.

Ysewin, Johan / Caffarra, Cristina Two's Company, Three's a Crowd: The Future of Collective Dominance After the Kali & Salz Judgement, 1998 ECLR, S. 468ff.

Zekos, Georgios I. The New E.U. Approach to Mergers and Market Integration, 2000 ECLR, S. 37.

Zimmer, Daniel Significant Impediment to Effective Competition, ZWeR 2004, S. 250ff.

derselbe Kartellrecht und neuere Erkenntnisse der Spieltheorie, ZHR 154 (1990), S. 470ff.

Markus Haggeney

Marktanteilsprognosen in der Europäischen Fusionskontrolle

Einflüsse der Wettbewerbstheorie und der europäischen Wettbewerbspolitik auf prognostische Bewertungen im Rahmen der EG-Fusionskontrolle

Frankfurt am Main, Berlin, Bern, Bruxelles, New York, Oxford, Wien, 2005.
XL, 288 S.
Europäische Hochschulschriften: Reihe 2, Rechtswissenschaft. Bd. 4125
ISBN 3-631-52780-2 · br. € 56.50*

Gegenstand dieser Arbeit ist die kritische Hinterfragung der Fusionskontrollpraxis der Europäischen Kommission. Auf Basis der wettbewerbstheoretischen und -politischen Grundlagen wird die Entscheidungspraxis der Kommission eingehend untersucht, bevor dann abschließend geprüft wird, ob Marktanteilsprognosen indiziellen Charakter für die Beurteilung eines Zusammenschlussvorhabens haben können. Belegt wird, dass dies nur sehr eingeschränkt der Fall ist. Entscheidungen in der Fusionskontrolle haben zwingend prognostischen Charakter. Marktanteile sind aber statische Momentaufnahmen eines dynamischen Prozesses. Sie sind das Ergebnis in der Vergangenheit liegenden Markt- und Wettbewerbsverhaltens. Einfache Marktanteilsadditionen mit vorab definierten Schwellenwerten und Konzentrationsgraden bieten ein trügerisches Bild der Rechtssicherheit.

Aus dem Inhalt: Wettbewerbstheoretische Leitbilder als Grundlage der Fusionskontrolle · Europäische Wettbewerbspolitik mit eigener Leitbildfunktion? · Fusionskontrollpraxis der Kommission · Indizwirkung von Marktanteilsprognosen

Kolibri 360 GmbH
Ferdinand-Jühlke-Straße 7
99095 Erfurt, Deutschland
produktsicherheit@kolibri360.de

Druck:
CPI Druckdienstleistungen GmbH
im Auftrag der
Kolibri 360 GmbH
Ferdinand-Jühlke-Str. 7
99095 Erfurt